AF329744

Articles

du Procès de l'Ordinaire

des Martyrs Bretons

1929

ARTICLES

POUR LA CAUSE DE

Jean-Baptiste BESNARD, Barthélemy OGER, Charles SAINT-PEZ, COÜNAN-DUJARDIN et Mathurin COCHON

et de leurs compagnons victimes pour la Foi catholique des lois persécutrices révolutionnaires dans la Province de Bretagne.

1793-1800

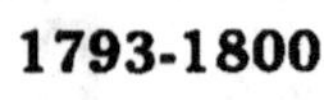

RHEDONEN

Beatificationis seu Declarationis Martyrii, servorum Dei D. D. Joannes Baptistae Besnard, Bartholomæi Oger, Carolus Saint-Pez, Ludovici Mariae Coünan-Dujardin, Mathurini Cochon et sociorum eorum, in odium fidei catholicae interfectorum in provincia ecclesiastica Britanniae, annis 1793-1800.

Positiones et articulos infrascriptos, dat, exhibet atque producit R. P. Joseph Le Rohellec, e Congregatione Spiritus Sancti et immaculati cordis Mariae, postulator specialiter constitutus, vi procurationis mandati, ad prosequendam Causam super martyrio, causa martyrii, signis seu miraculis servorum Dei, quorum nomina inferius, ordine chronologico describuntur.

Postulator idem petit et instat sequentes positiones seu Articulos ad probandum admitti, ac testes super iisdem examinari, jura et monumenta ad Causam facientia extrahi et quatenus opus sit produci et compulsari ; aliaque fieri necessaria et opportuna, reservata sibi facultate Articulos addendi ; minuendi, explicandi, corrigendi ; non se tamen adstringens ad onus superfluae probationis, de quo expresse et solemniter protestatur, non solum isto sed et omni modo.

Ad faciliorem autem et communem testium intelligentiam gallico idiomate Articulos ponit.

1

INDEX ALPHABÉTIQUE

Articles Généraux.

1. — C'est la vérité que la province de Bretagne, qui avait fourni un notable contingent de ses fils aux massacres de septembre ainsi qu'aux exécutions du tribunal révolutionnaire de Paris, eut encore à enregistrer le meurtre pour leur fidélité à la foi catholique de nombreux ecclésiastiques et de laïques sur son propre territoire, pendant les années de la Révolution Française. Comme il sera prouvé par des documents officiels et par des témoins auriculaires, sous la foi du serment, suivant le canon du *Codex* n° 2020, § 6.

« Dans les causes anciennes procédant par voie de non-culte, pour lesquelles manquent les témoins oculaires et les témoins qui ont entendu les témoins oculaires, les vertus et le martyre pourront être prouvés par des témoins auriculaires et par la renommée orale, qu'on appelle ancestrale, et par des documents contemporains des faits ou par des monuments reconnus comme authentiques. »

C'est bien le martyre qu'ont enduré les serviteurs de Dieu.

2. — Ces meurtres furent accomplis souvent après des arrestations et des jugements ordonnés par la législation anticatholique de l'époque, législation ayant pour but d'exterminer le clergé catholique romain en France et dont on reproduira les principaux textes aux articles 24 et suivants. Les faits et l'application de ces lois et décrets seront examinés dans les articles particuliers de chaque martyr.

3. — Outre la législation *générale* applicable à toute la France, *les directoires et les conseils généraux des départements et des districts*, ainsi que les *représentants du peuple en mission* dans les différents départements, prirent des arrêtés, qui bien souvent anticipaient les lois ou bien outrepassaient leur esprit et leur lettre mettant à leur application une fureur aussi cruelle qu'illégale.

4. — En dehors même des autorités constituées, certains *meneurs*, présidents de *clubs* ou de *comités de surveillance* ou autres assemblées anticatholiques; *commandants de gardes nationales* ou *officiers de volontaires* poursuivirent avec acharnement les prêtres catholiques romains, dits *réfractaires* et leurs fidèles.

2

5. — La *dénonciation*, légalement *excitée* et *payée* sur les fonds du Trésor public, fut un des moyens d'atteindre les victimes de l'irréligion des révolutionnaires et de les livrer à leurs ennemis.

6. — Des gardes nationales et plus tard des colonnes mobiles composées de soldats et de gardes territoriaux, lancées à la poursuite des prêtres dénoncés, n'hésitèrent pas très souvent à se faire elles-mêmes les exécutrices de leurs prisonniers, *sans aucune forme de jugement* et même d'apparence légale. La HAINE DU CATHOLICISME, excitée par des proclamations furibondes et des factums en style grandiloquent qui ne cessaient de représenter ses ministres comme autant de « monstres et de scélérats fanatiques », explique seule une immolation à laquelle on ne peut refuser la qualification de *martyre*.

Acceptation du martyre.

7. — Tous ces serviteurs de Dieu *ont entrevu le martyre* comme possible, soit en refusant nettement de s'assermenter s'ils étaient astreints au serment, soit s'ils étaient prêtres libres, en semblant ignorer cette formule ainsi que les autres actes légaux qui leur paraissaient, dans la forme où on leur les présentait, contraires à leur foi et à leur conscience. Il ne faut pas oublier en effet que dès le 27 novembre 1790, la législation ménagea des pénalités contre les insermentés et que celle du 13 mai et du 28 juin 1791 continua résolument dans cette voie, sans compter les divers arrêtés pris dès cette époque par les directoires des divers départements bretons qui prescrivirent leur emprisonnement.

8. — Ceux qui *rétractaient le serment* devaient surtout s'attendre à toutes les conséquences édictées par les lois.

9. — Cette même possibilité du martyre est apparue aux serviteurs de Dieu au moment où, par ordre, soit des directoires des départements, soit d'une loi générale, ils ont dû quitter leur résidence, toujours soumis aux investigations des autorités, puis enfin abandonner la patrie pour s'exiler à l'étranger.

10. — Ceux qui eurent le courage de revenir dans leur pays après avoir été déportés à l'étranger, savaient à quoi ce délit, qui bientôt les assimila aux émigrés rentrés, les exposait. Cependant le désir de sauver les âmes, malgré cette perspective les entraîna.

11. — Ceux qui sans avoir jamais abandonné leur patrie, étaient demeurés à leur poste pour y remplir en secret les fonctions du saint ministère, se savaient continuellement exposés à une mort sanglante.

12. — Ils ont aussi accepté le martyre lorsque des dénonciations lucratives mettaient leur tête à prix et que l'on organisait pour les découvrir de véritables battues à l'instar des bêtes fauves que l'on pourchasse.

13. — Leur comparution devant les tribunaux criminels, les commissions militaires ou le tribunal révolutionnaire ne leur laissait nul espoir d'échapper au supplice. La loi qui les étreignait était trop formelle dans tous ses articles. Leurs *réponses évasives* avaient surtout pour but *d'éviter le même supplice* aux bons catholiques qui les avaient recueillis ou qui avaient profité de leur ministère.

14. — Quelques réponses qui laissent à désirer chez certains, peuvent s'expliquer par la lassitude corporelle et même intellectuelle que leur existence si précaire et si semée de périls leur avait imposée. La crainte naturelle de la mort a d'ailleurs pu être permise par Dieu pour bien rappeler que le martyre est une grâce surnaturelle toute gratuite. Jésus, au Jardin des Olives et même sur la croix n'a-t-il pas voulu éprouver des impressions de crainte et d'abandon ?

15. — Leurs dernières paroles, leurs recommandations, leurs derniers actes qu'ils ont laissés dans les courts instants qui séparaient leur condamnation de leur exécution expriment nettement l'acceptation du martyre pour Dieu et leurs sentiments de pardon envers ceux qui les faisaient périr.

16. — On doit remarquer *qu'aucune imprudence, aucune connivence*, soit avec les ennemis extérieurs, soit avec les partisans des Vendéens et des Chouans n'a pu être prouvée contre aucun de ces serviteurs de Dieu. Aucun n'a été saisi les armes à la main ni au milieu des troupes contre-révolutionnaires. Beaucoup dans leurs réponses aux juges ont déclaré *accepter les* *formes nouvelles* du gouvernement, en tout ce qui ne blessait pas la foi et la discipline catholiques.

Ils se sont bien rendu compte, avant de périr, que le véritable motif de leur immolation c'était leur fidélité au catholicisme romain et c'est cette pensée qui les a fait affronter leur supplice.

17. — Lorsqu'ils l'ont pu, la confession sacramentelle a préparé leur âme à défaut de la Sainte Communion qu'il ne leur était pas facile de recevoir.

Tradition du martyre.

18. — Dès l'époque de la Révolution, de graves historiens comme les abbés Barruel, Carron, Guillon ont recueilli et imprimé les traditions sur la conduite et la mort des confesseurs de la foi. Ils ont établi dès lors la thèse de leur martyre au sens canonique du mot.

19. — Ces travaux ont été continués à travers tout le XIXᵉ siècle, spécialement par le chanoine Tresvaux du Fraval. Dans plusieurs diocèses bretons, les évêques ont imposé à leur clergé comme *sujet de conférences ecclésiastiques* une enquête sur les victimes de la Révolution dans leur contrée. Dans les paroisses, les livres paroissiaux ont reproduit ou complété ces enquêtes.

20. — Depuis l'ouverture au public des Archives officielles, des historiens comme les chanoines Peyron, Tephany, Guillotin de Corson, le P. Le Falher ont poursuivi et perfectionné ces travaux par l'étude et la publication des documents officiels.

21. — Sans rien préjuger des décisions du Souverain Pontife et en évitant le culte public liturgique, des cérémonies d'érections d'inscriptions, autorisées par les évêques, ont eu lieu dans les divers diocèses de Bretagne.

22. — Les familles, les paroisses, les divers ordres des congrégations religieuses ont gardé fidèlement le souvenir du martyre des serviteurs de Dieu.

23. — Des faveurs spirituelles et temporelles ont été attribuées à plusieurs d'entre eux.

LÉGISLATION PÉNALE APPLIQUÉE

aux Victimes Religieuses de la Révolution

IMMOLÉES EN BRETAGNE

1° Assemblée Constituante

24. — *Décret du 27 novembre-26 décembre 1790.*

Article premier. — « Les évêques, ci-devant archevêques
» et les curés conservés en fonctions seront tenus, s'ils ne l'ont
» pas fait, de prêter le serment auquel ils sont assujettis par
» l'article 39 du décret du 13 juillet dernier, et réglé par les
» articles 21 et 38 de celui du 12 du même mois, concernant la
» Constitution civile du clergé. En conséquence *ils jureront*, en
» vertu de ce dernier décret, *de veiller avec soin sur les fidèles*
» *du diocèse ou de la paroisse qui leur est confiée, d'être fidèles*
» *à la nation, à la loi et au Roi, et de maintenir de tout leur*
» *pouvoir la Constitution décrétée par l'Assemblée nationale et*
» *acceptée par le Roi... »*

Art. 2. — Les vicaires des évêques, les supérieurs et directeurs de séminaires, les vicaires des curés, les professeurs des
séminaires et des collèges et tous autres ecclésiastiques fonctionnaires publics, feront, dans les mêmes délais, le serment de
remplir leurs fonctions avec exactitude, d'être fidèles à la nation,
à la loi et au Roi et de maintenir de tout leur pouvoir la Constitution décrétée par l'Assemblée nationale et acceptée par le Roi.

Art. 3. — Le serment sera prêté un jour de dimanche à
l'issue de la messe...

Art. 4. — Ceux desdits évêques, ci-devant archevêques et
autres ecclésiastiques fonctionnaires publics, qui sont membres
de l'Assemblée nationale et qui exercent actuellement leurs fonctions de députés, prêteront le serment qui les concernent respectivement, à l'Assemblée nationale, dans la huitaine du jour
auquel la sanction du présent décret y aura été annoncée; et,

dans la huitaine suivante, ils enverront un extrait de la prestation de leur serment à leur municipalité.

ART. 5. — Ceux desdits évêques, ci-devant archevêques, curés, et autres ecclésiastiques fonctionnaires publics, qui n'auront pas prêté dans les délais déterminés, le serment qui leur est respectivement prescrit, *seront réputés avoir renoncé à leur office* et il sera pourvu à leur remplacement comme en cas de vacance par démission, à la forme du titre II du décret du 12 juillet dernier, concernant la Constitution civile du clergé ; à l'effet de quoi le maire sera tenu, huitaine après l'expiration desdits délais, de dénoncer le défaut de prestation de serment...

ART. 6. — Dans le cas où lesdits évêques, ci-devant archevêques, curés et autres ecclésiastiques fonctionnaires, après avoir prêté leur serment respectif, viendraient à y manquer soit en refusant d'obéir aux décrets de l'Assemblée nationale, acceptés ou sanctionnés par le Roi, soit en formant ou en excitant des oppositions à leur exécution, *ils seront poursuivis* devant les tribunaux du district, comme rebelles à la loi et punis par la privation de leur traitement et, en outre, déclarés déchus des droits de citoyen actif, incapables d'aucune fonction publique. En conséquence, il sera pourvu à leur remplacement, à la forme dudit décret du 12 juillet dernier, sauf plus grande peine s'il y échet, suivant l'exigence et la gravité des cas.

ART. 7. — Ceux desdits évêques, ci-devant archevêques, curés et autres ecclésiastiques, fonctionnaires publics, conservés en fonctions et refusant de prêter leur serment respectif, ainsi que ceux qui ont été supprimés, ensemble les membres des corps ecclésiastiques, séculiers, également supprimés, qui s'immisceraient dans aucune de leurs fonctions publiques, ou dans celles qu'ils exerçaient en corps, seront poursuivis *comme perturbateurs de l'ordre public* et punis des mêmes peines que ci-dessus.

25. — Ce décret fut encore étendu à d'autres catégories d'ecclésiastiques par les trois décrets suivants :

Décret du 5 février-27 mars 1791, relatif au serment des prédicateurs.

Décret du 22 mars 1791, concernant les professeurs.

Décret du 15-17 avril 1791, relatif à la nomination et au serment des chapelains desservant les hôpitaux et les prisons.

2° Assemblée législative, le 29 novembre 1791

26. — *Décret relatif aux troubles excités sous prétexte de religion et aux ecclésiastiques qui ont prêté ou refusé le serment* (1).

Voici les articles principaux :

Article premier. — Dans la huitaine, à partir de la publication du présent décret, tous les ecclésiastiques, autres que ceux qui se sont conformés au décret du 27 novembre dernier, seront tenus de se représenter devant la municipalité du lieu de leur domicile, d'y prêter le serment civique, dans les termes de l'article 5 du Titre II de la Constitution, et de signer le procès-verbal qui en sera signé sans frais.

Art. 2. — A l'expiration du délai ci-dessus, chaque municipalité fera parvenir au directoire du département, par la voie du district, *un tableau des ecclésiastiques domiciliés* dans son territoire, en distinguant ceux qui auront prêté le *serment civique* et ceux qui l'auront refusé. Ces tableaux serviront à *former la liste* dont il sera parlé ci-après.

Art. 6. — Outre la déchéance de tout traitement et pension, les ecclésiastiques qui auront refusé de prêter le serment civique, ou qui le rétracteront après l'avoir prêté, seront, par ce refus ou cette rétractation même, réputés *suspects* de révolte contre la loi, et de mauvaise intention contre la patrie et, comme tels, plus particulièrement soumis et recommandés à la *surveillance de toutes les autorités constituées.*

Art. 14. — Le directeur de chaque département fera dresser deux listes : la première comprenant les noms et demeures des ecclésiastiques sermentés, avec la note de ceux qui seront sans emploi et voudront se rendre utiles ; la deuxième comprenant les *noms* et *demeures* de ceux qui auront refusé de prêter le serment civique, avec les *plaintes* et *procès-verbaux* qui auront été dressés contre eux. Ces deux listes seront arrêtées incessamment, de manière à être présentées, s'il est possible, aux conseils généraux de département, avant la fin de leur session actuelle.

Art. 16. — Le conseil général de chaque département (ou le directoire si le conseil est séparé) prendra sur ce sujet un arrêté motivé, qui sera adressé sur-le-champ à l'Assemblée Nationale,

____

(1) Louis XVI opposa à cette loi ainsi qu'à la suivante son *Véto* royal, mais en fait elles inspirèrent dans les départements une foule d'arrêtés émanant des Directoires ou des Conseils généraux qui, sous prétexte de bien public, n'avaient d'autre but que de châtier les prêtres réfractaires de leur orthodoxie et de les obliger à s'enfuir.

avec les *listes des ecclésiastiques sermentés* ou *non assermentés* (ou qui se seront rétractés) et les observations des départements sur la conduite individuelle de ces derniers ou sur leur coalition séditieuse, soit entre eux, soit avec les Français transfuges et déserteurs.

ART. 17. — A mesure que ces *procès-verbaux, listes et arrêtés* seront adressés à l'Assemblée Nationale, ils seront remis au comité de législation, pour en faire un rapport général et mettre le Corps législatif *à portée de prendre un dernier parti*, afin d'extirper la rebellion, qui se déguise sous le prétexte d'une prétendue dissidence dans l'exercice du culte catholique ; dans un mois, le comité prendra l'état des administrations qui auront satisfait aux articles précédents, et proposera les mesures à prendre contre celles qui seront en retard de s'y conformer.

Le Roi opposa son veto à ce décret, comme d'ailleurs au suivant. Il n'en a pas moins été mis en application dans beaucoup de départements.

27. — L'Assemblée Législative vota, le 27 mai 1792, une nouvelle loi tyrannique qui avait pour but de poursuivre la destruction de la religion catholique, en se débarrassant des prêtres.

Voici les principaux articles :

ARTICLE PREMIER. — La déportation des ecclésiastiques *insermentés* aura lieu comme mesure de *sûreté publique* et de *police générale*, dans le cas et suivant les formes qui seront énoncés ci-après.

ART. 2. — Seront considérés comme ecclésiastiques *insermentés* tous ceux qui, assujettis au serment prescrit par la loi du 26 décembre 1790, ne l'auraient pas prêté, ceux aussi qui n'étant pas soumis à cette loi n'ont pas prêté le *serment civique*, postérieurement au 3 septembre dernier, jour où la constitution française fut déclarée achevée, ceux enfin qui auront rétracté l'un ou l'autre serment.

ART. 3. — Lorsque vingt citoyens actifs du même canton se réuniront pour demander la déportation d'un ecclésiastique non sermenté, le directoire du département sera tenu de prononcer la déportation, si l'avis du directoire du district est conforme à la pétition.

ART. 4. — Lorsque l'avis du directoire du district ne sera pas conforme à la pétition, le directoire du département sera tenu de faire vérifier, par des commissaires, si la présence de l'ecclésiastique ou des ecclésiastiques nuit à la tranquillité publique et, sur l'avis de ces commissaires, s'il est conforme à la pétition, *sera tenu de prononcer la déportation.*

Les autres articles sont inspirés du même esprit.

Les lois de déportation de l'Assemblée législative et de la Convention.

28. — TOUS LES PRÊTRES RÉFRACTAIRES, CURÉS, VICAIRES, PROFESSEURS, AUMÔNIERS D'HÔPITAUX DOIVENT ÊTRE EXILÉS. DIX ANS DE PRISON S'ILS REVIENNENT, SERONT LEUR CHÂTIMENT.

LOI CONDAMNANT A L'EXIL LES ECCLÉSIASTIQUES *qui n'ont pas prêté les serments prescrits, ou qui, après les avoir prêtés, les ont rétractés et ont persisté dans leur rétractation, du 26 août 1792, l'an IV de la Liberté.*

(Imprimé, Arch. personnelles ; Arch. C.-du-N., reg. L 25, imprimé et Lm 5 32.)

ARTICLE PREMIER. — Tous les ecclésiastiques qui étant assujettis au serment prescrit par la loi du 26 décembre 1790 et celle du 17 avril 1791, ne l'ont pas prêté, ou qui, après l'avoir prêté, l'ont rétracté et ont persisté dans leur rétractation, *seront tenus de sortir sous huit jours hors des limites du district et du département de leur résidence, et dans quinzaine, hors du royaume ;* ces différents délais courront du jour de la publication du présent décret.

ART. 2. — En conséquence, chacun d'eux se présentera devant le directoire du district ou la municipalité de sa résidence, pour y *déclarer le pays étranger* dans lequel il entend se retirer et il lui sera délivré sur-le-champ un passeport qui contiendra son signalement, la route qu'il doit tenir et le délai dans lequel il doit être sorti du royaume.

ART. 3. — Passé ce délai de quinze jours ci-devant prescrit, les ecclésiastiques non sermentés qui n'auraient pas obéi aux dispositions précédentes, seront déportés à la *Guyane Française.* Les directoires de district les feront arrêter et conduire de brigade en brigade aux ports de mer les plus voisins qui leur seront indiqués par le Conseil exécutif provisoire, et celui-ci donnera en conséquence des ordres pour faire équiper et approvisionner les vaisseaux nécessaires au transport des dits ecclésiastiques.

ART. 4. — (Traite des frais de route...)

ART. 5. — Tout ecclésiastique qui serait resté dans le

royaume après avoir fait sa déclaration de sortir et obtenu
passeport ou qui rentrerait après être sorti, *sera condamné à la
peine de détention pendant dix ans.*

ART. 6. — Tous autres ecclésiastiques séculiers ou réguliers,
prêtres, simples clercs, minorés ou frères lais, sans exception
ni distinction, quoique n'étant point assujettis au serment par
les lois du 26 décembre 1790 et 17 avril 1791, seront soumis à
toutes les dispositions précédentes, lorsque par quelques actes
extérieurs, ils auront occasionné des troubles venus à la connaissance des corps administratifs, ou que leur *éloignement
sera demandé par 6 citoyens actifs domiciliés dans le même
département.*

ART. 7. — (Application de l'article précédent.)

ART. 8. — Sont exceptés des dispositions précédentes, *les
infirmes*, dont les infirmités seront constatées par un officier
de santé, qui sera nommé par le conseil général de la commune
du lieu de leur résidence, et dont le certificat sera visé par le
même conseil général. Sont pareillement exceptés *les sexagénaires*, dont l'âge sera aussi dûment constaté.

ART. 9. — Tous les ecclésiastiques du même département
qui se trouveront dans le cas des exceptions portées par le précédent article, *seront réunis* au chef-lieu du département *dans
une maison commune*, dont la municipalité aura l'inspection et
la police.

29. — LA CONVENTION, PRÉCÉDÉE DU RESTE EN CELA PAR LES DIRECTOIRES
DES DÉPARTEMENTS, *organise la chasse aux prêtres et, par son décret
du 14 février 1793, vote une prime de 100 livres à toute personne
qui arrêtera un prêtre insermenté susceptible d'être déporté.*

« La Convention Nationale décrète qu'il sera accordé à titre
d'indemnité et de récompense, la somme de 100 livres à quiconque découvrira et fera arrêter une personne rangée par la loi
dans la classe des émigrés ou *dans la classe des prêtres, qui
doivent être déportés.* Autorise les commissaires par elle envoyés
dans les différens départemens de la république, à suspendre
les fonctionnaires publics qui n'ont pas fait exécuter ponctuellement les loix relatives aux émigrés & aux prêtres dont la
déportation devoit être faite ; ordonne que le Conseil exécutif
provisoire rendra compte sous les trois jours des mesures qu'il
a prises pour faire exécuter les dites loix »

30. — Tous les ecclésiastiques réfractaires devront être
déportés a la Guyane ou reclus

Décret de la Convention Nationale *des 21 et 23 avril 1793, l'an
second de la République française n° 775, portant que les ecclésiastiques séculiers et réguliers, frères convers et lais, qui n'ont pas
prêté le serment de maintenir la Liberté et l'Egalité, seront transférés à la Guyane française.*

(Arch. nat. A. D. + 1134, n° 103, et Arch. C.-du-N., Lm 5, 42.)

Article premier. — Tous les ecclésiastiques séculiers,
réguliers, frères convers et lais qui n'ont pas prêté le serment
de maintenir la Liberté et l'Egalité, conformément à la loi du
15 août 1792, seront embarqués et transférés sans délai à la
Guïane française.

Art. 2. — Seront sujets à la même peine ceux qui seront
dénoncés pour cause d'*incivisme* par six citoyens dans le canton.
La dénonciation sera jugée par les directoires de département,
sur l'avis des districts.

Art. 3. — Le serment qui aurait été prêté postérieurement au
23 mars dernier, est déclaré comme non avenu.

Art. 4. — Les vieillards âgés de plus de soixante ans, les
infirmes, les caducs, seront renfermés sous huitaine dans une
maison particulière dans le chef-lieu du département.

Art. 5. — Ceux des déportés en exécution des articles 1 et
2 ci-dessus, qui rentreroient sur le territoire de la République,
seront *punis de mort* dans vingt-quatre heures.

Les lois de sang.

31. — On applique aux prêtres déportables les lois contre
les émigrés, c'est-a-dire la mort

Décret relatif au jugement des émigrés et des prêtres déportés
arrêtés sur le territoire français, *des 18-22 mars 1793.*

(Arch. C.-du-N., reg. 1 L 34, n° 601, imprimé, à Paris, de l'Imprimerie nationale
exécutive du Louvre.)

Article premier. — « Huitaine après la publication du
présent décret, tout citoyen est tenu de dénoncer, arrêter ou
faire arrêter les émigrés et *les prêtres dans le cas de la déportation*, qu'il saura être sur le territoire de la République.

Art. 2. — « Les émigrés et *les prêtres dans le cas de la déportation*, qui auront été arrêtés dans le délai ci-dessus fixé, seront

conduits de suite dans les prisons du district, jugés par un jury militaire, et punis de mort dans les vingt-quatre heures ».

DÉCRET DE LA CONVENTION DU 17 SEPTEMBRE 1793, *qui déclare dans un article unique que les dispositions des lois relatives aux émigrés, sont en tous points applicables aux déportés.*

(Arch. C.-du-N., reg. 1 L 42, imprimé, loi, n° 1719.)

32. — TOUT PRÊTRE RÉFRACTAIRE TROUVÉ EN FRANCE, SERA PUNI DE MORT DANS LES VINGT-QUATRE HEURES

LOI RELATIVE AUX PRÊTRES SUJETS A LA DÉPORTATION, AUX ECCLÉSIASTIQUES SÉCULIERS ET RÉGULIERS, AUX FRÈRES CONVERS OU LAIS, *qui n'ont pas satisfait aux décrets des 20 et 30 vendémiaire an II (20-21 octobre 1793).*

(Arch. C.-du-N., reg. 1 L 43, imprimé, loi, n° 1760.)

ARTICLE PREMIER. — Les prêtres sujets à la déportation, pris les armes à la main, soit sur les frontières, soit en pays ennemi.

Ceux qui auront été ou se trouveront saisis de congés ou passeports délivrés par des chefs français émigrés, ou par des commandants des armées ennemies, ou par les chefs des rebelles.

Et ceux qui seront *munis de quelques signes contre-révolutionnaires* (1) seront, dans les vingt-quatre heures, livrés à l'exécuteur des jugements criminels, et mis à mort, après que le fait aura été déclaré constant par une commission militaire formée par les officiers de l'état-major de la division · dans l'étendue de laquelle ils auront été arrêtés.

ART. 2. — Ceux qui ont été ou seront arrêtés sans armes dans les pays occupés par les troupes de la République, seront jugés dans les mêmes formes et punis des mêmes peines, s'ils ont été précédemment dans les armées ennemies ou dans les rassemblements d'émigrés ou de révoltés, ou s'ils y étaient à l'instant de leur arrestation.

ART. 3 et 4. — Sans intérêt actuel.

ART. 5. — Ceux de ces *ecclésiastiques qui rentreront*, ceux qui seront *rentrés* sur le territoire de la République, seront envoyés à la maison de justice du tribunal criminel du département dans l'étendue duquel ils auront été ou seront arrêtés ; et après avoir subi interrogatoire, dont il sera tenu note, ils seront dans les vingt-quatre livrés à l'exécuteur des jugements crimi-

---

(1) Un scapulaire rentrait dans cette catégorie.

nels, et *mis à mort*, après que les juges du Tribunal auront déclaré *que les détenus sont convaincus d'avoir été sujets à la déportation.*

Art. 6. — Les moyens de conviction contre les prévenus, en cas de dénégation de leur part, résulteront de la déposition uniforme de deux témoins que les détenus étaient dans le cas de la déportation.

Art. 7. — Si les accusés demandent à justifier de l'extrait du procès-verbal contenant leur prestation de serment, et qu'ils n'en soient pas porteurs, les juges pourront leur accorder un délai strictement nécessaire, ou le leur refuser, suivant les circonstances : si le délai est accordé, les juges seront tenus d'en rendre compte au ministre de la justice, qui en instruira sur-le-champ le comité de sûreté générale de la Convention Nationale.

Art. 8. — *Si les prévenus ne justifient de leur prestation de serment dans le délai accordé par le Tribunal, ils seront livrés à l'exécuteur des jugements criminels.* Les juges en instruiront pareillement le ministre de la justice, et celui-ci le comité de sûreté générale.

Art. 9. — Dans le cas où ils produiraient le procès-verbal de leur serment de liberté et égalité, conformément au décret du 14 août 1792, l'accusateur public est autorisé à faire preuve, tant par pièces que par témoins, que les accusés *ont rétracté leur serment*, ou qu'ils ont été déportés pour cause d'incivisme, aux termes de l'article 2 du décret du 21 avril dernier, et cette preuve acquise, ils seront mis à mort ; dans le cas contraire, ils seront mis en liberté.

Art. 10. — *Sont déclarés sujets à la déportation*, jugés et punis comme tels, les évêques, les ci-devant archevêques, les curés conservés en fonctions ; les vicaires de ces évêques, les supérieurs et directeurs de séminaires, les vicaires des curés, les professeurs de séminaires et de collèges, les instituteurs publics et ceux qui ont prêché dans quelques églises que ce soit, depuis le décret du 5 février 1791, qui n'auront pas prêté le serment prescrit par l'article 39 du décret du 24 juillet 1790, et réglé par les articles 21 et 38 du même mois, et l'article 2 du décret du 27 novembre de la même année, ou qui l'auront rétracté, quand bien même ils l'auraient prêté depuis leur rétractation.

Tous les ecclésiastiques séculiers ou réguliers, frères convers et lais, qui n'ont pas satisfait aux décrets des 14 août 1792 et 21 avril dernier, ou qui ont rétracté leur serment

Et enfin, tous ceux qui sont dénoncés pour cause d'incivisme, lorsque la dénonciation aura été jugée valable conformément au décret dudit jour 21 avril.

ART. 11. — Les dispositions de l'article 2 dudit décret ne sont point applicables aux vieillards âgés de plus de soixante ans, aux infirmes et caducs qui se trouveront dans les cas prévus par les articles 2 et 5 du présent décret.

ART. 12. — Les ecclésiastiques qui ont prêté le serment prescrit par les décret des 24 juillet et 27 novembre 1790, ainsi que celui de liberté et égalité dans le temps déterminé, et qui seront dénoncés pour cause d'incivisme, seront embarqués sans délai, et transférés à la côte de l'ouest de l'Afrique, depuis le vingt-troisième degré sud jusqu'au vingt-huitième.

ART. 13. — La dénonciation pour cause d'incivisme sera faite par six citoyens du canton, et jugée par le directoire du département, sur l'avis du district (*Idem*, art. 2).

ART. 14. — Les ecclésiastiques mentionnés en l'article 10, qui, *cachés en France*, n'ont point été embarqués pour la Guyane française, seront tenus dans la décade de la publication du présent décret, de se rendre auprès de l'administration de leurs départements respectifs qui prendront les mesures nécessaires pour leur arrestation, embarquement et déportation en conformité de l'article 12.

ART. 15. — Ce délai expiré, *ceux qui seront trouvés sur le territoire* de la République, seront conduits à la maison de justice du Tribunal criminel de leur département, pour y être jugés conformément à l'article 5.

ART. 16. — La déportation, la réclusion et la peine de mort prononcées d'après les dispositions du présent décret, emporteront confiscation des biens.

ART. 17. — Les *prêtres déportés volontairement* et avec passeport, ainsi que ceux qui ont préféré la déportation à la réclusion, sont *réputés émigrés*.

ART. 18. — *Tout citoyen est tenu de dénoncer l'ecclésiastique* qu'il saura être dans le cas de la déportation, de l'arrêter ou faire arrêter, et conduire devant l'office de police le plus voisin; il recevra cent livres de récompense.

ART. 19. — Tout citoyen qui recélerait un prêtre sujet à la déportation sera condamné à la même peine.

33. — Tout appel contre les jugements rendus en exécution de la loi du 30 vendémiaire est interdit

Décret de la Convention nationale du 27 pluviôse an II, *relatif aux jugements rendus ou à rendre contre les ecclésiastiques en exécution de la loi du 30 vendémiaire.*

(Arch. C.-du-N., 1 L 45, imprimé, loi 2185.)

La Convention Nationale après avoir entendu son comité de législation, décrète que les jugemens rendus ou à rendre en exécution de la loi du 30 vendémiaire dernier, contre les ecclésiastiques, seront exécutés sans appel, ni recours au tribunal de cassation.

Le présent décret sera inséré au bulletin et envoyé sans délai au tribunal de cassation.

34. — Tout recéleur d'ecclésiastique passible de mort subira cette peine

Décret de la Convention du 22 germinal an II (11 avril 1794), *relatif aux recéleurs d'ecclésiastiques sujets à la déportation.*

(Arch. C.-du-N., 1 L 46, imprimé, n° 2304.)

ARTICLE PREMIER. — A compter de la promulgation de la loi du 30 vendémiaire concernant les ecclésiastiques sujets à la déportation et en exécution de l'article 17 de cette loi, celui qui aura recélé un ecclésiastique sujet à la réclusion ou la déportation ou ayant encouru la peine de mort, *sera puni de la déportation.*

ART. 2. — A compter de la publication de la présente loi, le receleur d'ecclésiastiques soumis aux peines prononcées en l'art. 1er sera regardé et *puni* comme leur complice (*id est* guillotiné).

35. — L'âge avancé, les infirmités graves, les maladies ne pourront sauver les prêtres réfractaires de l'échafaud

Décret de la Convention nationale du 22e jour de floréal an II (11 mai 1794), *relatif à la réclusion des ecclésiastiques infirmes ou sexagénaires.* (Arch. C.-du-N., reg. L 46, loi, n° 2347.)

ARTICLE PREMIER. — A compter de la publication du présent décret, tous ecclésiastiques infirmes ou sexagénaires, sujets à la réclusion, sont tenus dans deux décades de se tranporter au chef-lieu de leurs départements respectifs pour être reclus dans des maisons destinées à cet effet.

ART. 2. — Tous ceux infirmes ou sexagénaires qui seront trouvés sur le territoire de la République et hors des maisons de réclusion, ce délai expiré, *seront jugés et punis suivant les termes des articles 5 et 6 de la loi du 30 vendémiaire dernier (id est* guillotinés).

ART. 4. — Dans le cas où les officiers de santé nommés par le département jugeraient que les certificats sont inexacts ou faux, ils donneront leur avis par écrit et d'après l'arrêté du département, la déportation sera prononcée et effectuée.

36. — APRÈS UN COURT RÉPIT AU PRINTEMPS DE 1795, LA PERSÉCUTION RELIGIEUSE REPREND COMME SOUS LA TERREUR

LOI DU 3 BRUMAIRE AN IV RÉTABLISSANT LA PERSÉCUTION RELIGIEUSE DANS SON ACUITÉ (25 OCTOBRE 1795).

(*Bulletin des Lois de la R. F.*, an IV, n° 199, Archives personnelles.)

La Convention Nationale, après avoir entendu sa commission des cinq, décrète :

....

ART. 10. — Les lois de 1792 et 1793 contre les prêtres sujets à la déportation ou à la réclusion, seront exécutées dans les 24 heures de la promulgation du présent décret et les fonctionnaires publics qui seront convaincus d'en avoir négligé l'exécution, seront condamnés à deux années de détention.

Les arrêtés des comités de la Convention et des représentants du peuple en mission, contraires à ces lois sont annulés.

ART. 11. — Il n'est rien innové à la loi du 22 fructidor dernier qui a levé la confiscation des biens des prêtres déportés.

37. — APRÈS LE COUP D'ETAT DE FRUCTIDOR AN V ON REMET EN PLEINE ACTIVITÉ LES LOIS PERSÉCUTRICES QUI AVAIENT SOMMEILLÉ AUX DÉBUTS DE L'AN 1797.

EXTRAITS CONCERNANT LES ECCLÉSIASTIQUES DE LA LOI DU 19 FRUCTIDOR AN V (5 SEPTEMBRE 1797), *qui décrète la reprise de la persécution religieuse.*

(*Bulletin des Lois de la R. F.*, an V, n° 142, loi n° 1400.)

....

ART. XXIII. — La loi du 7 de ce mois qui rappelle les prêtres déportés, est révoquée.

ART. XXIV. — Le Directoire exécutif est investi du pouvoir

de *déporter*, par des arrêtés individuels motivés, les prêtres qui troubleraient dans l'intérieur la tranquillité publique.

Art. XXV. — La loi du 7 vendémiaire sur la police des cultes continue d'être exécutée à l'égard des ecclésiastiques autorisés à demeurer sur le territoire de la République, sauf qu'au lieu de la déclaration prescrite par l'article VI de la dite loi, ils seront tenus de prêter le serment « *de haine à la royauté et à l'anarchie, d'attachement et de fidélité à la République et à la Constitution de l'an III* ».

Art. XXVI. — Tout administrateur, officier de police judiciaire, accusateur public, juge, commissaire du pouvoir exécutif, officier ou membre de la gendarmerie nationale qui ne fera pas exécuter ponctuellement, en ce qui le concerne, les dispositions ci-dessus relatives aux émigrés et aux *ministres du culte*, ou qui en empêchera l'exécution sera puni de deux ans de fer ; à l'effet de quoi, le Directoire exécutif est autorisé à décerner tous mandats d'arrêts nécessaires...

Dispositions pour l'application de la loi du 19 fructidor contre les prêtres insermentés.

Circulaire du Ministre de la Police Générale *au commissaire du Directoire Exécutif près l'administration centrale des Côtes-du-Nord du 25 octobre 1797 (4 brumaire an VI).*

(Arch. C.-du-N., Lm 5, 113.)

« Vous devez, citoyen, déployer la plus grande sévérité contre les prêtres réfractaires soumis aux lois de 1792 et 1793, qui ne sont rentrés dans votre département que par suite de cette dépravation de l'esprit public qui a failli être si funeste à la France.

» Il faut que ceux qui ne sont point sortis dans les délais déterminés par la loi du 19 fructidor, soient à l'instant arrêtés et conduits sous bonne et sûre escorte à Rochefort afin d'y être embarqués pour le lieu qui leur sera désigné par le Directoire exécutif pour leur déportation.

» Qu'aucune *considération particulière* ne vous détourne de vos devoirs ; armez-vous à l'égard de ces individus de toute la *rigueur de la loi ;*

» Faites promptement parvenir ces instructions aux commissaires près les municipalités de votre arrondissement afin que le calme qui règne dans vos contrées ne soit point troublé. » Signé : Sotin.

Articles Particuliers

PREMIÈRE SECTION
LES EXÉCUTIONS LÉGALES

LES PRÊTRES GUILLOTINÉS A RENNES
en exécution de la loi des 29-30 vendémiaire an II.
(Voir texte, p. 15 et sq.)

I. — Pierre-Jean-Baptiste BESNARD

(Dossier n° 188 des actes du tribunal criminel d'Ille-et-Vilaine, série B, Parlement,
aux archives d'Ille-et-Vilaine.)

38. — Pierre-Jean-Baptiste BESNARD naquit à Sens, dans l'ancien diocèse de Rennes, le 11 janvier 1754, du mariage d'honorable homme Pierre Besnard et de demoiselle Renée-Mathurine Bertrand, tous deux très considérés en cette paroisse.

L'abbé *Guy Carron*, qui l'avait *personnellement connu*, a rendu sur sa jeunesse le plus précieux témoignage.

« Longtemps avant d'être élevé au sacerdoce, il témoignait un zèle actif et soutenu pour le salut des âmes. Plusieurs ordinands réunissaient, dans une chapelle à une demi-lieue de Rennes, un certain nombre de familles indigentes, auxquelles ils distribuaient du pain et d'autres secours, après leur avoir fait une instruction touchante et familière. Le jeune Besnard se distingua dans cette espèce d'association par une charité expansive et pour l'âme et pour les besoins corporels de ces infortunés.

» Aimé et estimé de tous ses confrères, il offrait une physionomie ouverte et riante, un caractère prévenant, une humeur aimable et un empressement toujours également vif à obliger et à servir les autres. » Tonsuré à Saint-Malo par dimissoire en date du 16 septembre 1772, à l'âge de 18 ans, M. Besnard reçut la prêtrise à Rennes, le 16 septembre 1778. Il avait alors 24 ans.

« Jouissant près de ses supérieurs d'une considération

méritée », l'abbé Besnard fut presque aussitôt son ordination placé vicaire à Melesse, où il demeura jusqu'au commencement de 1784. Il fut alors transféré à Pléchâtel, où il séjourna jusqu'en janvier 1790. Dans l'une et l'autre de ces paroisses, il fut généralement goûté et les fidèles témoignaient pour ses avis autant de confiance que de docilité.

39. — Nommé, au mois de décembre 1790, l'un des chapelains de l'Hôpital général de Rennes, *il y refusa l'année suivante de s'assermenter*, malgré l'exemple du supérieur ecclésiastique de cet établissement. Bien plus, il s'efforça de mettre en garde les pensionnaires de cette maison contre la situation fausse dans laquelle s'était placé au point de vue catholique le directeur religieux de cet hospice, du fait de son adhésion à une constitution éminemment schismatique. Aussi celui-ci, le rendant responsable de l'attachement inviolable de ses pensionnaires aux bons principes, le dénonça-t-il aux autorités, et M. Besnard dut quitter cette maison au bout d'un mois et dix jours seulement de présence.

Devenu libre, raconte encore M. *Carron*, l'abbé Besnard, de concert avec quelques autres ecclésiastiques qui partageaient son zèle, s'occupa dès lors « de parcourir la banlieue rennaise, » pour catéchiser, soit en secret, soit publiquement, les fidèles » des paroisses gouvernées soit par des intrus, soit par des » prêtres jureurs, et leur faire toucher du doigt les dangers que » la Constitution civile du clergé faisait courir à l'Eglise de » France ». L'abbé Besnard fut comme l'âme de ces périlleuses missions que l'on étendait jusqu'à deux lieues de la ville. Cet apostolat mit en fureur les révolutionnaires rennais.

Après avoir quitté l'Hôpital général aux débuts de février 1791, à la suite de sa non-prestation de serment, M. Besnard résidait à Rennes, rue Saint-Guillaume, avant l'arrêté pris par le Conseil général d'Ille-et-Vilaine, le 14 avril 1792. Il ne s'y soumit pas et ne fit pas inscrire son domicile à la municipalité, ainsi que le prescrivaient les administrateurs de ce département ; aussi figure-t-il, le 15 juin suivant, parmi les ecclésiastiques pour lesquels les révolutionnaires rennais réclamaient au district « *la déportation, ou tout au moins la réclusion provisoire* », tant et si bien qu'à partir du mois de juillet, ce prêtre dut se soumettre chaque jour à l'appel nominal et ne put plus s'écarter de la ville de Rennes.

40. — Arrêté à son domicile le 14 du mois d'août 1792,

M. Besnard fut incarcéré à Saint-Melaine, puis déporté d'office à Jersey, par Saint-Malo, le 14 septembre suivant.

Son passage aux îles anglo-normandes fut marqué par la plus effroyable tempête : « Placé près de lui sur le même » bâtiment, où pendant une nuit entière, nous nous voyions » souvent à l'instant de périr, raconte M. *Carron*, son compa- » gnon d'infortune, nous étions en présence de ce juste et nous » eûmes occasion d'admirer *sa paix, sa sérénité, son sang-froid*, » au milieu d'un tumulte et de cris occasionnés par la frayeur, » par l'entassement des passagers dans un espace étroit et nous » l'étudiâmes durant ces heures si longues de ténèbres et » d'effroi : jamais une seule parole de plainte ne sortit de sa » bouche. Il ne se permettait de rompre le silence que pour nous » préparer à tous les événements, pour nous animer à la » confiance en Dieu, pour nous montrer cette aimable Provi- » dence, notre ineffable ressource, sans la permission de » laquelle nous ne perdrons jamais un cheveu de nos têtes. »

41. — Ce bon prêtre ne put se résoudre à demeurer inactif sur la terre étrangère, alors que tant de catholiques fidèles manquaient de ministres pour leur administrer les secours de la religion. Deux mois environ après son arrivée à Jersey, vers la fin de novembre 1792, M. Besnard affronta de nouveau, sur une barque fragile les rigueurs de la traversée. Il mit pied à terre sur le déclin du jour aux environs de Cancale, ne s'y arrêta pas et gagna l'intérieur du pays. Il séjourna entre autres à l'Hermitage-Mordelles, où il se faisait passer pour ouvrier agricole, travaillant le jour, à l'instar de saint Paul, pour s'assurer son pain, et la nuit accomplissant son saint ministère auprès des âmes. Afin de lui permettre de circuler plus libre- ment, il prit même un passeport, le 16 mars 1793, auprès de la municipalité de l'Hermitage. On y relève son signalement suivant : « Taille 5 pieds 1 pouce, cheveux, sourcils et barbe » châtains, yeux bleus, nez aquilin, bouche moyenne, menton » court et fourché, front carré, visage ovale et plein, marqué de » petite vérole. »

42. — S'étant mis en route pour revenir dans son pays natal, M. Besnard fut arrêté le 26 mars 1793, vers les 8 heures du soir par une patrouille, alors qu'il cheminait aux environs de Com- bourg, puis après un interrogatoire sommaire, dirigé sur Dol, puis de là sur Rennes.

Aux termes de l'article XVI de la loi du 26 août 1792, la peine qu'encourait M. Besnard en rentrant à cette époque sur le territoire français était celle de dix ans de détention. Il était justiciable, à cette occasion, du tribunal criminel et plusieurs prêtres dans son cas, ne furent jugés et condamnés qu'à cette peine. Cependant l'on tint vis-à-vis de M. Besnard une conduite toute différente. — L'apostolat que cet ecclésiastique zélé exerça auprès de ses compagnons de captivité, ayant irrité au plus haut point les révolutionnaires rennais et les ayant déterminés à chercher par tous les moyens l'occasion de le perdre.

L'abbé *Carron* nous a conservé la teneur d'un billet, rédigé à Rennes par M. Besnard dans la prison de la Porte-Marat où on l'avait incarcéré le 1er mai 1793. On y voit combien sont édifiants les sentiments qui l'animaient : « Ne m'envoyez rien, ni
» personne, jusqu'à ce que je vous écrive moi-même. Ne venez
» point voir vos amis ici ; dans ce moment, qui est de fureur,
» ne vous compromettez pas, ménagez-vous pour le strict néces-
» saire. La prudence l'est aussi. Faites-en usage, mais ne
» devançons point les moments marqués par la Providence.
» Que ces trois vertus marchent de front. Je suis condamné
» pour quinze jours au secret le plus inviolable, *pour avoir*
» *épargné un sacrilège à un (prêtre) intrus.*

» On a, dit-on, opiné pour le « bloc ». Dieu m'a épargné cette
» épreuve. Je lui rends grâces, car on assure que M. Picot a eu
» les doigts des mains et les talons rongés par des rats pendant
» qu'il était au « bloc ». Le Seigneur connaît ce qui nous est le
» plus utile ; il ne me l'est pas sans doute d'être mutilé par les
» rats avant ma mort. La maladie fait des progrès rapides.
» Beaucoup meurent là où il ne peut pénétrer de prêtres.
» *Adorons les desseins de notre Maître* et faisons ce que nous
» pouvons pour le salut de nos frères, en le priant que, par sa
» grâce, il supplée à celle des sacrements dont ils sont privés. »

13. — Le 2 mai 1793, après avoir décidé que le cas de M. Besnard ne pouvait tomber sous l'application de la loi du 18 mars précédent, laquelle n'avait été promulguée à Rennes que le 1er avril suivant, le tribunal criminel d'Ille-et-Vilaine renvoya cet ecclésiastique devant l'un des juges de paix rennais, magistrats dont la compétence était alors beaucoup plus étendue qu'aujourd'hui. Ce dernier laissa passer presque six mois entiers avant d'interroger le prisonnier. Seule l'annonce de la loi fatale des 20-21 octobre 1793 le fit sortir de sa passivité.

C'est le 24 octobre 1793 que M. Besnard comparut devant le juge de paix Lesné. Son interrogatoire, qui a été reproduit intégralement ailleurs, est à lire d'un bout à l'autre. Le confesseur de la Foi y *affirme hautement* sa qualité de *prêtre catholique romain*, son droit à jouir de la liberté de conscience garantie par la Constitution et refuse de répondre, au nom de cette même liberté de conscience, à toute question qui pouvait intéresser le ministère qu'il avait exercé depuis sa rentrée en France. Il se garda également de tout ce qui aurait pu, dans ses paroles, compromettre des tiers, et son interrogateur, n'en pouvant tirer aucun renseignement qui pût lui servir, prit le parti de le faire reconduire à son cachot ; puis il dressa son rapport et le fit parvenir au directeur du jury d'accusation du district de Rennes, — on dirait aujourd'hui le président de la chambre de mise en accusation.

Celui-ci fit subir le 25 novembre un nouvel interrogatoire à l'abbé Besnard, lequel ne nous apprend rien de nouveau concernant cet ecclésiastique ; enfin le 10 décembre, le jury d'accusation, réuni au complet, décida de renvoyer ce prêtre devant le tribunal criminel. Sans doute, les textes n'étaient pas très clairs à son égard, mais les juges révolutionnaires étaient hommes de ressources, et *donner à une loi un effet rétroactif* n'était pas pour les effrayer, quand il s'agissait de se débarrasser d'un « prêtre fanatique ».

44. — Après avoir subi pour la forme un nouvel interrogatoire d'identité, fort bref du reste, M. Besnard, dont le mauvais état de santé avait retardé la comparution devant le tribunal criminel d'Ille-et-Vilaine, M. Besnard, disons-nous, se présenta enfin devant ces juges de sang. On lui reprocha, rapporte l'abbé Carron, d'avoir porté sur lui des « signes de rebellion et de fanatisme prohibés par la Loi », qui consistaient en l'image du *Cœur de Jésus* et l'image du *Cœur de Marie* dont on l'avait trouvé revêtu lors de son arrestation : « Je rends grâces à Dieu, répondit-il à ses juges, de mourir pour avoir porté ces signes de ma foi et de ma confiance ».

M. Besnard fut condamné à mort comme convaincu d'avoir été légalement déporté sans espoir de retour en qualité d'insermenté, et d'être rentré depuis sur le territoire de la République. On eut l'audace de lui faire l'*application rétroactive* des articles V et VI de la loi des 29 et 30 vendémiaire an II (20-21 octobre 1791) pour justifier la peine capitale qu'on voulait lui faire subir.

« Il avoit encore les jambes enveloppées de vésicatoires lors-
» qu'on l'entraîna au supplice ; et son extérieur calme et recueilli
» recélait, à son insu, écrit M. *Carron*, l'ineffable paix dont
» jouissait sa sainte âme. Jusqu'à son dernier moment, il s'entre-

» tint du ciel avec une digne fille de Saint-Vincent-de-Paul, et
» *elle nous a montré*, dit l'auteur précité, le crucifix qu'il portait
» souvent à ses lèvres, en exprimant les sentimens d'amour dont
» son cœur étoit consumé pour Jésus-Christ. Comme il avançait
» vers le théâtre de ses dernières souffrances, il rencontra deux
» habitants de la paroisse de Pléchâtel; il leur dit (mais avec un
» sentiment difficile à rendre), qu'il allait mourir pour la foi de
» Jésus-Christ. »

On n'a pu retrouver l'acte de décès de cet admirable confesseur de la Foi, qui ne figure pas sur les registres de l'état civil de Rennes, mais il suffit, pour justifier sa mort, de reproduire ici l'inscription qui figure en marge de son registre d'écrou, mentionnant sa sortie de prison. La voici : « *J.-B. Besnard, exécuté le 17 pluviôse an II républicain, ou le 5 février 1794.* »

Bibliographie. — L'abbé Carron. *Les Confesseurs de la Foi de l'Eglise gallicane*, 4 in-8°, Paris, 1820, t. III, p. 191-201. — Tresvaux du Fraval, *Histoire de la Persécution révolutionnaire en Bretagne*, 2 in-8°, Paris, 1845, t. I, p. 521-522, — G. de Corson, *Les Confesseurs de la Foi sur le territoire de l'Archidiocèse de Rennes*, in-8°, Rennes, 1900, p. 10-13. — Abbé Lemasson, *Les Actes des prêtres insermentés de l'archidiocèse de Rennes, guillotinés en 1794, publiés d'après les documents originaux*. Rennes, in-8°, 1927, aux bureaux du secrétariat de l'archevêché, p. 16-35. Toutes les pièces officielles des procès des prêtres martyrs sont reproduits *in extenso* dans ce recueil.

II. — Joseph PONTGÉRARD

(Dossier n° 194 des actes du tribunal criminel d'Ille-et-Vilaine, série B, Parlement, aux archives d'Ille-et-Vilaine.)

45. — Joseph Pontgérard, fils de Guillaume et d'Anne Cherel, naquit à la Ville-Jagu, en Augan, le 2 février 1747, et fut baptisé le même jour. S'orientant vers l'état ecclésiastique, il fit son séminaire à Saint-Méen et reçut là la tonsure et les mineurs le 24 septembre 1768, le sous-diaconat le 31 mars 1770, le diaconat le 11 mars 1771. Enfin, il fut honoré du sacerdoce le 30 mars 1772. Ses examens au point de vue intellectuel ne méritèrent jamais que la note « passable ».

Après son ordination, l'abbé Pontgérard obtint le poste de prêtre auxiliaire dans sa paroisse natale, où sa signature apparaît pour la première fois le 20 janvier 1774. Le 28 mars 1776, il prend la qualification de vicaire en titre. Il exerçait encore ces fonctions en 1790. Comme tel, il refusa le serment schismatique, ainsi que son recteur, le 21 février 1791, de même que l'immense majorité des prêtres du clergé malouin. Le 31 mai suivant, il déclara « que sa façon de penser ne lui permettait pas d'accepter la cure constitutionnelle d'Augan à laquelle on l'avait élu ». Ce refus catégorique dressa contre lui les passions révolutionnaires. Le recteur d'Augan, M. Trillard, décrété de prise de corps, ayant pris la fuite, M. Pontgérard assuma seul le poids de la paroisse et les responsabilités. Un ancien carme, le P. Fleury, ayant prêché à Augan, sans avoir prêté serment, le district de Ploërmel s'informait, le 14 juillet 1791, si Pontgérard avait assisté à son discours et autorisé pareille contravention (*Arch. Morbihan*, L 858). — A moitié satisfaits de la réponse de la municipalité qui couvrait son vicaire, les Administrateurs de Ploërmel l'invitaient quatre jours plus tard « à se conduire avec plus de circonspection et à ne pas abuser. » (*Arch. Morbihan*, L 1192). Ces recommandations étaient bien difficiles à observer. Le 3 octobre 1791, les officiers municipaux d'Augan informaient le district que, sur le refus du vicaire Pontgérard de lire en chaire une lettre de l'évêque schismatique Le Masle, ils ont fait l'un d'entre eux donner, après la grand'messe, connaissance de cette pastorale à leurs administrés (*Arch. Morbihan*, L 855). Pour en finir, on supprima, le 20 juillet 1792, le traitement dont l'abbé Pontgérard jouissait encore à cette époque comme remplissant provisoirement des fonctions curiales (*Arch. Morbihan*, L 1200).

Cependant la loi du 26 août 1792 vint rendre sa situation plus difficile encore. Après avoir essayé de lutter durant quelques semaines, le vicaire d'Augan prit un passeport près de sa municipalité, le 23 septembre suivant, après avoir ce jour même béni trois mariages.

45 *bis*. — Durant toute la Révolution, l'île Jersey ne cessa de recevoir des provinces françaises voisines les malheureux, coupables dans leur pays, d'avoir reçu le caractère sacerdotal. Les prêtres fidèles y affluaient et, parce que tous n'avaient pu se munir de ressources suffisantes, il arriva, au bout de peu de temps, que beaucoup se trouvèrent bientôt réduits à la misère. La charité anglaise ne s'était pas encore organisée pour pourvoir à tant de nécessités.

Aussi M. Pontgérard, qui attendait vainement de Bretagne une lettre de change qu'on lui avait promise et dont il avait un urgent besoin, prit-il le parti, six semaines après son arrivée, de revenir à Augan se munir de fonds nécessaires à sa subsistance sur la terre d'exil. Il devait, par la même occasion, rapporter des secours pour un certain nombre de ses confrères déportés. Voilà pourquoi, dès le commencement de novembre 1792, un mois environ après son arrivée dans l'île anglo-normande, le vicaire d'Augan reprenait le chemin de sa paroisse.

Le 2 novembre il était à Saint-Jacut-de-la-Mer; on le vit après à Concoret, à Augan, à Saint-Méen, à Saint-Maden, à Ploubalay; puis, sa récolte de capitaux achevée, tant pour lui que pour MM. Bétaux, Le Bigot, Salmon et Guillotin, sans attendre davantage, M. Pontgérard se rembarqua à Saint-Jacut sur un petit bateau appelé « *le Philippe* ». La traversée commença mal avec une mer dure et des marins à tout le moins fort douteux; et l'on était au troisième jour du voyage, lorsque, le 30 novembre, la corvette de guerre, « *le Furet* », qui croisait au large, intima l'ordre de s'arrêter. M. Pontgérard était prisonnier. Il passa à bord du navire français dans un tel état de souffrance et d'épuisement, résultat du mal de mer, qu'il ne s'aperçut pas davantage de la disparition de son passeport que d'une partie de son argent. Quelques heures après les geôles de Saint-Malo s'ouvraient toutes grandes pour le recevoir ainsi que les matelots qui le passaient à Jersey.

46. — A Saint-Malo, l'abbé Pontgérard subit deux interrogatoires, l'un devant les administrateurs, l'autre devant les juges du district. On insista dans ces deux séances sur l'exportation de numéraire à l'étranger, délit qui venait d'être réprimé par une loi. Pontgérard se défendit en arguant de son ignorance de ces nouveaux règlements. A la suite, le jury d'accusation s'étant prononcé affirmativement sur sa culpabilité de ce chef, on décida, le 27 décembre, de le faire conduire aux prisons de Rennes où, le 6 janvier 1793, on l'écroua dans celle dite de la Porte Saint-Michel, plus tard dénommée Porte Marat.

A Rennes, l'abbé Pontgérard, toujours sous l'inculpation d'avoir exporté du numéraire, comparut le 18 janvier 1793 devant le Tribunal criminel d'Ille-et-Vilaine. Celui-ci décida que l'affaire n'était pas de son ressort, mais relevait du juge de simple police de Saint-Malo. En conséquence, le tribunal lui renvoya l'affaire, l'inculpé devant rester, en attendant la sentence, en état d'arrestation provisoire.

A cette époque, les notables d'Augan, informés de l'arrestation de leur vicaire, lui firent parvenir l'attestation la plus élogieuse qu'ils purent rédiger, le 16 février 1793. Cette pièce ne semble pas du reste avoir pesé d'un grand poids dans les destinées de l'abbé Pontgérard. Deux mois plus tard, le 16 avril 1793, l'ecclésiastique prisonnier subit un nouvel interrogatoire; cette fois de la part d'un des juges de paix de Rennes, délégué à cet effet par son collègue de Saint-Servan. M. Pontgérard y rectifia certaines de ses réponses relativement aux fonds qu'il passait à Jersey et déclara que la plus grosse somme lui était destinée.

46 *bis*. — Après cette séance, on parut oublier le vicaire d'Augan en prison. Quand on se rappela son existence, ce ne fut plus pour l'inculper d'avoir exporté du numéraire, mais chose beaucoup plus grave « *d'avoir émigré sans passeport* », accusation du reste absolument erronée, ainsi que s'en explique, le 11 mars 1794, le Tribunal criminel d'Ille-et-Vilaine. Extrait des prisons de Rennes le 19 août 1793, l'abbé Pontgérard comparut le 24 de ce même mois devant Jean-Joseph-Thomas Houitte, juge du tribunal du district de Saint-Malo. Il lui expliqua comment le jour de son arrestation par la corvette *le Furet*, il avait, accablé qu'il était par le mal de mer, perdu sa veste contenant son passeport et 300 livres d'argent.

La raison de cette inculpation nouvelle. c'était les récentes lois des 18 et 22 mars et des 21 et 23 avril 1793, qui atteignaient spécialement les ecclésiastiques insermentés de la classe de Pontgérard et permettaient de leur infliger des pénalités très rigoureuses. Aussi, bien que le vicaire d'Augan put fournir des *duplicata* des passeports dont on l'accusait de ne s'être pas muni, le jury d'accusation de Saint-Malo opina le 12 septembre suivant pour sa culpabilité de ce chef, et le 30 de ce même mois, le prévenu réintégrait à Rennes la prison Saint-Michel en attendant sa comparution pour la seconde fois devant le Tribunal criminel d'Ille-et-Vilaine. Le 8 octobre 1793, il subit à cette occasion son cinquième interrogatoire. M. Pontgérard y répéta ce qu'on a déjà dit du but et des conditions dans lesquelles s'était effectué son voyage. A l'époque où l'affaire s'était passée, il n'y avait pas alors matière à une condamnation capitale. Les juges n'en doutèrent pas, et comme les prêtres insermentés, ainsi que Pontgérard, ne pouvaient demeurer en France qu'autant qu'ils étaient incarcérés, on laissa Pontgérard continuer de manger le pain de la République à la Porte Saint-Michel, sans rien décider sur son sort.

47. — L'exécution du prêtre *Besnard*, incarcéré depuis le 26 mars 1793, décida de son sort. Le servannais Pointel, l'accusateur public, se souvint de son existence. Il prétendit étendre à l'abbé Pontgérard une loi nouvelle, féroce dans ses articles, exterminatrice du clergé réfractaire. Le 24 février 1794, il rédigea sa « plainte » contre cet « ennemi de la patrie » ainsi qu'il le qualifie. Il y réclame l'application rétroactive des lois des 29 et 30 vendémiaire an II et de leur procédure rapide. Pour lui, Pontgérard, déporté à la suite de la loi du 26 août 1792 comme *insermenté, est rentré sur le territoire français;* il l'avoue, cela suffit, il mérite la mort.

Les prétentions du sieur Pointel étaient tellement illégales, que les juges du Tribunal criminel mirent un mois avant de mettre l'affaire Pontgérard en délibéré, tant il leur semblait odieux d'appliquer à un prisonnier une loi survenue un an après l'époque à laquelle il avait commis le délit pour lequel on le privait de sa liberté. Le tribunal se réunit seulement le 11 mars 1794 pour juger M. Pontgérard, et là encore, ses membres se divisèrent quand il s'agit de rendre la sentence, deux sur quatre opinèrent pour la déportation. On fit venir un cinquième juge départiteur, le citoyen Kerouanton, lequel sans vergogne, fut d'avis que l'accusé s'était bien déporté avec passeport et conformément à la loi en septembre 1792. Mais il avait enfreint son bannissement au mois de novembre suivant en rentrant sur le territoire français. Ce fait étant constant, et avoué, il méritait la peine de mort, les prêtres déportés étant maintenant assimilés aux émigrés.

Condamné à mort le 11 mars 1794, l'abbé Pontgérard fut exécuté comme prêtre catholique romain, le jour même à Rennes, sur la place du Palais, après avoir subi une dure captivité pendant un an et quatre mois dans les horribles cachots de cette époque. Son acte de décès fut dressé le lendemain de son trépas.

47 *bis*. — Ainsi, après avoir à Augan soutenu le bon combat durant les pénibles années 1791 et 1792, M. Pontgérard revenu de l'exil en France afin de se procurer des secours pour subsister sur la terre étrangère, tant pour lui que pour ses confrères, après avoir enduré un emprisonnement cruel et prolongé, expia sur l'échafaud sa qualité de prêtre réfractaire capturé dans les eaux territoriales de la République. On ne peut nier qu'il n'ait péri victime des lois exterminatrices du clergé fidèle et rien, dans sa conduite ou dans ses divers interrogatoires, ne permet de douter qu'il n'ait accepté son supplice avec les sentiments qui font les martyrs.

Le souvenir et le nom de M. Pontgérard sont toujours vivants à Augan où trois de ses petites-nièces existent toujours et conservent pieusement quelques objets mobiliers à l'usage du serviteur de Dieu. Aucun des membres de sa famille ne met en doute qu'il n'ait péri en haine de la Foi.

BIBLIOGRAPHIE. — *Archives départementales du Morbihan*, L 253, 855, 859, 860, 861, 862, 1193, 1195, 1199, 1204. — Guillon, *Les Martyrs de la Foi*, etc., op. cit., IV, p. 355. — Tresvaux du Fraval, *Histoire de la Persécution révolutionnaire en Bretagne*, op. cit., I, p. 522. — Le Mené, *Histoire du diocèse de Vannes*, t. II, art. Augan. — P. Le Falher, *Les prêtres du Morbihan, victimes de la Révolution*, Vannes, in-8° 1921, p. 31-40.

III. — Jacques-Marie CHÊNU

(Dossier n° 196 des actes du tribunal criminel d'Ille-et-Vilaine, série B, Parlement, aux archives d'Ille-et-Vilaine.)

48. — Jacques-Marie CHÊNU, sieur de Boismaury, appartenait à une vieille famille de bourgeoisie servannaise. Né à Saint-Servan-sur-Mer, le 24 septembre 1747, du mariage de Luc, sieur du Bourg, et de Bertranne Berjeaut, il reçut le baptême le lendemain dans l'église de sa paroisse.

Ses parents lui firent donner la meilleure éducation. « Il était fort instruit dans les lettres divines et humaines et surtout dans la physique », écrit de lui l'abbé Manet, son contemporain. Mais le jeune Chênu se destinait à l'état ecclésiastique. Après avoir mérité la note « très bien » à tous ses examens précédant les saints ordres, il reçut la tonsure et les mineurs à Rennes, par dimissoire en date du 30 mars 1772. Il fut fait sous-diacre en septembre de cette année, diacre à la même époque l'année suivante. Enfin, il fut ordonné prêtre à Saint-Malo, le 24 septembre 1774.

48 bis. — Cet ecclésiastique, affligé d'une mauvaise santé et possesseur d'une honnête aisance, ne remplissait point de fonctions publiques à l'époque de la Révolution. Comme on manquait de sujets dans le clergé constitutionnel, la municipalité de Saint-Servan lui demanda cependant de prêter serment à la Constitution civile du Clergé, mais M. Chênu était trop attaché à l'orthodoxie pour se prêter à cette cérémonie indispensable cependant pour sa tranquillité. A Saint-Servan, comme partout en France à cette époque, les pasteurs légitimes furent remplacés par des intrus. Bientôt même, les prêtres réfractaires ne furent plus autorisés à célébrer la messe dans l'église paroissiale. Une déclaration d'honneur de ne pas dire de messe en public fut demandée aux prêtres insermentés et ceux qui refusèrent d'y souscrire furent invités à quitter Saint-Servan dans les 24 heures. Le 18 août 1791, on enquêta sur ceux qui célébraient la messe dans les communautés religieuses. Le 16 septembre suivant, on ordonna la fermeture des portes extérieures des chapelles de communauté et on fit condamner celles des chapelles rurales. Presque toujours malade (quand on l'arrêta, il était porteur de plusieurs médicaments), l'abbé Chênu essaya, pour ne pas être inquiété, de cesser de célébrer la messe en public; ce fut en vain : un prêtre réfractaire au serment schismatique ne pouvait être qu'un ennemi aux yeux des révolutionnaires. Aussi le 14 avril 1792, le Conseil général d'Ille-et-Vilaine ayant décidé de réunir à Rennes tous les prêtres insermentés de ce département qui refuseraient de souscrire par serment la déclaration de ne rien entreprendre contre la Constitution et de ne détourner personne par conseil ou autrement de l'obéissance due à une loi (celle-ci comprenant la Constitution civile), l'abbé Chênu crut devoir quitter sa ville natale et chercher un refuge à *Rouen*, plutôt que de se prêter à cet acte auquel se refusèrent les bons prêtres.

49. — Il demeura dans la capitale de la Normandie jusqu'au 10 décembre 1792. Entre temps, la loi du 26 août 1792 avait banni de France tous les ecclésiastiques qualifiés « fonctionnaires publics ». M. Chênu n'appartenait pas à cette catégorie, il eût donc pu demeurer à Rouen, mais, à cette époque, les prêtres réfractaires, quels qu'ils fussent, étaient partout pourchassés quand on les connaissait comme tels. Fût-il dénoncé, on l'ignore; toujours est-il qu'il s'en revint au Clos-Poulet à la fin de l'année 1792, et que le 2 janvier de l'année suivante, cet ecclésiastique faisait viser par le maire de Paramé, Lemarié, le passeport remis par la municipalité de Rouen, sur lequel ne figurait pas sa qualité de prêtre.

A cette date, il vivait d'après ses propres dires, chez une bonne chrétienne, blanchisseuse de son état, nommée Marie Carimel, veuve Jouan, résidant au village de la Fontaine-au-Pèlerin, commune de Paramé. Celle-ci lui avait accordé asile à la prière d'une de ses filles qui avait été au service de sa famille. L'abbé Chênu demeura caché dans cette demeure hospitalière jusqu'au 1er mars 1794. A cette date, pour gagner la prime, on dénonça sa présence à l'ex-abbé Carron, prêtre apostat, membre du comité révolutionnaire de Paramé et jacobin fougueux. Ravi à la pensée d'arrêter un de ses confrères dans le sacerdoce et de le livrer à la mort, Carron aussitôt commanda une patrouille de gardes nationaux pour ce jour, à la nuit tombante. Rendus à l'habitation de la veuve Jouan, les sans-culottes de Paramé la cernent, placent des sentinelles et commencent leur visite domiciliaire. Un lit vide, encore chaud, confirme leurs soupçons. Ils redoublent leurs perquisitions, de la maison passent dans le cellier et là, sous une grande cuve, découvrent blotti l'abbé Chênu.

Bravement, celui-ci énonça son nom, son domicile antérieur et sa qualité de prêtre insermenté. Et comme on lui demandait les raisons pour lesquelles il se cachait, il répondit ces paroles à retenir *« que la persécution contre les ecclésiastiques était si grande, qu'il ne voulait pas s'exposer aux avanies et aux insultes en se faisant connaître pour ecclésiastique »*.

50. — Aussitôt constitué en état d'arrestation, M. Chênu passa le reste de la nuit aux locaux du Comité de surveillance de Paramé et, le lendemain, on le fit comparaître à Saint-Malo devant le féroce Le Carpentier, représentant du peuple, en mission dans cette ville. De cette entrevue, nul compte-rendu n'est resté, non plus que des quelques jours qu'il passa en prison dans la cité des corsaires, en attendant d'être transféré à Rennes où il fut incarcéré à la Porte Saint-Michel, dite alors Porte Marat, le 14 mars 1794. Quatre jours après, le prêtre proscrit comparaissait devant le Tribunal criminel d'Ille-et-Vilaine. *Il y déclara n'avoir prêté aucun serment*, quoiqu'on lui eût proposé de prêter celui à la Constitution civile du Clergé, (ainsi qu'on l'a déjà dit), serment, ajouta-t-il, qui légalement parlant ne le concernait pas. Quant à celui du 15 août 1792, connu sous le nom de Liberté-Egalité, il assura n'avoir point connu son existence. Du reste, à l'origine, ce second serment ne visait que les prêtres fonctionnaires publics ou pensionnés de l'Etat. Enfin, méconnaissant la tare irrémissible qui s'attachait à sa qualité de prêtre réfractaire, il fit naïvement valoir pour sa défense que, vivant dans une entière retraite, sa présence ne pouvait causer aucun trouble à l'Etat, et que, d'autre part, il ignorait totalement l'existence de la terrible loi des

29 et 30 vendémiaire an II, qui dévouait à la guillotine tous les prêtres réfractaires trouvés errants sur le territoire français.

L'accusateur public, le servannais Pointel, son compatriote et même son parent éloigné, retint cet argument et demanda aux membres du tribunal de s'assurer si cette loi avait été réellement promulguée à Paramé. On fit droit à cette requête. Un délai de huit jours fut accordé pour faire la recherche demandée. Hélas : le résultat fut accablant pour l'abbé Chênu. Sans doute la loi de sang n'était pas parvenue jusqu'à la Fontaine-au-Pèlerin, mais son texte avait été adressé à la municipalité de Paramé, laquelle en avait accusé réception, quitte à ne pas l'avoir publié ensuite.

L'abbé Chênu n'avait plus qu'à se préparer à mourir prochainement. Le jugement le condamnant à la peine de mort comme convaincu d'avoir été sujet à la déportation en qualité d'insermenté et d'être demeuré caché en France, fut rendu le 31 mars 1794, conformément aux articles V, X et XIV de la loi des 29 et 30 vendémiaire an II.

L'exécution de cette sentence eut lieu le même jour sur la place du Palais. L'acte de décès du supplicié fut enregistré le lendemain à l'état civil. Plusieurs personnes, se rattachant en ligne collatérale à la famille de M. Chênu, conservent son souvenir et le regardent comme un martyr victime des lois antireligieuses de l'époque.

BIBLIOGRAPHIE. — Guillon, *Les Martyrs de la Foi*, etc., op. cit. (1821), II, p. 423. — Tresvaux du Fraval, *Histoire de la Persécution religieuse en Bretagne*, op. cit. (1845), II, p. 190. — Guillotin de Corson, *Les Confesseurs de la Foi*, etc., op. cit. (1900), p. 14. — H. Harvut, *Paramé sous la Terreur*, Saint-Malo, in-8°, 1911, p. 11.

IV. — René-Jean-François CLÉMENT

(Dossier n° 201 des actes du tribunal criminel d'Ille-et-Vilaine, série B, Parlement, aux archives d'Ille-et-Vilaine.)

51. — René-Jean-François CLÉMENT, fils légitime de maître Louis Clément, sieur de la Noë, notaire et procureur de plusieurs juridictions seigneuriales, et de demoiselle Vincente Courtois, naquit au bourg de Retiers, le 26 février 1756, et fut baptisé le jour de sa naissance. Ses parents, qui possédaient une petite aisance, ne négligèrent pas de lui faire faire ses humanités et lorsqu'elles furent achevées avec succès le jeune Clément, qui se sentait attiré vers l'état ecclésiastique, entra au Grand Séminaire de Rennes. On le trouve recevant dans cette ville la tonsure et les ordres mineurs le 21 septembre 1776, le sous-diaconat le 4 mars 1778, le diaconat le 19 décembre de cette même année. Enfin il fut fait prêtre à Avranches, en vertu d'un dimissoire en date du 3 mars 1780.

Nommé vicaire à Brielles en 1784, il y demeura jusqu'en 1791 et contribua beaucoup à affermir dans le droit chemin son propre recteur, Germain Cordé, qui refusa le serment et mourut pendant la tourmente, caché à Gennes sa paroisse natale.

52. — Lorsque Le Coz envahit le siège épiscopal de Rennes en 1791, en qualité d'évêque constitutionnel, il publia une lettre, prétendue pastorale, à l'occasion de son installation, et l'adressa à toutes les paroisses du département d'Ille-et-Vilaine. Le maire de Brielles voulut que M. Clément fît la lecture de cette lettre à la messe paroissiale ; celui-ci promit d'en donner connaissance aux paroissiens. Le dimanche suivant, 5 juin 1791, il monta en chaire, et s'attacha à faire ressortir l'opposition qui existait entre la doctrine du nouvel évêque et celle qu'enseignait le catéchisme du diocèse, ainsi que l'Eglise catholique tout entière. Il insista aussi avec force sur l'obligation de demeurer en étroite communauté avec le Saint-Siège sous peine de sortir du giron de l'Eglise.

Dénoncé au district de La Guerche par sa municipalité pour avoir tenu des propos, que ces excellentes gens qualifiaient « d'incendiaires », ainsi que pour avoir traité Le Coz « d'excommunié », l'abbé Clément fut arrêté et traduit, à juste titre, devant le tribunal de ce district, qui, le 18 juin 1791, le condamna à 3 livres d'amende et aux dépens et lui fit défense de séjourner durant deux ans dans le district de La Guerche, et même de s'en approcher à une distance de moins de quatre lieues. (Cf. *Journal des Départements*, etc., du 23 juin 1791.)

53. — L'abbé *Tresvaux du Fraval* a prétendu même qu'à cette occasion l'abbé Clément dut faire plusieurs mois de prison et qu'il profita de sa détention pour composer et faire imprimer en secret une brochure, écrite avec talent et dans laquelle l'auteur réfutait les sophismes de l'évêque intrus. Cet opuscule, paru, dit-il, sous le voile de l'anonymat et dont on a retrouvé un exemplaire, « est rédigé dans un style alerte et contribua, assure Tresvaux, à discréter le schisme et à affermir les catholiques d'Ille-et-Vilaine dans la vraie Foi ».

54. — Banni d'une partie du département, l'abbé Clément se réfugia à Rennes, où sa présence est signalée par les « patriotes » de cette ville, le 15 juin 1792. Dénoncé à cette occasion comme un « perturbateur », cet ecclésiastique sut échapper à toutes les recherches opérées pour le saisir. Quoique directement atteint par la loi du 26 août 1792, qui l'obligeait à se déporter, comme prêtre fonctionnaire public insermenté, il refusa de s'y soumettre, malgré les pénalités qui le menaçaient en cas de désobéissance. Continuant de demeurer caché à Rennes, il s'y dévoua tout entier au salut de ses compatriotes.

René Clément passait les jours et les nuits à entendre les confessions et à procurer les bienfaits de son ministère à tous les fidèles, et particulièrement aux malades. C'est ce qui explique la vénération qu'on lui portait, au témoignage de Mgr *Bruté de Rémur*, et le long souvenir qu'il laissa après lui dans la capitale de la Bretagne. « Le faubourg Saint-Hélier et » les campagnes environnantes étaient spécialement le théâtre » de son zèle, écrit ce témoin contemporain. Un habile dégui- » sement lui permettait de parcourir la ville, et plus d'une fois » il fut témoin de l'exécution de ses confrères ; c'est là qu'il » allait apprendre à bien mourir. »

« Ce fut l'abbé Clément, écrit M. le comte Xavier de Bellevue, dans son volume intitulé *L'Hôpital Saint-Yves de Rennes*, qui, au péril de sa vie, confessa et communia les religieuses augustines de cette maison pour leurs Pâques en l'an 1794.

» Les cachettes où l'abbé Clément se réfugiait étaient aussi » multipliées que ses déguisements. On cite encore, rapporte » l'abbé Guilhard, plusieurs maisons de la campagne de Saint- » Hélier qui lui servaient d'abri, à lui et ainsi qu'à d'autres » prêtres proscrits comme lui et heureux de réchauffer leur » âme au foyer de ses lumières et de sa charité. »

55. — Lorsque René Clément fut arrêté, le 2 avril 1794, ainsi que le raconte le procès-verbal qui a été publié ailleurs, il venait d'administrer un malade et il portait encore sur lui l'huile des infirmes qu'accompagnait une image du Sacré-Cœur de Jésus.

Conduit à la prison de la Porte Saint-Michel, qu'on appelait alors la Porte-Marat, il fut traduit trois jours après devant le Tribunal criminel. En face de ses juges, il *confessa hautement sa foi* et déclara n'avoir point prêté le serment à la Constitution, parce qu'il le regardait comme « *un acte répugnant à sa cons- cience* ». Les autres réponses de M. Clément furent aussi fermes que prudentes et ne fournirent à son interrogateur nul détail pouvant lui permettre d'inquiéter quelque catholique. On a du reste publié ailleurs le texte de cet interrogatoire.

Bien que ce bon prêtre se fût contenté, d'après ses dires, d'exhorter les personnes qu'il fréquentait « à la patience », bien nécessaire en ces temps malheureux, il avait le tort inexcusable d'être prêtre insermenté ; aussi, le jour même de son interrogatoire, les juges, « dans l'intérêt républicain » (textuel), le condamnèrent-ils à la peine de mort « *comme convaincu d'avoir été sujet à la déportation* (en qualité d'insermenté) *et d'être resté caché en France*, en contravention avec la loi ». De plus, pour bien montrer l'esprit qui les animait, ces Jacobins forcenés ordonnèrent qu'au pied de l'échafaud sur lequel l'abbé Clément perdrait la vie, *on brûlerait le reliquaire orné d'un Sacré-Cœur* que ce prêtre portait sur lui lors de son arrestation.

M. Clément fut exécuté sur la Place d'Armes de Rennes, le jour même de sa condamnation, ainsi qu'en fait foi son acte de décès, conservé sur les registres de l'état civil de cette ville pour l'an II.

56. — M. Clément était très aimé et très vénéré des catholiques rennais. Longtemps après sa mort, a consigné Mgr Bruté de Rémur dans ses *Souvenirs*, ceux qui l'avaient connu ne parlaient jamais de lui sans ajouter en soupirant : « Ce pauvre M. Clément ! ce digne M. Clément ! » Quelques personnes à Brielles conservent encore pieusement son souvenir, sa famille est éteinte dans son pays natal.

Un vicaire de Brielles, M. Guet, arrivé dans cette localité en 1837, a noté certains souvenirs qu'il recueillit à cette époque sur M. Clément « de gens d'une probité reconnue ». Ce digne ecclésiastique au dire des personnes interrogées, « se distingua dans la lutte contre la Constitution civile du clergé, et c'est grâce à lui que les autres prêtres de Brielles ne tombèrent pas dans le schisme ».

On conservait alors à Brielles sa mémoire en vénération et la génération qui l'avait connu, le considérait comme un martyr.

Bibliographie. — Guillon, *Les Martyrs de la Foi, durant la Révolution Française*, 4 in-8°, Paris, 1821, t. II, p. 442. — Tresvaux du Fraval, *Histoire de la Persécution révolutionnaire en Bretagne*, op. cit., t. II. p. 19 et 20. — Guillotin de Corson, *Les Confesseurs de la Foi*, etc., op. cit., p. 20-22. — *Revue de Bretagne et Vendée*, années 1860 et 1861. — *Arch. Nat.*, AA 42, plaq. 2. — Abbé Lemasson, *Les Actes des prêtres insermentés de l'arch. de Rennes*, etc., op. cit., p. 36 et 251, où figurent toutes les pièces officielles de la condamnation à mort de M. Clément.

V. — Anne-Guillaume HERBERT DES LONGRAIS

(Dossier n° 198 des actes du tribunal criminel d'Ille-et-Vilaine, série B, Parlement, aux archives d'Ille-et-Vilaine.)

57. — Anne-Guillaume HERBERT DES LONGRAIS naquit à Saint-Jean de Rennes le 2 juin 1742, de Pierre, procureur au siège présidial de cette ville, et de Jeanne Morel, laquelle au trépas de son mari, épousa Joseph-Jean d'Aubert de Langeron.

Nous trouvons le jeune Anne-Guillaume ordonné sous-diacre, le 6 avril 1776, et diacre le 20 septembre suivant. L'évêque de Rennes l'éleva au sacerdoce, le 20 septembre 1777, sans l'attacher à aucune paroisse, ce qui permit à ce ministre des autels de se vouer à l'éducation de la jeunesse vers laquelle il se sentait porté.

Une tradition digne de foi veut que M. Herbert des Longrais ait été précepteur d'Hippolyte-Guillaume de Rosnyvinen, comte de Piré, qui devint plus tard un des généraux les plus distingués du Premier Empire. S'il est certain que ce prêtre n'était pas alors le titulaire officiel de la chapelle du château du Fouesnel, résidence à cette époque de la famille de Piré, rien n'empêche qu'il ait été le desservant de cette chapellenie, les deux titres n'étant pas obligatoirement liés l'un à l'autre et d'autre part, l'abbé Herbert put d'autant plus facilement donner des leçons au jeune Rosnyvinen, qu'il se trouvait à cette époque *chargé de l'école de Louvigné-de-Bais*. Il existait, en effet, dans cette paroisse une fondation faite pour procurer l'instruction aux jeunes garçons et particulièrement aux enfants pauvres. En 1790, une *déclaration*, faite à la municipalité, prouve que le général de la paroisse nommait ce maître d'école qui était alors *M. Herbert des Longrais*, et que celui-ci jouissait à Louvigné « des maisons d'école et d'un revenu de 200 livres, à la charge de dire douze messes par an et d'enseigner les garçons suivant le règlement prescrit par le général. » (Guill. de Corson : *Pouillé de Rennes*, III, p. 422).

58. — La Révolution vint bouleverser la paisible existence des habitants de Fouesnel et de Louvigné : la famille de Rosny-vinen émigra à l'étranger. Quant à l'école des garçons, elle fut considérée comme étant une école municipale et l'on voulut obliger l'instituteur, M. Herbert, à prêter, en qualité de *fonctionnaire public, le serment à la Constitution civile du Clergé ;* ce que le digne prêtre refusa énergiquement dès janvier 1791.

Avec l'intelligence qui le distinguait, M. Herbert des Longrais avait compris de bonne heure les tendances schismatiques des partisans du nouvel état de choses. Il consacra dès lors toutes ses facultés à sanctifier les âmes, éclairant les unes et fortifiant les autres. « Caché dans le pays de Louvigné, raconte l'abbé Guilhard, il rendait aux fidèles, au péril de sa vie, tous les services du ministère sacerdotal. Des révolutionnaires de *Bais* et de *Moulins* le dénoncèrent au Comité de Louvigné, comme troublant les âmes des bons patriotes et se permettant d'administrer les sacrements en dépit des lois nouvelles. En conséquence, il fut décrété d'ajournement le 16 février 1791 pour avoir, le 14, « annoncé publiquement à la post-communion de la messe paroissiale un prétendu bref du pape improbatif de la Constitution civile ». Il dut s'éloigner de Louvigné à la suite de cet événement et se réfugia à Vitré, puis au Tremblay, chez son frère, fougueux révolutionnaire, et enfin à Rennes, chez sa mère, où le 28 avril 1792, on signale sa présence, rue Reverdiais. On le qualifie à cette occasion de non-fonctionnaire public, ci-devant chapelain du Fouesnel, en Louvigné ». Le mois de juillet suivant, on trouve cet ecclésiastique pétitionnant, vainement du reste, contre l'arrêté pris le 30 juin précédent par la municipalité rennaise et dont on a publié le texte dans un travail spécial. On constate encore, le 9 août de cette année, la présence de ce prêtre dans la capitale de la Bretagne, puis son nom disparaît des documents officiels. Dès lors, commence pour lui l'existence pleine de périls d'un ecclésiastique proscrit.

59. — Il est certain qu'il fit *beaucoup de ministère* caché durant les deux années qui s'écoulèrent entre cette époque et son arrestation. *De nombreux actes de baptêmes et de mariages,* célébrés par lui clandestinement et *annexés à son dossier conservé aux Archives d'Ille-et-Vilaine,* l'affirment. Avec eux figure un *ordo* romain imprimé à Fougères pour l'année 1793 : preuve péremptoire qu'aussi longtemps qu'il le put, l'abbé Herbert se conforma, en dépit des difficultés, au grand devoir de la prière publique.

60. — Le 10 mars 1794, M. des Longrais se trouvait depuis quelques jours à peine dans une chambre ignorée sous le porche

de la Reverdiais, rúe d'Antrain, chez un tailleur nommé Quesla-
voine, quand un stupide dénonciateur, alléché par la prime de
100 livres attribuée à celui qui livrerait un prêtre réfractaire, le
signala au Comité révolutionnaire de Rennes, pourvoyeur
attitré de la guillotine à cette époque. Arrêté dans la soirée du
jour précité, M. des Longrais fut aussitôt incarcéré à la tour
Le Bat et, le surlendemain, les membres du Comité qui l'avaient
fait emprisonner l'interrogèrent. Ses réponses, empreintes à la
fois *de prudence et d'une grandeur d'âme peu communes*,
remplissent d'admiration et sont dignes des martyrs des premiers siècles. On présenta à M. Herbert, dans la circonstance,
plusieurs objets de piété dont il était détenteur et qui avaient
été saisis sur sa personne lors de son arrestation ; alors se
passa une scène que ne relate pas le procès-verbal officiel, mais
que l'on trouve rapportée dans les récits du temps : « Au
nombre des objets présentés comme pièces à conviction, se
trouvait une boîte d'argent remplie *d'hosties consacrées*. A cette
vue, M. Herbert pâlit soudainement, se jeta à genoux et supplia
les révolutionnaires présents de bien vouloir lui rendre ce précieux dépôt. Mais ses instances demeurèrent inutiles et il eut
l'inconcevable douleur de voir profaner indignement en sa présence la très sainte Eucharistie. » Ces profanations, on le verra
tout à l'heure, devaient être poussées bien davantage encore.

61. — Ce fut le 31 mars 1794 que le tribunal criminel
d'Ille-et-Vilaine condamna à la peine capitale Anne-Guillaume
Herbert, comme prêtre réfractaire demeuré en France et
s'obstinant à exercer les fonctions du ministère sacerdotal ; les
biens du condamné furent déclarés confisqués au profit de la
République.

A la lecture de cette sentence, la joie la plus vive se peignit
sur le visage du martyr. « Ses compagnons de détention, en le
voyant rentrer au milieu d'eux sous cette impression, crurent
tout d'abord qu'il était acquitté et se mirent à le féliciter. » —
« Oui, félicitez-moi, répondit l'abbé Herbert, demain je quitterai
ce monde pour un monde meilleur. En attendant, je suis à la
disposition des âmes qui désirent profiter une dernière fois de
mon ministère. »

Sa nuit entière fut consacrée à entendre des confessions et
le condamné donnait sa dernière absolution quand les exécuteurs vinrent le prendre pour le conduire au supplice. En y
marchant, il chantait des hymnes et des cantiques et la foule
pleurait autour de lui. Il gravit les degrés de l'échafaud en

regardant le ciel. Sa tête tomba sous la main malhabile d'exécuteurs novices qui le firent cruellement souffrir et son âme s'envola dans le sein de Dieu. Ses reliques, ravies à notre vénération, furent jetées dans la fosse commune et recouvertes de chaux vive, mais au dernier jour elles ressusciteront glorieuses. On ne saurait douter que les HOSTIES SAISIES AVEC M. DES LONGRAIS FURENT BRÛLÉES près de lui au pied de l'échafaud. Tout horrible que soit cet acte, qui nous dépeint sous son vrai jour la mentalité des Jacobins; le texte du jugement de l'abbé des Longrais est formel et l'huissier qui fut chargé de constater cette opération sacrilège en a laissé un procès-verbal, qui a été reproduit ailleurs.

BIBLIOGRAPHIE. — Abbé Carron, *Les Confesseurs de la Foi de l'Eglise gallicane*, op. cit., t. II, p. 207-209. — Guillon, *Les Martyrs de la Foi*, etc., op. cit., t. III, p. 290. — Tresvaux du Fraval, *Histoire de la Persécution*, etc., op. cit., t. I, p. 523. — Guillotin de Corson, *Les Confesseurs de la Foi*, etc., op. cit., p. 17-19. — Abbé Lemasson, *Les Actes des prêtres insermentés de l'archidiocèse de Rennes*, etc., op. cit., p. 42-50, où l'on trouve reproduits tous les actes officiels du procès de M. Herbert.

VI. — Pierre-Julien ORESVE

(Dossier n° 225 des actes du tribunal criminel d'Ille-et-Vilaine, série B, Parlement,
aux archives d'Ille-et-Vilaine.)

62. — Pierre-Julien ORESVE vit le jour à Bédée, dans l'ancien diocèse de Saint-Malo le 1er janvier 1765, du mariage de Julien et d'Olive Le Brumant. Ses parents, lui voyant des inclinations pour l'état ecclésiastique, l'envoyèrent étudier à Dinan, au collège des Laurents. Ses supérieurs le notèrent comme de bonnes mœurs et doué d'un bon caractère. Quant à ses examens, sans être brillants, ils lui méritèrent toujours cependant la cote au moins « *passable* », et même parfois « *assez bien* ».

Le jeune Oresve reçut un dimissoire pour recevoir, à Rennes, la tonsure et les mineurs, le 17 septembre 1785. Il fut ordonné sous-diacre, puis diacre à Saint-Méen, les 2 juin 1787 et 21 septembre 1788. Enfin, Mgr de Pressigny lui conféra la prêtrise, dans cette même localité, le 6 juin 1789.

Après le sacerdoce, l'abbé Oresve demeura dans sa paroisse natale, où son recteur demanda pour lui des lettres de *vicaire*, à la fin de l'année 1790. Au reste, au cours de cette année, si on en juge par les registres de catholicité, cet ecclésiastique se mettait dès auparavant à la disposition du clergé de sa paroisse pour tous les services en son pouvoir.

63. — Pas plus que le recteur et l'autre vicaire de Bédée, l'abbé Oresve ne prêta serment. Le 6 avril 1791, la municipalité de cette localité faisait savoir aux administrateurs du district de Montfort « que MM. Jolives, curé, Chênard, vicaire, et Oresve, faisant fonctions de second vicaire, *ont formellement refusé le serment prescrit par la Loi* et que leurs dispositions actuelles ne semblent pas annoncer qu'ils s'y soumettront ».

La signature de M. Oresve apparaît pour la dernière fois sur les registres de Bédée le 30 septembre 1791. D'après ses propres dires, ce prêtre dut abandonner sa paroisse le 3 février de l'année suivante, chassé vraisemblablement par la présence d'un curé intrus, lequel détermina le procureur-syndic de sa commune à lui intimer l'ordre de se retirer à trois lieues de son pays natal.

64. — Depuis lors, cet ecclésiastique fut sans domicile fixe, se retirant soit chez ses frères, soit chez une parente dans la paroisse de Cintré, parfois même revenant se reposer chez sa mère, « mais, le plus souvent (suivant ses paroles), passant son temps à *vicarier* dans les granges, greniers à foin et autres lieux, se cachant et couchant dans les fossés et les barges de paille ».

L'abbé Oresve n'obéit pas plus en effet à l'arrêté du 14 avril 1792 du Directoire d'Ille-et-Vilaine qu'à la loi du 26 août suivant qui le jetait sur les routes de l'exil. Demeuré en France, malgré les périls considérables auxquels il s'exposait, il rendait à Bédée et dans les paroisses voisines tous les services possibles aux populations, alors privées du culte catholique romain. Son dévouement devait lui coûter la vie.

65. — Suivant le procès-verbal de l'arrestation de M. Oresve, daté du 13 juin 1794, lequel on a reproduit ailleurs, ce prêtre se reposait sur un banc, à l'extérieur de la ferme des Couettes en Cintré, exploitée par une de ses parentes, s'y croyant en sécurité, quand un détachement des chasseurs d'Evreux survint. Le prêtre proscrit étant rentré précipitamment, à leur vue, c'en fut assez pour occasionner une visite domiciliaire, au cours de laquelle on le découvrit caché sous un lit. Aussitôt arrêté, on le conduisit à Montfort, où il subit un premier interrogatoire. Avec lui furent emmenées prisonnières des religieuses qui s'étaient trouvées bien malencontreusement arriver en ce moment chez M. Oresve pour se confesser.

Le lendemain de son incarcération à Montfort, l'abbé Oresve fut conduit à Rennes avec le prêtre Pairier, arrêté depuis le 10 juin précédent. On les remit entre les mains du Comité révolutionnaire de Rennes. L'interrogatoire que dut subir l'ex-vicaire de Bédée a été conservé et il a été reproduit ailleurs. Il abonde en détails intéressants qui éclairent sur la mentalité de ce confesseur de la Foi. On voit vraiment que ce n'étaient nullement les sentiments royalistes qui animaient la conduite de ce bon prêtre, mais seulement son attachement à la religion romaine.

Il n'hésite pas à répondre « qu'il aime les lois républicaines dans *la mesure où elles n'attaquent pas la liberté de sa conscience*, et qu'il lui est, *en soi*, égal de vivre sous les lois républicaines ou sous celles de la monarchie ». Quant au serment constitutionnel, il ne l'a pas prêté, dit-il, parce *qu'il répugnait à sa conscience*. Toutes ses autres paroles témoignent, par ailleurs, tant du désir de ne pas blesser la vérité que de sa volonté de ne compromettre personne pour lui avoir donné asile. S'il cite ses deux frères et sa mère comme l'ayant caché de temps à autre, c'est qu'il supposait que cette action, si naturelle de la part de ses proches, ne pouvait leur être imputée à crime. Les personnes qu'il avoue avoir confessées sont mortes, et le prêtre Eveillard, qu'il a fréquenté, est lui aussi trépassé en prison.

66. — Son interrogatoire achevé, l'abbé Oresve fut conduit à la Tour Saint-Michel ; c'était alors l'antichambre du Tribunal criminel, infatigable pourvoyeur de la guillotine. On l'y laissa deux jours seulement. Le 18 juin 1794, le courageux prêtre comparaissait devant Demeaux, l'un des juges du Tribunal criminel, afin d'y subir l'interrogatoire d'identité prescrit par la loi. Il y renouvela ses déclarations déjà faites au Comité révolutionnaire rennais. Il ajouta même qu'étant en 1790 aumônier de la garde nationale de Bédée, il avait à cette époque prêté comme citoyen serment à la nouvelle Constitution que s'étaient donnée les Français (1) ; qu'il était, *au début*, partisan des réformes que la Révolution avait apportées au pays, qu'il avait même fait de la propagande autrefois en faveur du nouveau

---

(1) A cette époque, la constitution civile n'était pas encore décrétée.

régime, mais, distinguant bien nettement ce qui relevait du temporel de ce qui dépendait du spirituel, il prit bien soin d'ajouter « *qu'il n'avait pas cru pouvoir prêter le serment comme vicaire* ».

De telles preuves de « fanatisme » ne pouvaient manquer d'attirer sur sa tête les foudres de la loi. Du reste, les termes de celle-ci ne laissaient aux insermentés aucun échappatoire. Dix-huit mois durant, Oresve avait mené une existence digne des confesseurs de la Foi de la primitive Eglise. Il méritait la même récompense; elle lui fut accordée. Le 17 juin, ce digne ecclésiastique s'entendit condamner à la peine capitale comme « convaincu d'avoir été sujet à la déportation [comme insermenté] et d'être demeuré caché en France au mépris de la Loi ».

Julien-Pierre Oresve marcha au supplice le lendemain du jour où il avait été condamné et rendit à Dieu sa belle âme, comme saint Etienne, dans la première fleur de sa jeunesse sacerdotale.

L'enregistrement de son décès fut fait à l'Hôtel de Ville de Rennes dans les termes suivants, qui n'indiquent pas le lieu où il fut exécuté :

« Jullien Oresve, ex-prêtre habitué de Bécherel [lire Bédée], sans qu'il y ait de plus amples instructions, est décédé le 1er messidor an II (19 juin 1794). »

67. — « Le souvenir de ce prêtre est demeuré vivant dans les paroisses de Bédée et de Cintré, qu'il édifia par ses vertus et qu'il maintint dans la Foi catholique grâce à son zèle infatigable. » Une petite-nièce portant son nom vit encore aujourd'hui à Bédée. Elle aime à s'entretenir de son oncle martyr et conserve pieusement divers objets lui ayant appartenu.

BIBLIOGRAPHIE. — Guillon, *Les Martyrs de la Foi*, op. cit., t. III, p. 172. — Tresvaux du Fraval, *Histoire de la Persécution révolutionnaire en Bretagne*, op. cit., t. II, p. 22. — Guillotin de Corson, *Les Confesseurs de la Foi*, etc., op. cit., p. 30-32. — Abbé Lemasson, *Les actes des prêtres insermentés de l'archidiocèse de Rennes*, etc., op. cit., p. 70-81 ; on trouvera dans cette publication tous les documents officiels concernant M. Oresve.

VII. — Charles PAIRIER

(Dossier n° 244 des actes du tribunal criminel d'Ille-et-Vilaine, série B, Parlement, aux archives d'Ille-et-Vilaine. Cf. en plus, même dépôt, les dossiers des comités révolutionnaires de Rennes, Montfort et Bécherel.)

68. — L'abbé PAIRIER, fils de Pierre et de Julienne Thé, naquit au village de la Hardouinais, en Miniac-sous-Bécherel, le 17 mars 1747. Ses parents l'envoyèrent étudier à Dinan, au collège des Laurents, où il finit sa philosophie en 1767. Il subit tous ses examens préparatoires à l'admission aux saints ordres avec la mention « *passable* » et reçut la tonsure et les mineurs à Dol, par dimissoire en date du 9 septembre 1767. Il attendit pour le sous-diaconat jusqu'au mois de mars 1772, et c'est encore des mains de Mgr de Hercé qu'il reçut le premier des ordres sacrés. Il fut fait diacre à Rennes, par dimissoire en date du 30 mars de cette même année, mais c'est son évêque, Mgr des Laurents, qui lui conféra la prêtrise à Saint-Sauveur, en Saint-Malo, le 27 mars 1773, à l'âge de 26 ans. (*Arch. d'I.-et-V.*, G, 89.)

M. Pairier, après son ordination sacerdotale, demeura dans sa paroisse natale, où il habitait avec sa mère, au village de la Hardouinais. Il y jouissait de l'affection et de l'estime de ses concitoyens, lesquels, à l'élection des municipalités, le choisirent pour le premier maire de Miniac. Il sut si bien s'acquitter de ses fonctions, qu'elles lui furent continuées jusqu'au mois de septembre 1792, date de l'application de la Loi du 26 août précédent.

69. — Lorsqu'à cette époque, le recteur de Miniac, dut prendre la route de l'exil, comme insermenté, M. Pairier le remplaça dans ses fonctions et signa tous les baptêmes de ses compatriotes depuis le 9 septembre jusqu'au 14 du mois suivant. A ce moment, la tenue des registres d'Etat civil ayant passé aux laïques, il n'est plus possible de constater, documents en mains, le ministère qu'il accomplit près de ses concitoyens, mais des historiens assurent « qu'il leur fit beaucoup de bien par les secours spirituels qu'il donnait aux fidèles ».

N'étant pas considéré par la loi comme fonctionnaire public ecclésiastique, M. Pairier put demeurer ouvertement dans sa paroisse, quoique réfractaire, jusqu'à la promulgation de la Loi des 21 et 23 avril 1793, qui condamnait à la déportation à la Guyane tout prêtre ou religieux qui n'aurait pas au moins prêté le serment du 14 août 1792. Or, l'abbé Pairier, on le sait par ses interrogatoires, *ne préta jamais comme prêtre aucun des serments prescrits par les lois qui réglaient le sort du clergé catholique.* Cependant, malgré les sanctions redoutables auxquelles il s'exposait, cet ecclésiastique continua d'habiter Miniac, où il pouvait se croire en sécurité, si l'on s'en rapporte à un épisode qui eut cette paroisse pour théâtre, le 1er novembre 1793. A cette date, vers les 11 heures du matin, le maréchal des logis Ignace Davonay et Joseph Grolard, tous deux gendarmes de Hédé, se trouvant à Miniac, rencontrèrent l'abbé Pairier, « *qu'ils sommèrent de les suivre* », ce qu'il se refusa d'exécuter. Ils tentèrent alors, prétendirent-ils ensuite, de l'entraîner de force, « mais plusieurs particuliers présents coururent au bourg et bientôt un attroupement d'environ 25 personnes » se forma autour des représentants de la force publique, qui, se voyant en péril, relâchèrent leur prisonnier.

70. — Malheureusement, le 10 du mois de juin de l'année suivante, comme l'abbé Pairier revenait de Saint-Pern dans la soirée, il tomba dans le bourg de Miniac au milieu d'une patrouille composée de gardes nationaux de Bécherel. Des témoins contemporains assurent que ces hommes étaient assez disposés à laisser aller le bon prêtre, « mais ils en furent empêchés par un ancien habitant de Miniac, qui se trouvait parmi eux, lequel insista beaucoup pour qu'on le retînt ». On conduisit M. Pairier d'abord à Bécherel, puis à Montfort, le 12 juin, et enfin à Rennes, où il fut enfermé dans les prisons de la Porte Saint-Michel.

Non seulement l'abbé Pairier pardonna à cet homme qui le livrait à ses bourreaux, mais en digne disciple de Jésus-Christ, il recommanda plusieurs fois à ses parents, dit Tresvaux du Fraval, « de ne vouloir aucun mal à celui qui s'était montré » si cruel à son égard, et les pria même de lui faire du bien. » ainsi qu'à sa famille, si l'occasion s'en présentait ».

71. — Les *Souvenirs* de Mgr Bruté renferment une émouvante page sur l'abbé Pairier : « Ma mère, écrit l'évêque de Vincennes, le vit passer sous ses fenêtres se rendant au palais de justice. Elle fut frappée de l'aspect remarquable de M. Pairier, un grand prêtre à cheveux gris, aux traits célestes et à la démarche pleine de dignité; et en ce moment elle fut témoin d'une circonstance qui donnera l'idée de l'esprit de l'époque, mieux qu'une longue description.

» La guillotine était à Rennes dressée en permanence sur la place publique, souvent ensanglantée et portant parfois des têtes exposées. En passant avec leurs prisonniers pour se rendre au tribunal, les gendarmes avaient l'habitude d'appeler l'attention de leurs victimes sur l'instrument fatal, et les forçaient à le regarder. — « Regarde donc, dit l'un d'eux à M. Pairier; dis donc bonjour à madame la guillotine ; ne vas-tu pas l'épouser ? » — Et la foule criait en même temps : « A la guillotine ! A la guillotine ! » — Cet ecclésiastique ne parut pas faire attention au propos de son gardien et ne détourna pas la tête, mais il continua à marcher modestement à la suite des autres prisonniers. Le gendarme, offensé de ce que M. Pairier n'eût pas obéi à son ordre, lui donna un coup violent au visage, en disant : « Veux-tu regarder où je te dis ? Tu seras bientôt là toi-même ! » — « Je la vois, », répondit tranquillement M. Pairier. » Ces mots me furent rapportés par des témoins très rapprochés des prisonniers; mais le soufflet ne sortit pas de la mémoire de ma mère, et de longues années après, elle en parlait souvent à l'occasion de ces terribles scènes : « De tous ceux que j'ai vus se rendant au tribunal et de là à l'échafaud, aucun n'avait un aspect si vénérable que M. Pairier (1). »

72. — L'interrogatoire de l'abbé Pairier par un juge du Tribunal criminel fait défaut dans son dossier, mais cet interrogatoire, simple constatation d'identité d'après les termes de la loi, manque habituellement d'intérêt. En revanche, nous en possédons trois autres que l'on a publiés ailleurs et qui éclairent parfaitement sur la mentalité de cet ecclésiastique, lequel, d'après ses réponses, n'était nullement l'ennemi des réformes que l'Assemblée Constituante avait réalisées en France, si elles se fussent tenues dans leur domaine propre et n'eussent point touché à la Constitution même de l'Eglise. Il était, dit-il, demeuré dans sa paroisse natale, confiant dans la sympathie dont il jouissait parmi ses compatriotes, auxquels il rendait des services de toutes sortes, tout en étant « navré des événements dont il était témoin ». Par ailleurs, les réponses de M. Pairier témoignent de beaucoup de circonspection. Il prend garde de fournir de nouveaux arguments contre lui à ses accusateurs et ne leur avoue que ce qui lui est impossible de leur cacher : telle sa réponse dans laquelle il prétend n'avoir jamais célébré

---

(1) *Souvenirs de la Persécution révolutionnaire à Rennes* (*Revue de Bretagne et de Vendée*, VIII, 454) et *Vie de Mgr Bruté de Rémur*, in-8°, Rennes, 1887.

la messe depuis dix-huit mois. Il évite aussi soigneusement tout ce qui pourrait compromettre des tiers et, à part sa mère et ses sœurs, il prend garde de nommer quelqu'un, sachant par avance combien une imprudence de langage de sa part serait terrible pour la personne qui en serait l'objet.

M. Pairier fut condamné le 16 juillet 1794 à la peine de mort par le Tribunal criminel d'Ille-et-Vilaine. Les motifs invoqués pour justifier cette sentence, on les a déjà vus appliquer plusieurs fois : le prévenu est demeuré, quoique insermenté, sur le territoire français, en violation de la loi qui expulsait du sol de la République révolutionnaire tous les prêtres « fanatiques ».

Le lendemain 17 juillet, M. Pairier subit le châtiment mérité pour une faute aussi impardonnable. Il fit preuve en la circonstance des mêmes sentiments de Foi et de piété dont il avait fait montre précédemment. S'il ne put égrener, en marchant au supplice, le chapelet qu'il portait sur lui lors de son arrestation, et que le Comité révolutionnaire de Rennes lui avait confisqué « comme un signe de ralliement pour les brigands », ses lèvres murmurèrent bien souvent le nom de Marie jusqu'à ce que le couperet de la guillotine vînt jeter son âme entre les mains de Celle qu'il avait tant de fois invoquée.

Nombreuses sont encore à Miniac-sous-Bécherel et à Saint-Pern les personnes qui s'honorent de leur parenté avec M. Pairier. Sa maison d'habitation est encore possédée par un des membres de sa famille. Tout ce monde est persuadé de son martyre.

Bibliographie. — Guillon, *Les Martyrs de la Foi*, op. cit., t. IV, p. 231, qui orthographie Perrier. — Tresvaux du Fraval, *Histoire de la Persécution révolutionnaire en Bretagne*, op. cit., t. II, p. 23-24. — Mgr Bruté de Rémur, *loco citato*. — Guill. de Corson, *Les Confesseurs de la Foi de l'Archidiocèse de Rennes*, op. cit., p. 42-44. — L'abbé Lemasson, *Les Actes des prêtres insermentés de l'archidiocèse de Rennes*, etc., op. cit., p. 82-91, a publié toutes les pièces officielles du procès de M. Pairier.

VIII. — Jean-Baptiste TOSTIVINT

(Dossier n° 257 des actes du tribunal criminel d'Ille-et-Vilaine, série B, Parlement, aux archives d'Ille-et-Vilaine.)

73. — Jean-Baptiste-François-Marie Tostivint naquit à Landujan, alors du doyenné de Plumaudan et de l'évêché de Saint-Malo, le 31 juillet 1754, d'une de ces pieuses familles qui se font un honneur de fournir à l'Eglise un prêtre à chacune de leurs générations.

Son père, Jean Tostivint, et sa mère, Anne Tostivint, cultivateurs recommandables par leurs vertus, l'envoyèrent étudier à Dinan, au Collège des Laurents, puis il passa au Séminaire de Saint-Méen, où les Lazaristes le formèrent aux sciences sacrées.

L'abbé Tostivint reçut la tonsure et les ordres mineurs le 24 septembre 1774. Il fut ordonné sous-diacre à Dol, par dimissoire en date du 16 mars 1776, et diacre le 15 mars 1777. Enfin son évêque, Mgr des Laurents, l'éleva au sacerdoce le 19 septembre 1778, dans la chapelle de Saint-Méen.

Ses notes de Séminaire, qui ont été conservées, ne renseignent que sur la valeur intellectuelle de ses examens, qui furent jugés « passables » en général. On lui trouva aussi « de la voix et du chant ». (*Arch. d'I.-et-V.*, G, 98.)

Employé comme précepteur des enfants de M. et Mme de Bedée, sieur et dame du Moulin-Tizon, aussitôt après sa prêtrise, M. Tostivint conserva ces fonctions environ deux ans. L'éducation de ses élèves achevée, il demeura dans sa paroisse natale en attendant un poste et, le 14 avril 1783, il y obtint la desserte de la chapellenie des *Aubry*, en Landujan. Le 10 septembre suivant, il reçut des lettres de vicaire pour l'importante paroisse d'Evran, où il déploya son zèle jusqu'au mois de septembre 1792.

74. — Lorsque se déchaîna la Révolution, l'abbé Tostivint *se refusa à faire dans les termes exigés par la loi le serment de fidélité à la Constitution schismatique du Clergé*, mais, ainsi qu'il le déclara lui-même en 1794 devant ses juges, « ce n'était pas par antipathie préconçue contre le nouveau régime ». Cet ecclésiastique prêta, en effet, deux autres serments : « l'un, dit-il, quand les électeurs d'Evran l'élurent comme notable, l'autre, à l'occasion de sa nomination à une administration civile », qu'il nous a été impossible jusqu'ici de déterminer

davantage. Seuls donc les scrupules religieux les plus honorables le guidèrent dans son refus et l'exposèrent à toutes les
persécutions.

La loi du 26 août 1792 vint condamner à l'exil tous les
recteurs insermentés et leurs vicaires, M. Regnault, recteur
d'Evran, s'étant embarqué pour Jersey, M. Tostivint, qui s'était
attiré, dit l'abbé Carron, la haine des révolutionnaires, le suivit
dans sa déportation.

75. — Les pièces du procès de l'abbé Tostivint ne font pas
mention de son séjour à l'étranger, que ses juges semblèrent
ignorer. Cependant les listes de l'époque, rédigées par le vicaire
général Gofvry et par Lefebvre d'Anneville, signalent sa présence à Jersey. Du reste, l'abbé *Carron*, son premier biographe,
exilé lui-même dans cette île à cette époque, semble parfaitement informé de la durée du séjour de M. Tostivint sur la terre
anglaise : « A peine *deux mois* s'étaient-ils écoulés, écrit-il,
» qu'avisé des persécutions violentes qui arrachaient déjà tant
» de vertueux ministres aux autels et à la vie, il ne put résister
» au désir de rentrer dans sa patrie. *Sa première tentative*
» *échoua*. Il ne fut pas plutôt embarqué, que la tempête força
» les matelots de revenir à terre. Il se rembarqua quinze jours
» après, essuya beaucoup de fatigues et parvint enfin dans la
» paroisse de Landujan, le premier dimanche de l'Avent. »

76. — De retour dans sa patrie l'abbé Tostivint se livra sans
délai, comme sans ménagement, aux travaux de son ministère,
alors plein de périls. N'osant retourner à Evran, où l'exercice
de celui-ci lui semblait impossible, il demeura dans sa paroisse
natale où il trouva souvent un généreux asile au manoir de
Moulin-Tizon, que continuaient d'habiter, malgré mille dangers
menaçants, M. et Mme de Bedée. Le premier, Alexis-Louis de
Bedée, était né à Henanbihen, dans les Côtes-du-Nord actuelles,
le 21 février 1739, du mariage de François-Claude, seigneur de
la Ville-ès-Galloux, en Ploubalay, et de Françoise-Pélagie Rogon
de Lorgerie. Il avait épousé, avant 1771, Françoise-Thérèse
Brunet, née, semble-t-il, à Pluduno, de François-Marie Brunet,
seigneur du Moulin-Tizon, et de Françoise-Jeanne Brunet,
du Guillier, laquelle habitait la Ville-Robert, en Pluduno,
le 7 août 1729.

De Landujan, M. Tostivint répandait les bienfaits de son
zèle sur les paroisses avoisinantes : « Ses enfants spirituels
» d'Evran, rapporte l'abbé *Carron*, venaient le trouver sur les

» confins de la paroisse de Plouasne, et là, leur saint ami leur
» procurait le bonheur d'approcher des sacrements. » Il réussit
même avec son frère, prêtre caché comme lui, et plusieurs
autres confrères, à célébrer solennellement au milieu de la nuit
la procession de la Fête-Dieu dans le parc du château du Lou,
sis en la paroisse de la *Chapelle-du-Loü.*

77. — De pareilles manifestations étaient bien dangereuses
à cette époque. Aussi, est-il étonnant que l'abbé Tostivint ait
pu se livrer impunément à tant de zèle durant l'année 1793
et la première partie de 1794, alors que les têtes des prêtres
fidèles et celles de leurs receleurs étaient mises à prix. Mais
un jour du mois de juillet, revenant de voir un malade, Tostivint arriva vers les dix heures du soir au Moulin-Tizon, puis,
après avoir entendu quelques confessions, il se retira pour se
reposer dans une cabane sise dans le jardin qui lui servait de
lieu de retraite. Malheureusement, il avait été vu, reconnu et
dénoncé par un individu auquel ce bon prêtre avait fait faire
jadis sa première communion. Aussi, dès les premières lueurs de
l'aurore du 14 juillet 1794, le manoir de M. de Bedée fut-il cerné
par un détachement de la garnison de Montauban, commandé
par le sergent-major Vannier, chargé d'appréhender M. Tostivint. Ces hommes faisant brusquement irruption dans la cour
et dans le jardin terrorisèrent M. de Bedée, qui, sans prendre
le temps de se vêtir, tenta de se sauver en s'enfuyant en
chemise par une fenêtre. Effort inutile, du reste, car il fut
immédiatement arrêté.

Dans le potager, un autre individu sortit précipitamment de
la cabane du jardinier et se glissa dans un carré de choux.
Mais un « volontaire » le rejoignit sans peine et, aux « marques
de l'ancienne superstition qu'il portait sur lui », le reconnut
comme prêtre. Du reste, dans le réduit qu'il habitait, se trouvaient « une veste dans laquelle était un *bréviaire*, et divers
autres livres, une boëte en argent dans laquelle il y avait de
l'*huile* et du cotton et sur laquelle était écrit *Oleum infirmorum,*
un passeport au nom de *Julien André*, délivré à la Chapelle
du Lou le 10 messidor, revêtu de plusieurs signatures ».

Avec les deux prisonniers, Vannier rentra vers 4 heures du
matin à Montauban. Dans la journée, le juge de paix leur fit
subir un interrogatoire, puis les envoya au district de Montfort. » Ils furent de nouveau interrogés dans cette ville, le
15 juillet 1794, par Pierre Bon Alliou, délégué à cet effet par les
autorités de cette localité.

78. — On a publié ailleurs cet interrogatoire remarquable tout autant par la franchise que par la prudence du vicaire d'Evran. M. Tostivint, sans crainte, y proclame sa qualité de prêtre insermenté, proscrit par le fait même. Il déclare qu'il récite habituellement son bréviaire et qu'il voit parfois sa famille. Il reconnaît même avoir prié une de ses sœurs de remettre en son nom 400 livres aux pauvres. Quant à son ministère extérieur, il refuse d'en parler, sachant bien combien il lui était difficile en s'en ouvrant de ne pas compromettre des tiers.

Cependant si réservées qu'aient été les réponses de l'abbé Tostivint, il avait entraîné dans sa perte celle de son hôte, M. de Bedée. Leurs deux arrestations avaient été simultanées. Le premier était prêtre réfractaire, le second coupable de lui avoir donné asile : Deux crimes irrémissibles à cette époque. M. de Bedée fut donc emmené à Montfort à la suite de M. Tostivint. Son cas comme celui de M. Tostivint était clair aux yeux des Révolutionnaires. Aussi, dès le 15 juillet, les administrateurs de Montfort les adressèrent-ils l'un et l'autre à l'accusateur public du tribunal criminel d'Ille-et-Vilaine, et le libellé de leur incarcération à la Tour Le Bat figure le lendemain sur le registre d'écrou de cette prison.

79. — Quelques jours après, on réunissait aux deux prévenus Mme de Bedée, comme accusée de complicité avec son mari dans le recelage de l'abbé Tostivint. Les juges de Rennes attendirent l'arrivée de cette personne pour instruire l'affaire des deux inculpés. Elle présente, la fournée était au complet. On commença donc aussitôt. Au reste, se conformant à la loi, les tribunaux à cette époque ne faisaient pas traîner : un interrogatoire pour s'assurer de l'identité des prévenus, quelques questions pour la forme sur les principaux griefs qu'on reprochait aux accusés, et la conscience des juges se trouvait suffisamment éclairée pour pouvoir, loi en mains, condamner à la peine capitale.

C'est ce qui se passa pour l'abbé Tostivint et ses deux généreux receleurs. M. Tostivint déclara n'avoir pas prêté le serment constitutionnel. Quant au reste des charges qu'on lui imputait, il les nia, sans doute pour ne pas fournir de nouveaux griefs aux révolutionnaires contre ses co-accusés et tâcher de les soustraire à la mort. Quant à lui, sa seule qualité de prêtre réfractaire suffisait alors pour lui faire subir la peine capitale.

Voici quelques extraits de ses réponses :

« Déclare se nommer Jean Tostivint, âgé de quarante ans.

prêtre, originaire de la commune de Landujan, sans domicile fixe depuis deux ans et, avant ce temps, vicaire de la commune d'Evran.

» Interrogé s'il a prêté le serment prescrit par la Loi, et notamment celui relatif à la Constitution civile du Clergé ? — Répond qu'*il a prêté deux sermens* : le dernier il y a deux ans et demi, lorsqu'il fut nommé notable de sa commune, et l'autre auparavant, sans se rapeller l'époque; que ces sermens furent prêtés alors de ses nominations aux administrations civiles, qu'ils contenaient fidélité à la Nation, à la Loi et au Roi; que, *quant au serment sur la Constitution civile du Clergé, il ne l'a pas prêté.*

» Interrogé dans quel lieu il a été arrêté et par qui ? — Répond qu'il a été arrêté par la force armée dans le jardin du nommé Bedée, commune de Landujan, qu'il avait couché dans une loge située au bas du dit jardin.

» Interrogé si plusieurs fois il n'a pas couché dans la maison du nommé Bedée et plusieurs fois dans la loge dont il vient de nous parler ? — Répond que jamais il n'a couché dans la maison du nommé Bedée et qu'il n'avait couché dans cette loge que dans la nuit où il a été arrêté.

» Interrogé *si Bedée, sa femme, ses enfans ou ses aides, connaissaient qu'il fût couché dans la loge dont il vient de parler ?* — Répond que non (*sans doute, qu'il sous-entendait « ce soir-là ».*)

« Interrogé pourquoi il quitta la loge de nuit et qui l'obligeait à se lever si matin ? — Répond qu'ayant été éveillé par le bruit que faisaient les chiens et ayant aperçu la force armée, *il se leva et fut se cacher dans les choux.*

» Interrogé si, depuis qu'il a quitté ses fonctions de vicaire, il n'a pas dit la messe, *administré les prétendus sacremens* et en un mot exercé les fonctions curiales, en quelle commune et chez qui ? — Répond que non. (*Il n'était pas obligé de répondre davantage à cette question compromettante pour des tiers.*)

» Interrogé quels étoient ses moyens de subsistance depuis deux ans, que de son aveu il étoit vagabond, et quelles étaient les personnes qui lui procuraient des secours ? — Répond qu'il mendiait son pain, qu'il a parcouru différentes communes où il n'étoit pas connu, et dont il ne se rappelle pas les noms.

» Représenté à l'interrogé qu'il en impose à la justice en disant qu'il n'a administré aucun sacremens, *puisqu'il a été arrêté saisi d'une boîte en argent dans laquelle il y avoit de l'huile et* qui porte comme inscription *Oleum infirmorum,* sommé

de répondre et de dire vérité ? — Répond que, comptant passer
en Angleterre et sachant qu'il n'y avoit point de ces huiles dans
ce païs-là, il en emportait tant pour son propre soulagement,
que pour celui de ses confrères. »

80. — Quelles que puissent être les réponses de M. Tostivint,
sa sentence fut ce que la faisait prévoir la loi : Déclaré convaincu
d'avoir été sujet à la déportation comme insermenté et d'être
resté en France en contravention aux lois, il fut condamné à
mort, M. et Mme de Bedée, ses receleurs, malgré *leurs dénéga-
tions répétées*, n'échappèrent pas à son sort.

L'abbé Tostivint ne cessa de se montrer à la hauteur de
sa divine mission. Il donnait à ses amis le sublime exemple
de la plus parfaite conformité à la volonté de Dieu et sa grandeur d'âme ne se démentit point.

Arrivé au pied de l'échafaud, voyant M. et Mme de Bedée
effrayés à la vue de l'horrible instrument de supplice, M. Tostivint, qui devait être exécuté le premier, demanda et obtint de
l'être le dernier, afin de pouvoir encourager ses amis. Il les
exhorta jusqu'au dernier moment en leur montrant le Ciel, et,
quelques instants après, il reçut lui-même le coup de la mort.

L'abbé Chilou, dont nous parlerons tout de suite et qui avait
été condamné à périr avec M. Tostivint et les époux de Bedée,
bien qu'il n'y eût aucun rapport entre son affaire et celle de
ces derniers, fut guillotiné en même temps qu'eux.

Le procès-verbal de cette quadruple exécution figure sur les
Registres de l'Etat Civil de Rennes

Quoique sa famille paraisse éteinte dans son pays natal,
celui qui écrit ces lignes a trouvé lui-même à Landujan une
personne qui gardait encore le pieux souvenir de l'héroïque abbé
Tostivint vers 1921.

Quelques autres maisons notables de cette localité conservent aussi sa mémoire et croient à son martyre.

Bibliographie. — Carron, *Les Confesseurs de la Foi de
l'Eglise gallicane*, 4 in-8°, Paris, 1820, t. II, p. 561 et sq. —
Guillon, *Les Martyrs de la Foi*, 4 in-8°, Paris, 1821, t. IV,
p. 654. — Tresvaux du Fraval, *Histoire de la Persécution révol.
en Bretagne*, 2 in-8°, Paris, 1845, t. II, p. 27 et sq. — Guillotin
de Corson, *Les Confesseurs de la Foi*, etc., Rennes, 1900, p. 44
et sq. — Abbé Lemasson, *Les Actes des prêtres insermentés de
l'archidiocèse de Rennes*, op. cit., p. 92-110, où l'on a publié
toutes les pièces officielles du procès de M. Tostivint.

IX. — Michel CHILOU

(Dossiers nᵒˢ 257 et 258 des actes du tribunal criminel d'Ille-et-Vilaine, série B, Parlement, aux archives d'Ille-et-Vilaine.)

81. — Michel CHILOU, né et baptisé à Romillé, le 12 juin 1741, de Jean et de Lucrèce Barbier, appartenait à une famille de cultivateurs. Ses parents, remarquant la piété qu'il manifestait dès son jeune âge, lui firent donner l'instruction nécessaire pour recevoir les ordres sacrés et l'envoyèrent au collège de Dinan. Ses notes de Séminaire se bornent malheureusement à nous donner la valeur de ses succès intellectuels. Ils atteignirent la note « *passable* », mais ne la dépassèrent pas. Tonsuré et minoré à Dol par dimissoire en date du 9 septembre 1767, le jeune Chilou reçut le sous-diaconat à Saint-Malo, le 24 septembre 1768. Il fut ordonné diacre le 31 mars 1770. Enfin, il fut élevé au sacerdoce par l'évêque de Dol, en vertu d'un dimissoire daté du 11 mars 1771. (*Arch. d'I.-et-V.*, G, 89.)

Exempt d'ambition, l'abbé Chilou, une fois prêtre, revint dans sa paroisse natale, où il desservit au bout de quelque temps la chapellenie des Pâques. La culture des biens composant son titre patrimonial et ses exercices de piété absorbaient ses instants. Ce qui ne l'empêchait pas, du reste, de rendre service à ses confrères des paroisses voisines et de donner des leçons aux jeunes gens désireux de s'instruire et d'arriver au sacerdoce.

82. — Depuis bien des années déjà Michel Chilou menait cette vie modeste, mais édifiante et laborieuse, car il avait plus de cinquante ans quand arriva la Révolution. Vers cette époque, il quitta Romillé et se mit à la disposition de Gilles-Louis Paytra, recteur de Parthenay, qui réclamait ses services. Il exerça pendant six mois son ministère dans cette dernière paroisse, disant la messe matinale et y desservant une petite fondation. Il semble, du reste, que la présence à Romillé d'un recteur et d'un vicaire jureurs lui rendait son séjour difficile dans sa paroisse natale, et vraisemblablement les arrêtés départementaux des 14 juin et 14 décembre 1791 lui faisaient-ils l'obligation de s'en éloigner.

Lorsque fut rendu l'arrêté du 14 avril 1792, qui imposait aux prêtres insermentés, soit de prêter une promesse d'allégeance, soit de s'en aller résider au chef-lieu du département, les officiers municipaux de Parthenay sollicitèrent une exception en faveur de M. Chilou, le 30 avril suivant : « Nous vous prions, écrivirent-ils, de bien vouloir lui donner pleine et entière liberté de faire dans notre paroisse comme à l'ordinaire ses fonctions et d'aller et venir à Romillé, sans y être inquiété en aucune façon quelconque. » Mais cette autorisation ne lui fut pas accordée (Cf. *Arch. d'I.-et-V.*, V, 14 et 2 Y 8) : « Considérant, écrit le 12 juillet 1792 le Directoire du département, que si le sieur Chilou était sincèrement dans les dispositions de ne pas troubler l'ordre public et de ne détourner aucun citoyen de l'obéissance due à la Loi et aux autorités constituées, il n'aurait pas *refusé la déclaration prescrite* par l'article 2 de l'arrêté du Conseil général du Département du 15 avril dernier », on ordonne, en conséquence, que l'arrêté du Conseil général du Département soit exécuté à son égard, comme envers tous ses semblables.

83. — M. Chilou, que l'on a trouvé bénissant un mariage à Parthenay, en juin 1792, ne s'exila pas lors de la Loi du 26 août de cette année ; mais, après l'arrêté du Département du 26 décembre suivant, commença pour ce prêtre une vie remplie de privations et de dangers, encouragée toutefois par de réelles consolations.

« Les paroisses de Parthenay, de Romillé, de Gévezé, de Pacé et de Saint-Gilles éprouvèrent surtout les bienfaits de son zèle apostolique et en gardent encore de précieux souvenirs. Les meilleures familles de ces paroisses doivent la conservation de leur foi au dévouement inépuisable de l'abbé Chilou. »

84. — Mais cet admirable dévouement devait recevoir la récompense que les saints envient à juste titre. Un dénonciateur fit connaître aux agents du district de Montfort que M. Chilou se trouvait sur le territoire de Saint-Gilles.

Un détachement de la garnison de Montfort-la-Montagne — comme on disait alors — fut expédié immédiatement de ce côté et l'on organisa une battue générale : pas une maison qui ne fut fouillée jusque dans ses plus secrets réduits.

L'abbé Chilou n'eut pas le temps d'échapper à cette perquisition si minutieuse. Il fut découvert, à trois heures du matin, caché dans un grenier de la ferme du Bas-Monclair, chez un nommé François Louessart, qui avait été dénoncé comme receleur de prêtres réfractaires et les laissant célébrer la messe dans sa demeure, ce qui lui mérita d'être emmené prisonnier avec celui auquel il donnait asile.

Malheureusement, on n'a pu retrouver jusqu'ici le procès-verbal de l'interrogatoire que subit l'abbé Chilou devant les administrateurs du district de Montfort, ville où il fut conduit aussitôt son arrestation. Seul l'interrogatoire de Louessart a été conservé, mais il ne nous apprend rien qui vaille d'être relaté.

85. — De Montfort, les prisonniers furent dirigés sur Rennes. On leur adjoignit Mme de Bedée, du Moulin-Tizon, dont on vient de parler et, le 19 juillet 1794, leurs noms figurent ensemble sur le registre d'écrou de la Porte Saint-Michel.

Traduit cinq jours plus tard devant le Tribunal criminel d'Ille-et-Vilaine, l'abbé Chilou n'avoua que ce qu'il pouvait dire sans compromettre personne. Deux jours après, bien qu'il n'y eût aucune connexion entre leurs affaires, les juges rennais englobèrent dans un même jugement, portant condamnation capitale, le prêtre Chilou, le prêtre Tostivint et M. et Mme de Bedée. François Louessart, le receleur involontaire de M. Chilou, en fut quitte pour quelques mois de détention. On a donné, ailleurs, le texte de ce jugement ainsi que celui du procès-verbal de l'arrestation de M. Chilou, et celui de l'interrogatoire qu'il subit devant un des juges du Tribunal criminel d'Ille-et-Vilaine.

Une famille très honorable se rattache encore maintenant à celle de M. Chilou, conserve sa mémoire et croit à son martyre. De même, son souvenir persiste toujours dans la paroisse de Saint-Gilles.

BIBLIOGRAPHIE. — Arch. d'I.-et-V., série L, non cotée. — Guillon, *Les Martyrs de la Foi*, op. cit., t. II, p. 431. — Tresvaux du Fraval, *Histoire de la Persécution*, etc., op. cit., t. II, p. 27. — Guillotin de Corson, *Les Confesseurs de la Foi*, etc., op. cit., p. 48-50. — Abbé Lemasson, *Les Actes des prêtres insermentés de l'Archidiocèse de Rennes*, etc., op. cit., p. 111-115 et 251 où sont reproduites toutes les pièces officielles du procès de M. Chilou.

X. — Yves-Jean-Baptiste DELAUNAY

(Dossier n° 259 des actes du tribunal criminel d'Ille-et-Vilaine, série B, Parlement, aux archives d'Ille-et-Vilaine.)

86. — Né au Fief-Sauvin, canton de Montrevault actuel, dans le diocèse d'Angers, le 18 mars 1725, Yves-Jean-Baptiste

Delaunay, fils de noble homme J.-B. Delaunay, sieur de la Boizardière, et de damoiselle Suzanne Terrien, fut ondoyé le jour même. Le supplément des cérémonies du baptême n'eut lieu que le 24 mai suivant.

Le jeune Delaunay fut élevé par les Bénédictins de la célèbre abbaye de Saint-Florent de Saumur. Il n'entra pas pour cela cependant dans leur congrégation et leur préféra celle des chanoines réguliers, dont la maison-mère était l'abbaye de Sainte-Geneviève de Paris. Il fit profession, à l'âge de 21 ans, chez les Génovéfains.

Il fut pourvu le 12 juillet 1756 du modeste prieuré de Langan, puis envoyé administrer, le 17 décembre 1764, le prieuré-cure de Québriac où il construisit une école. Il y demeura jusqu'au 13 mai 1789, date à laquelle la confiance de ses supérieurs l'appela comme prieur claustral de Saint-Pierre de Rillé, charge à laquelle il joignait la desserte de la paroisse dite de Notre-Dame ou Saint-Eloy de Rillé, au faubourg de Fougères.

87. — Lorsque la loi du 14 octobre 1790 vint obliger tous les religieux français à déclarer si, oui ou non, ils consentaient à mener encore la vie de communauté, le P. Delaunay répondit qu'il désirait demeurer dans son abbaye pour y continuer ses fonctions pastorales avec l'aide d'un vicaire. Il fit connaître, à cette occasion, qu'il avait alors 66 ans d'âge et 45 ans de vie religieuse.

Quelques semaines plus tard, la funeste loi du 27 novembre 1790, sanctionnée par le faible Louis XVI le 26 décembre suivant, vint soumettre tous les ecclésiastiques français à charge d'âmes à l'obligation de prêter serment à la néfaste Constitution civile du Clergé; mais le P. Delaunay refusa de s'y conformer. Bien plus, le 18 juin 1791, les « patriotes » de Fougères invitèrent vainement ce bon religieux à se joindre pour les Fêtes-Dieu aux processions des paroisses de Saint-Sulpice et de Saint-Léonard, alors présidées par des schismatiques; quoiqu'on eût pris soin de l'avertir qu'un refus de sa part entraînerait la suppression immédiate de sa paroisse. Aussi, dès le 23 juillet de cette année, les membres du district de Fougères délibéraient-ils sur la suppression prochaine de l'église de Rillé. On faisait valoir « que le sieur *Delaunay n'admettait pas la loi du* » *serment* et que ses principes, opposés à la nouvelle Consti- » tution, l'engageaient sans cesse à des démarches plus indis- » crètes les unes que les autres et qu'on lui reproche d'admettre

» dans son église tous les prêtres ennemis du serment et de
» leur donner l'autorisation d'y célébrer ».

Finalement, la paroisse de Rillé fut supprimée officiellement
le 16 novembre 1791, l'église fermée et, le 19 de ce mois, on
fit défense au P. Delaunay d'exercer désormais aucunes fonctions curiales. Bien plus, le 21 décembre suivant, les autorités
fougeraises, à la suite de l'arrêté du Conseil général d'Ille-et-
Vilaine du 14 décembre précédent, signifièrent à l'ancien prieur
de Rillé d'avoir à *s'éloigner à trois lieues* au moins de Fougères.
Après avoir vainement produit des certificats médicaux, il obéit
à cet ordre le 16 janvier seulement et se réfugia à Montours,
chez son collègue le génovéfain Targes; mais c'est inutilement
qu'il sollicita quelques semaines après de rentrer à Fougères,
pour y recevoir les soins que nécessitait son état de santé; les
révolutionnaires de cette ville lui firent refuser cette autorisation, le 15 février 1792.

88. — Le P. Delaunay se trouvait en juin suivant à Sautoger,
près de Sens, avec le recteur de Saint-Ouen-la-Roüairie, lorsqu'il fut arrêté, le 18 de ce mois, par les soins de la municipalité. Ce même jour, celle-ci chargea le sieur René Sausset,
huissier près le tribunal du district de Dol, de conduire à
Rennes l'ancien prieur de Rillé, conformément à l'arrêté du
Conseil général d'Ille-et-Vilaine en date du 15 avril précédent.
En conséquence, l'huissier Sausset fit monter à cheval le
P. Delaunay et, accompagné d'un détachement de gardes nationaux, ils prirent ensemble la route de Rennes, ville dans
laquelle ils arrivèrent vers les onze heures et demie du soir.
L'ex-génovéfain trouva d'abord un logement chez Mlle Bertiau,
place Sainte-Anne, puis, neuf jours plus tard, nous le voyons
résidant chez Joseph Duchesne, rue Haute.

Finalement, on l'enferma le 14 août 1792 dans l'ancienne
abbaye Saint-Melaine avec tous les insermentés que l'on avait
groupés par la violence dans la capitale de la Bretagne.

L'existence de ces ecclésiastiques durant leur internement
à Rennes avait été fort pénible : il leur fallait journellement
répondre aux appels des agents municipaux et souffrir souvent
les injures d'une vile populace, qu'on ameutait contre ces
pauvres prêtres pour leur reprocher d'avoir refusé de prêter
serment. A Saint-Melaine, ils ne furent pas plus heureux : la
nourriture de la maison était insuffisante et détestable; l'air
manquait partout, et si les prisonniers voulaient ouvrir leurs
fenêtres, les sentinelles leur envoyaient des balles et les

« patriotes » les accablaient d'injures. La prière et le bréviaire récité en commun étaient les seules consolations de ces confesseurs de la Foi.

89. — De Saint-Melaine, on transféra, le 1er octobre suivant, ceux de ces prêtres reconnus sexagénaires ou infirmes dans l'ancien couvent de la Trinité, converti également en prison. On a reproduit ailleurs, une lettre adressée par quelques-uns de ces détenus, parlant au nom de leurs confrères, laquelle en apprend long sur le fâcheux état auquel ils étaient réduits. Leur sort, du reste, ne fut nullement amélioré lorsqu'on les transféra au Mont-Saint-Michel, le 16 octobre de l'année 1793.

90. — Lorsque les ministres de J.-C. furent arrivés dans cette nouvelle prison, ils furent entassés dans les cachots et on les soumit à un régime débilitant que la charité de quelques fidèles courageux put seule adoucir. On vit alors des chrétiens faire jusqu'à vingt lieues pour porter des vivres à leurs vénérés pasteurs.

Deux documents adressés par la municipalité montoise aux membres du district de Saint-Malo, à la date du 12 et du 31 décembre 1793, nous montrent que l'on faisait littéralement périr d'inanition les malheureux prisonniers; on les a, du reste, intégralement reproduits ailleurs. Le P. Yves Delaunay partageait cette pénible situation lorsque les Vendéens entrèrent au Mont-Saint-Michel, au mois de novembre 1793, dans l'intention de mettre en liberté ces vénérables victimes de la Révolution. Ce religieux, qui, en sa qualité d'Angevin, comptait peut-être des parents ou des amis parmi les libérateurs, les suivit, ne jugeant pouvoir être pis nulle part que dans cette affreuse prison. Le désir de se procurer quelques vivres, de l'aveu des municipaux du Mont-Saint-Michel, ne fut pas non plus assurément étranger à sa détermination.

91. — Le pauvre vieillard, en tout cas, fut bien déçu dans son espoir et trouva une existence peut-être encore plus misérable, dans un pays ravagé par la guerre, sillonné en tous sens par des colonnes mobiles, où partout sa qualité de prêtre réfractaire le faisait traquer comme une bête fauve.

Six mois durant, M. Delaunay erra du Coglès au Bas-Maine, cherchant vainement un refuge où il pût vivre en sécurité. Il parvint même à pénétrer dans Fougères, où il eut le bonheur, de son propre aveu, de pouvoir une fois célébrer la sainte messe. A la longue, on le reconnut et, pour pouvoir gagner la prime de 100 livres promise à qui ferait arrêter un prêtre, il se trouva quelqu'un qui le dénonça. Le P. Delaunay fut arrêté dans un champ, entre Romagné, Lescousse et Saint-Germain, près la ferme la Pouardière, jadis propriété de Rillé, au moment où il récitait son bréviaire.

Le 18 prairial an II (6 juin 1794), on l'interna à Rennes à la prison de la Tour-Le Bat, en qualité d'*insermenté sexagénaire en rupture de ban*, venant de Fougères; puis, le 16 juillet suivant, on l'en fit sortir pour l'incarcérer à la prison de la Porte-Saint-Michel, qui servait vraiment d'antichambre à la guillotine.

Une maladie que fit alors le vieux génovéfain retarda sa comparution devant le Tribunal criminel. Ce ne fut que le 2 août de cette année qu'il subit l'interrogatoire prescrit par la loi. Il y répondit à son juge avec autant de fermeté que de prudence : il avoua être sorti de lui-même du Mont-Saint-Michel, avoir passé huit jours à Antrain, puis plusieurs semaines erré en mendiant son pain, mais il refusa de nommer les personnes qui l'avaient assisté. Son interrogatoire terminé, le Tribunal criminel le condamna à la peine de mort *en qualité de prêtre réfractaire sexagénaire évadé de prison*, par conséquent en contravention avec l'article premier de la Loi du 22 prairial an II, et par suite justiciable de la guillotine.

Cette sentence fut rendue le 3 août 1794. Le vénérable prieur de Rillé, Frère Yves-Jean-Baptiste Delaunay, la subit courageusement le lendemain sur la place du Palais, à l'âge de 70 ans, scellant de son sang une existence tout entière consacrée à Dieu et aux âmes. Les religieuses actuelles de la communauté de Rillé conservent pieusement sa mémoire.

BIBLIOGRAPHIE. — Guillon, *Les Martyrs de la Foi*, op. cit., t. III, p. 475. — Tresvaux du Fraval, *Histoire de la Persécution*, etc., op. cit., t. II, p. 23. — Guillotin de Corson, *Les Confesseurs de la Foi*, etc., op. cit., p. 51-52. — Abbé Lemasson, *Les Actes des prêtres insermentés de l'archidiocèse de Rennes*, etc., op. cit., p. 116-127, contient les pièces officielles du procès de ce religieux.

XI, XII, XIII. — Julien-Jean LE MARÉCHAL
et les Demoiselles Marie-Madeleine et Marie-Anne
DU FRESNE DE RENAC, ses receleuses.

(Dossier n° 267 des actes du tribunal criminel d'Ille-et-Vilaine, série B, Parlement,
conservé aux archives d'Ille-et-Vilaine.)

92. — Julien-Jean LE MARÉCHAL naquit à Vieuviel, dans le
canton actuel de Pleine-Fougères, le 24 avril 1765, de Julien
et de Jacquemine Le François et fut baptisé le jour même.
Nous le trouvons tonsuré et minoré à Rennes le 24 décembre
1786, sous-diacre le 22 mars 1788 et diacre dans la même ville
le 20 décembre de cette même année. Enfin, il reçut la prêtrise
à Dol le 16 décembre 1789, en vertu d'un dimissoire de son
évêque Mgr de Girac.

Nommé vicaire à Ossé presque aussitôt son ordination, il
fut au bout d'un an de ministère mis en demeure de s'assermenter. Il s'y refusa et figure, à la date du 27 mars 1791, parmi
les ecclésiastiques, fonctionnaires publics du district de Vitré,
qui n'ont pas juré fidélité à la Constitution.

En exécution de l'arrêté du département d'Ille-et-Vilaine du
16 juin 1791, qui le chassait de ses fonctions, M. Le Maréchal
dut, en qualité de vicaire insermenté, abandonner la paroisse
d'Ossé. Il s'en vint alors résider à Vieuviel où il resta trois
semaines, puis il s'en alla habiter à Saint-Laurent près Rennes,
chez une famille Prioul dont il était parent. Il y toucha pour
la dernière fois 175 livres de pension le 30 janvier 1792, pour
un trimestre échu depuis le 8 octobre précédent.

A la suite de l'arrêté pris le 14 avril 1792 par le Conseil
général d'Ille-et-Vilaine, l'abbé Le Maréchal se fit inscrire le
10 mai suivant comme habitant Rennes, à l'auberge « A la Fleur
de Lys », puis chez les demoiselles Morin, rue Derval. Renfermé à Saint-Melaine le 14 août 1792, ainsi que tous les prêtres
réunis au préalable dans cette ville, le vicaire d'Ossé fut avec
eux déporté d'office à Jersey par Saint-Malo le 14 septembre
suivant.

93. — M. Le Maréchal ne demeura que deux mois en cette
île : son zèle le rappelait en Bretagne. Au prix d'innombrables
dangers, il réussit à débarquer sur les côtes de Saint-Coulomb.

D'après les propres déclarations de l'ecclésiastique en question, il vint de là directement à Rennes et ne mit que trois jours
à franchir la distance qui le séparait de cette ville, où ce prêtre

devait avoir certainement des amis et connaissances. On ne peut douter qu'il ne s'employa utilement à Rennes et aux environs. Un certain nombre de certificats d'actes de baptêmes et de mariages, trouvés sur lui lors de son arrestation, en sont une preuve irréfutable.

94. — En 1794, deux sœurs, Marie-Madeline, née à Rennes le 6 juin 1753, et Marie-Anne-Catherine Dufresne de Renac, née à Rennes le 26 juillet 1756, habitaient ensemble l'hôtel de Bonnefonds, situé à Rennes dans la rue actuelle de Belair, au bas de la Motte. N'ayant point contracté mariage, elles avaient vu leur père et leurs deux frères émigrer en 1791, mais elles avaient préféré rester en Bretagne et elles vivaient à Rennes d'une façon fort simple, uniquement occupées de bonnes œuvres.

Un jour que Mme Bruté se promenait du côté de leur hôtel, l'une des demoiselles de Renac lui fit signe d'approcher : « Madame Bruté, lui dit-elle, voudriez-vous avoir la messe aujourd'hui ? » — A cette époque, c'était un privilège inestimable d'assister au saint sacrifice dont les catholiques étaient privés depuis si longtemps. La persécution venait même de devenir encore plus sévère par la publication d'un décret qui punissait de mort, dans les vingt-quatre heures de leur arrestation, ceux qui donnaient refuge à un prêtre et le prêtre lui-même.

« D'après ces motifs, ma mère — ajoute Mgr Bruté — crut devoir ne pas se rendre à l'invitation des dames de Renac, et elle les engagea vivement à prendre plus de précautions, leur disant qu'elles devaient s'estimer trop heureuses si elles pouvaient sauver la vie du prêtre et la leur. » Celui qu'elles cachaient dans leur hôtel n'était autre que l'abbé Julien Le Maréchal, qu'elles recelaient depuis six mois dans un grenier, où elles avaient pratiqué une cache.

95. — Malheureusement ses pieuses hôtesses manquaient peut-être un peu de prudence et leur maison fut dénoncée aux autorités révolutionnaires, ainsi qu'en témoigne la pièce suivante, datée du 9 août 1794 (22 thermidor an II) :

« Le Comité de surveillance de Rennes, sur communication à lui donnée par un particulier, qu'il existe à Rennes différents individus ennemis de la chose publique, *entre autres plusieurs prêtres réfractaires, au ci-devant hôtel de Renac*, chez les habitants de cette maison, prenant ces indications en grande considération, arrête que son président convoquera tous ses membres pour ce soir neuf heures, afin que, de conserve, il soit pris les mesures nécessaires pour arrêter ces ennemis du bien public. » (Fonds du Comité de surveillance de Rennes, aux *Arch. d'I.-et-V.*) (1).

Alléchés par l'annonce d'une chasse aux prêtres réfractaires, les membres du Comité ne faillirent pas au rendez-vous. L'expédition fut vite décidée. Après s'être adjoint le fin limier qu'était André Valleray, l'on se mit en marche dans la nuit, accompagné d'un détachement de la compagnie des grenadiers du 3e bataillon de la garde nationale de Rennes.

Voici intégralement reproduit le procès-verbal de l'arrestation de l'abbé Maréchal ainsi que des demoiselles qui lui donnaient asile. On y verra que les recherches furent fort laborieuses et faillirent même demeurer infructueuses, puisque ce ne fut qu'aux sept heures du matin que l'on parvint à découvrir l'ecclésiastique que l'on traquait. Qu'on lise plutôt :

« En vertu de notre arrêté du 22 thermidor an II (9 août 1794), nous nous sommes transporté chez le citoyen Guignet, rue de Paris, près la Motte, au ci-devant hôtel de Bretagne (*sic*), et nous, en compagnie du citoyen Valleray et de plusieurs grenadiers de la garde nationale de Rennes, nous avons sommé le citoyen Guignet de nous faire l'ouverture de ses appartements et de toutes ses fermetures. Ce qu'il a déféré sur le champ, et après une vérification scrupuleuse dans tout son jardin, nous n'avons rien trouvé de suspect; puis dans la même maison, qui était occupée par les citoiens (*sic*) dont l'une se nomme *Marie-Madeleine du Fresne de Renac* et l'autre *Marie-Anne du Fresne de Renac*, toutes deux sœurs, et ayant frappé à la porte et soupçonnant qu'il pouvait s'y trouver des prêtres réfractaires, *tel qu'il nous était dénoncé*, la porte nous étant ouverte par Marie-Madeleine de Renac, nous avons fait les perquisitions *pendant plus de quatre heures*. Ayant trouvé une petite boîte de fer blanc dans qui il se trouva des *hosties* et plusieurs pains à chant, nous avons redoublé nos perquisitions et, sur les sept heures et demie du matin, derrière un lit et derrière une cloison de terrasse, et après l'avoir enfoncée à coups de hache, il s'est trouvé le nommé *Maréchal Jean*, prêtre réfractaire, et avec lui tous les ustensiles de son métier ».

Furent saisis avec M. Le Maréchal trois procès-verbaux

---

(1) Suivant une tradition, la cache de M. Le Maréchal aurait été découverte par un couvreur, nommé Vaillant, qui s'empressa de le dénoncer pour gagner la prime promise.

d'*actes de baptêmes* établis à Rennes à la date des 17 août et
9 décembre 1793, pour des enfants nés à Rennes.

En plus, dix procès-verbaux de *célébration de mariages*
établis à Rennes, pour des paroissiens d'Ossé, de Châteaubourg,
de Domagné et de Saint-Jean de Rennes, espacés du 21 mai
1793 au 12 janvier 1794.

96. — Les révolutionnaires étaient parvenus à leurs fins. Ils
s'en allèrent joyeux. Le gibier saisi constituait une proie
assurée pour la guillotine. Quant au malheureux prêtre qu'ils
emmenaient avec eux, il était littéralement consterné : non
seulement lui-même se savait perdu, mais il entraînait dans
sa perte les personnes généreuses qui l'avaient recueilli.
L'émotion qu'il ressentit fut trop violente pour ses forces phy-
siques et, tout le jour de son arrestation, il fut privé, de son
propre aveu, de la conscience de ses actes et de ses paroles,
tant et si bien que ce ne fut que le lendemain, c'est-à-dire le
11 août, qu'on put lui faire subir son premier interrogatoire
devant les membres du Comité révolutionnaire de Rennes.
On l'a publié ailleurs.

M. Le Maréchal *y reconnut sans hésiter sa qualité* de *prêtre
réfractaire* rentré en France malgré les décrets. Il évita par
ailleurs, dans ses réponses, de compromettre personne en
dehors des demoiselles de Renac et de leurs domestiques, avec
lesquels il ne pouvait nier avoir eu de fréquents rapports. Quant
aux demoiselles de Renac, interrogées la veille, leurs réponses,
surtout celles de Marie-Anne, sont tout simplement admirables
de prudence, de force et d'énergie et rappellent ce qu'il y a de
plus beau chez les martyrs de la primitive église.

97. — On avait incarcéré Marie-Anne de Renac et l'abbé
Le Maréchal à la Porte Saint-Michel, en recommandant de les
tenir au secret; quant à Madeline et aux domestiques, les époux
Jean et Angélique Langlois, c'est à la Tour Le Bat qu'on les
mit tout d'abord. On ne réunit ensemble les deux sœurs à la
Porte Saint-Michel, dite alors Porte Marat, que le 12 août, sur
l'ordre des juges du Tribunal criminel.

C'est ce même jour que les prévenus comparurent successivement devant le citoyen Nouail, l'un des juges de ce tribunal.
L'abbé Le Maréchal réitéra ses déclarations concernant sa qualité de prêtre réfractaire, déporté et rentré en France. Il refusa
de donner les noms des premières personnes qui l'avaient caché
à Rennes à son retour d'exil et garda le silence lorsqu'on lui

présenta les preuves écrites qu'il avait fait du ministère aux environs de Rennes. A la fin de son interrogatoire, on lui présenta une boîte contenant des *hosties consacrées* et trois ampoules renfermant les *saintes huiles*. M. Le Maréchal reconnut le tout pour lui appartenir. Nous insistons sur ce point, parce qu'il est vraisemblable que ces objets sacrés étaient demeurés parmi les pièces à conviction devant le juge, lorsque Marie-Anne de Renac fut amenée à son tour devant le magistrat. Ses réponses alors ne démentirent en rien la fermeté de son attitude devant le Comité révolutionnaire. Cette fois encore, le juge en fut pour ses frais, ainsi qu'on pourra s'en convaincre en se reportant au procès-verbal de son interrogatoire qui a été reproduit ailleurs. Marie-Madeline, sa sœur, eut aussi une attitude fort digne. Elle hésita seulement dans une de ses réponses, dans le but de sauver la vie à son domestique.

C'est à la fin de l'interrogatoire des deux sœurs qu'il faut placer l'épisode plusieurs fois reproduit.

« Ces pieuses personnes apercevant sur la table du Tribunal
» des pièces à conviction, les saintes hosties saisies chez elles,
» se jetèrent à genoux, adorant Notre-Seigneur livré aux mains
» des impies, et demandant avec larmes qu'on permît à M. Le
» Maréchal de les leur donner, mais on leur refusa cette der-
» nière consolation du divin Viatique et, malgré les protesta-
» tions du prêtre, les saintes Espèces furent profanées. »

98. — Le 26 thermidor (13 août), le Tribunal criminel d'Ille-et-Vilaine condamna à la peine de mort « Julien-Jean Le Maré-
» chal, prêtre réfractaire, ex-vicaire de la commune d'Ossé,
» convaincu d'avoir été légalement déporté (*comme insermenté*)
» et d'être rentré sur le territoire de la République au mépris
» des lois. — Marie-Anne-Catherine du Fresne et Marie-Magde-
» laine du Fresne, dites de Renac, sœurs, ex-nobles, convain-
» cues d'avoir sciemment *recélé* chez elle ledit prêtre ».

Le même jour les trois victimes furent conduites au supplice; le bon abbé Le Maréchal exhorta ses pieuses compagnes lorsqu'elles montèrent sur l'échafaud dressé sur la place du Palais, puis lui-même gagna à son tour la sinistre plate-forme et subit le martyre avec une admirable piété. En même temps, suivant la teneur du jugement, on *brûla* au *pied de l'échafaud* les *hosties consacrées* ainsi que les saintes huiles saisies chez les demoiselles de Renac et qualifiées dans le libellé de la condamnation de « *hochets du fanatisme* », car telle était la mentalité des Jacobins révolutionnaires et leur haine anti-religieuse.

L'histoire des demoiselles de Renac est demeurée toujours vivante parmi les pieux fidèles de la ville de Rennes, et nous ne croyons pas trop nous avancer en écrivant qu'à leur glorieux trépas, ainsi qu'à celui du prêtre auquel elles donnaient asile, s'ajoute tout naturellement dans la bouche de ceux qui en parlent l'épithète de « martyrs ». Des membres de leur famille, (qui gardent avec vénération de nombreuses pièces de leur mobilier), ainsi que des parents de M. Le Maréchal, conservent encore maintenant cette même conviction.

BIBLIOGRAPHIE. — Tresvaux du Fraval, *Hist. de la Persécution*, etc., op. cit., t. II, p. 106-107. — Bruté de Rémur, *Souvenirs de la Persécution révolutionnaire à Rennes*. (*Revue de Bret. et Vendée*, t. IX, p. 54.) — Guillotin de Corson, *Les Confesseurs de la Foi*, etc., op. cit., p. 57-60. — (Anonyme) : *Rennes et l'Hôtel d'Armaillé pendant la Révolution*, in-8°, Saint-Brieuc, 1857; ouvrage rédigé d'après des souvenirs confus et rempli de légendes. — Abbé Lemasson, *Les Actes des prêtres insermentés de l'archidiocèse de Rennes*, etc., p. 137-154 renferment les pièces officielles de ce procès.

XIV. — Julien-François SAQUET

(Dossier n° 269 des actes du tribunal criminel d'Ille-et-Vilaine, série B, Parlement, aux archives d'Ille-et-Vilaine.)

99. — Né en Toussaints de Rennes, le 22 août 1730, de Jean Saquet et de Françoise Cadet, Julien-François SAQUET fut tenu le lendemain sur les fonts baptismaux de cette paroisse par Julien Daguenel et Anne Saquet.

L'abbé Saquet fut tonsuré à Rennes le 27 septembre 1751 et reçut les mineurs dans la même ville le 23 septembre 1752. Il fut fait sous-diacre le 22 septembre de l'année suivante, puis il attendit le diaconat jusqu'au 21 septembre 1754. Enfin, il reçut le sacerdoce le 15 mars 1755, des mains de Mgr Dondel, évêque de Dol (*Arch. d'I.-et-V.*, G, 47). Il fut plus tard nommé aumônier des Bénédictines du Calvaire occupant le monastère de Saint-Cyr près Rennes. Il ne tarda pas, écrit l'abbé Carron, à y jouir « d'une réputation méritée par ses vertus, par son zèle et par ses onctueuses prédications, soutenues avec le même succès dans toutes les chaires de cette ville. Directeur d'une communauté de vierges vouées à une austère pénitence, M. Saquet ne se délassait de cette direction laborieuse que par ses courses apostoliques : son mérite fixa le regard de ses supérieurs, et il fut placé à la tête d'une paroisse de sa ville natale, celle de Saint-Martin. »

C'est en 1781 que l'abbé Saquet devint recteur de cette vieille paroisse de Saint-Martin, dont il ne reste plus que le souvenir. M. Saquet continua dans sa nouvelle position de faire le bien partout autour de lui. Ses paroissiens « goûtèrent la piété, le zèle, et les leçons attendrissantes de leur nouveau pasteur, et son empressement continuel pour la décoration du sanctuaire. Il les conduisait en père rempli d'amour envers leurs personnes, et d'une miséricordieuse inquiétude à leur salut. Ce soin, tout important qu'il fût, n'ôtait rien à sa tendre compassion pour leur misère corporelle, et la diminuer était l'objet de ses anxiétés perpétuelles, comme la faire entièrement disparoître eut été pour son cœur une jouissance délicieuse », nous a conservé l'abbé Carron.

Cet auteur, du reste, alors vicaire à Saint-Germain de Rennes, avait occasion de voir souvent le recteur de Saint-Martin, c'est pourquoi on aime à reproduire ici son témoignage. « Sa sensibilité naturelle, dit-il, la douceur parfaite de ses mœurs, la tournure insinuante de son caractère lui présentaient l'avenir sous un aspect sinistre. Il tremblait et manifestait la timidité de l'agneau, alors qu'il eût fallu, sans doute, faire montre de l'intrépidité des lions. »

100. — Néanmoins, la grâce divine remporta sur la nature craintive de l'abbé Saquet une remarquable victoire. Après avoir signé l'adresse du clergé du diocèse de Rennes à son évêque, dès le 12 novembre 1790, ce prêtre déclarait à deux municipaux de Rennes, envoyés vers lui pour scruter ses sentiments, « qu'il n'avait pas donné lecture du décret sur l'organisation civile du Clergé, parce qu'il pensait que le décret du 2 novembre précédent l'en dispensait, puisqu'il en prescrivait simplement l'affichage ». Il ajouta, chose beaucoup plus grave pour sa tranquillité, « qu'il ne *prêterait pas présentement de nouveaux serments*, spécialement celui du 24 juillet 1790, prescrit pour pouvoir recevoir son traitement ».

Lorsque parut le décret du 26 décembre 1790, donnant le choix entre la prestation du serment à la Constitution civile ou l'abandon de ses fonctions, l'abbé Saquet n'éleva pas de protestation solennelle, *mais se résigna courageusement à abandonner sa cure.*

Du reste, l'administration départementale d'Ille-et-Vilaine

classa la paroisse de Saint-Martin parmi celles qui devaient être supprimées; en conséquence, l'église de l'abbé Saquet fut fermée le 14 mai 1791 et celui-ci devint chapelain des Ursulines, poste qui convenait admirablement à son tempérament.

101. — Il ne demandait qu'à vivre caché, quand le décret du 14 décembre 1791 vint troubler sa retraite. Il sollicita aussitôt la faveur de n'être pas compris dans son application. Le digne abbé Saquet était réputé personnage si pacifique, que les révolutionnaires rennais ne crurent pas devoir lui refuser la grâce de continuer ses fonctions près des Ursulines. Il habitait alors le vieux presbytère Saint-Martin, dont l'acquéreur l'avait laissé jouir momentanément et croyait pouvoir y rester, quand un nouvel arrêté vint le jeter dans de nouvelles transes. Le 14 avril 1792, en effet, le Conseil général d'Ille-et-Vilaine s'avisa de prescrire à tous les prêtres insermentés rennais d'aller habiter Fougères avec défense d'en sortir.

Immédiatement M. Saquet se mit en campagne, produisit des certificats médicaux et, s'il ne consentit pas à prêter un serment que lui interdisait sa conscience, il s'engagea « à ne rien entreprendre contre la Constitution, la paix et la tranquillité publiques », choses, du reste, auxquelles il n'avait aucun mérite à ne pas se livrer, étant l'homme le moins combattif de la terre. Cette fois encore, l'ex-recteur de Saint-Martin obtint qu'il ne serait pas inquiété et qu'on le laisserait habiter en paix son vieux presbytère. Il y demeura jusqu'au 14 août 1792. A cette époque, le Directoire d'Ille-et-Vilaine prescrivit d'incarcérer à l'ex-abbaye Saint-Melaine tous les prêtres insermentés présents dans la ville de Rennes. L'abbé Saquet, voulant éviter ce sort et jugeant désormais inopérantes toutes les requêtes qu'il pourrait adresser aux révolutionnaires rennais, crut qu'il ne lui restait plus qu'un parti à prendre : se cacher et disparaître le plus complètement possible.

102. — M. Saquet trouva asile chez un bon laboureur nommé Jean Le Mée, qui habitait le village de la Petite-Cloustière, à une demi-lieue de Rennes, un peu à l'écart du grand chemin de Saint-Malo. Cet excellent chrétien, quoique chargé d'un jeune pupille et de cinq enfants en bas âge, consentit cependant à recueillir chez lui le recteur de Saint-Martin qui y vécut deux ans durant, ignoré de tous.

Au bout de ce temps, la retraite de l'abbé Saquet fut, cependant, découverte. Un soir, raconte Mgr Bruté de Rémur, la nouvelle suivante vint nous affliger : « M. Saquet a été dénoncé, et on fouille partout le faubourg à sa recherche. » — Au matin, la première nouvelle fut : « Il est pris. »

C'est le 27 thermidor, an II (14 août 1794), que le dernier recteur de Saint-Martin de Rennes fut saisi. Le même jour, il fut jugé, condamné et exécuté. Le Tribunal criminel d'Ille-et-Vilaine devant lequel il comparut l'interrogea à peine. M. Saquet affirma devant ses juges sa qualité de prêtre et de *prêtre insermenté*. Ces deux titres réunis étaient suffisants à cette heureuse époque pour porter la tête sur l'échafaud. Le fait de s'être plus ou moins abstenu de faire du ministère ne changeait rien à la chose. M. Saquet fut donc condamné à la peine de mort comme « *prêtre réfractaire* convaincu d'avoir été sujet à la réclusion étant sexagénaire, et d'être resté caché sur le territoire de la République au mépris des lois. » L'arrêté porte en outre que « les *hochets du fanatisme* saisis sur l'abbé Saquet » *seront brûlés au pied de l'échafaud* lors de son exécution. Rien dans les pièces officielles du procès ne nous permet de connaître en quoi consistaient ces objets de piété. Mais on tient à signaler ce détail de la condamnation de M. Saquet, car il *met nettement en relief le caractère antireligieux* que revêtait aux yeux des révolutionnaires l'exécution de ce prêtre inoffensif.

M. Saquet ne fut jamais un individu « séditieux », quelle que soit la compréhension que l'on veuille donner à ce terme. *C'était tout simplement un prêtre demeuré fidèle* à la Foi catholique et c'en fut assez pour lui pour le juger digne de mort.

103. — Après la condamnation de l'abbé Saquet, on se disposa si promptement à conduire cette innocente victime à l'échafaud dressé sur la place du Palais, que le bourreau ne fut pas prévenu à temps. « L'on fut obligé de l'attendre pendant
» une demi-heure; et quand enfin il arriva, il se mit, avec une
» grande brutalité, à dépouiller le vénérable confesseur et à le
» préparer pour l'échafaud. Il lui coupa les cheveux en toute
» hâte, échancra le collet de sa chemise afin de bien dégager
» le cou pour la guillotine, puis, lui ayant attaché les mains
» derrière le dos, il lui jeta son habit sur les épaules. Je vis
» passer l'abbé Saquet le long des corridors du Palais de Justice,
» — raconte Mgr Bruté, alors tout jeune homme; — il marchait
» à la guillotine qui n'était qu'à deux cents pas de distance, et
» je remarquai sa haute taille et son apparence de vigueur et
» de santé. Le cruel bourreau, en lui faisant si précipitamment
» la fatale toilette, l'avait blessé au cou, et le sang coulait sur

» sa poitrine; mais il n'en marchait pas moins avec autant de
» dignité que lorsqu'il présidait aux processions solennelles de
» sa paroisse. »

D'après des témoignages contemporains, l'abbé Carron ajoute
que M. Saquet, en se rendant au supplice, récitait le *Miserere;*
il le continua en posant sa tête sur le billot et il reçut le coup
mortel en proférant ce verset : *Benigne fac, Domine, in bona
voluntate tua, Sion, ut ædificentur muri Jerusalem.*

L'acte de décès de l'abbé Saquet qui ne fut enregistré qu'environ un mois après, figure sur l'Etat civil de la ville de Rennes.
Ses capteurs reçurent cent livres pour récompense.

BIBLIOGRAPHIE. — Abbé Carron, *Les Confesseurs de la Foi
de l'Eglise gallicane*, op. cit., t. III, p. 202-207. — Guillon, *Les
Martyrs de la Foi*, op. cit., t. IV, p. 580. — Tresvaux du Fraval,
Histoire de la Persécution révolutionnaire, etc., op. cit., t. II,
p. 108. — Guillotin de Corson, *Les Confesseurs de la Foi*, etc.,
op. cit., p. 61-63. — Abbé Lemasson, *Les Actes des prêtres
insermentés de l'archidiocèse de Rennes, guillotinés en 1794*,
op. cit., p. 154-163, contiennent les pièces officielles de son
procès. L'auteur a commis une erreur d'un mois en traduisant
en calendrier grégorien les dates du procès et du décès de
M. Saquet.

XV, XVI. — Barthélemy ROBERT et Marc LE ROUX

(Dossier n° 502 des actes du tribunal criminel d'Ille-et-Vilaine, série B, Parlement,
aux archives d'Ille-et-Vilaine.)

104. — Barthélemy ROBERT naquit à Trédias, diocèse de
Saint-Malo (aujourd'hui de Saint-Brieuc), le 29 décembre 1760,
du mariage de Julien Robert et de Louise Lebreton, tous deux
cultivateurs en cette localité. Deux ans et demi plus tard, Marc-
Mathurin LE ROUX vit le jour, le 9 septembre 1763, au bourg
d'Yvignac, paroisse limitrophe de Trédias et, comme celle-ci,
de l'évêché de Saint-Malo. Son père, Marc Le Roux, et sa mère,
Anne Villalon, se livraient au commerce et jouissaient de
l'estime générale, à tel point que celui-ci fut choisi par ses compatriotes comme le premier maire d'Yvignac à la création des
municipalités.

Les deux jeunes gens furent envoyés étudier à Dinan au
collège ecclésiastique restauré par Mgr des Laurents. Leur
avancement dans la science sacrée y suivit une progression
constante. Notés seulement comme « passables » à leurs exa-

mens pour la tonsure et les mineurs, ils obtinrent la mention
« bien » à l'examen qui précéda leur sous-diaconat, « bien »
encore à leur examen de diaconat et « très bien » à celui de
leur prêtrise.

MM. Robert et Le Roux reçurent ensemble la tonsure et les
mineurs le 21 septembre 1782, mais non le sous-diaconat,
M. Robert ayant été fait sous-diacre à Saint-Malo le 5 juin 1784 et
M. Le Roux à Saint-Méen le 18 septembre de cette année. Il en
fut de même pour le diaconat, que M. Robert reçut à Saint-Malo
le 12 mars 1785 et M. Le Roux à Rennes le 27 septembre suivant. La collation de la prêtrise que Mgr Cortois de Pressigny
conféra aux deux amis le 23 septembre 1786, dans la chapelle
du Séminaire de Saint-Méen, les réunit à nouveau, mais il fallut
une dispense d'âge pour l'abbé Le Roux qui n'avait pas alors
atteint 23 ans.

105. — Quelque temps après leurs ordinations, Barthélemy
Robert fut nommé vicaire à Guipry et Mathurin Le Roux fut
envoyé tout auprès, en la même qualité, à Saint-Malo-de-Phily.
On a relevé la première signature de M. Robert à Guipry le
21 mai 1788 et celle de son confrère Le Roux à Saint-Malo le
17 février de cette même année.

Tous deux, animés de l'esprit de leur vocation, montrèrent
un zèle constant pour la sanctification des âmes. M. Robert,
écrit l'abbé Carron, leur contemporain, « doué d'une figure
angélique, avait le cœur tellement bon, que, possédant en 1792
une somme de 800 livres, il la partagea avec un de ses confrères
persécutés, sans s'inquiéter du besoin qu'il allait avoir lui-même
de ses ressources. » Quant à l'abbé Le Roux, au dire même
du même auteur, c'était « un ecclésiastique distingué par ses
mérites et son instruction ».

Il est clair que deux prêtres aussi zélés et aussi éclairés que
l'étaient MM. Robert et Le Roux, quoique favorables aux
réformes destinées à améliorer le sort du petit peuple (M. Robert
signa sur le *cahier de doléances de la paroisse de Guipry*, lors
des Etats généraux de 1789), ne consentirent ni l'un ni l'autre à
prêter serment à la Constitution civile du clergé. Tous les deux
cependant demeurèrent le plus longtemps possible dans leurs
paroisses respectives. On a relevé la signature du vicaire de
Guipry jusqu'au 2 septembre 1792 sur les registres de catholicité
de cette paroisse et celle de Le Roux, son confrère et ami, figure
jusqu'au 19 juillet 1792 sur ceux de Saint-Malo-de-Phily. Par
conséquent, ni l'un ni l'autre n'obtempérèrent à l'arrêté dra-

conien du 15 avril de cette année, par lequel le directoire d'Ille-et-Vilaine leur ordonnait d'aller résider à Rennes.

106. — Lorsque survint la loi du 26 août 1792, qui condamnait à l'exil tous les prêtres insermentés ayant charge d'âmes, MM. Robert et Le Roux ne purent se résoudre à abandonner leurs ouailles et, malgré les pénalités très fortes qu'ils encouraient, ils se décidèrent à demeurer cachés dans le pays : « M. Le Roux n'a pas obéi à la loi de déportation, écrivait, au mois de décembre de cette même année, le district de Bain. Il parcourt sans cesse la paroisse avec son recteur, pour y exciter le désordre (lisez pour remplir les offices du ministère près des âmes) ». On propose pour les en punir de placer leurs mobiliers sous scellés.

« Barthélemy Robert, affirme M. *Carron* précité, était si généralement aimé et estimé dans la paroisse de Guipry, qu'à chacun des révolutionnaires qui le connoissoient, il échappait de dire : « Pour moi, si je trouvais Robert, je ne pourrais pas l'arrêter. » Quand je me disposerais à mettre la main sur lui, les bras » me tomberaient, c'est un trop honnête homme ».

107. — Malheureusement pour eux, la chasse aux prêtres fidèles devint de mois en mois plus active, et les maisons que l'on soupçonnait les receler furent l'objet d'une étroite surveillance. Si bien qu'un jour qu'ils se trouvaient ensemble au village de la Bimais en Guipry, avec un autre prêtre nommé *Jean Gortais*, leur présence y fut dénoncée. Voilà pourquoi, le 1er vendémiaire an III (22 septembre 1794), André Valleray, l'homme de ces expéditions, se rendit sur les lieux avec sa troupe d'argousins, bien décidé à découvrir et à arrêter les proscrits. Mathurin Le Roux parvint à s'échapper, mais MM. Robert et Gortais demeurèrent entre les mains des soldats, ainsi que la veuve Maubec et l'une de ses filles, appelée Marguerite, qui leur donnaient asile. On les conduisit de là au bourg de Guipry, où la troupe ne manqua pas de pénétrer dans l'église paroissiale et de piller les vases sacrés qui s'y trouvaient encore. Puis, après avoir prodigué à leurs prisonniers des outrages de toutes espèces, ils les laissèrent passer la nuit sur le pavé au pont de Guipry.

Le lendemain, les captifs, enchaînés comme des criminels, y étaient encore. Quelques habitants, touchés du déplorable état dans lequel ils voyaient des prêtres qu'ils vénéraient, essayèrent de leur venir en aide, mais ils furent repoussés par leurs féroces gardiens. L'abbé *Carron, qui a recueilli des traditions de la bouche de témoins oculaires*, raconte même qu'ils furent poursuivis par ces furieux « qui, leur offrant d'une main sacrilège *les hosties* qu'ils avaient prises la veille, leur disaient : « Viens » manger ton bon Dieu, viens ; je vais te le donner. » Finalement, ils *jetèrent par terre les Saintes Espèces* et les foulèrent aux pieds, durant qu'ils vomissaient toutes sortes de blasphèmes ».

Le même jour, une partie du détachement, après avoir lié et garotté les bras de leurs victimes, avec tant de violence que les cordes leur entrèrent dans les chairs, les conduisit à Bain; en continuant sur la route de les accabler de toutes sortes de mauvais traitements.

Pendant que cette portion de la colonne se rendait à Bain avec ses prisonniers, l'autre fouillait la paroisse de Pipriac à la recherche de l'abbé Le Roux, qui leur avait échappé une première fois. Elle finit par retrouver le fugitif près du manoir du Plessis-Fabron. Elle put s'en saisir et l'amener à Bain où se trouvaient encore les autres prisonniers. Quand l'abbé Robert aperçut entre les mains des révolutionnaires son ami, qu'il croyait sauvé, il demeura tellement saisi et tellement affligé qu'il ne put lui adresser une seule parole : « Eh bien, mon ami, lui dit l'autre, es-tu fâché de me voir ? N'es-tu pas plutôt content que *je partage ton heureux sort* ? Regrettes-tu que je participe à ton martyre ? Nous avons été toujours unis. La Providence nous avait placés voisins. Dieu permet que nous nous accompagnions jusqu'à la fin et que nous nous suivions dans la gloire ! »

108. — Après une nuit passée à Bain, les soldats prirent enfin la route de Rennes avec leurs prisonniers attachés deux à deux. « Le départ de Bain, écrit l'abbé *Carron*, d'après des témoins oculaires, fut une scène digne d'émouvoir les hommes les plus insensibles... Les corps des captifs furent criblés de coups de plat de sabre et de crosses de fusils. Chacun souffrit tout avec la patience d'un ange et la douceur d'un agneau ».

Arrivés à Rennes, les trois ecclésiastiques et leurs compagnons d'infortune furent incarcérés dans la prison de la Porte Saint-Michel, alors dénommée Porte Marat, sous l'accusation d'être prêtres et les autres de les avoir recelés comme tels.

Leur ordre d'écrou est du 3 vendémiaire (24 septembre 1794) Le 5 octobre suivant, l'ex-comédien *Boursault*, devenu représentant du peuple, écrivait à l'accusateur public une lettre comminatoire pour les faire mettre en jugement, conformément à la loi des 29 et 30 vendémiaire an II, c'est-à-dire comme *ecclésiastiques réfractaires* demeurés en France en contravention avec la loi qui les chassait de leur patrie. Le même jour, les trois victimes et leurs receleuses comparaissaient devant le juge du tribunal criminel d'Ille-et-Vilaine, chargé d'instruire leur affaire.

Les réponses des uns comme des autres furent très prudentes et véritablement animées du désir de n'entraîner personne avec eux dans leur perte. Au reste, leurs interrogatoires qui ont été publiés ailleurs, furent très brefs et l'on peut dire qu'aux termes mêmes de la loi, ils se bornèrent à une simple constatation d'identité.

Le même jour, les juges du tribunal criminel rendirent leur sentence, c'était la mort pour les trois prêtres. Ils tombaient victimes de la loi de persécution des 29 et 30 vendémiaire an II, déjà tant de fois appliquée et toujours aussi sanglante.

Le lendemain du jour où fut prononcée la sentence fatale, Marc-Mathurin Le Roux, Barthélemy Robert et l'abbé Jean Gortais furent conduits au supplice sur la place du Champ-de-Mars à Rennes, scellant de leur sang leur héroïque conduite au cours de la persécution religieuse. Le souvenir de ces prêtres héroïques n'est pas encore éteint à Guipry.

BIBLIOGRAPHIE. — Carron, *Les Confesseurs de la Foi*, etc., op. cit., t. III, p. 142-149. — Guillon, *Les Martyrs de la Foi*, etc., op. cit., t. III, p. 216 et 514 ; t. IV, p. 479. — Tresvaux du Fraval, *Histoire de la Persécution*, etc., op. cit., t. II, p. 112. — Guillotin de Corson, *Les Confesseurs de la Foi*, etc., op. cit., p. 65-68. — Abbé Lemasson, *Les Actes des prêtres insermentés de l'archidiocèse de Rennes*, etc., op. cit., p. 164-177, contient les pièces officielles de ce procès.

XVII. — Jean-Mathurin GORTAIS

(Archives d'Ille-et-Vilaine, dossier n° 302, série B, Parlement, actes du tribunal criminel d'Ille-et-Vilaine.)

109. — Le compagnon de supplice de MM. Le Roux et Robert fut, comme on l'a déjà vu, Jean-Mathurin GORTAIS, né à Plélan-le-Grand le 20 août 1748, de Joseph et d'Anne Lefebvre.

M. Gortais, qui n'était pas favorisé des dons de la fortune, fit une partie de ses études en son particulier, sous le contrôle des prêtres de sa paroisse. Il reçut la tonsure et les ordres mineurs à Saint-Sauveur en Saint-Malo le 20 mai 1780, à l'âge de 32 ans, le sous-diaconat le 5 juin 1781 et le diaconat le 25 mai 1782 dans la même église. Enfin, il fut ordonné prêtre à Saint-Méen le 20 septembre 1782.

Voici les notes d'examens de l'abbé Gortais, prises sur le registre du séminaire, conservé aux archives d'Ille-et-Vilaine, série G. Ces notes sont excellentes : « Jean Gortais, examen tonsure et acolythat, Trinité 1780, a étudié chez M. Durand : présente la philosophie passable et a de la disposition ; admis. — Pour le sous-diaconat, septembre 1780, étudie chez M. de Saint-Péran : passable à son dernier examen, fort bien à celui-ci ; admis. — Diaconat, mai 1782, étudie à Saint-Méen : fort bien à son dernier examen, pas mal à celui-ci ; admis. — Prêtrise, juin 1783, étudie à Saint-Méen : pas mal à son dernier examen, de même à celui-ci ; admis ».

Lors de la Révolution, M. Gortais desservait depuis quelques années la chapelle du Port-de-Roche, alors située au Grand-Fougeray et dédiée à saint Yves, le grand thaumaturge trécorrois. Il y joignait la charge de catéchiser les enfants des environs. C'est à ce titre que son souvenir a survécu dans cette paroisse.

110. — Aux termes de la loi du 27 décembre 1790, les fonctions de l'abbé Gortais ne l'obligeaient pas à prêter serment. Il aurait pu s'y décider par ambition. Il se garda de le faire. En 1792, la prestation du serment l'eût mis à l'abri des tracasseries et des ennuis de toutes sortes que suscitait le Gouvernement aux insermentés quels qu'ils fussent. Mais M. Gortais ne voulut point commettre un acte qui blessait les convictions les plus chères de sa conscience, et nous le trouvons noté au mois de juillet 1792 comme « non fonctionnaire public, vivant au Grand-Fougeray, *insermenté*, ne s'étant pas soumis à l'arrêté du Département du 15 avril 1792, lui prescrivant d'aller résider à Rennes ».

Il ne tint pas plus compte de la loi du 26 août 1792 et de celles des 21 et 23 avril 1793, qui lui intimaient sous les peines les plus sévères de s'expatrier. Il préféra, tout au contraire, demeurer dans une région où il était connu et estimé et où il avait la consolation de rendre aux fidèles les plus précieux services.

111. — Nous venons de voir comment M. Gortais fut saisi, jugé et condamné avec les abbés Le Roux et Robert, et pour les mêmes motifs. « M. Gortais, raconte l'abbé Carron, son premier biographe, marchant au supplice, chanta, plein de courage, *une complainte* qu'il avait composée sur le bonheur qui lui était accordé de mourir pour la Foi. Sa voix fut étouffée par le roulement des tambours ». Ainsi mourut, ajoute Guillotin de Corson, « le dernier chapelain de Port-de-Roche, plein de mérites et de vertus ».

Voir sa bibliographie à l'article précédent.

XVIII. — Maurice MARTINET, *dit* le Frère Moniteur.

(Dossier n° 271 des actes du tribunal criminel d'Ille-et-Vilaine, série B, Parlement, aux archives d'Ille-et-Vilaine.)

112. — Maurice Martinet naquit à Mézières, dans le département actuel des Ardennes, ainsi qu'en fait foi le registre des actes de catholicité de cette localité pour l'année 1750, du mariage de Guillaume et de Jeanne Michel, ses père et mère. Il reçut le saint baptême le 27 avril, jour de son entrée dans la vie.

Maurice Martinet entra au noviciat des Frères des Ecoles Chrétiennes établi à Mareville, près Nancy, le 15 novembre 1772. Il prononça ses vœux perpétuels le 20 septembre 1778. Ses supérieurs l'envoyèrent à Saint-Malo en 1787. De ses précédentes résidences, nous ne connaissons absolument rien. On doit attribuer cette carence, affirme le T. C. F. Donat, archiviste de sa congrégation, « à l'incendie de Melun qui consuma tant de documents précieux ».

L'école des Frères de Saint-Malo avait été fondée le 2 janvier 1746. En 1792, elle était établie rue des Lauriers. A cette époque, la communauté des Frères se composait de trois profès dont le Frère *Moniteur* (Maurice Martinet). L'anxiété s'y faisait grande : le 22 mars 1791, l'Assemblée Constituante avait étendu à tous les professeurs l'obligation du serment schismatique à la Constitution civile du clergé. Bientôt la corporation des maîtres laïques de Saint-Malo accusa les Frères de ne pas obéir à la loi; mais, à cette dénonciation malveillante, la municipalité malouine répondit par cet éloge inséré dans sa délibération du 15 octobre 1791, conservée aux Archives de cette ville :

« Les Frères sont des hommes soumis à une discipline austère, dont les mœurs n'ont pas encore éprouvé la moindre critique, qui joignent au désintéressement, dont leur institut leur fait une loi, le plus grand soin pour l'instruction des enfants. Il sera bien difficile de trouver des hommes qui, de ce côté, leur ressemblent parfaitement. Or, quand on déplace un homme pour en mettre un autre, il faut que l'honnêteté de celui-ci ne fasse pas regretter l'ancien; sans quoi le peuple juge mauvaise la loi qu'on a cru devoir mettre à exécution. »

113. — Le bon sens des administrateurs de Saint-Malo irrita les jacobins du lieu, qui les dénoncèrent au Directoire du département d'Ille-et-Vilaine. Le 3 juillet 1792, les Frères de Saint-Malo furent invités par la municipalité malouine à faire connaître leur résolution relative au serment. Ils répondirent le 6 par un *refus* poli, mais *formel*, dont les termes ont paru ailleurs.

Leur courageuse fidélité motiva, le 29 septembre suivant, un arrêté du Conseil général de la commune de Saint-Malo, qui, sous prétexte « d'incivisme et de collusion avec les ennemis intérieurs de la République », enjoignait aux Frères de quitter leur costume religieux et demandait leur remplacement aux autorités du département.

En attendant, et afin de trouver des moyens d'existence (leur refus de serment les excluant des pensions accordées aux anciens religieux), les Frères de Saint-Malo prirent le parti de donner des leçons particulières, soit à leur maison, soit à domicile. Mais cette détermination ne faisait point l'affaire des Jacobins de l'endroit qui multipliaient les dénonciations pour les obliger à quitter la ville. Aussi, par *trois fois*, en octobre et en novembre 1792, ainsi que le 11 janvier 1793, le Frère Directeur réclama-t-il vainement pour lui et ses confrères la liberté de vivre de leur travail. On lui répondit en les expulsant de leur demeure et les trois religieux virent leur mobilier inventorié et confisqué au profit de la République, le 19 janvier 1793.

Le jour même de cet inventaire, la municipalité malouine décidait « que la conduite incivique de ces *hommes superstitieux*, étant d'un exemple dangereux auprès de la classe des gens peu éclairés de la cité, les ci-devant frères ignorantins seraient payés d'une somme de 383 livres 17 sols, dont ils donneraient quittance, et évacueraient le territoire de la commune en 48 heures pour tout délai ».

114. — On allongea cependant quelque peu les 48 heures, car ce ne fut que le 25 janvier suivant, c'est-à-dire sept jours plus tard, que le frère Moniteur reçut de la municipalité malouine le passeport dont voici la teneur : « Laissez passer *Maurice Mar-*

tinet, allant dans l'intérieur de la République, maître d'écriture de profession, taille de 5 pieds 3 pouces, cheveux et sourcils noirs, yeux gris, nez long, bouche moyenne, menton rond, front bas, visage maigre. »

Muni de cette pièce indispensable pour pouvoir voyager à cette époque de liberté, le Frère Martinet se mit en route pour regagner vraisemblablement son pays natal. Sa première étape fut Dol, où il fit viser son passeport. Nous ne croyons pas qu'il poussa plus avant son voyage. Les routes alors n'étaient rien moins que sûres, infestées qu'elles étaient par les bandes royalistes ou les colonnes des soldats bleus. Les autorités révolutionnaires locales, sans cesse en méfiance, faisaient partout des difficultés pour viser les passeports, toujours prêtes qu'elles étaient, au moindre soupçon, à faire incarcérer les voyageurs suspects. Le Frère Martinet jugea donc plus sage d'en arrêter là son itinéraire et de s'en retourner à Saint-Malo, ville dans laquelle, en attendant des jours meilleurs, il croyait pouvoir trouver asile chez des amis sûrs dont il instruirait les enfants en cachette.

Ses espérances ne furent pas trompées, ainsi qu'on le voit par une réponse que sa mère lui adressait de Mézières le 12 janvier 1794 : « Mon cher fils, je suis bien sensible à la lettre que vous m'avez écrite. Je vois que vos amis ne vous délaissent point, cela me console. » La suscription de cette lettre : « Au citoyen M. M..., demeurant chez la citoyenne du Bois, près la Croix du Fief, à Saint-Malo », confirme bien que son destinataire avait trouvé asile dans cette cité, laquelle, toute terrorisée qu'elle était alors par l'atroce Le Carpentier, renfermait toujours des âmes capables de tous les dévouements.

115. — De Saint-Malo où sa présence fut peut-être soupçonnée, le frère Moniteur s'en vint se cacher chez Pierre Michel, demeurant à la Grande-Rivière, en Paramé, dont le fils avait été précédemment son élève. Mais la sécurité qu'il trouva en ce lieu ne fut pas de longue durée ; des dénonciateurs le reconnurent et s'en allèrent révéler sa présence au Comité de surveillance de Saint-Malo. Aussitôt, Mahé, agent national du district, s'empressa de donner des ordres. Le 8 mars 1794, à dix heures du soir, la ferme de la Grande-Rivière fut cernée. Maurice Martinet reposait. Averti, il quitta sa chambre. et, demi-vêtu, monta au grenier. Découvert quelques instants après, on le garrotta, puis on le conduisit en prison. On a publié ailleurs le procès-verbal de son arrestation.

Le frère Martinet demeura durant six longs mois détenu à Port-Malo. On semblait vouloir l'oublier et, dans l'état de la législation à cette époque, c'était bien ce qui pouvait lui advenir de plus heureux. Cependant, un jour survint, où le servannais Pointel, accusateur public près le Tribunal criminel d'Ille-et-Vilaine, fut informé de l'existence du prisonnier.

La chute de Robespierre n'avait rien changé aux lois de sang qui décimaient le monde religieux, aussi l'accusateur public, le cruel Pointel, jacobin forcené, s'empressa-t-il de donner des ordres afin de faire amener à Rennes le pauvre frère Martinet. L'inculpation de fanatisme dont il le chargeait, ne laissait aucun doute sur l'issue fatale réservée à son voyage.

Ecroué à la Tour Le Bat le 29 septembre 1794, le bon religieux dont on s'occupe, subissait six jours plus tard, devant le citoyen Beziel, juge au Tribunal criminel d'Ille-et-Vilaine, l'interrogatoire d'identité prescrit par la loi des 29 et 30 vendémiaire an II. « Il y déclara *n'avoir prêté aucun des serments exigés par les loix* et qu'il n'avait fait qu'user de la liberté des opinions religieuses en s'abstenant de prêter serment ».

Etre religieux, n'avoir point prêté un serment qui répugnait à votre conscience, et s'être accroché au sol de la patrie en refusant d'obéir aux lois de bannissement qui atteignaient tous les religieux demeurés fidèles à la stricte orthodoxie, étaient, on l'a déjà vu, des motifs amplement suffisants pour subir la peine capitale. Le frère Martinet ne devait pas tarder à en faire la dure expérience.

Le jour même de son interrogatoire, le Tribunal criminel d'Ille-et-Vilaine rendit sa sentence à son sujet. Elle fut prononcée le 5 octobre 1794. C'était la mort, en exécution des articles V, X, XIV et XV de la terrible loi des 29 et 30 vendémiaire an II que nous avons déjà vue appliquée tant de fois.

116. — Trois prêtres dont nous venons de parler, MM. Le Roux, Robert et Gortais, avaient été condamnés à la peine capitale le même jour que le frère Martinet et pour les mêmes motifs. On réunit ensemble les quatre victimes pour la dernière nuit qui leur restait à vivre. A cette fin, à sa sortie du tribunal, on amena le frère Martinet non à la Porte-la-Montagne, mais à la Porte Marat, dite anciennement Porte Saint-Michel. Il y passa les dernières heures qui lui demeuraient dans la prière et le recueillement.

Le lendemain, en effet, 15 vendémiaire, autrement dit le lundi 6 octobre, eut lieu à Rennes une quadruple exécution capitale sur la place du Champ-de-Mars. Au nom des immortels principes émis en 1789 par les sectateurs des sociétés de Pensée, disciples des Encyclopédistes et de Jean-Jacques, quatre fois le couperet de la guillotine retomba sur des têtes d'ecclésiastiques.

Mgr Bruté de Rémur, alors adolescent à cette époque, assure que le frère Martinet expira en prononçant le nom sacré de « *Jésus* », pour lequel il sacrifiait sa vie. Sa Congrégation a conservé son souvenir et le regarde comme martyr.

BIBLIOGRAPHIE. — Bruté de Rémur, *Souvenirs de la Persécution révolutionnaire à Rennes*, op. cit., IX, p. 48. — Guillotin de Corson, *Les Confesseurs de la Foi*, op. cit., p. 69-71. — Abbé Lemasson, *Les Actes des prêtres insermentés de l'archidiocèse de Rennes*, op. cit., p. 178-187, reproduit les pièces officielles du procès, ainsi que le *Bulletin des Ecoles chrétiennes*. IV.ᵉ année, janvier 1910, p. 2-26.

XIX, XX, XXI, XXII. — Raoul BODIN
et les Demoiselles Catherine, Renée et Julienne BOULLÉ

(Dossier n° 274 des actes du tribunal criminel d'Ille-et-Vilaine, série B, Parlement, aux archives d'Ille-et-Vilaine.)

117. — Né à Sougeal le 22 avril 1730, de Raoul et d'Hélène Audibon, Raoul BODIN reçut la tonsure et les mineurs à Rennes le 22 septembre 1753, le sous-diaconat dans la même ville le 21 septembre 1754, le diaconat à Dol le 20 septembre 1755. Enfin Mgr Dondel, évêque de ce dernier diocèse, lui conféra la prêtrise le 3 avril 1756.

En 1758, nous le trouvons vicaire au Loroux. Il y demeura jusqu'au 1ᵉʳ décembre 1770, date de sa nomination au rectorat de La Chapelle-Saint-Aubert.

Dans ses nouvelles fonctions, M. Bodin augmenta son église, en 1780, d'une chapelle dédiée au Saint Nom de Jésus. Lorsque survint la Révolution Française, cet ecclésiastique demeura ferme dans sa foi et, peu après le vote de la Constitution civile du clergé, il signa avec la majorité du clergé rennais une adresse de fidélité à Mgr de Girac, son évêque légitime. Peu après, il refusa sans hésitation de prêter le serment schismatique, « ne voulant pas, écrivait-il le 21 janvier 1791, s'engager par serment à maintenir de tout son pouvoir une *constitution qui détruit le gouvernement monarchique et qui ôte au Chef visible de l'Eglise la primauté d'honneur et de juridiction que J.-C. lui a accordée dans la personne de saint Pierre* ».

118. — La Chapelle-Saint-Aubert ayant été jugée devoir être supprimée en tant que centre paroissial, M. Bodin n'y fut pas remplacé comme recteur et demeura auprès de ses ouailles au cours de 1791 et 1792. Le 20 septembre de cette dernière année, on réunit La Chapelle à Vendel pour le service religieux, mais bien inutilement du reste, car si, à la suite de la loi du 26 août 1792 qui le condamnait à la réclusion comme insermenté sexagénaire, M. Bodin prit le 14 septembre suivant un passeport à La Chapelle pour se rendre à la maison de réunion créée à la Trinité de Rennes, c'était simplement afin de donner le change aux autorités du district. Mais le tout dévoué pasteur ne put se résoudre à abandonner son troupeau et préféra se condamner à la vie misérable d'un proscrit, plutôt que de s'exiler ou d'aller se renfermer à la maison de réclusion de la Trinité. Sa municipalité et ses ouailles reconnaissantes le protégeaient du reste de leur mieux : le 14 octobre 1792 et le 30 octobre 1793, on avait vainement tenté de trouver des locataires pour le presbytère de La Chapelle et, le 10 janvier de cette année, le maire de cette localité déclarait avec beaucoup de sérieux « qu'il avait fouillé, de concert avec ses officiers, toutes les maisons de sa paroisse, sans y trouver de prêtre caché ».

Cependant les lois persécutrices, suivant une progression savamment calculée, devenaient de plus en plus draconiennes et M. Bodin pour accomplir ses fonctions sacrées, fut obligé de se dissimuler davantage.

119. — Or, parmi les paroissiens de l'abbé Bodin, se trouvait une estimable famille bourgeoise. Maître François-Anne Boullé, sieur de la Gracière, sénéchal de Saint-Aubin-du-Cormier, avait épousé Marie-Monique Cheminais, laquelle lorsque son mari trépassa le 11 avril 1775, lui avait donné trois filles : *Catherine*, baptisée le 19 mai 1739 qui devint religieuse au Carmel de Rennes ; *Renée*, baptisée le 21 octobre 1742 et *Julienne*, baptisée le 11 août 1744.

Après l'abolition officielle des vœux monastiques, quand les magistrats révolutionnaires vinrent ouvrir les portes du monastère des Carmélites de Rennes; ils n'y trouvèrent qu'une religieuse consentant à quitter la clôture. Ils essayèrent alors, mais en vain, d'obtenir des Carmélites fidèles à leurs vœux le serment à la Constitution. Dépités, ils en prévinrent l'évêque intrus Claude

Le Coz, qui, espérant mieux réussir qu'eux, vint en personne au monastère soi-disant pour en faire la visite. La sœur *Catherine Boullé*, professe depuis le 15 avril 1760 et *première assistante* de la Mère Prieure, fut chargée par celle-ci de recevoir le prélat jureur, et elle le fit avec tant d'énergie, l'évangile à la main, que Le Coz, couvert de confusion, se retira, sans oser franchir la grille de clôture. Tant de courage de la part d'une faible femme attira une persécution plus violente : le monastère du Carmel fut envahi par la force armée et les religieuses, violemment expulsées, furent jetées sur la rue. La sœur Catherine Boullé rejoignit alors ses sœurs au manoir de l'Epinay et toutes ensemble se consacrèrent aux œuvres de piété et au soulagement des malheureux.

Parmi ceux-ci comptèrent (leurs aveux l'apprennent), les prêtres proscrits pour la Foi qui se réunissaient de temps en temps chez les demoiselles de la Gracière, tant pour se confesser, que pour s'encourager mutuellement à souffrir pour Jésus-Christ.

Quant à M. Bodin, il était spécialement reçu chez ces excellentes personnes, qui lui avaient même préparé dans le grenier une cachette parfaitement dissimulée et dont les restes existent toujours. C'est là que, lorsqu'il était trop fatigué de ses courses nocturnes à travers les paroisses de Saint-Aubert, de Vendel et de Romagné, afin d'administrer les sacrements aux fidèles qui en avaient besoin, ce prêtre alors sexagénaire venait prendre quelques heures de repos.

120. — La loi du 22 floréal an II, qui portait la peine de mort contre les ecclésiastiques sexagénaires que l'on viendrait à arrêter en dehors d'une maison de réclusion, n'interrompit point sa vie tout apostolique, mais accrut considérablement ses dangers.

« Un jour, par malheur, un couvreur de Fougères, appelé pour réparer la toiture de la maison des demoiselles de la Gracière, ayant aperçu, réunies dans une chambre, trois personnes qu'il supposa devoir être des ecclésiastiques, se hâta, dès son retour à son domicile, d'aller faire part de sa découverte au Comité de surveillance de Fougères. Aussitôt un bon chrétien de cette ville, informé de la dénonciation, vint en hâte avertir les proscrits menacés. Les deux confrères de l'abbé Bodin s'en furent se réfugier dans les champs, quant au recteur, il se renferma dans sa cachette qu'il croyait absolument sûre.

Peu après arrivait au manoir de l'Epinay, le 12 septembre

1794, un détachement de soldats envoyés de Fougères pour perquisitionner. Un sergent-major les commandait. Ils fouillèrent
les recoins les plus secrets de la maison et pénètrent dans le
grenier où ils s'arrêtent devant une cloison qui, grâce à un
crépissage, semblait ne faire qu'un plafond avec le toit. Ils
allaient passer outre, quand le pauvre abbé Bodin se trahit lui-
même par un éternuement retentissant. On défonce alors la
cloison avec fureur et le malheureux recteur se voit dans un
clin d'œil arrêté et garrotté. On se saisit en même temps de ses
pieuses hôtesses ; on n'oublie pas entre temps de piller les
armoires, et le détachement, glorieux de sa capture, reprend
la route de Fougères où, de retour, le sergent-major s'empressa
de faire un rapport où il assurait que tout s'est passé avec
« bon ordre et discipline ».

121. — A Fougères, M. Bodin et ses receleuses subirent un
premier interrogatoire devant les membres du Comité révolutionnaire de cette ville dès le lendemain de leur arrivée. Les
réponses de l'abbé et celles de ses compagnes furent à la fois
fermes et prudentes, évitant de compromettre des tiers, tout en
affirmant très nettement leurs sentiments de bons et fidèles
catholiques. Elles ont été publiées intégralement ailleurs. Ainsi
le recteur de Saint-Aubert déclara sans ambage « qu'il n'avait
pu prêter le serment parce qu'il était contraire à sa conscience ».
La Carmélite fit savoir qu'elle eût résolument refusé le serment
si on le lui avait demandé. Quant à ses sœurs, elles exprimèrent
leur étonnement que, sous un régime qui se réclamait de la
fraternité, « un acte de charité pût leur devenir funeste ».

Les révolutionnaires fougerais conservèrent les confesseurs
de la Foi quatorze jours dans la geôle de leur ville. Ce fut le
27 septembre seulement qu'ils les firent conduire à Rennes où
on les emprisonna dans l'ancienne prison de la Porte Saint-
Michel, à cette heure dénommée prison de la Porte Marat.

122. — Le 8 octobre suivant, les accusés comparurent devant
un juge du Tribunal criminel d'Ille-et-Vilaine. Aux termes
mêmes de la loi, leurs interrogatoires devaient se borner à une
simple constatation d'identité ainsi qu'au fait de savoir si les
coupables avaient oui ou non prêté un serment schismatique et
condamné par le Pape. M. Bodin reconnut sans hésiter sa
qualité d'insermenté, de même la Carmélite déclara ne vouloir
point prêter le serment civique. Quant à ses sœurs, elles firent
connaître « que les seuls motifs qui les avaient guidées en

donnant asile à leur recteur étaient la charité et la reconnaissance ».

Les interrogatoires achevés, les juges du Tribunal criminel
se rassemblèrent au complet; on entendit le juge Beziel résumer
les interrogatoires, l'accusateur public réclamer l'application de
la loi, c'est-à-dire la mort, et enfin les accusés en leurs moyens
de défense. Ni le rapport de Beziel, ni le réquisitoire de l'accusateur public ne nous sont parvenus. Jamais ces pièces si
intéressantes ne figurent présentement dans les dossiers du
Tribunal criminel, tels qu'ils nous ont été conservés. Mais grâce
aux *Souvenirs* de Mgr Bruté de Rémur, un témoin oculaire,
nous possédons le récit « des moyens de défense » de l'abbé
Bodin et des demoiselles de la Gracière.

« Comme j'étais jeune, écrit-il, je me faufilai si bien que je
me trouvai bientôt derrière le siège de M. Raoul (Bodin), cram-
ponné à la balustrade et touchant presque son dos. Les trois
sœurs (Boullé de la Gracière) étaient assises sur un banc, de
l'autre côté de la salle. Les juges occupaient des sièges élevés
sur une estrade et dominaient les prisonniers et les gendarmes.
— « Ton nom et ton âge ? » dit le président. — « Raoul Bodin,
âgé de soixante-quatre ans », répondit le prêtre. Je crois voir
encore le digne homme, grand, très maigre, front chauve, cheveux gris, et une attitude calme, noble et vraiment religieuse.
— « Ta profession ? » — « Prêtre, recteur de La Chapelle-Saint-
Aubert. » — « As-tu prêté le serment constitutionnel ? » —
« Non, citoyen. » — « Pourquoi ? » — « Parce que ma conscience
me le défendait. » — Il y eut ensuite quelques autres questions
et de courtes réponses que j'ai oubliées; mais je me souviens
distinctement que le bon vieillard se mit à plaider la cause des
trois sœurs chez lesquelles il avait été arrêté. Il parla d'un ton
suppliant au président et à la cour, pendant quelques minutes,
jusqu'à ce qu'on lui eût, à plusieurs reprises, imposé silence.
Les accents émus de sa voix résonnent encore à mon oreille :
— « Citoyens juges, mettrez-vous à mort ces pauvres dames
pour un acte d'hospitalité si inoffensif pour le public, si naturel,
si digne de leur bon cœur, puisque j'étais depuis vingt ans leur
pasteur ! Epargnez-les, citoyens ! Il est si digne de la République de montrer de la clémence ! etc... » — « Silence ! Elles
parleront elles-mêmes. Silence ! Tu n'as pas le droit de parler
en leur faveur. Silence ! » Il lui fallut se taire, et le bon prêtre
s'assit, jetant un regard de compassion vers les pauvres sœurs. »

L'interrogatoire des demoiselles de la Gracière ne fut pas
moins émouvant. Catherine-Marie Boullé, âgée de 55 ans, reli-

gieuse carmélite, ajouta judicieusement à la formule ordinaire des réponses : « Je n'ai pas de domicile depuis mon expulsion de mon couvent; j'ai été recueillie par la bonté de mes sœurs, je vis à leur charge, et conséquemment l'on ne peut pas dire que j'ai donné refuge à un prêtre. » L'argument était péremptoire, mais le président passa outre. La bonne religieuse commença alors à plaider la cause du vieux recteur, comme celui-ci avait plaidé la sienne, et ses expressions suppliantes étaient empreintes de sévérité : « Il est cruel de mettre à mort un homme innocent, un saint homme dont la vie entière a été consacrée à faire du bien à son prochain. Vous dites que les pauvres sont particulièrement chers à la République; eh bien ! c'est aux pauvres surtout qu'il a fait du bien, aux vieillards et aux orphelins... » Plus on lui ordonnait de se taire, plus elle s'animait, et ce ne fut qu'avec peine qu'on la réduisit au silence.

Renée-Anne Boullé, âgée de 50 ans, et sa sœur Julienne-Charlotte Boullé, âgée de 45 ans, interrogées à leur tour, répondirent courageusement qu'elles avaient elles-mêmes invité M. Bodin à demeurer chez elles, sans s'inquiéter du danger qu'elles couraient en agissant ainsi; elles ajoutèrent que d'autres prêtres avaient également séjourné à l'Epinay, notamment MM. Beaulieu, Fertigné et Boyère, qu'elles pouvaient nommer parce qu'ils étaient maintenant en sûreté.

L'interrogatoire des quatre accusés ne prit que peu de temps.

123. — On fit un crime à la Sœur Catherine Boullé d'avoir écrit la relation de la visite de Le Coz aux Carmélites de Rennes et de posséder une image du Sacré-Cœur de Jésus. Enfin, le président du Tribunal criminel rendit un jugement condamnant à mort Raoul Bodin et les trois demoiselles Boullé de la Gracière. Le premier, pour être demeuré contre les termes de la loi du 22 floréal an II, sur le territoire de la République, sans *avoir prêté serment*, et sans s'être rendu dans une maison de réclusion; les secondes, aux termes de la loi du 22 germinal an II, pour avoir recélé un ecclésiastique insermenté sujet à la déportation et passible de ce chef de la peine capitale.

Le lendemain de leur condamnation, on exécuta sur le Champ-de-Mars les quatre victimes. Sur l'échafaud, le vénérable recteur de La Chapelle montra la même résignation et la même piété qu'au tribunal ; la Sœur Catherine Boullé fit preuve de la fermeté et du courage qui lui étaient habituels et ses deux sœurs continuèrent de réciter des prières tant qu'il leur demeura un souffle de vie. Leurs quatre têtes tombèrent successivement sous le couperet fatal et leurs âmes sans doute s'envolèrent vers les cieux.

L'acte de décès de ces confesseurs de la Foi, figure sur l'*Etat civil* de Rennes de l'an III, à la date du 18 vendémiaire.

124. — Le souvenir de ces héroïques personnages est conservé avec vénération à La Chapelle-Saint-Aubert et ce serait une grande joie pour les fidèles de cette localité de voir proclamer bienheureux ceux que dans l'intérieur de leur âme, ils aiment à regarder comme martyrs.

BIBLIOGRAPHIE. — Tresvaux du Fraval, *Histoire de la Persécution révolutionnaire*, etc., op. cit., t. II, p. 114-115. — Bruté de Rémur, *loco citato*. — Guillotin de Corson, *Les Confesseurs de la Foi*, etc., op. cit., p. 72-77. — Abbé Lemasson, *Les Actes des prêtres insermentés de l'archidiocèse de Rennes*, etc., op. cit., p. 188-204, où sont reproduites toutes les pièces officielles des procès de M. Bodin et des d^{lles} Boullé.

XXIII. — Michel SOURDIN

(Dossier n° 278 des actes du tribunal criminel d'Ille-et-Vilaine, série B, Parlement, aux archives d'Ille-et-Vilaine.)

125. — Michel Sourdin, né à Saint-Ouen-des-Alleux, le 18 avril 1757, de Julien et de Perrine Duval, fut baptisé le jour même de sa naissance. Nous le trouvons recevant à la fois à Rennes la tonsure et les mineurs, le 23 septembre 1780, puis le sous-diaconat dans la même ville le 23 décembre 1781 et enfin le diaconat le 21 décembre de l'année suivante. Quant à la prêtrise, en vertu de lettres dimissoriales en date du 15 décembre 1783, Mgr de Hercé la lui conféra à Dol, le 20 de ce même mois.

L'abbé Sourdin vint à Janzé en qualité de vicaire de la paroisse Saint-Pierre, vers le mois de novembre 1788, époque à laquelle on relève sa première signature sur les registres de catholicité. Quant à sa dernière, elle y figure au mois de juin de l'année 1791. Dans l'intervalle, M. Sourdin remplit les fonctions de curé d'office, à la mort du doyen Pierre-Ange Sourdin, son parent.

126. — Durant que le clergé de la paroisse de Saint-Martin de Janzé prêtait le serment constitutionnel le 9 janvier 1791, M. Michel Sourdin refusait de s'assermenter, tout en demandant à pouvoir néanmoins continuer l'exercice de ses fonctions, appuyé du reste en cela par sa municipalité, qui écrivait à son sujet : « Nous l'avons prié de le faire pour prévenir les accidents » qui pourraient résulter de la cessation précipitée de son » ministère ». Du reste, prenait-on soin d'ajouter : « C'est un très digne prêtre, qui jouit de la confiance publique et qui n'a semé aucun germe de division ni de soulèvement ».

En conséquence, M. Sourdin demeura à Janzé jusqu'au 17 juin 1791, date à laquelle la suppression de son église paroissiale et sa situation de prêtre réfractaire l'obligèrent à en sortir. On le retrouve, le 10 juillet de l'année suivante, réfugié à Saint-Ouen-des-Alleux, sa paroisse natale.

Quoiqu'atteint des premiers par la loi du 26 août 1792, en qualité d'ancien fonctionnaire public, l'abbé Sourdin ne s'exila point et demeura en France pour faire du ministère. Les lois terribles des 20 et 21 octobre 1793, qui faisaient peser la peine de mort sur la tête de tous les insermentés de son espèce, le firent peut-être chercher à cette époque un refuge à Rennes, où, pensait-il, il pourrait plus facilement passer inaperçu, tout en rendant service aux fidèles. On ignore la durée du séjour de cet ecclésiastique dans la capitale de la Bretagne lors de son arrestation, le 4 octobre 1794, rue Saint-Louis, dans une maison appartenant à Mme de Villeneuve.

127. — Interrogées sur la présence de M. Sourdin en leur demeure, ses hôtesses prétendirent complètement l'ignorer, et le proscrit lui-même, sachant de quel sort elles étaient menacées, répondit de façon à ne pas les compromettre.

Cinq jours après leur arrestation, Michel Sourdin et les pieuses femmes poursuivies à cause de lui parurent devant le Tribunal criminel d'Ille-et-Vilaine. Les juges révolutionnaires portèrent ensuite une double sentence : d'un côté, ils condamnèrent à la peine capitale Michel Sourdin comme « convaincu d'avoir été sujet à la déportation comme *insermenté* et d'être malgré cela resté en France au mépris des lois ». Ils n'oublièrent pas non plus, pour bien affirmer l'esprit qui les animait, d'ajouter que les « hochets du fanatisme » saisis sur l'abbé Sourdin seraient « brûlés au pied de l'échafaud lors de son exécution ». D'autre part, ils déclarèrent que les trois femmes accusées d'avoir favorisé son séjour à Rennes étaient « jugées dignes de mort », mais qu'il serait pris à leur sujet de plus amples informations. On espérait probablement découvrir chez ces pauvres femmes quelque nouvelle chose compromettant d'autres ecclésiastiques.

128. — Après avoir entendu la lecture de la sentence qui le condamnait à mort, l'abbé Sourdin fut reconduit dans sa prison de la Porte Saint-Michel. Or, on venait d'incarcérer dans cette même maison les Hospitalières de la Miséricorde, qui donnaient naguère leurs soins aux malades de l'hôpital Saint-Yves à Rennes. Elles étaient toutes entassées dans une même chambre et elles avaient reçu la défense formelle de communiquer avec les autres prisonniers.

Tandis que, privées de tout secours spirituel, ces bonnes religieuses se désolaient en pensant à la mort dont la menace leur semblait suspendue sur leurs têtes, tandis qu'elles gémissaient de ne pouvoir mettre ordre à leur conscience dans un moment si redoutable, elles apprirent que l'abbé Sourdin venait d'être transféré seul dans une chambre contiguë à la leur ; elles remarquèrent en même temps une petite ouverture pratiquée dans le mur de séparation. Se trouvant alors heureuses dans leur infortune, ces dignes filles de Jésus-Christ prièrent le prisonnier, son prêtre, de vouloir bien entendre leurs confessions. « Quoi qu'elles fussent au nombre de vingt-cinq à trente, M. Sourdin les écouta toutes successivement avec le plus grand sang-froid, la même complaisance, le même zèle et la même onction, sans précipitation, sans trouble, et avec autant de tranquillité que s'il eût été assis dans un confessionnal commode, et pendant les temps les plus calmes.

« Il ne voulut pas qu'aucune d'elles connût tout ce qu'il souffroit d'une position insupportable à tout autre qu'à un généreux martyr, qui saisissoit l'occasion de remplir ses augustes fonctions jusqu'au dernier moment de sa vie. Afin de pouvoir les entendre, il fut obligé de se tenir suspendu, les pieds en des trous pratiqués dans le mur de pierre. Les extrémités de son corps étoient liées par une barre de trente à quarante livres pesant, tenue à des anneaux de fer. Ces anneaux par le poids de la barre, lui coupoient les jambes. On enferroit ainsi les prêtres, comme toutes les autres victimes, dès que la sentence de mort étoit portée. Cet acte d'une charité héroïque fut, peu d'heures après, récompensé par le sacrifice de sa vie pour la gloire et le nom de J.-C. »

129. — Ce fut, en effet, le lendemain de sa condamnation, c'est-à-dire le 10 octobre 1794, que l'abbé Sourdin fut conduit à l'échafaud dressé sur le Champ-de-Mars de Rennes. Il jouissait d'une paix admirable, récompense de sa grande piété. Monté sur l'échafaud, il s'écria : « Plaise à Dieu que je sois la dernière victime ! » Le Seigneur, sans doute, écouta sa prière, car il fut le dernier qui versa son sang à Rennes pour l'exaltation de la Foi sous le régime de la Terreur. On ne manqua pas, selon la teneur de son jugement, de brûler au pied de l'échafaud les « *hochets du fanatisme* » saisis sur ce bon prêtre et qui consistaient en un ciboire contenant sans doute des hosties consacrées.

BIBLIOGRAPHIE. — Aimé Guillon, *Les Martyrs de la Foi*, op. cit., t. III, p. 371, qui le nomme Jourdin et raconte sur son compte les mêmes épisodes que l'abbé Carron : *Les Confesseurs de la Foi de l'Eglise gallicane*, op. cit., t. III, p. 210-213. — Tresvaux du Fraval, *Histoire de la Persécution*, etc., op. cit., t. II, p. 116-117. — Guillotin de Corson, *Les Confesseurs de la Foi*, etc., op. cit., p. 80-82. — Lemasson, *Les Actes des prêtres insermentés de l'archid. de Rennes*, etc., op. cit., où l'on trouve toutes les pièces officielles de son procès.

LES PRÊTRES GUILLOTINÉS A SAINT-MALO

en exécution de la loi des 29-30 vendémiaire an II.

(Voir texte, p. 15 et sq.)

XXIV. — Charles SAINT-PEZ

(Archives d'Ille-et-Vilaine, dossiers de la commission O'Brien, n° 39.)

130. — Charles SAINT-PEZ, fils de Jacques, sieur de Langle et de Françoise Péan, son épouse, naquit à Roz-Landrieux, le 19 juin 1749 et fut baptisé le lendemain dans l'église de sa paroisse.

Le jeune Saint-Pez fit ses études au collège de Dol, où, nous dit l'abbé *Carron*, il ne cessa d'être un modèle d'édification pour tous ses condisciples. Ordonné sous-diacre en 1773, il fut fait diacre le 19 mars 1774 et prêtre le 1er avril 1775 par Mgr des Laurents, évêque de Saint-Malo ; mais appartenant par sa naissance au diocèse de Dol, il fut d'abord chargé de la chapellenie de

Saint-Julien de Lang, en Miniac-Morvan. Dans la suite, on le nomma au commencement de 1788, curé d'office de Lillemer, puis du Vivier. En août de la même année, il devint curé d'office de Sainte-Urielle, petite paroisse aujourd'hui supprimée et réunie à Trédias. Il occupa ce poste jusqu'en novembre 1789.

Partout, il s'acquit l'estime et l'affection de ses paroissiens ainsi que celles de son évêque, Mgr Hercé, par sa piété et son zèle dans les retraites et les missions ; genre de ministère auquel il se livra avec succès, parfois même sous les yeux du premier pasteur du diocèse qui ne regardait pas ce travail comme au-dessous de sa dignité.

Aussi, la cure de Saint-Coulomb, étant devenue vacante, Mgr de Hercé proposa-t-il ce bénéfice assez important à l'abbé Saint-Pez ; mais l'humble prêtre supplia le prélat de le laisser au contraire dans « le fond des terres, bien loin des villes ». On lui donna satisfaction en le nommant, le 29 octobre 1789, recteur d'Aucaleuc, petite paroisse située à quelques lieues de Dinan. Il ne tarda pas à y conquérir l'estime, non seulement de ses enfants spirituels, mais encore des fidèles de tous les lieux voisins. Il fit naître au milieu de son troupeau le goût des choses saintes et une piété fervente. « Il établit la dévotion si touchante au Sacré-Cœur de Jésus, rendit la jeunesse édifiante, les ménages unis et vertueux. Durant son court séjour à Aucaleuc, tout son peuple se renouvela. Rempli de l'esprit du Seigneur, il le répandait autour de lui, et ses auditeurs ne sortaient de ses instructions que profondément attendris ».

131. — Il va sans dire que le recteur d'Aucaleuc refusa constamment de prêter le serment schismatique que la nouvelle Constitution prétendait imposer au clergé de France, il ne se résigna cependant à s'éloigner de sa paroisse que le plus tard possible, y donnant asile aux bons prêtres traqués ailleurs. Il percevait encore son traitement de recteur en avril 1792. Du reste, il déclara lui-même dans un de ses interrogatoires qu'il n'abandonna Aucaleuc qu'au mois de septembre 1792, époque à laquelle la loi du 26 août précédent l'obligea à s'exiler. Après s'être retiré durant quelques jours à Roz-Landrieux, auprès de sa mère malade, on ne voulut pas l'y laisser séjourner et il dut s'embarquer pour Jersey où il arriva vers la fin de septembre.

A peine eut-il passé un mois sur cette terre étrangère, que l'amour du sol natal et surtout le *désir d'être utile aux âmes* qu'il savait en France exposées à tant de dangers, bouleversèrent tout son être. Il alla donc trouver son évêque, Mgr de Hercé, réfugié comme lui à Jersey et lui demanda la permission de rentrer en Bretagne. « Mon cher Saint-Pez, lui répondit le prélat, en retournant dans ta patrie, sais-tu bien que tu voles à la mort ? » — « C'est très probable, Monseigneur, répondit le bon prêtre, mais qu'importe ; mon troupeau a besoin de moi, je dois me sacrifier pour lui ». Devant de tels arguments, l'évêque céda. M. Saint-Pez s'embarqua donc sur un bateau français avec deux autres prêtres, dont l'un était l'abbé Joseph Morel, de Carfantain, destiné lui aussi à périr victime de son zèle. Ils débarquèrent sur la côte, non loin de Saint-Coulomb et s'acheminèrent vers l'intérieur à travers mille périls.

Alors pour M. Saint-Pez commença une vie errante et apostolique. Il séjourna, dit-il lui-même, dans diverses maisons de Saint-Coulomb et du Marais de Dol. Il s'en fut même à Dinan. Il parut aussi à Pleudihen, à Miniac, à Baguer-Morvan et à Carfantain, prodiguant partout les consolations de la religion aux nombreux fidèles qui étaient demeurés attachés aux bons principes. Ce fut au cours de cette vie pleine de dangers qu'il fit en 1794 la rencontre d'un jeune homme qu'il décida à le suivre. Celui-ci nous a gardé de ses relations avec M. Saint-Pez l'intéressante déclaration qu'on va lire, et que M. *Carron* dit avoir recueilli de la bouche même du narrateur :

« Je puis assurer, écrit Delalande, que durant les quarante jours que je l'ai accompagné, je ne l'ai point vu boire de vin ni manger un mets recherché. Il couchait tout habillé sur une paillasse après avoir tiré du lit la couverture, et souvent il dormait sur le plancher. Il dormait très peu et priait le reste du temps. En m'éveillant, je l'apercevais à genoux ou prosterné la face contre terre.

Signé : Pierre-François DELALANDE,
» témoin oculaire et auriculaire. »

Cette mission dura jusqu'au **24** avril 1794. Ce jour-là, M. Saint-Pez et son compagnon, revenaient de Dol, se dirigeant vers Baguer-Pican pour administrer un malade quand ils furent arrêtés, vers les dix heures du soir, dans le cimetière de Carfantain, par des gardes nationaux et des soldats du régiment de Salm-Salm.

132. — D'après la narration de Pierre Delalande, M. Saint-Pez et lui devant le danger, s'enfuyaient à toutes jambes, lorsque le prêtre entendit pousser un cri et crut son compagnon rejoint et mis à mort. L'émotion le fit alors tomber évanoui, ce dont profitèrent les poursuivants pour l'arrêter, ainsi que son ami. On les emmena tous les deux à Dol, et, le long de la route, les prisonniers ne cessèrent d'essuyer les basses injures et les cruelles railleries de la soldatesque.

Le lendemain, dans l'après-midi, M. Saint-Pez fut amené devant l'un des administrateurs du district pour subir son premier interrogatoire que nous possédons en entier. Il fit preuve dans ses réponses d'une admirable franchise et ne cela autre chose que ce qui aurait pu compromettre des tiers. ' près donc avoir déclaré qu'il était prêtre depuis 1775 et qu'il en conservait toujours le caractère, il reconnut sans hésiter être revenu de Jersey où on l'avait déporté pour refus de serment, afin de faire du ministère dans le pays dolois. Il proclama que la politique n'avait jamais été le mobile de sa conduite et que le seul bien des âmes abandonnées sans aucun secours, lui avait inspiré ses actions. Il déclara aussi que les hosties saisies sur lui se trouvaient consacrées.

Ramené dans sa prison après son interrogatoire, Saint-Pez devait y demeurer jusqu'à son transfert à Saint-Malo, le 11 mai suivant. Ces délais n'étaient point le fait des révolutionnaires dolois qui ne désiraient rien tant que l'exécution de M. Saint-Pez. Ils avaient même espéré le voir juger et guillotiner à Dol, témoin la lettre ci-dessous, qu'ils adressèrent le 30 avril 1794 au Directoire départemental d'Ille-et-Vilaine :

« Conformément au décret du 3 nivôse dernier, nous requérons le Tribunal criminel de se transporter à Dol, pour juger le nommé Saint-Pez, ci-devant prêtre, natif de Roz-Landrieux, près Dol, et ci-devant recteur dans le ci-devant diocèse de Dol, s'il est dans le cas déterminé par les décrets des 7 et 10 avril 1793.

» Saint-Pez a été arrêté, il y a quelques jours, pendant la nuit, par des commissaires et un détachement de la force armée que nous avions envoyés à Carfantain, près de Dol. Il a déclaré dans son interrogatoire qu'il étoit ci-devant recteur à Ocaleuc, diocèse de Dol, qu'il a été déporté en exécution de la loi du 26 août 1792, à Jersey, pendant deux mois ; qu'au bout de ces deux mois il est repassé en France avec plusieurs autres prêtres, que les hosties dont il s'est trouvé saisies (*sic*), il les donnait à ceux qui en vouloient, et qui lui donnoient un morceau de pain ; que depuis son retour en France, il a célébré plusieurs messes dans des maisons particulières avec des verres et des ornements qui lui appartenoient.

» Il importe au bien public, « *ad terrorem populi* », de faire disparaître de pareils monstres du territoire de la liberté et que *l'exécution de Saint-Pez soit faite à Dol...* »

133. — Jean-Pierre Delalande, son compagnon de captivité, a fait à l'abbé Carron, le 22 novembre 1816, un précieux récit de ces jours d'épreuve :

« Durant notre détention, M. Saint Pez me disait souvent :
» Eh bien ! mon fils, mon fidèle compagnon, te sens-tu assez
» de courage pour aller au martyre ? — Es-tu bien résigné à
» souffrir innocemment la mort ? Jésus-Christ qui n'avait
» jamais péché, ne l'a-t-il pas soufferte pour nous, misérables
» pécheurs ? Qu'en dis-tu ? » — « Oui, sans doute, répondais-je,
» je suis résigné ! » Il me recommandait aussi de prier Dieu
pour lui. « Mais, Monsieur, lui dis-je, vous qui êtes plus dans
» la grâce de Dieu que moi, priez plutôt pour moi. » — « Ah !
» certes, je le ferai, prions sans cesse. » Il me dit aussi bien
d'autres choses excellentes dont j'ai perdu le souvenir.

» La veille de son départ pour Saint-Malo, où nous devions être traduits à la commission militaire, il écrivit des lettres à ses parents et *conjurait les personnes pieuses qui venaient le visiter de ne pas l'oublier dans leurs prières.* Il recommanda surtout à maman, qui vint nous voir, de dire à ses parents qu'il n'avait plus besoin que de leurs instances auprès du Père des miséricordes.

» Le 23 floréal (12 mai), le geôlier, qui n'avait cessé de le charger d'outrages pendant sa détention, ouvrit la porte et lui cria : « Sors, calotin, ainsi que ton camarade. » On nous attacha par le bras droit, au-dessus du coude, avec une grosse corde ; mais ensuite les administrateurs viennent abroger ma sentence et me font délier. Au moment du départ, le saint prêtre m'embrassa en versant des larmes ; ce n'était pas la crainte de mourir qui le faisait pleurer, mais il s'affligeait, sachant que j'allais rejoindre mon corps de troupe et craignant que je ne perdisse la Foi... Après avoir donné ses meilleurs habits aux pauvres, il me dit : « Adieu, mon fils, pense à moi ». Il monta ensuite dans la charrette, avec Tessier de l'Abbaye, près Dol, qui y fut lié à ma place ».

134. — Les révolutionnaires de Dol informèrent la commission militaire de Saint-Malo de l'arrivée des victimes qu'ils lui adressaient. Ils ne se faisaient du reste nulle illusion sur le sort qui attendait là-bas ces malheureux et s'en réjouissaient à l'avance, ainsi qu'on le verra par quelques mots de la lettre ci-dessous, datée du 17 mai 1794.

« Nous te faisons passer, citoyen président, sous bonne escorte, les dénommés ci-après, savoir : *Saint-Pez, ex-prêtre,* avec les pièces de conviction et un interrogatoire ; ... *Nous t'invitons, citoyen président, aussitôt que tu auras prononcé sur le sort des plus scélérats, de les renvoyer exécuter sur les lieux à Dol.* Les bons patriotes des communes voisines le désirent tous pour faire trembler le reste de la horde des conspirateurs. »

« Nous croyons que tu céderas à cette invitation, telle que nous l'a promis Le Carpentier. »

135. — Le trajet de Dol à Saint-Malo ne dure que quelques heures. M. Saint-Pez parvint donc le 12 au soir dans sa nouvelle prison. A son arrivée, il y trouva incarcérée sa propre nièce, Marie Le Poitevin, arrêtée à cause d'un catéchisme dont on l'avait trouvée en possession. C'était une simple villageoise, mais pourvue d'une éducation au-dessus de sa condition. M. *Carron* a recueilli de la bouche même de cette femme de précieux détails sur l'emploi du temps de l'abbé Saint-Pez durant le court intervalle qui s'écoula entre son incarcération à Saint-Malo et son exécution. Nous insérons textuellement ici cette édifiante déposition :

« Aussitôt, nous dit cette vertueuse femme, que j'appris qu'on amenait en prison des habitants de Dol, je me présentais au guichet ; mais quel coup ressentis-je, quand j'aperçus mon oncle attaché avec de grosses cordes à d'autres prisonniers, tout meurtri de coups et ses habits entièrement déchirés ».

Sitôt qu'il m'aperçut, il vint à moi d'un air plein de gaieté, me serra vivement la main et me dit : « Ma chère filleule, nous
» voici donc enfin réunis. Qu'il me tardait de te revoir, tant
» j'étais inquiet sur ton sort ! Je suis content de te trouver dans
» de tels sentiments. Que Dieu nous fait de grâces, ma chère
» amie, de souffrir pour son amour ! Pardonnes-tu de bon cœur
» à tous tes ennemis ? — Oui, lui répondis-je en sanglotant.
» — Eh bien, ma chère nièce, du courage ; notre tristesse ne
» sera peut-être pas longue... Mais dis-moi donc où est mon
» cousin Poitevin et sa sœur; sont-ils encore ici ? — Oui, à la
» maison d'arrêt. — Le pauvre vieillard ! répond M. Saint-
» Pez, quelle douleur il va éprouver s'il apprend que je suis
» en prison ! Connais-tu ses sentiments ? Sais-tu s'il est bien
» résolu à accepter la mort ? — Il m'écrivit ces jours der-
» niers, répondit sa nièce ; j'ai reconnu, dans sa lettre, sa réso-

» lution, ainsi que celle de sa sœur ; tous deux me parurent
» bien décidés. — Que je suis content de le savoir ! Vous
» contribuez à m'adoucir les horreurs de la mort. Courage, ma
» chère nièce, bannissons toute crainte. La guillotine n'est
» rien, c'est un mal d'une minute, minute qui sera si bien
» récompensée. »

Dans ce long entretien avec son oncle, la nièce de M. Saint-Pez remarqua sur sa figure « une gaieté si parfaite que, dit-elle, je ne pourrais la dépeindre ». — « Avant de le quitter, ajouta-t-elle, je lui proposai plusieurs objets nécessaires. Il ne voulut rien accepter et me dit : « Il y a ici du pain, si j'en ai » besoin, j'en mangerai. » Le voyant couché sur la paille, je lui fis passer un lit ; il n'en usa point, ne se coucha même pas, mais *après avoir confessé tous les prisonniers* et les avoir exhortés généreusement à la mort, il consacra le reste de la nuit à la prière. »

136. — Nous avons dit que M. Saint-Pez n'arriva à Saint-Malo que vers la fin de l'après-midi du lundi 12 mai 1794. Ce ne fut que dans l'après-midi du lendemain qu'il fut amené devant la commission O'Brien; c'est ce qui nous semble du moins, car celle-ci ne rendit son verdict que ce même jour vers les 6 heures du soir. On a conservé le texte de l'interrogatoire de l'abbé Saint-Pez, ainsi que du jugement qui le condamna à la peine capitale.

Il y déclara que mis en demeure de quitter sa cure ou de prêter serment, il se résolut au premier parti en septembre 1792 « attendu ses opinions religieuses ». Il reconnut une seconde fois être passé à Jersey, puis au bout d'un séjour de deux mois être rentré en France. Il ne nia point avoir exercé en France les fonctions sacerdotales, sans vouloir indiquer chez qui et affirma ne s'être jamais mêlé aux ennemis du Gouvernement.

Les faits et gestes de M. Saint-Pez tombaient spécialement sous le coup des lois persécutrices. Avoir été déporté pour refus de serment, avoir rompu son ban, avoir fait en France du ministère caché, autant de cas dignes de mort. C'est du reste la peine à laquelle, il fut condamné le 13 mai 1794 par la commission militaire séant à Saint-Malo en vertu des lois du 18 mars et 5 et 6 octobre 1793. On indique dans le texte de son jugement qu'il est revenu de Jersey en Bretagne où « il a *confessé, administré et exercé furtivement* les fonctions ecclésiastiques depuis cette rentrée dans les diverses communes qu'il parcourait nuitamment, pour fanatiser et nuire à l'affermissement de la République, *qu'il a été saisi avec des linges appelés purificatoires, une boîte d'hosties et une peinture (l'insigne du Sacré-Cœur) connue pour être un signe de ralliement des contre-révolutionnaires fanatiques.* Qu'enfin il ne s'est pas conformé à l'article 14 de la loi des 29 et 30 vendémiaire, en se rendant auprès de l'administration du département soit du lieu de sa naissance, soit du lieu de son domicile pour être déporté au terme de l'article 12 ». Comme suite, « la commission militaire, chaque membre ayant énoncé successivement son avis motivé, fut d'avis à l'unanimité que Saint-Pez, ex-curé, sujet à la déportation, est convaincu d'avoir rentré et résidé sur le territoire de la République, en contravention aux loix ci-devant rapportées. *En conséquence, elle ordonna qu'il sera livré à l'exécuteur des jugements criminels et mis à mort, demain à midi, sur la place de la Révolution, et ses biens de Saint-Pez confisqués au profit de la République* ».

137. — M. Saint-Pez fut probablement reconduit à la prison après son interrogatoire et n'assista pas au prononcé de sa condamnation. Au reste, qu'avait-il à apprendre qu'il ne sût d'avance ? Cependant le greffier de la commission militaire fut chargé de s'en aller à la maison de détention lui notifier son arrêt.

L'exécution devait avoir lieu le lendemain, au matin. Les détails en sont horribles à lire. Cependant M. *Carron* assure *l'authenticité parfaite du récit* qu'il nous en a conservé. Après avoir refusé l'aide de ceux qui voulaient l'aider à gravir les degrés de l'échafaud en leur disant : « Je monte seul à l'autel », M. Saint Pez expira en proférant les cris de « Vive Jésus, vive Marie. »

C'est en vain qu'on cherche trace, aux registres de l'Etat civil de la mairie de Saint-Malo, de l'exécution de l'abbé Saint-Pez. Mais son dossier déposé aux Archives d'Ille-et-Vilaine, en conserve la mention suivante, consignée à la suite du texte du jugement que l'on a donné ailleurs :

« *Soussignés, membre et secrétaire de la commission militaire, certifions avoir vu mettre le jugement des autres parts à exécution, sur la place de la Révolution de cette commune. A Port-Malo, ce 25 floréal, an second de la République française une et indivisible, à midi.* »

Signé : Corbel, secrétaire;   Rivière.

A la suite de la biographie de M. Saint-Pez, écrite en 1820, l'abbé *Carron* rapporte plusieurs miracles opérés par l'intercession de ce saint prêtre, dont le souvenir est resté justement en vénération à Roz-Landrieux, sa paroisse natale, aussi bien dans sa famille que chez ses compatriotes, qui conservent encore une émouvante complainte racontant ses derniers instants.

138. — Chose bien rare quand il s'agit des martyrs de la Révolution, l'on garde de M. Saint-Pez une précieuse relique. Son chef est encore maintenant pieusement conservé dans la famille de M. Delamaire, chef de bataillon en retraite et frère de Mgr Delamaire, naguère archevêque de Cambrai, lequel a détenu jusqu'à sa mort ces restes vénérables.

Voici comment ils lui étaient advenus : après sa décollation, le corps de M. Saint-Pez fut inhumé dans le sable de la grande grève, non loin de la porte Saint-Thomas, lieu de son supplice. Une pieuse personne, témoin de son exécution, s'en fut la nuit suivante recueillir dans le sable la tête du confesseur de la Foi et la remit quelque temps après à M. Bertrand Delamaire, beau-frère de l'abbé Saint-Pez. Celui-ci, longtemps avant son trépas, la confia à son fils aîné, M. l'abbé Joseph Delamaire, mort en 1876 doyen de Châteauneuf.

Ce vénérable ecclésiastique la légua à son neveu devenu depuis Mgr Delamaire, comme un précieux héritage et au décès de celui-ci en 1913, elle est devenue la propriété de son frère, qui, comme nous le disions plus haut, la conserve actuellement.

Le chef de M. Saint-Pez porte tracés sur le front, d'une écriture ancienne, mais lisible, les derniers mots qu'on lui prête avoir prononcés en quittant ses compagnons de captivité pour aller au supplice « *Hodie mihi, cras tibi* ».

Bibliographie. — Carron, *Les Confesseurs de la Foi de l'Eglise gallicane*, op. cit., p. 16 à 39. — Guillon, *Les Martyrs de la Foi*, etc., op. cit., IV. — Tresvaux du Fraval, *Histoire de la Persécution révolutionnaire en Bretagne*, op. cit., II, p. 42-44. — Guillotin de Corson, *Les Confesseurs de la Foi*, etc., op. cit., 106-109. — F. Duine, *Traditions relatives à Saint-Pez*, parues in *Annales de Bretagne*, juillet 1899, p. 679 et nov. 1900, p. 75. — Delarue, *Le District de Dol*, t. II, p. 259, t. III, p. 177, 183, 187, 347. — Abbé Lemasson, *Les Actes des prêtres insermentés du diocèse de Saint-Brieuc mis à mort de 1794 à 1800*, op. cit., p. 66 à 89 où l'on a publié toutes les pièces officielles du procès de M. Saint-Pez.

XXV, XXVI. — Jean-René-Norbert OGER,
dit le P. Barthélemy, et Angélique GLATIN

(Archives d'Ille-et-Vilaine, dossiers du tribunal criminel d'Ille-et-Vilaine,
série B, Parlement.)

139. — Jean-René-Norbert OGER, fils de Jean et de Marguerite Martin né au village de la Bartière en la Chapelle-Erbrée, le 18 mai 1740, reçut le baptême deux jours après sa naissance à l'église de sa paroisse. Il fut élevé par les Récollets de Vitré, dans le monastère desquels il fit profession le 4 septembre 1758, sous le nom de P. Barthélemy, à l'âge de 18 ans seulement.

Lors de la Révolution, nous le trouvons vicaire du couvent des Récollets de Saint-Malo, et nous le voyons signer en cette qualité le 14 janvier 1791. Dans ses *Grandes recherches manuscrites sur Saint-Malo*, conservées à la mairie de cette ville, le précieux chroniqueur qu'est le chanoine Manet, apprend que le P. Barthélemy « faisait à cette époque l'édification de la ville et du pays, tant par son zèle et ses talents de prédicateur que par l'exercice de toutes les vertus monastiques ». Il va sans dire qu'un aussi saint homme déclara vouloir continuer la vie de communauté, ainsi que le P. Toussaint Duval, gardien de son couvent. Pour y parvenir plus sûrement, il prit le parti de passer en Espagne et dès le 19 juin 1791 on le déclare « parti pour ce pays ».

Le P. Barthélemy séjourna quelque temps à Cadix dans un couvent de son ordre, mais, écrit le chanoine Manet, « sa pensée demeurait à Saint-Malo et son cœur se consumait de tristesse » en songeant à tant de bonnes âmes exposées en cette ville à » vivre et à mourir sans les secours de notre sainte religion ». Ayant donc obtenu de ses supérieurs la permission de revenir en Bretagne, il débarqua au Havre vers les premiers mois de l'année suivante et gagna par étapes Saint-Malo, où crainte de se faire arrêter, il pénétra sous un déguisement. Lors de l'application de la loi du 26 août 1792, le P. Barthélemy ne s'exila pas et demeura caché tantôt à Saint-Malo et tantôt aux environs, « faisant, suivant sa propre expression, tout le bien qu'il pouvait ».

140. — Lorsque survint la loi des 21 et 23 avril 1793, complétée par celle des 29 et 30 vendémiaire de cette même année, le bon religieux dut prendre les plus grandes précautions pour échapper aux poursuites dont les prêtres catholiques étaient l'objet. *Angélique-Marie Glatin*, chez qui le P. Barthélemy trouva alors une généreuse hospitalité, était une bonne demoiselle de 63 ans, qui avait longtemps servi dans la famille Goret de Villepepin, laquelle lui avait assuré pour retraite une pension convenable.

Cette pieuse personne n'avait jamais quitté Saint-Malo où elle était née le 6 septembre 1731 de Jean et de Marie Coanon. « Après avoir par la sagesse de sa conduite, sa probité sévère et » la délicatesse de ses sentiments gagné la confiance et mérité » l'amitié de ses maitres, elle leur donna des preuves d'un » dévouement sans borne et ne les quitta que lorsque la mort » vint les lui ravir. Libre alors, elle ne voulut plus servir et se » consacra exclusivement à la pratique des œuvres de charité. » Les indigents malades, les pauvres honteux, les jeunes filles » exposées à se perdre, écrit Tresvaux du Fraval (*Histoire de la* » *Persécution en Bretagne*, 1re éd., t. II, p. 103), furent l'objet » de ses prédilections. Avantageusement connue de plusieurs » dames riches de la ville, Angélique était souvent la dépositaire » de leurs aumônes. La discrétion des personnes que Mlle Glatin » recevait dans son petit logement de la rue Vicairerie et les » sages précautions qu'elle prenait, préservèrent durant toute » une année le Père Oger des atteintes des révolutionnaires » malouins ».

Malheureusement, le 11 thermidor an II (20 juillet 1794), le Comité de surveillance, établi par les révolutionnaires à Saint-Malo, reçut avis du comité de Brest « de l'existence clandes-» tine à Port-Malo d'un ex-récollet non assermenté chez les » femelles (*sic*) de Gennes ». Voici du reste les termes dont un nommé Petit, s'était servi pour libeller sa dénonciation aux sans-culottes brestois :

« J'ai appris hier soir que le Père Barthélemy Oger, cy-devant » récollet, est retiré à Port-Malo dans un grenier ; qu'on n'y » communique que par une trappe sur laquelle il met son lit ; » ce prêtre réfractaire est logé chez les D^lles^ de Gennes ».

Sitôt que les Jacobins malouins connurent la présence du P. Barthélemy Oger, rue Vicairerie, ils envoyèrent perquisitionner au domicile des demoiselles de Gennes, nommément désignées comme devant lui donner asile. Les fouilles étaient demeurées infructueuses et les sans-culottes, tout penauds, se préparaient à se retirer, quand une fatale inspiration d'un de ces pourvoyeurs de guillotine, le sellier Sainctol, les fit pénétrer chez Mlle Glatin qui habitait sur le même palier que les demoiselles de Gennes. Quelques instants plus tard, le pauvre récollet et sa pieuse hôtesse étaient arrêtés l'un et l'autre. C'était le 2 août 1794, vers les premières heures de la matinée.

Les deux prisonniers furent immédiatement conduits devant le Comité de surveillance de Saint-Malo. On déposa sur le bureau quelques pièces d'argent espagnol qu'on avait trouvées sur le P. Barthélemy ainsi qu'un calice et sa patène. Ces derniers objets, aussi bien que les *ornements sacerdotaux* saisis avec eux chez Mlle Glatin, appartenaient au dernier doyen du Chapitre de Saint-Malo, Camille Goret de Villepepin, qui, après s'être assermenté, vivait alors ignoré aux environs de Paris.

141. — L'interrogatoire que les juges du tribunal du district de Saint-Malo firent ensuite subir aux deux prisonniers, mérite d'être retenu, car leurs réponses sont dignes des martyrs des premiers siècles de l'Eglise. En voici quelques extraits :

« *Q.* N'avez-vous pas d'autre nom que celui de Barthélemy ? — *R.* Il n'est pas nécessaire de dire son nom pour aller mourir...

Q. Où avez-vous passé votre temps depuis votre débarquement ? — *R.* Cela ne se dit pas...

Q. Avez-vous prêté le serment exigé par la loi ? — *R.* J'en étais très éloigné...

Q. Pourquoi vous êtes-vous caché chez la Glatin ? — *R.* Crainte d'être pris, connaissant la haine que vous portez aux prêtres et ayant l'honneur de l'être...

Q. Pourquoi avez-vous dit la messe chez la Glatin ? — *R.* Parce que c'était un bien...

Q. L'avez-vous dite souvent ? — *R.* Autant que j'ai pu, mais pas au gré de mes désirs ».

Angélique Glatin, de laquelle le comité de surveillance de Saint-Malo écrivait : « Cette pieuse aristocrate est tellement fanatisée ; qu'elle n'appréhende nullement le sort qui lui est destiné » ne le cédait point en énergie au P. Barthélemy et ses réponses devant le tribunal de Saint-Malo sont aussi fort belles. En voici quelques-unes :

« *Q.* Depuis combien de temps le P. Barthélemy demeurait-il avec elle ? — *R.* Il est inutile de le dire.

Q. Pourquoi le tenait-elle caché chez elle ? — *R.* Parce qu'il était poursuivi sans avoir fait aucun mal, elle l'avait reçu chez elle. Elle l'a fait pour la religion et le ferait encore si c'était à faire.

Q. Que faisait cet homme le temps qu'il a demeuré chez elle ? — *R.* Il disait la messe et ne l'aurait pas gardé s'il ne l'avait pas dite.

Q. Quelles sont les personnes qui allaient le visiter ? — *R.* Je n'ai rien à dire à cet égard.

Q. Si elle a connaissance de la loi qui défend de recéler les prêtres ? — *R.* Qu'elle sait que nous avons des lois, mais qu'elle a la sienne aussi qui lui commande la charité.

Q. Qui fournissait aux besoins de ce prêtre réfractaire ? — *R.* Moi-même, et j'y aurais sacrifié jusqu'à mon dernier sou. »

142. — Des réponses aussi héroïquement chrétiennes ne pouvaient attirer sur ceux qui les faisaient qu'une condamnation capitale : le tribunal du district de Saint-Malo n'ayant pas le pouvoir de prononcer celle-ci, Proust, commissaire du Gouvernement près cette juridiction, demanda et obtint le renvoi des prisonniers devant le tribunal criminel de Rennes. Il en prévint son collègue, le servannais Pointel, accusateur public, qui tant de fois déjà avait requis la peine capitale contre des ecclésiastiques, par la lettre suivante qu'il lui adressa le soir du 2 août 1794 : « Frère et ami, je t'envoie *deux fanatiques*. Il est urgent qu'ils subissent ici leur jugement. C'est le vœu du peuple et du citoyen Carpentier, pour servir d'exemple. Leurs conducteurs ont ordre de les attendre pour les ramener, accompagnés de l'exécuteur ».

Telle était en effet la rigueur de la loi des 29 et 30 vendémiaire et du 22 germinal an II, destinée à exterminer le clergé catholique et ceux qui oseraient leur donner asile, que le sort des deux prisonniers ne laissait place à aucun doute. Mais réclamer leur retour à Saint-Malo pour y subir leur sentence, était un raffinement de cruauté inventé par la haine des Jacobins qui terrorisaient alors la vieille cité corsaire.

En conséquence de la décision du tribunal du district de Saint-Malo, le P. Barthélemy Oger et Mlle Glatin furent dirigés sur Rennes dès le matin du 3 août 1794. La justice révolutionnaire ne perdait pas de temps quand il s'agissait de faire périr un prêtre. Le soir de ce même jour, les deux confesseurs de la Foi furent renfermés à la prison de la Porte Saint-Michel et dès le lendemain, ils comparaissaient devant le tribunal criminel d'Ille-et-Vilaine. Ils firent preuve devant leurs juges d'autant de prudence et de grandeur d'âme qu'à Saint-Malo : « Je savais, déclara Mlle Glatin, qu'en cachant le P. Barthélemy, je m'exposai à perdre la vie... Quant à divulguer le nom des personnes qui ont usé du ministère de ce religieux, « c'est un secret qu'elle ne révélera jamais, dût-on cent fois la mettre à la torture ».

Le cas du P. Barthélemy et de Mlle Glatin était, avons-nous dit, réglé à l'avance. Le jour même de leur comparution, le tribunal criminel leur infligea à tous les deux la peine de mort, et dès le lendemain, 5 août, on les ramena à Saint-Malo en compagnie du bourreau qui devait les exécuter. Une particularité qui confirme bien le caractère nettement antireligieux de leur condamnation, c'est que leurs juges prirent soin d'insérer dans le libellé de leur jugement « que les *ornements sacerdotaux saisis dans leur demeure, seraient brûlés au pied de l'échafaud au moment de leur exécution.*

143. — Dieu ne préservant pas toujours ses meilleurs serviteurs des affres de la mort, le P. Barthélemy tomba, dit-on, dans une profonde tristesse quand il fut jeté dans la prison où il devait passer sa dernière nuit. Mais Mlle Glatin releva son courage, en l'invitant à entendre sa confession et celle des détenus qui voudraient profiter de son ministère.

La plupart des prisonniers acceptèrent de grand cœur les consolations de celui qui se préparait à porter dans quelques heures sa tête sur l'échafaud pour Jésus-Christ. Après cette nuit de pieux labeur, le P. Barthélemy se sentit plus résigné et mieux disposé à quitter cette terre pour le ciel.

En sortant de la maison d'arrêt pour se rendre à la place de la Révolution (ancienne place Saint-Thomas), où s'élevait l'horrible machine, les prisonniers traversèrent une foule compacte, faisant haie des deux côtés. Angélique Glatin, ferme et calme, marchait devant. Le P. Barthélemy Oger, en toilette de supplicié, la tête nue, saluait la foule qui gardait le silence ou s'inclinait légèrement, comme pour lui rendre l'adieu qu'il semblait murmurer. Se tournant un instant vers le récollet, Mlle Glatin lui dit tout à coup : « Mon Père, entonnez le *Te Deum* en action de grâces de ce que nous allons mourir pour Jésus-Christ ». Et ce fut en chantant ce magnifique cantique qu'ils arrivèrent au pied de l'échafaud. La foi d'Angélique Glatin soutenant jusqu'à la fin son courage, elle voulut y monter la dernière, pour éviter sans doute au P. Barthélemy la douleur de la voir exécuter. Cette vertueuse et intrépide chrétienne ne parut pas se troubler un seul instant. Lorsque la tête du religieux fut tombée, elle se laissa doucement garrotter à son tour sur la planche toute ruisselante de son sang ; quelques instants après, son âme rejoignait celle du fils de saint François dans l'éternité bienheureuse.

144. — Le même jour, 19 thermidor (6 août), le Directoire

de Saint-Malo écrivait au Comité de salut public : « Le cy-devant
» Père Barthélemy Oger, vicaire de la communauté des cy-
» devant récollets de Saint-Malo, caché depuis un an ou deux,
» dans cette commune; il y fut découvert et arrêté il y a quatre
» jours et il a *pieusement* passé aujourdhui à la guillotine avec
» la femme chez laquelle il s'était retiré ». Cette lettre donne,
comme l'on voit, la date exacte du supplice du Père Oger et
de Mlle Glatin.

Cette double exécution produisit dans toute la ville de Saint-
Malo une sensation douloureuse, Ceux qui en avaient été
témoins se retirèrent attristés et gardant un morne silence. Les
hommes les plus féroces ne purent s'empêcher d'admirer tant
de courage. L'officier de place, chargé de présider à l'exécution,
ne put prendre de nourriture le reste du jour. Il dit plusieurs
fois, en parlant d'Angélique Glatin : « Il y avait en cette personne quelque chose de divin ; je n'ai jamais vu une fermeté
pareille ». Quant au P. Barthélemy, sa fin n'avait été guère
moins admirable et le souvenir de ces deux martyrs reste toujours vivace dans la ville qui a été le témoin de leur sacrifice.

Bibliographie. — Guillon, *Les Martyrs de la Foi*, in-8°, Paris,
1821, t. III, p. 207, t. IV, p. 165, contient plusieurs détails
erronés. — Tresvaux du Fraval, *Histoire de la Persécution*, etc.,
in-8°, Paris, 1845, t. II, p. 103-105. — Guillotin de Corson, *Les
Confesseurs de la Foi*, etc., op. cit. p. 113. — Herpin, *La Côte
d'Emeraude jadis et aujourd'hui*, in-8°, Saint-Servan, 1914,
p. 151-156, contient des détails erronés. — R. P. Norbert-
Monjaux, *La Bretagne franciscaine*, etc., in-8°, Saint-Brieuc,
1911, p. 159-162. — Abbé Lemasson, *Les Actes du P. Barthélemy Oger et d'Angélique Glatin*, etc., Rennes, in-8°, 1928, 32 p.,
contient les pièces officielles du procès du P. Oger et de sa
recéleuse.

LES PRÊTRES GUILLOTINÉS A REDON
en exécution de la loi des 29-30 vendémiaire an II.
(Voir texte, p. 15 et sq.).

XXVII. — Michel DESPRÉS

(SOURCES : Archives I.-et-V., séries G, et L, Archives de Redon).

145. — Le 2 août 1764 naquit au village de Penlheur, en Bains-sur-Oust, Michel DESPRÉS, fils de Michel et d'Ursule Mahé; il reçut le saint baptême le jour même de son entrée dans la vie. Après avoir commencé ses études à Bains, le jeune Michel Després alla les compléter au collège de Vannes, siège de l'évêché dont dépendait Bains à cette époque. Tonsuré et minoré le 18 mars 1788, sous-diacre, *sub titulo patrimonii*, le 20 septembre suivant, diacre le 28 mars 1789, M. Després reçut le sacerdoce le 19 septembre de cette même année. Devenu prêtre, il revint dans sa paroisse natale en qualité de vicaire et l'on trouve sa première signature sur le registre des baptêmes, le 19 décembre 1789.

S'inspirant de l'exemple du recteur de Bains, M. Guillaume Poisson, l'abbé Després, comme lui, *refusa le serment schismatique* à la Constitution civile du clergé. C'est là un fait indéniable car tous les documents conservés à la série L des Archives d'Ille-et-Vilaine signalent son nom, tant à la date du 28 mars 1791 qu'à celle du 15 juillet 1792, parmi les insermentés. La paroisse de Bains étant unanimement attachée aux bons principes et M. Després n'étant l'objet d'aucune dénonciation de la part de ses ouailles, les administrateurs du district de Redon saisirent l'occasion de le brimer en le poursuivant en justice à propos d'une quête que, suivant la coutume encore en usage aujourd'hui dans certaines paroisses, il avait fait vers la fin du carême. M. Després comparut à Redon et abandonna au profit des pauvres les 90 livres qu'il avait recueillies.

145 *bis*. — Cependant la loi du 26 août 1792 qui condamnait à l'exil tous les prêtres classés comme fonctionnaires publics, c'est-à-dire curés ou vicaires, atteignait directement l'abbé Després. Cette nouvelle mit en émoi la chrétienne population de Bains, qui désirait à tout prix conserver son clergé. Le 2 septembre 1792, les notables de cette localité rédigèrent une supplique, demandant avec instances « qu'on leur laissât « leurs prêtres ordinaires ». Bien plus, sous prétexte de garder leur église qui avait été l'objet d'un vol sacrilège important au mois de mai précédent, la municipalité défendit « à personne de troubler ses ministres dans leurs fonctions », en même temps qu'elle encourageait les habitants de Bains à monter la garde tout autour de l'église et du presbytère.

Devant tant d'attachement, M. Després qui avait déjà fait sa déclaration pour se déporter, se décida à demeurer, coûte que coûte, caché au milieu de ses compatriotes. Cependant pour éviter à ceux-ci des difficultés avec le gouvernement révolutionnaire, il leur conseilla de cesser toute manifestation extérieure de leur mécontentement, et lui-même n'administra plus publiquement les sacrements. C'est le 9 septembre 1792 qu'on relève sa dernière signature sur les registres de catholicité et, depuis cette époque jusqu'au milieu du mois suivant, c'est à la trêve de Saint-Marcellin qu'il célébra désormais les cérémonies avec l'aide de son recteur l'abbé Poisson. Si bien que Gullemays, vicaire épiscopal de l'évêque intrus Le Coz, envoyé faire un mariage à Bains, le 25 octobre 1792, inscrivait ces lignes sur la teneur de l'acte de mariage qu'il rédigea : « Attendu la déchéance » des curé et vicaire de cette paroisse de Bains, causée par » leur désobéissance à la loi du 27 novembre 1790 » (prescrivant le serment à la schismatique Constitution civile du clergé).

Cependant la vie des prêtres réfractaires devenait de plus en plus pénible. Le 26 décembre 1792, le conseil général d'Ille-et-Vilaine prescrivait de séquestrer les biens de ceux qui n'avaient pas obéi à la loi, d'accorder une prime de 50 livres à qui les ferait arrêter (prime portée à 100 l. six semaines plus tard). Enfin poursuites en correctionnel pour qui leur donnerait asile. Les perquisitions étaient fréquentes, toutes dans le but d'arrêter « *les progrès du fanatisme* », ainsi que le porte le texte d'une de celles-ci prescrite par le district de Redon, le 2 février 1793.

Ni la loi du 21-23 avril de cette susdite année, ni celle des 29-30 vendémiaire an II n'empêchèrent le vicaire de Bains de faire du ministère. On conserve précieusement à la cure de cette localité plusieurs procès-verbaux d'actes de baptêmes et de mariages qu'il accomplit à cette époque au péril de ses jours.

On raconte que Michel Després avait coutume de se cacher dans les carrières de Benette, sur une lande à peu de distance de son village natal. Lorsqu'on y craignait les perquisitions de quelques patrouilles, le frère du saint prêtre, Pierre Després, jeune homme de 24 ans, intrépide et vigoureux, venait y monter la garde; une certaine nuit il préserva ainsi du danger de mort sept autres prêtres cachés avec Michel dans ces carrières abandonnées.

Une autre fois, le vicaire de Bains faillit être pris au village de Penlheur; il eut à peine le temps de se réfugier en une étable et de se blottir dans une crèche, sous du foin que continuèrent à manger les bœufs. Quand les patriotes furent partis sans l'avoir découvert, il se jeta au fond du marais voisin, prit un bateau et passa dans le Morbihan; lui et ses confrères agissaient souvent ainsi pour dépister leurs cruels ennemis.

Il y avait plus d'un an que M. Després, caché sous divers déguisements, exerçait ainsi le saint ministère au prix des plus grandes fatigues, lorsqu'une circonstance fortuite amena son arrestation dans les vignes de Beau-Soleil, près Redon.

Le 15 octobre 1793 un détachement de gendarmerie passait par cette ville, emmenant quelques prisonniers au chef-lieu du département. A peine avaient-ils quitté le faubourg sur la route de Rennes, que l'un des captifs parvint à s'échapper, en franchissant une haie et se jetant dans les vignes qui avoisinent la route. Pendant qu'une partie de l'escorte demeure avec les prisonniers, les autres gendarmes requièrent à la hâte quelques gardes nationaux du faubourg et commencent une battue pour reprendre le fugitif. « En parcourant les vignes, ils rencontrent un homme vêtu en paysan et qui paraissait occupé au travail, mais se déconcerte à leur vue et répond à leurs demandes avec hésitation. Un des gardes nationaux, frappé du trouble de cet homme, le regarde plus attentivement, et, soit imprudence, soit trahison, il s'écria : « mais c'est l'abbé Després, mon ancien condisciple ! » A cette révélation inattendue, les gendarmes se saisissent de cette nouvelle proie, et se consolent ainsi d'avoir perdu la trace du prisonnier qui s'était enfui. On amène M. Després en ville, et on le conduit devant le conseil de guerre, siégeant dans le chœur de l'église Notre-Dame. Ayant avoué qu'il est prêtre, qu'il n'a pas prêté le serment et qu'il ne s'est pas soumis à la loi de la déportation, il est condamné à mort, à l'unanimité. » (Dom Jausions, *Histoire de Redon*, in-12, 1865, p. 280).

146. — Il est regrettable que cet auteur se soit alors montré si bref de détails, alors qu'il lui était si facile d'utiliser sur la mort de ce prêtre des documents aujourd'hui perdus. « On trouve au tribunal de cette ville (Redon), écrivait M. *Tresvaux* en 1845, la sentence de mort rendue contre M. Després (et Racapé dont la notice suivra). » — Mais c'est en vain qu'à l'heure présente, on a fait toutes les recherches imaginables pour retrouver ces documents, que l'on peut considérer comme disparus.

A son lieu et place, voici ce que l'histoire vraie permet de reconstituer : lors de l'arrestation de M. Després, se trouvait, ou arriva sur les entrefaites à Redon, le représentant du peuple Pocholle, en mission dans l'Ouest. Ce conventionnel, qui le 8 novembre 1793, créa à Rennes une commission militaire chargée de juger révolutionnairement les « crimes » contre le pouvoir établi, institua à Redon une commission du même genre pour condamner M. Després que les lois existantes frappaient des peines les plus sévères. A l'appui de cette allégation, on citera cette lettre du représentant Pocholle adressée de Redon, le 24 octobre 1793, au Directoire du département d'Ille-et-Vilaine :

« Un de ces prêtres sanguinaires, dont tout bon républicain » doit désirer de voir *s'éteindre la race*, vient d'être condamné » à faire l'épreuve de la guillotine. Mais nous n'avons pas » d'exécuteur; envoyez-nous celui de Rennes » (*Arch. d'I.-et-V.*, série L, non cotée).

Ces lignes, à défaut d'autres choses, établissent péremptoirement et le jour de la condamnation de M. Després et le motif pour lequel il fut jugé digne de mort, motif comme on peut le voir *éminemment religieux ;* mais l'on possède d'autre part un récit admirable des derniers jours et du trépas du serviteur de Dieu, qui, après ce que l'on connaît de lui, peut servir à prouver son martyre matériel et formel. Le voici reproduit sur l'original, tel qu'il est conservé dans les archives de la communauté des Ursulines de Redon.

146 *bis.* — « Le 24 octobre 1793, moi, Sœur Jeanne-Perside Arnaud de Sainte-Elisabeth, religieuse Ursuline de Redon, en Bretagne, certifie à qui il appartiendra que le présent mouchoir est teint du sang de Michel Després, prêtre du diocèse de Vannes et vicaire de la paroisse de Bains, lieu de sa naissance, âgé de 29 ans, guillotiné à Redon hier 23, et enterré au cimetière de Notre-Dame, que ce mouchoir a essuyé la châsse de l'hôpital, dans laquelle on le transporta du supplice à sa sépulture.

» Il avait été pris par la troupe le 15 du même mois, dans une vigne proche de la ville, et conduit en prison, ayant été souffleté et maltraité de paroles. Enfin, il fut le lendemain conduit devant les juges et de là chez le commandant de la troupe, mais sa condamnation fut différée et même, pendant quelques jours, il parut un peu d'espoir qu'il ne perdrait pas la vie. Mais il fallait que ce cher ami de Jésus crucifié lui fût conforme et lui rendît amour pour amour et vie pour vie, en confessant devant tous ses ennemis la sainteté de son nom adorable.

» Depuis le 15, il resta dans la prison jusqu'au 21 qu'il fut mis au cachot. Le lendemain, on l'en retira pour le mener devant le commissaire de la Convention, qui laissa son jugement à la pluralité des voix de la troupe, qui le condamna à être guillotiné sur-le-champ, et la sentence lui fut lue aussitôt, mais elle fut suspendue jusqu'au lendemain 23 à 5 heures du soir.

» Depuis l'instant de sa détention et jusqu'à la fin de sa vie, il a conservé cette fermeté d'âme digne d'un fidèle ministre de Jésus-Christ. Il a toujours eu la même douceur dans ses paroles et la soumission aux décrets de l'Etre suprême. Interrogé s'il ne voulait pas prendre quelqu'un pour avocat, il a répondu que non, et qu'on ferait de lui ce qu'on voudrait. *Il avait écrit un acte d'acceptation de ses maux et du jugement injuste qui serait porté contre lui, ainsi que de sa mort.* On lui trouva cet écrit en le fouillant le 22. Enfin, depuis ce moment, il redoubla ses actes d'amour avec le Sauveur mourant, étant dans une continuelle oraison. Il ne prenait de nourriture qu'autant qu'il fallait pour ne pas mourir; et, le dernier jour, il ne se nourrit plus que de résignation à la mort et du désir de la céleste Patrie.

» On le dépouilla dans la prison, et, rendu au lieu du supplice, on lui demanda s'il ne regrettait pas la vie? — « Non, dit-il, il » y a longtemps que j'en ai fait le sacrifice; je meurs martyr de » Jésus-Christ, je meurs innocent et pour la Foi catholique, » apostolique et romaine. Je demande pardon à tous, et je par- » donne de tout mon cœur. Je désire que la religion refleurisse » et que je sois la dernière victime. »

» Enfin, cette sainte victime était mûre pour le ciel et le bour- reau lui en ouvrit l'entrée. A l'instant, ses précieuses reliques furent jetées dans la châsse des pauvres et portées au cimetière, où elles furent enterrées sans être ensevelies. Mais en vain la rage infernale veut éteindre sa gloire avec sa vie. Dieu saura tirer ce précieux corps de l'obscurité de la poussière pour le rendre participant de la gloire dont son âme jouit. « Qui nous séparera de la Charité de Jésus-Christ? » écrit-il, peu avant sa mort. — « Rien; glorifions donc toujours Jésus crucifié, et ne vivons qu'en Charité. »

» Grand saint, continuez votre charité envers moi et m'obtenez le bien dont vous jouissez. »

Signé : Jeanne-Perside ARNAUD,
en religion, Sœur Sainte-Elisabeth.

Ce récit, digne des plus belles pages des *Acta sincera Martyrum* de *D. Ruinart*, fut rédigé par une religieuse Ursuline le lendemain du trépas de M. Després ; il porte en lui-même un accent de sincérité irréfutable.

147. — On rédigea l'acte de décès de M. Després le jour même de son exécution, il ne mentionne pas son genre de trépas ; mais des pièces rédigées à la mairie de Redon, le 16 vendémiaire an III (1795), portent explicitement que M. Després fut *guillotiné* à Redon, comme *étant réfractaire*, le 23 octobre 1793. (*Archives d'I.-et-V.*, série L, non cotée.)

Le souvenir de la mort glorieuse de ce serviteur de Dieu vit toujours à Bains, son pays natal, où son nom est toujours honorablement porté, par une quinzaine de personnes, sans compter celles qui se rattachent par alliance à sa famille. Tout ce monde croit, sans l'ombre d'un doute, à son martyre. Indépendamment de la précieuse relique, consistant en un *mouchoir trempé dans le sang* de M. Després, conservée par les Ursulines de Redon, on possède encore à Penlheur de ce prêtre une *soutane* dans laquelle bien des indiscrets se sont taillés de larges reliques, des lambeaux d'une custode et une *discipline*, retrouvée avec la soutane, sur laquelle on voit encore des traces de sang. On croit même aussi avoir sa literie et l'on montre au village de Penlheur sa maison natale, ainsi que la chambre où, suivant la tradition, il venait parfois dire la messe. On a conservé longtemps son bréviaire, mais à la fin, un amateur trop zélé l'a fait disparaître.

On conserve aussi précieusement un certain nombre de *sermons* rédigés par le serviteur de Dieu : ils dénotent une intelligence claire, vigoureuse, cultivée et une âme avancée en spiritualité, spécialement certain sermon pour une vêture. Tous ces objets témoignent de la croyance populaire au martyre de ce saint prêtre. La lettre du représentant Pocholle, les notes de la municipalité de Redon en l'an III ne laissent point de doute sur son martyre matériel. On trouve rarement, à propos d'une victime religieuse de la Révolution, un témoignage plus explicite et plus formel que celui de l'Ursuline Jeanne-Perside Arnaud de Sainte-Elisabeth.

Bibliographie. — Voir à l'article suivant, consacré à M. Racapé.

XXVIII. — Julien RACAPÉ

(Mêmes sources que le précédent).

148. — Julien RACAPÉ naquit au village de Parsac, en la paroisse de Saint-Just, du légitime mariage de François et de Mathurine Desbray. Il reçut le saint baptême le 22 décembre 1754, jour de son entrée dans la vie.

Doué d'un caractère doux et timide, il étudia, dit Tresvaux, les principes de la langue latine chez un prêtre de Bruc, nommé M. Bertier, et eut pour condisciple M. David, pieux et célèbre recteur de Pipriac, qui, étant dans son enfance plus vif que M. Racapé, exerça plusieurs fois sa patience, sans que celui-ci s'en plaignît jamais. Il fit ses études au collège de Vannes, où il eut constamment une conduite édifiante. Tonsuré le 20 mars 1779 et minoré le même jour, sous-diacre le 23 mars de cette même année, diacre le 31 mars 1781 et prêtre le 22 septembre suivant, l'abbé Racapé revint, comme beaucoup d'ecclésiastiques à cette époque, prêtre auxiliaire dans sa paroisse natale où l'on relève sa première signature sur les registres du général le 21 février 1785 et sa dernière le 24 mars 1790. Il fut, peu après cette époque, envoyé par son évêque vicaire à Brain.

Lorsqu'on demanda aux prêtres le serment à la Constitution civile du Clergé, le recteur de Brain le refusa sans hésiter et son exemple fut suivi par M. Racapé son vicaire, ainsi que le prouvent des listes fournies le 28 mars 1791 et le 15 juillet 1792 par les administrateurs du district de Redon. Aucun prêtre constitutionnel n'ayant pu se trouver pour remplacer à Brain le clergé orthodoxe, celui-ci put y remplir son ministère jusqu'à la loi du 26 août 1792.

148 bis. — Devant cette loi qui le visait directement, celui-ci dut ouvertement disparaître et, pour donner le change à ses persécuteurs, M. Racapé fit même une déclaration de vouloir se déporter. Telle n'était cependant pas son intention et quels que fussent les périls qui le menaçaient, il demeura dans la région, faisant tout le ministère possible auprès des âmes.

L'arrêté du Directoire d'Ille-et-Vilaine du 26 décembre 1792, qui alléchait la cupidité des uns et refroidissait la générosité des autres par les peines dont on menaçait les recéleurs, ne put détourner M. Racapé de ce qu'il regardait comme son devoir. Pas plus aux lois des 21-23 avril 1793 qu'à celle des 29-30 vendémiaire an II, il n'obéit.

Aussi, au bout de peu de temps, Julien Racapé ne crut-il pas prudent de demeurer sur le territoire même de Brain; il alla non loin de là se cacher dans sa paroisse natale, chez ses parents. Un jour, là-même, éprouvant de la crainte, soit de les compromettre, soit de ne pas être assez en sûreté chez eux, il voulut chercher un asile ailleurs. Cette démarche causa sa perte; avant la fin de la journée il était arrêté et jeté dans les prisons de Redon, ville assez voisine de la paroisse de Saint-Just; il n'en sortit que pour paraître devant les juges qui le condamnèrent à mort. *Les explications que l'on a données précédemment à propos de l'exécution de M. Després, valent pour M. Racapé.* Celui-ci périt en effet dans les mêmes conditions que le précédent, par suite de la condamnation capitale portée contre lui par la commission militaire créée par le représentant Pocholle. Tant pour lui que pour M. Després, nous déplorons que les *Actes* de cette commission, en ce qui les concerne, vus en 1845 par Tresvaux du Fraval, soient introuvables aujourd'hui. Aussi sera-ce à la précieuse relation que nous a laissée sœur Jeanne-Perside Arnaud de Sainte-Elisabeth, que l'on aura principalement recours pour prouver le martyre du serviteur de Dieu.

149. — D'après la tradition locale, « M. Racapé fut saisi dans le village de Poubreuil en Saint-Just; il y était caché dans un grenier chez ses parents, lorsque les révolutionnaires, sur une dénonciation d'un curé intrus, vinrent y faire la fouille. Ceux-ci ne purent d'abord découvrir le proscrit et ils sortaient du village quand un homme de l'endroit, dont on a conservé le nom, s'avisa de dire : « Tiens ! ils ne l'ont pas trouvé. » Cette parole, dite peut-être sans mauvaise intention, fut entendue des soldats; ils revinrent sur leurs pas, fouillèrent de nouveau et avec plus de soin encore et parvinrent cette fois à trouver le prêtre proscrit. Ils l'emmenèrent avec eux et le digne et courageux abbé Racapé quitta les siens en les exhortant à l'amour de Dieu et en chantant les louanges du Seigneur, ce qui attira les larmes de tous les habitants du village. »

Après son arrestation, Julien Racapé fut conduit à Redon et enfermé aussitôt dans les prisons de cette ville. Dès le lendemain, on l'appela à comparaître au tribunal d'une Commission militaire. « M. Racapé, dit l'abbé *Tresvaux*, se montra devant ses juges, plein de foi, de franchise et de candeur. Loin de chercher à sauver sa vie par le déguisement et le mensonge, il ne craignit point de manifester son horreur pour le serment. » La grande fermeté que montrait le pieux prisonnier rendit son interrogatoire très bref, et la Commission, qui siégeait dans le chœur de l'église Notre-Dame, le condamna à la peine de mort.

Cette inique sentence fut aussitôt publiée dans la ville au son du tambour.

Voici intégralement reproduite, sur l'original, la relation que sœur de Sainte-Elisabeth a laissée des derniers instants de M. Racapé :

« Le 1ᵉʳ novembre 1793, vers les 9 heures du matin, a été guillotiné sur la place de Redon, dite de la Liberté, Julien Racapé, prêtre et vicaire de la paroisse de Brain, âgé de 39 ans. Il avait été pris à Renac par le Constitutionnel le 30, et conduit dans la prison de cette ville. Il fut jugé le 31 et condamné; sa sentence fut publiée au son du tambour. Il a fait paraître la plus grande fermeté dans sa détention et dans sa mort. Son interrogatoire a été très bref, et le jour de sa mort, lorsqu'on l'a tiré du cachot, il a dit qu'il les attendait. Ensuite, étant dépouillé, il est sorti et a marché avec le plus grand sang-froid jusqu'au supplice, regardant tantôt le ciel, tantôt l'image du crucifix qu'il avait sur la poitrine. Le constitutionnel l'accompagnait et lui proposait de se confesser, ce qu'il a refusé bien hautement. Rendu au pied de la guillotine, il l'a regardée d'un air assuré, et est monté de même, doublant les marches. Ensuite, voulant parler, on l'en a empêché. Il s'est couché sur ce lit-funèbre qui le devait porter dans la céleste Patrie, où il a le bonheur de louer et bénir Celui pour l'amour duquel il a travaillé et enfin donné sa vie en confessant que Lui seul doit être adoré.

» Ce mouchoir est teint de son sang. »

Signé : JEANNE-PERSIDE DE SAINTE-ELISABETH.

D'après la tradition, M. Racapé chantait en route ce cantique composé par le Bienheureux de Montfort : *Allons, mon âme, allons au bonheur véritable.*

Le même jour « le citoyen Georges Pavin, secrétaire-greffier de la commune de Redon, assisté de Jean Evrard, enterreur », déclarèrent à la municipalité de Redon « que Julien Racapé, prêtre, ci-devant résidant à Brain et natif de la paroisse de Saint-Just, fils de... Racapé, laboureur, est décédé ce jour et a été inhumé aussi ce jour au cimetière de cette paroisse de Redon en leur présence. »

150. — Les habitants de Redon, qui, pour le plus grand nombre, étaient très attachés à la religion, furent vivement impressionnés de la condamnation de MM. Després et Racapé. « Le bourreau qui les avait exécutés, profondément touché de leur piété et de leur douceur, exprima hautement la douleur qu'il éprouvait d'avoir contribué à la mort de ces hommes vertueux;

il renonça à sa profession, et mourut lui-même bientôt après, sans avoir pu se consoler de la part qu'il avait prise à ce crime.

Les pièces rédigées en 1795 par la municipalité de Redon qui mentionnaient que M. Després avait été guillotiné en cette ville, comme prêtre réfractaire, portent la même indication pour M. Racapé. Sans doute, à moins d'un bonheur providentiel, jamais l'on ne pourra fournir les Actes de la parodie judiciaire qui condamna à mort MM. Després et Racapé, mais les attestations de la municipalité redonnaise en 1795 ont une grande valeur, et les récits si touchants de sœur Sainte-Elisabeth, la pieuse Ursuline de Redon, fournissent des renseignements bien rares sous cette forme. Enfin la tradition à Brain et à Saint-Just, pays natal de M. Racapé, où subsistent encore de nombreux membres de sa famille, se transmet d'âge en âge que ce serviteur de Dieu a été mis à mort en haine de la Foi.

BIBLIOGRAPHIE. — Tresvaux du Fraval, *Histoire de la Persécution religieuse en Bretagne* (1845), op. cit., I, p. 479. — D. Jausions, *Histoire de Redon*, etc. (1865), op. cit., p. 280. — Guillotin de Corson, *Les Confesseurs de la Foi*, etc., op. cit. (1900), p. 90-98. — L. Dubreuil, *Le District de Redon* in *Annales de Bretagne*, t. XXI, p. 105. — R. P. Le Falher, *Les Prêtres du Morbihan victimes de la Révolution*, op. cit., p. 2-7. — Abbé Lemasson, *Les Actes des prêtres insermentés de l'archidiocèse de Rennes*, op. cit., p. 213-215 et 282.

◆◆◆

LES PRÊTRES GUILLOTINÉS A SAINT-BRIEUC

en exécution de la loi des 29-30 vendémiaire an II.

(Voir texte, p. 15 et sq.)

XXIX. — Louis-Marie COÜNAN du JARDIN

(Archives des Côtes-du-Nord, série L, dossiers du tribunal criminel des C.-du-N.)

151. — Louis-Marie COÜNAN DU JARDIN, fils de François-Joseph Coünan, sieur du Jardin, notaire royal et procureur à Morlaix, et de demoiselle Jeanne-Perrine Gourbrein, naquit à Morlaix, le 25 août 1754, et fut baptisé le même jour dans l'église parois-

siale de Saint-Mathieu, qui faisait alors partie du diocèse de
Tréguier.

Se sentant attiré vers le sacerdoce, le jeune Coünan fit son
séminaire à Tréguier. Malgré l'état déplorable des registres
d'insinuations de l'ancien diocèse de Tréguier, on a pu retrouver
que le 22 février 1776, M. François-Joseph Coünan, sieur du
Jardin, père et garde naturel des deux enfants nés de son
mariage avec défunte Jeanne-Perrine Gourbrein, demeurant à
Morlaix, quartier des Halles, sur la place Saint-Mathieu, assura
à son fils, Louis-Marie, clerc tonsuré, demeurant au séminaire
de Tréguier, la somme de 60 livres de rente viagère, afin de
lui constituer son titre clérical, pour lui permettre de continuer
la carrière ecclésiastique.

Deux mois plus tard, l'abbé Coünan du Jardin recevait les
mineurs et le sous-diaconat à Tréguier, le 6 avril, des mains
de son évêque, Mgr de Lubersac. Il fut fait diacre dans la même
ville le samedi des Quatre-Temps du mois de mai 1777. Enfin
il reçut la prêtrise l'année suivante, le 19 septembre, de son
ordinaire et toujours à Tréguier.

Son évêque utilisa bientôt ses services dans sa paroisse
natale, dont il le nomma vicaire en 1779. L'abbé Carron, son
premier biographe, apprécie avantageusement alors sa conduite : « Un zèle plein d'ardeur pour la sanctification de tous
ses paroissiens et qui ne se démentit pas un instant, signala
sa conduite. Mais ses forces ne répondirent point à l'étendue,
comme à l'activité de son zèle. » Après qu'il eut soutenu ses
pénibles travaux l'espace de six à sept ans, sa faible santé
le contraignit d'accepter le 19 mai 1788, de Mgr Le Mintier,
évêque de Tréguier, un canonicat dans l'église de Notre-Dame
du Mûr, collégiale royale de Morlaix, qui lui valait 700 livres
par an.

Ce prélat l'avisa de ses intentions par une lettre fort aimable
datée du 12 mai précédent et dont on a ailleurs publié le
texte.

« La place du nouveau chanoine, écrit M. Carron précité,
ne fut point, du reste, un poste de repos. Il ne borna pas ses
obligations à la récitation ou au chant des heures canoniales.
Il se fit un devoir sacré, pour tous les moments dont il pouvait disposer, de prêcher et de confesser, et ce fut avec une
constante édification qu'il parut dans la chaire chrétienne et au
saint tribunal. »

M. du Jardin n'occupa pas trois années entières son canonicat à Notre-Dame du Mûr. Par son article 20 de la Consti-

tution civile du Clergé, l'Assemblée Constituante supprima tous les chapitres, tant collégiaux que cathédraux ; en outre elle imposa le serment d'observer le règlement schismatique qu'elle venait de décréter, à tous les ecclésiastiques qui voudraient occuper un poste dans la nouvelle organisation du clergé que ses administrations s'efforçaient d'instaurer en France.

152. — Conformément à ces lois, Notre-Dame du Mür fut fermée quelques jours après le 20 octobre 1790. Se trouvant sans emploi, non seulement M. Coünan du Jardin n'eut point l'ambition sacrilège de faire une rapide carrière dans l'église constitutionnelle au prix d'un serment schismatique, mais, tout au contraire, par une réponse que lui adressa quelque peu après son évêque, il semble bien avoir manifesté à celui-ci ses regrets d'avoir été trop tard avisé pour s'être associé aux ecclésiastiques trécorrois, qui approuvèrent par leurs signatures le manifeste de Mgr Le Mintier contre la Constitution civile.

Ainsi qu'il appert encore de la réponse de ce prélat, il paraît bien aussi que l'ex-chanoine lui avait par la même occasion posé un certain nombre de questions sur la conduite à tenir en quelques cas embarrassants. On lira avec intérêt les instructions que lui adresse, le 31 janvier 1791, Mgr Le Mintier. Elles sont marquées au coin de la sagesse et de la prudence. On les a ailleurs fait connaître au public.

Cependant, le Directoire du Finistère, par son arrêté du 2 juillet 1791, venait d'ouvrir l'ère de la persécution dans ce département. M. du Jardin, qui se trouvait alors à Morlaix sans aucune attache officielle et qui peut-être avait besoin de se créer des moyens d'existence, crut bien faire en acceptant les fonctions de précepteur qu'on lui offrait. Il quitta donc Morlaix, d'après ses propres déclarations, le 18 juillet 1791, et se rendit dans les Côtes-du-Nord, près de Bothoa, à la maison de Kerauter, située en la trève de Sainte-Tréphine. Il y demeura jusqu'au 18 février 1793, remplissant les fonctions d'instituteur dans la famille de Lauzanne qui lui donnait l'hospitalité.

153. — Survint l'arrêté du Directoire des Côtes-du-Nord du 1er décembre 1792, qui, *condamnant à l'exil tous les prêtres insermentés valides de ce département*, rendit bien difficile, sinon impossible à M. du Jardin de prolonger davantage son séjour à Kerauter. Mais quelles que fussent les pénalités auxquelles il s'exposait, cet ecclésiastique zélé ne put cependant se résoudre à quitter la France, où les prêtres demeurés fidèles à l'Eglise romaine, du fait des lois d'exil, se trouvaient alors très peu nombreux. Aussi lorsque l'ex-chanoine quitta le vieux manoir, où dix-huit mois durant il avait trouvé refuge, dut-il mener une vie errante, semée de périls de toutes sortes, désormais sans cesse aggravés par une législation de plus en plus draconienne et qui ne devaient prendre fin qu'avec son trépas.

Suivant Tresvaux du Fraval (au tome 1er, p. 532 de son *Histoire de la Persécution révolutionnaire en Bretagne*, op. cit.), M. Coünan du reste ne se faisait nulle illusion sur le sort qui l'attendait « engraissant, disait-il en parlant de lui-même, la victime pour le sacrifice ». De même l'abbé *Carron*, qui avait pu recueillir des témoignages contemporains, raconte qu'un jour que M. Coünan était malade, il aurait dit à un de ses confrères : « Je ne veux pas mourir à présent, à moins que ce ne soit sous le fer de la guillotine. » (*Op. cit.*, I, p. 34.) Ainsi s'acheva pour ce vaillant ministre du Christ l'année 1793, qui venait par ses lois des 20 et 21 octobre (29 et 30 vendémiaire an II) de rendre si précaire l'existence des prêtres réfractaires.

Depuis le mois d'avril 1793, M. Coünan, d'après son propre témoignage, s'était rapproché des environs de Saint-Brieuc et résidait habituellement à Plaintel, la paroisse du saint abbé Cormaux, d'où il voyageait, dit-il, « tantôt à Plédran, tantôt à Saint-Carreuc, Lanfains ou autres localités ». Malheureusement pour lui, on ne tarda pas bien longtemps à soupçonner sa présence en ces lieux et un soir que l'on avait appris qu'il se trouvait au bourg de Plaintel, les révolutionnaires de Quintin expédièrent un détachement de la garde nationale de cette localité avec mission d'arrêter l'intrépide apôtre.

154. — Connaissant le lieu où se retirait M. Coünan, les sans-culottes de Quintin arrivèrent au milieu de la nuit au bourg de Plaintel, et s'en furent droit à la maison d'une pauvre filandière, appelée *Jeanne Richecœur*, fille de Dominique et de Catherine Eveillard, laquelle vivait avec sa mère, veuve à cette époque, sourde et presque aveugle. Malgré leur état voisin de l'indigence, elles donnaient asile aux prêtres persécutés.

Faisant aussitôt irruption dans la chambre où dormait leur victime, les vaillants jacobins s'en saisirent sans résistance. Yves du Boüilly, juge de paix de Quintin, qui faisait partie de cette glorieuse expédition, nous a gardé le détail de cette arrestation, ainsi que l'interrogatoire qu'il fit aussitôt subir à M. Coünan.

Celui-ci reconnut sans hésiter sa qualité de prêtre réfractaire, sans domicile fixe, n'ayant pour toute fortune que son *bréviaire*, sa montre et son bâton. On découvrit cependant caché sous la paille une custode de vermeil contenant des hosties consacrées et une ampoule avec des saintes huiles.

Nous lisons dans les *Martyrs de la Foi* de l'abbé Guillon, que M. Coünan vit sans émotion la troupe qui venait l'arrêter, la reçut avec affabilité et partit avec elle pour Saint-Brieuc, causant avec les gardes nationaux durant la route d'un ton calme et même amical.

155. — Le tribunal criminel des Côtes-du-Nord siégeant à Saint-Brieuc, scrupuleux observateur de la loi, avait au moins le mérite de ne pas faire languir les prévenus qu'on lui amenait. Les lois des 29 et 30 vendémiaire an II (20-21 octobre 1793), destinées à assurer l'extermination du clergé insermenté demeuré caché en France pour y faire du ministère, étaient en effet formelles. Aux termes de l'article 5 de cette loi, tout ecclésiastique insermenté saisi sur le territoire français, *devait être immédiatement traduit* devant le tribunal criminel de son département, et là, à la suite d'un *simple interrogatoire d'identité* destiné à constater sa qualité « *de réfractaire au serment* », on devait le condamner à mort et l'exécuter dans les vingt-quatre heures, sans aucun appel, ni recours possible au Tribunal de cassation. C'est cette loi atroce que subit l'ex-chanoine de Notre-Dame du Mür.

M. Coünan arriva à Saint-Brieuc aux premières heures de la matinée du 31 janvier 1794, ainsi qu'en fait foi son acte d'écrou dont on a retrouvé et publié le texte ailleurs.

A peine averti de la présence du prisonnier dans la prison briochine, l'accusateur public s'empressa de rédiger et d'adresser au président du tribunal, un acte d'accusation dont on a publié le texte ailleurs. Il y réclame contre le prévenu l'application de la loi contre les prêtres réfractaires, c'est-à-dire la mort.

156. — Le cas de l'abbé Coünan en effet était très clair. Il était prêtre insermenté, par conséquent obligé à la déportation. Or, il n'avait pas quitté la France. Afin d'y faire du ministère, il y était demeuré en contravention avec les lois persécutrices qui l'en chassaient. Les objets saisis sur sa personne ne laissaient aucun doute sur ses travaux apostoliques.

Du reste, le confesseur de la Foi n'essaya pas d'user de réticences : ses réponses sont d'une admirable franchise.

Il reconnaît avoir administré les sacrements en secret à des malades dans les maisons où il passait. Il déclare que ce sont bien des huiles saintes et des hosties consacrées que l'on a saisies dans sa chambre. Il proclame nettement qu'il n'a prêté aucun serment. Par ailleurs, il se garde de toute révélation compromettante pour des tiers, et à part les noms de quelques communes où il a passé, le juge n'obtint sur ce sujet aucun renseignement du proscrit. Du reste, le texte intégral de l'interrogatoire de ce prêtre a été publié et ne laisse subsister aucune équivoque sur ses admirables sentiments.

La constatation de l'identité de M. Coünan ordonnée par la loi étant achevée, le Tribunal criminel des Côtes-du-Nord rendit sa sentence : Conformément aux articles V, XIV et XV de la loi du 30 vendémiaire an II, c'était la mort, exécutoire dans les vingt-quatre heures avec la confiscation des biens.

157. — M. Carron, dont on a dit la valeur du témoignage, rapporte « qu'après sa condamnation, l'on reconduisit M. Coünan
» dans la prison, pour qu'il y attendît son heure dernière. Il
» demanda aussitôt la liberté d'entrer dans la chapelle, alors
» désaffectée, et s'y tint à genoux une grande partie du temps
» qu'il y passa. Enfin, entre les quatre et cinq heures du soir,
» avant de monter à l'échafaud, il distribua ses habits aux
» prisonniers. Il ne lui restait que son bréviaire dont les assis-
» tants arrachèrent les feuilles et se distribuèrent les feuillets
» comme autant de reliques. » (*Op. cit.*, I, p. 342.)

Si l'acte de décès de M. Coünan n'a pas été consigné sur les registres d'état civil briochins, fait qui n'est pas rare à cette époque, on a relevé deux actes qui ne laissent aucun doute sur l'exécution de ce prêtre. On croit bon de reproduire ici l'une de ces pièces : Elle a pour auteur la propre sœur du supplicié qui demande la main-levée sur les biens de son frère, en même temps qu'elle affirme sa croyance à son martyre.

« Aux citoyens composant l'administration centrale du canton de Lannion, département des Côtes-du-Nord, expose Marie-Pauline Coünan Du Jardin, de la commune de Morlaix, Finistère, que Louis-Marie Coünan, son frère, prêtre, a été condamné à la peine de mort, par jugement du tribunal criminel du département des Côtes-du-Nord, séant à Saint-Brieuc, dans le courant de janvier 1794 (v. st.); l'exposante, citoyens administrateurs, ne rappellera à votre sensibilité les époques désastreuses où une horde de cannibales ensanglantait le territoire français de milliers de victimes; *Louis-Marie Coünan, frère de l'exposante, est mort martyr de sa religion.* La Convention nationale, rendue à son intégrité, a signalé son attachement aux principes de la justice en rendant la loi du 21 prairial an III. Cette loi dispose article 1er : « toutes les confiscations de biens, autres que celles prononcées par les tribunaux ou commissions révolutionnaires, militaires ou populaires et même par les tribunaux ordinaires jugeant révolutionnairement jusqu'au jour de l'installation du tribunal révolutionnaire réorganisé en vertu de la loi du 8 ventôse de l'an III, sont considérés comme non avenues, et les sequestres sont levés. »

Signé : Marie-Pauline Coünan.

A Morlaix, le 19 germinal an IV (7 avril 1796).

Bibliographie. — Les pièces du procès de M. Coünan sont conservées aux *Archives des Côtes-du-Nord*, à Saint-Brieuc, parmi les Actes du Tribunal criminel.

Ouvrages consultés : Carron, *Les Confesseurs de la Foi dans l'Eglise gallicane*, Paris, 1820, tome I, p. 338 à 345. — Guillon, *Les Martyrs de la Foi dans la Révolution française*, Paris, 1821, tome II, p. 494-495. — Tresvaux du Fraval, *Histoire de la Persécution révolutionnaire en Bretagne*, op. cit., II, p. 532. — Abbé Lemasson, *Les Actes des prêtres insermentés du diocèse de Saint-Brieuc, mis à mort de 1794 à 1800*, in-8°, Saint-Brieuc, 1928, où figurent p. 1-20 toutes les pièces officielles du procès de M. Coünan.

XXX. — Servais-François ANDROUET

(Archives des Côtes-du-Nord, série L, dossiers du tribunal criminel des C.-du-N.)

158. — Servais-François Androuet, fils de Guy Androuet et de Mathurine Bedel, cultivateurs, demeurant au village de Boudelan, paroisse de Plumaugat, naquit le 28 avril 1743 et fut baptisé le lendemain en cette église par P. Fleury, curé de ladite paroisse.

Il fit la première partie de ses humanités à Rennes sous la direction des Pères Jésuites, la seconde, ainsi que sa philosophie, à Dinan où il se trouvait en 1765, et ses études théologiques au séminaire de Saint-Méen.

M. Androuet reçut la tonsure et les mineurs à Saint-Méen,

le 17 septembre 1765; le sous-diaconat à Saint-Méen le 2 avril
1768, le diaconat au même lieu le 11 mars 1769. Enfin, la
prêtrise : encore à Saint-Méen, le 31 mars 1774 ayant été retardé
par la maladie, pour la réception de cet ordre.

159. — D'abord vicaire de Ménéac en 1775, M. Androuet
remplit ensuite quelque temps, en 1776, les fonctions de vicaire
à Plumaugat. Lors de la Révolution, il desservait depuis une
dizaine d'années, dans sa paroisse natale, la chapelle de Bonne-
Rencontre, et résidait habituellement au village de Boudelan,
rendant aux recteurs voisins les services qu'ils lui demandaient.

Lorsque la Constitution civile du Clergé vint jeter le trouble
dans les esprits, M. Androuet ne se laissa pas séduire, mais
s'employa de son mieux à affermir ses compatriotes dans la Foi,
après avoir signé lui-même la pièce suivante le 5 février 1791 :
« Nous soussignés, *adhérons aux principes établis en faveur de*
» *la Religion par trente évêques de l'Assemblée nationale* contre
» les entreprises de la puissance séculière sur la puissance
» ecclésiastique, sur la juridiction spirituelle du Pape dans
» toute l'Eglise, sur celle des évêques dans leurs diocèses, sur
» celle des curés dans leurs paroisses.

» Nous regardons comme des *attentats sacrilèges* l'usurpation
» qu'on veut faire des biens d'Eglise contre l'anathème des
» Conciles et qu'on veut renouveler des erreurs des presby-
» tériens et du Richérisme, même de Luther et de Calvin.

» Nous reconnaissons qu'on attaque la Foi sur la mission
» que Jésus-Christ a donnée à son Eglise, *Foi que nous sommes*
» *prêts à défendre au prix de notre sang*, s'il en est nécessaire.
» Nous regardons *aussi le serment que l'on exige de nous*
» *comme hérétique et schismatique;* et nous sommes aussi dis-
» posés à l'interdire au peuple. En fait de quoi nous avons
» signé » (*Arch. Côtes-du-Nord*, L^m 5, 10).

160. — Ces beaux sentiments n'allaient pas tarder du reste
à être mis à l'épreuve. Comme le dimanche 13 février 1791,
l'abbé Nouvel, recteur de Plumaugat, se disposait à lire à la
grand'messe paroissiale l'instruction de l'Assemblée nationale
prescrivant le serment schismatique, de violents murmures
éclatèrent dans l'assistance, aussi bien parmi le peuple que
parmi les ecclésiastiques présents : les frères Jean et Pierre
Gauttier et *Servais Androuet*. Ce dernier déclara tout haut,
paraît-il, au recteur Nouvel, « qu'il aurait dû garder son papier

» pour lui et qu'on n'en avait que faire ; que pour lui, *il pré-*
» *férait plutôt mourir que de prêter serment.* »

Le tumulte causé par la déclaration du recteur Nouvel, se renouvela lorsqu'il prêta serment le dimanche suivant. A cette occasion l'on vit dans l'église de Plumaugat une véritable échauffourée dont on rechercha les auteurs. Servais Androuet fut dénoncé par Jacques Picquet et Léonard Hue à l'administration du district de Broons, comme étant un de ceux qui l'avaient fomentée, de concert avec les prêtres Gauttier, de Plumaugat, et plusieurs autres. Tous furent décrétés de prise de corps et emprisonnés à Broons.

On ne se contenta pas d'arrêter Servais Androuet, on perquisitionna à son domicile. Si le détail des papiers saisis chez lui et dont on fit état à l'instruction de son procès ne prouve nullement qu'Androuet était pour quelque chose dans ces événements, ils sont du moins un sûr garant de son orthodoxie et de son attachement aux principes catholiques. On a publié du reste cet inventaire ailleurs.

Servais Androuet comparut le 18 mars 1791 devant les juges du tribunal de Broons. On a donné ailleurs tout au long l'interrogatoire qu'il subit dans la circonstance et dont l'original est conservé aux Archives. (*Archives des C.-du-N.*, L^m 5, liasse 10.) Ce fut pour l'inculpé la première étape dans la voie qui devait le conduire à la mort.

Le prêtre Androuet répondit dans la circonstance avec beaucoup de prudence aux questions qu'on lui posait et évita le *plus possible de se compromettre* près de juges manifestement prévenus. Nous reproduisons son signalement conservé sur cette pièce : « Taille 5 pieds un pouce, figure maigre et allongée, cheveux, barbe et sourcils jaunes ».

On ignore l'issue des poursuites intentées à M. Androuet. M. *Carron*, et après lui *Tresvaux du Fraval*, écrivent « qu'après avoir demeuré durant quelque temps emprisonné à Broons, le confesseur de la Foi fut ensuite transféré à la prison de Lamballe, où il subit une détention de six mois, jusqu'à la fin de septembre de la même année, époque à laquelle l'Assemblée constituante accorda amnistie générale le 21 de ce mois à tous les détenus politiques, à l'occasion de l'acceptation de la Constitution par le Roi Louis XVI ».

161. — On ne sait ce que devint ensuite M. Androuet. Lors de son interrogatoire devant le tribunal criminel des Côtes-du-Nord, il déclara avoir cessé *d'exercer publiquement* les fonctions sacerdotales depuis « environ 1792 ». Sans doute dut-il se cacher après la promulgation du décret du 26 août de cette année ou tout au moins lors de l'application de l'arrêté du 1er décembre suivant, par lequel le Directoire des Côtes-du-Nord *condamnait à la déportation ou à l'internement tous les prêtres insermentés sans exception, appartenant à ce département.*

Une pièce, sans indication de lieu, ni de date, qui figure dans le dossier criminel de M. Androuet conservé aux archives des Côtes-du-Nord annonce les intentions de M. Androuet : le ton de ce document est empreint d'une profonde tristesse. Le voici reproduit avec l'orthographe très libre de son auteur : « Mon cousin. Je vous annonce que je menvais me cachè pour » la raison que vous savez bien, car je ne puis plus paraître. » Envoyez moy ce que vous pourrey, car jan naurai grand » bessoin et je ne peut pas vous en faire le détaille, mais vous » devez le comprande. Je partiré ces faites ici et je pence que » je ne vous revereree pas dessormais, a moins que vous ne » vienderiez dimanche ou bien lundi à Catelo ou os anviron » et que vous m'en vairiez cherché et *je crois vous voire pour* » *la dernière foy de ma vie.* »

Réduit à se cacher pour pouvoir demeurer dans le pays et se rendre utile aux âmes, M. Androuet fait connaître lui-même qu'il habita assez longtemps sous un faux nom la paroisse de *La Nouée*, dans le Morbihan, dont la municipalité était fort bien disposée.

Malgré les précautions qu'il prenait pour se dérober à ses ennemis et dont on ne peut lui savoir mauvais gré à une époque où les bons prêtres étaient traqués à l'instar des bêtes féroces, on ne peut douter cependant que M. Androuet n'exerçât les fonctions du saint ministère. Une pièce, rédigée de sa main, laquelle contient le détail de tous les pouvoirs dont jouissaient à cette époque les prêtres fidèles, ne laisse aucune hésitation à ce sujet : l'abbé Androuet faisait tout ce qu'il pouvait pour se rendre utile aux âmes.

162. — Mais le zèle de ce bon prêtre devait à la fin trouver sa récompense. Le 17 mai 1794, le premier bataillon des grenadiers de Rhône-et-Loire, qui fouillait le pays de Plumaugat, l'arrêta chez une pauvre femme chez laquelle l'abbé Androuet était venu chercher momentanément l'hospitalité et le conduisit à Broons le jour même.

Les administrateurs se disposaient à envoyer le captif à

Saint-Brieuc pour y être jugé par le Tribunal criminel des Côtes-du-Nord, lorsque le général de brigade Vachot, soudard sans moralité, qui commandait des troupes à Saint-Méen, fit demander le confesseur de la Foi le 19 mai, afin de lui faire subir lui-même un interrogatoire.

163. — Des témoignages sérieux rapportent qu'arrivé dans cette bourgade, M. Androuet dut endurer les plus cruels outrages de la soldatesque indisciplinée à laquelle leur chef donnait l'exemple des plus crapuleux excès. Du reste, l'abbé Carron, auquel on aime à se référer, affirme tenir ses informations de la bouche même de M. Fleury, tout à la fois recteur de Plumaugat et compatriote de M. Androuet, témoin très sûr, car il avait poursuivi et fini ses études avec celui-ci et, comme lui, il était demeuré caché dans le pays à cette époque néfaste.

Or, c'est ce digne ecclésiastique qui, après avoir rendu hommage à la conduite édifiante, à la conscience pure et quelquefois trop timorée du serviteur de Dieu, assure qu'en montrant à l'abbé Androuet un crucifix, on lui disait : « *Embrasse-le donc ton bon Dieu,* » et qu'en ce moment même on lui assénait des coups si violents sur la tête que les éclats de la croix en sautaient.

M. *Carron*, toujours d'après M. Fleury, raconte encore « qu'on accablait M. Androuet de coups de plat de sabre et de coups de pieds; qu'à Montfort il reçut un soufflet d'une femme, et qu'en le renvoyant de Rennes à Saint-Brieuc, on lui lia les bras avec tant de cruauté que sa chair surmontait les cordes et les couvrait ». Mais la Foi faisait connaître à M. Androuet le prix de ces affreux traitements, si bien que voyant à *Saint-Méen* un enfant qui s'attendrissait sur son sort : « *C'est un bonheur,* lui dit-il, *mon cher enfant, de souffrir pour la religion.* » Paroles dont les soldats furent tellement furieux, qu'ils se mirent à le frapper en s'écriant : « Le voyez-vous? Il cherche encore à fanatiser l'innocence ! »

De Saint-Méen, le général Vachot ordonna de conduire le prisonnier à Rennes; mais le Tribunal criminel d'Ille-et-Vilaine refusa de le juger, parce qu'il n'avait pas été saisi sur le territoire soumis à sa juridiction, et le renvoya à Saint-Brieuc.

164. — Le voyage, commencé le 25 mai, dura quatre jours, ainsi qu'en témoignent l'ordre de transférer M. Androuet à Brieuc, et son acte d'écrou à la prison de cette ville qui ont été publiés ailleurs.

Androuet arrivé à Saint-Brieuc, les juges ne perdirent pas de temps. C'est le dix prairial en effet que le confesseur de la Foi était écroué à la prison de cette ville, et c'est le lendemain que le citoyen Besné, accusateur public, rédigeait contre lui son acte d'accusation, lequel prend fin en réclamant contre l'inculpé l'application de la loi exterminatrice de vendémiaire, c'est-à-dire *la mort*. En même temps, ce fonctionnaire, haut dignitaire dans la maçonnerie, énumère les griefs, qui constituent aux yeux des catholiques le plus beau titre de gloire de l'abbé Androuet : « *Il a refusé tout serment. Il n'a pas voulu prendre le chemin de l'exil,* » abandonnant les âmes aux entreprises du clergé constitutionnel. « C'est, ajoute-t-il, un *fanatique* dont on ne peut excuser la désobéissance opiniâtre aux lois [persécutrices]. »

Aussi, c'est sa tête que demande Besné et il a même le triste courage de railler cet homme qu'il sait devoir mourir. « Un des morceaux de papier, trouvés dans son dossier, écrit-il, » *annonce assez sa résignation;* l'instruction de l'affaire annon- » cera s'il *consommera son sacrifice avec le courage néces-* » *saire !* »

165. — L'instruction de « l'affaire » Androuet devait aller très vite. Le jour même où Besné avait écrit son réquisitoire et l'avait adressé au président du Tribunal criminel des Côtes-du-Nord, cet ecclésiastique comparaissait devant ses juges. Au reste l'interrogatoire n'était qu'une simple formalité, une constatation d'identité et rien plus. Il suffisait, on l'a déjà dit, d'être reconnu prêtre insermenté, ne s'étant pas soumis aux décrets, pour se voir condamner à mort.

Les premières réponses de M. Androuet devant ses juges ne sont pas ce que l'on aurait cru les trouver. Il semble qu'on doive les attribuer à un accablement physique bien compréhensible, après les affreuses épreuves que l'inculpé venait de traverser, accablement qui avait sa répercussion sur le moral de celui-ci. Mais, d'autre part, ne peut-on dire aussi que dans sa pensée, l'abbé *Androuet* ne croyait pas outrepasser ses droits en se bornant à *énoncer purement et simplement les qualités sous lesquelles il avait vécu extérieurement,* depuis que l'arrêté du 1ᵉʳ décembre 1792 ne lui laissait plus le droit de paraître et de circuler dans son département. Légalement, en effet, il n'était plus qu'un marchand ayant fait des mauvaises affaires et ce n'est que la nuit, au milieu des chrétiens fidèles à leur Foi, qu'il pouvait se montrer comme prêtre et en accomplir les fonctions. On pourra lire du reste intégralement le texte de cet interrogatoire que l'on a publié ailleurs.

166. — La sentence portée contre M. Androuet suivit immédiatement son interrogatoire. Trois ans auparavant, ce bon prêtre avait déclaré à Plumaugat « que pour lui, il préférerait mourir que de prêter serment ». Son vœu allait se trouver exaucé : Servais Androuet fut condamné comme « *ayant refusé le serment à la Constitution civile* et comme n'ayant pas obéi à la loi de déportation ».

Du reste, on pourra s'en convaincre en lisant la teneur du jugement que l'on a publié ailleurs.

Le jour même de sa comparution devant le Tribunal criminel des Côtes-du-Nord, aussitôt son jugement rendu, aux deux heures du soir, le confesseur de la Foi achevait sur la place de la Liberté, sous le couperet de la guillotine, une existence qu'il avait depuis longtemps toute consacrée à Jésus-Christ. Voici comment l'abbé *Carron* raconte ses derniers instants : « Parvenu aux termes de ses terribles combats, M. Androuet distribua aux prisonniers tout ce que ses bourreaux ne lui avaient pas arraché; puis avec des sentiments de joie, disons tout, d'une gaieté céleste, il s'arracha aux derniers témoins de ses souffrances, les laissant profondément édifiés. Sa tête tomba sous le fer homicide et son âme sans doute s'envola vers les Cieux. » Ceci se passe le vendredi 30 mai 1794.

Son acte de décès ne fut enregistré que le lendemain de son trépas à l'état civil de Saint-Brieuc. Quant à sa mémoire, elle est toujours pieusement conservée par la chrétienne population de Plumaugat.

BIBLIOGRAPHIE. — Carron, *Les Confesseurs de la Foi de l'Eglise gallicane*, in-8°, Paris, 1820, t. III, p. 1-6. — Guillon, *Les Martyrs de la Foi durant la Révolution française* (1821), in-8°, t. II, p. 83-84. — Tresvaux du Fraval : *Histoire de la Persécution révolutionnaire en Bretagne*, Paris, in-8°, 1845, II, p. 37-40. — *Le diocèse de Saint-Brieuc pendant la période révolutionnaire*, Saint-Brieuc, in-8°, 1895, II, p. 401-402. — Lemasson, *Histoire du pays de Dinan*, Rennes, 1927, in-8°, II, p. 369 et 377-379, parle de M. Androuet et publie l'inventaire de son mobilier qui comprenait 550 volumes. — Du même auteur, *Les Actes des prêtres insermentés du diocèse de Saint-Brieuc mis à mort de 1794 à 1800*, op. cit., p. 21-39. Toutes les pièces de son procès figurent dans ce recueil.

LES PRÊTRES GUILLOTINÉS A LANNION

en exécution de la loi des 29-30 vendémiaire an II.

XXXI, XXXII, XXXIII. — André LE GALL
et François LAGEAT,
Ursule TIERRIER, dame TAUPIN, leur receleuse.

(Archives des Côtes-du-Nord, fond du tribunal criminel du département, dossier Le Gall, Lageat et Mᵐᵉ Taupin.)

167. — André LE GALL, fils de Charles et de Marie Le Bescond, naquit à Pleudaniel et fut baptisé dans l'église de cette paroisse le 20 décembre 1758. Il appartenait à une famille assez nombreuse et possédait au moins deux frères Pierre et Charles et une sœur, Isabelle, qui épousa Guillaume Le Quellec. On n'a trouvé aucun renseignement sur son enfance, non plus que sur sa jeunesse cléricale. C'est en vain que l'on a recherché trace de ses ordinations sur les registres d'insinuations de l'évêché de Tréguier, qui sont dans un état de conservation lamentable. Il faut attendre l'an 1782, époque à laquelle l'abbé Le Gall occupa un poste dans le ministère paroissial pour trouver mention de sa personne.

C'est à Penvénan, dans le doyenné de Tréguier, que M. Le Gall débuta dans les fonctions vicariales. Sa signature apparaît pour la première fois sur les registres de catholicité le 11 octobre 1782. Le 30 mars 1784, l'abbé Le Gall signe pour la dernière fois sur les mêmes registres à l'occasion d'un baptême.

L'année suivante, on trouve ce prêtre transféré à Cavan, doyenné de La Roche-Derrien. On y relève pour la première fois son nom sur un registre le 1ᵉʳ novembre 1785. Il accomplit son dernier acte de ministère public, dans cette paroisse, le 28 novembre 1791. On était alors en pleine Révolution. Le recteur M. Le Gall avait prêté le serment constitutionnel, mais tous les efforts des tenants du nouvel état de choses ne purent contraindre son vicaire à suivre cet exemple lamentable. Après avoir réclamé son traitement le 26 mars 1791, ainsi que le 4 juillet et le 27 septembre de cette même année, M. l'abbé Le Gall dut s'éloigner de la paroisse de Cavan et alors commença pour lui une existence errante et pleine de périls.

Nous laisserons ici M. Le Gall pour faire la biographie de son compagnon d'infortune.

168. — Le futur abbé Lageat naquit dans la partie du village du Pont-Losquet, situé en Langoat, doyenné de Tréguier. Si on s'en rapporte au récit d'un témoin contemporain, appelé Le Du, qui a consigné avant son trépas quelques notes sur M. Lageat, celui-ci était né avec des qualités distinguées : doux, pieux, spirituel. Dès l'âge de cinq ans, il se plaisait à l'église. Le vicaire de sa paroisse se prêta à lui apprendre à lire et à écrire et vers l'âge de douze ans, il entra au collège de Tréguier où il obtint des succès. Plus heureux que son confrère Le Gall, on possède les dates de ses différentes ordinations.

Il reçut sa première tonsure à Tréguier des mains de Mgr Le Mintier le 5 juin 1784. Le même prélat lui conféra les ordres mineurs dans sa ville épiscopale le 12 mars 1785. Neuf jours après, il était ordonné sous-diacre. Son diaconat est du 12 septembre de la même année. Quant au sacerdoce, il le reçut avec dispense d'âge, le 10 juin 1786.

L'abbé Lageat attendit trois années avant d'être nommé vicaire de Pleubian, doyenné de Pleumeur-Gautier. On trouve pour la première fois sa signature sur le registre des baptêmes de cette paroisse le 2 février 1789 et la dernière le 16 septembre de l'année suivante. Les heures sombres de la Révolution avaient sonné. Pleubian allait sous peu posséder un curé intrus. M. Lageat ayant refusé de prêter le serment constitutionnel, se vit obligé d'abandonner son vicariat et de chercher asile dans son pays natal aux environs de Tréguier, d'où il rayonna dans les paroisses voisines, qui toutes, à l'exception de Camlez, profitèrent de son ministère. Il devait y rencontrer son confrère André Le Gall, venu lui aussi se réfugier dans ce canton.

On doit à M. Lageat de connaître l'emploi de son temps au cours d'une partie de l'année 1792. A la suite d'une requête adressée par la commune de *Coatreven*, il exerça publiquement le ministère dans cette localité avec la permission de l'administration du district de Lannion. Il ne se cacha qu'après la loi du 26 août 1792, mais quoique cela, toujours d'après ses dires, il continua d'avoir son domicile à Coatreven.

L'abbé Durand, curé de Tréguier en 1847, qui a recueilli plusieurs épisodes de l'époque révolutionnaire, dont les témoins vivaient encore de son temps, rapporte que « l'abbé Lageat parcourait les campagnes sous un costume de « Rochois » —

c'est ainsi que l'on désignait les marchands d'étoupes de La Roche-Derrien, — prétextant le commerce des vieilles marmites, des ferrailles et de la graine de lin. Certain jour, il pénètre dans une ferme et demande s'il n'y a pas « de la graine à vendre ». C'est le temps des récoltes et de nombreux moissonneurs sont attablés. Le métayer prévenu de la visite, invite le « rochois » à monter au grenier et tandis qu'on discute le marché, l'abbé prend la main de sa fille, la place dans celle du gars, son fiancé, reçoit leur serment et les unit pieusement. Quand on redescend à la salle, aucun de ceux qui boivent là ne se doute qu'un mariage vient d'être célébré et le « rochois » s'éloigne, satisfait de l'affaire qu'il a conclue. »

169. — Cependant malgré toutes les précautions dont s'entouraient aussi bien l'abbé Le Gall que son confrère M. Lageat, un mariage que célébra celui-ci au mois de février 1794 devint la cause de son arrestation et de celle de M. Le Gall. Dénoncé par Guillaume Salaün, frère du nouvel époux, à l'agent national du district de Lannion, celui-ci, sur le vu de cette pièce et sans perdre de temps, envoya à Tréguier un commissaire appelé Joseph-Marie Cadillan, déjà fort expert dans ces sortes de missions.

MM. Le Gall et Lageat et, dit-on, deux autres prêtres, MM. Lallier et Guillaume, se trouvaient réfugiés en ce moment même chez la personne, que Salaün, dans son exaltation pour le nouvel état de choses, avait désignée comme donnant asile à des proscrits. C'était une femme, mère de cinq enfants en bas âge et répondant au nom de Marie-Ursule Tierrier. Son époux, *Pierre Taupin*, valet de chambre de Mgr Le Mintier, évêque de Tréguier, avait suivi son maître dans son exil à Jersey.

170. — Mme Taupin était née à Montfort-l'Amaury, près Versailles, le 16 août 1755, de Jean-Baptiste, journalier, et de Catherine Binet, unis en légitime mariage. Elle fut baptisée le lendemain 17 août. Cette personne fit preuve dans toute la tragédie qui s'ouvrit pour elle le 11 février 1794 d'un admirable esprit de foi et d'un héroïsme sans pareil.

Un détachement du bataillon d'Etampes, guidé par le commissaire Cadillan, susnommé, ayant fouillé de la cave au grenier la demeure de Mme Taupin, finit par découvrir et arrêter sous les combles les prêtres Le Gall et Lageat. Quelques autres de leur compagnie parvinrent à se sauver.

La chasse avait été fructueuse. Deux prêtres étaient prisonniers. On avait aussi appréhendé leur hôtesse comme coupable d'avoir abrité deux prêtres proscrits. Il ne restait plus maintenant qu'une formalité à accomplir, s'assurer par un interrogatoire en règle de l'identité de tout ce gibier de guillotine.

Cadillan y procéda sans désemparer en présence de deux membres de la municipalité de Tréguier, dont l'un se trouvait appartenir à la famille du trop célèbre Renan.

Les deux prêtres avouèrent sans difficulté leur qualité d'ecclésiastiques insermentés et non soumis aux lois prescrivant la déportation. Ils reconnurent aussi avoir fait du ministère, mais ils refusèrent de répondre à toute question qui aurait pu compromettre qui que ce soit. Mais cette précaution était inutile avec Mme Taupin, incapable d'un mensonge pour sauver sa tête. Du reste, ses interrogateurs lui furent manifestement hostiles et lui posèrent à la fin des questions destinées sans aucun doute à la perdre. On ne pouvait en effet que la condamner à *la déportation* comme receleuse d'ecclésiastiques, la loi ne prévoyant pas encore pour ce délit la peine de mort à cette époque. Mais la législation en vigueur, rendant passible de la peine capitale les propos qualifiés « contre-révolutionnaires », on s'ingénia à lui en faire prononcer de cette espèce.

Il ne suffisait donc pas à son juge de lui faire avouer qu'elle avait sciemment caché des ecclésiastiques proscrits poussée par le seul motif de sa religion, on lui fit déclarer qu'elle aurait été contente de périr pour son roi et sa Religion, mettant ainsi le sceau à sa perte.

171. — A la suite de cet interrogatoire, on enferma en prison et les deux prêtres réfractaires et Mme Taupin; celle-ci séparée de ses cinq jeunes enfants qu'elle ne devait plus revoir sur cette terre. Le lendemain qui était le premier jour de mai, Cadillan à la tête de vingt-cinq hommes de troupes, prit au corps de garde les trois captifs, pour les conduire à Lannion où siégeait momentanément le Tribunal criminel des Côtes-du-Nord.

Le lendemain, le Directoire du district de Lannion délibérait sur le compte des trois prisonniers. Au terme de la loi, aucune tergiversation n'était possible. Le tribunal criminel devait au plus tôt statuer sur leur sort. Aussi les membres du Directoire du district de Lannion lui adressèrent-ils sans tarder une réquisition d'avoir à juger Le Gall, Lageat et Mme Taupin, leur receleuse.

Besné, l'accusateur public, près le Tribunal criminel des Côtes-du-Nord, était expéditif. Sitôt qu'on lui eut déféré l'affaire, il s'empressa de rédiger « sa plainte » auprès de Le Roux de Chef du Bois, président dudit Tribunal. Il inculpait tout à la fois Mme Taupin d'avoir recelé sciemment des prêtres insermentés, ainsi que d'avoir tenu « des propos tendant au rétablissement de la royauté », crime réprimé à cette époque plus sévèrement encore que le fait d'avoir donné asile à des prêtres réfractaires. Quant aux abbés Le Gall et Lageat, leur cas était clair et il suffisait de requérir l'application de la loi, pour faire tomber leurs têtes.

En réalité, l'affaire de Mme Taupin faisait intimement corps avec la leur : la cause initiale de son arrestation n'était-elle pas son dévouement absolu à la cause religieuse ? — Si dans son esprit simpliste, la cause du Roi s'unissait à celle de la Religion, c'est qu'elle ne voyait pas ce qu'on pouvait attendre d'un gouvernement dont la politique visait même la destruction de sa propre création religieuse: l'église constitutionnelle. Tant et si bien qu'aux yeux de Mme Taupin, le libre exercice du catholicisme n'était compatible qu'avec le rétablissement de la Royauté. « *Ma religion*, déclare-t-elle, *est la première et la seule cause de mon opinion.* » Cette mentalité était celle de tous les bons catholiques à cette époque.

172. — Conformément au réquisitoire de Besné, le tribunal procéda à un nouvel interrogatoire des prisonniers. Les débats s'ouvrirent le 3 mai dans la grande salle occupant le rez-de-chaussée de l'ex-auditoire de Lannion. Les deux prêtres comparurent d'abord. Ce n'était du reste qu'une pure formalité. Il s'agissait seulement de constater leur identité. Les accusés n'ignoraient pas le sort qui leur était réservé. Aussi leurs réponses sont-elles fort brèves, sèches, et presque ironiques parfois. Seul l'interrogatoire de Mme Taupin présente un réel intérêt. Devant ses juges, son audace et son énergie semblent s'exalter encore et elle affirme en des termes magnifiques et ses convictions religieuses et ses sentiments royalistes, les seconds, avec la mentalité des honnêtes gens en ce moment, lui semblant légitimement découler des premiers.

Qu'on lise plutôt ce dramatique dialogue.

« *D.* Ton nom ? — *R.* Je m'appelle Ursule Tierrier, originaire de Montfort-l'Amaury, mon père s'appelait Jean-Baptiste Tierrier, ma mère Catherine Binet, je suis âgée de trente-huit ans, j'avais épousé Pierre Taupin.

D. Ton mari n'est-il pas émigré ? — *R.* Oui, il est avec Monseigneur.

D. Quel est ce seigneur dont tu parles ? — *R.* L'évêque de Tréguier.

D. N'as-tu pas recélé chez toi deux prêtres ? — *R.* Oui, Monsieur.

D. Depuis quand étaient-ils chez toi ? — *R.* Je n'ai pas positivement remarqué l'époque, il peut y avoir un mois.

D. Les connaissais-tu auparavant et à quelle intention les recélais-tu ? — *R.* Je n'avais pas l'honneur de les connaître, je les recélais pour le bien.

D. Les connaissais-tu par leurs noms et prénoms? — *R.* Non, Monsieur.

D. As-tu dit depuis ton arrestation que tu étais contente de mourir pour ton Roi et ta Religion, où as-tu tenu ces propos, et devant qui ? — *R.* J'avoue avoir tenu les propos et je crois que ce fut à la municipalité après mon arrestation.

D. Avais-tu tenu ce propos-là auparavant ? — *R.* Je n'en ai point de connaissance.

D. Persistes-tu dans les mêmes sentiments ? — R. Toujours, Monsieur.

D. Tu aimais donc bien ton roi, désirerais-tu en avoir un autre ? — *R.* Je l'aimais comme je devais le faire et je désire en avoir un autre.

D. Tu abhorres donc le régime républicain ? — *R.* Absolument.

D. Est-ce le désir de revoir ton mari qui te fait penser et parler ainsi ? — *R.* Ma religion est la première et la seule cause de mon opinion.

D. Tu rétablirais donc la royauté si tu pouvais le faire ? — *R.* Je le ferais si j'en avais le pouvoir, mais une femme n'est capable de rien. »

Après l'interrogatoire de Mme Taupin, nul ne pouvait plus se faire illusion sur son sort. Elle devait suivre dans la mort les deux prêtres auxquels elle avait donné asile. Mais ses juges eurent en la condamnant un raffinement de barbarie. L'arrêt contenait à son égard une disposition particulière que voici :

« *Ordonne que ladite Tierrier sera transférée sous bonne et sûre escorte, de la maison de justice en la maison d'arrêt de Tréguier, et que le jugement sera exécuté à son égard sur la place de la commune de Tréguier,* dans les vingt-quatre heures; le tout à la diligence de l'accusateur public. »

173. — MM. Le Gall et Lageat furent exécutés à Lannion, à 3 heures de l'après-midi, quelques heures seulement après leur condamnation. Ils allèrent l'un et l'autre au supplice au chant du *Veni Creator*, bientôt remplacé par celui du *Miserere*. Leurs restes, après avoir été déposés au cimetière Saint-Nicolas, reposent maintenant dans la chapelle des Dames de la Retraite, où une inscription rappelle aux fidèles qu'ils ont été mis à mort pour la Foi et l'on vient prier sur leur tombe.

Quant à Mme Taupin, sa tête tomba sous le couperet de la guillotine le lendemain à 10 heures dans la ville de Tréguier.

Le souvenir de M. Le Gall est demeuré très vivant dans la paroisse de Pleudaniel, où des collatéraux de sa famille perpétuent encore son nom et la croyance à son martyre. Il en est de même à Pleubian pour ce qui concerne M. Lageat, où une *inscription*, placée dans l'église, conserve sa mémoire, ainsi qu'à Tréguier par rapport à Mme Taupin. Dans cette localité, c'est l'opinion commune que cette personne fut *mise à mort en haine de la Foi*, tout comme les deux prêtres auxquels elle donnait asile.

Des complaintes bretonnes, encore en honneur dans cette région, ont été composées tant à la mémoire de Mme Taupin qu'à celle des prêtres Le Gall et Lageat.

174. — Les sentiments royalistes de Mme Taupin n'étaient qu'*une résultante* et non la source de ses convictions, et pour le prouver, on s'appuiera sur certains de ses propres propos : « **Ma religion,** déclara-t-elle à ses juges, **est la première et la seule cause de mon opinion.** » Elle ne pouvait énoncer rien de plus expressif, ni de plus affirmatif. Or, elle avait d'autant plus de mérites à s'exprimer ainsi que son cœur de mère devait éprouver d'affreux déchirements à la pensée que son trépas allait rendre orphelins ses cinq enfants en bas âge et nul doute qu'en prononçant ses sublimes paroles, son courage ne subit de rudes assauts. Il ne faiblit pas cependant, et la soutint jusqu'au bout dans son sacrifice. Vêtue de blanc, portant à son corsage cinq fleurs symboliques des tendres membres de sa jeune famille, elle gravit au chant de l'*Ave Maris Stella* les degrés de l'échafaud, offrant généreusement à Dieu le sacrifice de sa vie.

Un tel héroïsme ne semble pouvoir trouver sa source que dans une foi religieuse poussée jusqu'à l'exaltation la plus sublime. Il appartient à la Sacré Congrégation des Rites de juger si le trépas de Mme Taupin présente vraiment les conditions requises pour obtenir les honneurs de la béatification. Une décision affirmative remplirait de joie le pays de Tréguier.

BIBLIOGRAPHIE. — Guillon, *Les Martyrs de la Foi*, etc., op. cit. (1821), p. 411 et 418, t. IV : Mme Taupin, p. 633. — Tresvaux du Fraval : *Histoire de la Persécution révolutionnaire en Bretagne*, op. cit. (1845), II, p. 33 et sq. — Geslin de B. et Anat. de Barthélemy : *Etudes sur la Révolution en Bretagne*, Saint-Brieuc, 1858, in-8°, p. 85 et sq. — *Revue de Bretagne*, t. XIII, 1895; Lucas : *Histoire de Pleubihan*, p. 101 et sq. — Hémon : *La légende de Le Roux Chef du Bois*, Rennes, 1899, in-8°. — G. Lenôtre : *Bleus, Blancs et Rouges*, Paris, in-8°, 7° édition, p. 2 à 118. — Lemasson, *Les Actes des Prêtres insermentés du diocèse de Saint-Brieuc, mis à mort de 1794 à 1800*, etc., Saint-Brieuc, 1927, p. 40 à 62. On trouve dans ce recueil tous les actes officiels du procès. — *Le Collège de Tréguier* par un ancien élève (M. France), Saint-Brieuc, in-8°, 1895, p. 50 et 55. On y voit que M. Lageat obtint l'excellence en seconde en 1781. — *Istor Breiz* ou *Histoire populaire de la Bretagne*, en breton et en français (1868), 4° édit., p. 712-716.

⎯ ◆◆ ⎯

LES PRÊTRES GUILLOTINÉS A QUIMPER

en exécution de la loi des 29-30 vendémiaire an II.

(Voir texte, p. 15 et sq.)

XXXIV. — Jean-Etienne RIOU

(Archives du Finistère, série L, et dossiers du tribunal criminel de ce département.)

175. — Jean-Etienne RIOU naquit à Dinéault, le 12 juin 1739, du mariage de Gabriel et de Jeanne Calvez, et fut baptisé le lendemain. Nous ignorons ses notes de Séminaire et les dates de ses ordinations, les registres de l'évêché de Quimper pour cette époque étant égarés depuis longtemps.

L'abbé Jean-Etienne Riou fut vicaire de sa paroisse natale de 1764 à 1773. Il y bénit le 11 juillet 1764, l'union de Yves Monté et de Marie Cornec. Le 17 février 1773, on trouve deux actes de mariage signés de sa main et de celle de F. Julien, prêtre délégué. De 1764 à la fin de 1773, bans et fiançailles, actes de baptême et de mariage, en grand nombre, sont signés J.-E. Riou, *curé*. Nous le retrouvons dès 1774, recteur de Lababan. Comme tel, en qualité d'électeur diocésain, il prit part à l'assemblée électorale qui siégea dans une des salles du séminaire de Quimper (hospice actuel), du 20 au 23 avril 1789. Il contribua, par son vote, à l'élection des députés du Bas-Clergé de Cornouaille aux Etats généraux.

176. — En 1791, il refusa nettement le serment à la Constitution civile, et n'accepta nulle accointance avec les prêtres jureurs. La tradition rapporte que Jean-Denys Riou, prêtre *assermenté*, frappa un soir d'hiver à la porte du presbytère de Lababan. De l'intérieur, le recteur demanda : « Qui est là? » — « Ton frère Denys », répondit le voyageur. — « Retires-toi, répartit Jean-Etienne, je n'ai plus de frère désormais ! »

N'ayant pas été remplacé, faute de candidat, M. Riou continua son ministère public à Lababan jusqu'au 24 septembre 1792, date de sa dernière signature. Sans se préoccuper de la loi du 26 août 1792 qui le condamnait à l'exil, il se tint ensuite caché dans la paroisse et les environs, continuant à instruire et à soutenir dans la lutte engagée pour la Foi ses paroissiens fidèles. Le district de Pont-Croix, n'ayant pu lui donner un successeur, supprima la paroisse et l'annexa à celle de Plozévet, mais la municipalité de Lababan, fidèle à son recteur légitime, refusa de recevoir, le 24 février 1793, le vicaire intrus qu'on expédiait à son lieu et place.

Les mesures coercitives, prises le 3 mars suivant par le Directoire du district de Pont-Croix, demeurèrent inutiles. M. Riou, dénonçait-on, continuait de célébrer la messe le dimanche à la chapelle du Locq, en Lababan, et le 15 mai de cette année, le curé intrus de Landudec réclamait instamment son arrestation. Instruit par un enfant, à qui M. Riou faisait le catéchisme, de la retraite de celui-ci, l'assermenté réitérait sa requête le 12 mars 1794 et signalait les lieux où on aurait pu arrêter son heureux concurrent, le recteur réfractaire de Lababan, qui attirait vers lui tous les fidèles.

177. — Au reçu de ce dernier factum, on dépêcha des gendarmes de Pont-Croix qui saisirent au lieu de Kerbolic, chez le cultivateur Jean Gouletquer, M. Riou, recteur de Lababan et l'amenèrent, ainsi que son receleur, devant les administrateurs du district de Pont-Croix. Ceux-ci les firent transférer de suite à la prison de Quimper. Il rencontra dans celle-ci Mlle Victoire de Saint-Luc, dont la cause de béatification est aujourd'hui pendante en Cour de Rome.

Nous n'avons point l'interrogatoire d'identité, que dut subir, aux termes de la loi, le recteur de Lababan devant le Tribunal criminel du Finistère. L'héroïsme dont il avait fait preuve jusqu'alors, nous est un sûr garant de la fermeté de son attitude devant ses juges.

Du reste, dans l'énoncé du jugement qui a été publié ailleurs, ses juges déclarent que des *aveux positifs* de M. Riou, il ressort qu'il n'a prêté aucun serment, qu'il ne s'est point déporté, mais que tout au contraire, il est *resté caché* dans le pays pour *exercer ses fonctions curiales*. C'était tout ce qu'exigeait la loi pour faire décerner contre lui la peine de mort. Elle fut prononcée en effet pour les motifs énumérés ci-dessus le 26 ventôse an II (16 mars 1794).

178. — Le lendemain, l'abbé Riou subit la peine capitale ainsi que l'établit son acte de décès qui a été publié ailleurs et les membres du district de Pont-Croix annonçaient joyeusement en ces termes le même jour l'arrestation et l'exécution du prêtre réfractaire au représentant du peuple Jean-Bon Saint-André : « Nous avons saisi le plus *fanatique* et le plus dange-
» reux de nos *prêtres réfractaires*. Il a été guillotiné à Quimper
» et nous tirerons de cet exemple tout le parti qui nous sera
» possible. »

La mort de l'abbé Riou fit impression parmi le clergé insermenté finistérien ; plusieurs lettres écrites par des ecclésiastiques réfugiés en Espagne et que l'on a publiées, mentionnent son trépas. Elles affirment qu'à la lecture de sa sentence il aurait tenu ces paroles : « *Depuis longtemps j'étais gêné pour*
» *trouver un logement, j'espère que le bon Dieu m'en donnera*
» *un bon pour l'éternité.* » Elles racontent aussi qu'à l'heure de son exécution, il fit preuve d'autant de courage qu'à son interrogatoire, et mourut, après avoir pardonné sa mort à son exécuteur. La tradition veut que le serviteur de Dieu fut au supplice en chantant l'hymne des Martyrs « *Sanctorum*
meritis. »

D'autre part, on possède encore de Mlle *Victoire de Saint-Luc* qui trouva le moyen de se confesser à M. Riou quelques heures avant son exécution, une lettre dans laquelle on lit les lignes ci-dessous, qui nous découvrent l'état d'âme de M. Riou peu avant de subir son supplice. En voici un extrait :

« Nous nous animions ensemble ! Que j'aurais désiré que
» notre conversation put être longue ! *C'est un vrai saint,*
» *un martyr de Jésus-Christ qui a été à la mort comme au*
» *triomphe, avec une tranquillité que donne l'héroïsme de la*
» *religion.* A peine ses gardes pouvaient-ils le suivre tant il
» était pressé de se rendre à l'échafaud. » On conserve aussi
le chapelet de M. Riou qu'il remit à cette pieuse personne avant
de marcher à l'échafaud.

179. — La mémoire de ce bon pasteur est demeurée en
vénération dans sa paroisse de Lababan où la population le
regarde comme un martyr. Il y est l'objet d'un culte privé et
plusieurs personnes, l'ayant invoqué en particulier, assurent
avoir obtenu des faveurs par son intercession. On conserve à
la cure de cette paroisse des ampoules aux saintes huiles en
argent portant son nom avec la date 1781.

Bibliographie. — Guillon : *Les Martyrs de la Foi*, etc., op.
cit. (1821), IV, p. 579. — Tresvaux du Fraval : *Histoire de la
Persécution révolutionnaire en Bretagne*, op. cit. (1845), I, 533.
— Tephany, *Histoire de la persécution religieuse dans les diocèses de Quimper et Léon*, op. cit. (1879), p. 381. — P. Pou-
plart : Une martyre aux derniers jours de la Terreur : *Victoire
de Saint-Luc*, Paris et Lille, 1882, in-12, p. 219-220, donne le
texte de la lettre concernant M. Riou. — Peyron : *Les prêtres
morts pour la Foi*, etc., op. cit. (1919), p. 14. — Peyron, Pondaven, Perennès, *Le manuscrit de M. Boissière*, op. cit. (1927),
p. 127-128, 129, 132-133, 139, 161. — *Istor Breiz ou Histoire populaire de la Bretagne*, en breton et en français (1868), 4e édit.,
Brest, p. 712. — Perennès, *Les prêtres du diocèse de Quimper
mis à mort pour la Foi ou déportés pendant la Révolution*, in-8°,
Brest; imprim. Presse libérale, 1928, t. Ier.

XXXV. — Gabriel RAGUENÈS

(Archives du Finistère, série L non cotée, et dossiers du tribunal criminel
de ce département.)

180. — Gabriel Raguenès naquit à Crozon, le 11 janvier
1761, du mariage de Claude et de Jeanne Lesquivit, et fut
baptisé le lendemain de sa naissance.

Il reçut le sous-diaconat à Quimper au printemps de 1784,
car on possède encore son titre clérical qui fut établi le

16 février de cette année, mais la perte des registres de l'ancien évêché de Quimper ne permet pas de fixer la date de ses autres ordinations. On trouve M. Raguenès vicaire à Scaër, de 1787 à 1789. A la fin de cette année, il était vicaire à Pouldergat, et, le 29 octobre 1790, il fut envoyé remplir les fonctions ecclésiastiques à Landudec, où il *refusa avec son recteur le serment à la Constitution civile, le 31 janvier 1791.*

181. — La présence d'un curé intrus envoyé les remplacer ne put faire le clergé légitime abandonner son poste. Aussi le prêtre jureur *réclama-t-il leur départ :*

« Raguenez, vicaire, ne m'est pas moins à charge que le
» sieur Andro (le recteur), écrivait l'assermenté Coroller au
» district de Pont-Croix, car il me fuit comme la peste. *Il admi-*
» *nistre les sacrements.* Si vous n'avez la bonté de lui signifier
» sa sortie avant la semaine prochaine, je crois qu'il s'en suivra
» bien du mal. Nous avons les Rogations, et s'il n'est expulsé
» avant ce temps, il pourrait engager le peuple à ne pas venir
» à la procession, ou même faire une procession, en assemblant
» le peuple de Guilguiffin. »

En conséquence, les administrateurs du district de Pont-Croix notifièrent à l'abbé Raguenès l'ordre de déguerpir au plus vite de Landudec, en exécution de l'arrêté du Département du 21 avril précédent. Tant et si bien que peu après le 30 mai 1791, nous trouvons l'ex-vicaire de Landudec, à son corps défendant, en résidence à Crozon, sa paroisse natale.

Il y fit preuve de tant de zèle que le 18 juillet suivant, les administrateurs du district de Châteaulin le désignaient au département parmi les prêtres desquels il fallait particulièrement prendre garde. Arrêté à Audierne le 27 suivant, on le mena au district de cette ville et de là au département. Celui-ci l'emprisonna à Brest le 31 juillet, d'où l'amnistie du 21 septembre 1791 le fit sortir. Rendu à la liberté, M. Raguenès reprit sans hésiter son dangereux ministère, mais il sut désormais si bien se dérober qu'on ne put dès lors le saisir, malgré différentes expéditions militaires dépêchées dans ce but à Crozon, spécialement le 22 janvier et le 6 février 1792.

Il n'est pas étonnant que si bien caché par ses compatriotes, auxquels sa présence était si précieuse, M. Raguenès n'obéit pas à la loi d'exil du 26 août 1792. On multipliait, vainement du reste, les recherches pour l'arrêter lui et ses pareils, si l'on en juge par le procès-verbal suivant, dressé le 26 avril 1793, en pleine Terreur, par les commissaires envoyés à Crozon :

« Nous vous avions promis un mot sur les prêtres et autres personnes suspectes du canton que nous avons visité. Nous avons remis au directoire du district la note des personnes suspectes dont l'arrestation nous paraît nécessaire. *Nous avons donné la chasse aux prêtres, de nuit et de jour*, mais sans succès. Nous avons passé entr'autres la nuit entière de dimanche à lundi dernier en patrouille avec le commandant et douze volontaires du bataillon qui est en garnison à Crozon.

« Nous étions aussi accompagnés du maire. Il faut que nous ayons été mal servis par nos guides, car nous n'avons rencontré aucun des réfractaires. Le lundi, nous arrêtâmes seuls dans un groupe de dix à douze personnes, et, à la sortie du marché, un individu qui nous avait été donné pour un prêtre ; nous le conduisîmes devant le curé constitutionnel, qui nous assura que nous nous étions trompés. Nous le relâchâmes, en pestant un peu contre notre mauvaise fortune, et nous aurions amené le curé (jureur) en sa place, s'il avait été moins patriote. Il sera absolument nécessaire de délivrer promptement le canton de Crozon de ces *prêtres perturbateurs* qui l'ont si horriblement *fanatisé*. Leur présence serait trop dangereuse au moment d'une descente. On prétend que le jour ils se retirent dans le creux des rochers. Lorsque vous aurez renforcé la garnison de Quélern, Crozon et Camaret, il faudrait les faire mettre sur pied toutes à la fois et faire visiter simultanément les divers points des côtes. Il sera indispensable d'associer à cette visite quelques patriotes zélés, pris hors du canton pour plus de sûreté, et qui connaissent ces prêtres. La nuit, ils couchent tantôt dans un village, tantôt dans un autre. C'est ce qui rend leur capture si difficile. Pour l'assurer, il faudrait fouiller presque tous les villages ensemble, ce qui est impossible. Cette fouille, d'ailleurs, ne pourrait réussir que de jour. »

182. — Durant que l'on s'acharnait à le perdre, M. Raguenès, de son côté, faisait tout le ministère compatible avec sa situation. On possède un acte de mariage rédigé par lui le 10 novembre 1793, et vers la même date, un patriote de Crozon ne rougissait pas de proposer, pour s'emparer de sa personne, de mettre sa vieille mère en arrestation.

Enfin le 21 germinal an II (10 avril 1794) sur une *réquisition* dressée par l'ex-curé constitutionnel de Crozon, le citoyen *Savina*, abdicataire de son état et fonctions et métamorphosé en agent national, lequel avait reçu des indications de la femme de l'entreposeur de cette localité, les jacobins de l'endroit, aidés d'un détachement du 3e bataillon de l'Ain, duement stylés par leur commandant Armspac'h, partirent en expédition. On leur avait signalé le manoir de Goandour comme donnant asile à des prêtres réfractaires, une section s'y rendit et commença les perquisitions. D'après un rapport du chef de bataillon sus-nommé : « Les grenadiers ayant pris leurs dispositions pour » entourer cette ferme, tout à coup le grenadier aperçoit un » gros paysan qui lui a paru suspect et lui crie « Halte-là, tu » es un prêtre. » Celui-ci voulut s'évader, aidé de quelques » femmes clientes, mais le brave sans-culotte en a bientôt » imposé à cette séquelle fanatique et a amené avec ses cama-» rades ce gros réfractaire à la municipalité qui, sur le champ, » l'a fait conduire par 12 grenadiers à Ville-sur-Aulne (Cha-» teaulin), au grand désespoir de toutes les bigotes de cette » commune. Précédemment j'avais donné le signalement de ce » reptile au maître-cordonnier du bataillon, qui loge dans la « *maison de la mère* de ce coquin, en cas qu'il eut des habi-» tudes dans cette maison, mais il paraît qu'il n'y est pas venu » depuis notre arrivée ici. »

De Crozon, où on lui refusa avant son départ, la consolation d'embrasser sa mère, on conduisit M. Raguenès à Chateaulin (Ville-sur-Aulne en charabia jacobin). De là, on le dirigea sur Quimper, où on l'incarcéra à la maison d'arrêt.

183. — Le vaillant ministre de Jésus-Christ comparut deux jours après devant le Tribunal criminel du Finistère chargé de l'expédier à la guillotine. On a publié intégralement ailleurs son interrogatoire. Les réponses de M. Raguenès ne démen-tirent pas sa conduite antérieure. Il déclara nettement n'avoir jamais prêté aucun serment relatif à la constitution schisma-tique du Clergé, et ne s'être point soumis aux lois persécutrices qui, pour priver les fidèles de tout secours spirituel, préten-daient expulser de France les prêtres catholiques romains. Il prit garde pour le reste de ne compromettre personne par une parole indiscrète, sachant qu'il y allait de la tête de ses hôtes pour une imprudence de langage.

Comme la loi des 29 et 30 vendémiaire l'exigeait, l'abbé Raguenès fut condamné à mort en qualité de *prêtre insermenté*, demeuré caché en France pour y faire du ministère. Son exé-cution eut lieu à Quimper le 13 avril 1794.

D'après des récits laissés par des témoins autorisés, M. Raguenès, le matin même de son trépas, pardonna aux juges qui l'avaient condamné, puis déjeuna avec sa mère, à laquelle on avait permis l'entrée de sa prison. Elle eût désiré se trouver présente à sa mort. Le prêtre refusa. La mère insista, faisait valoir que la Sainte Vierge avait bien été présente à la mort de son Fils. M. Raguenès répondit, avec un ton honnête : « Ma mère, vous ne savez ce que vous dites; *il n'y a nulle* » *comparaison à faire entre Dieu, la Sainte Vierge et de misé-* » *rables pécheurs comme nous;* en grâce, retirez-vous, et donnez- » moi le temps de me préparer à la mort. » Sa mère prit congé de lui et sortit aussitôt de la ville, *bien contente, disait-elle, d'avoir un fils martyr.*

A 9 heures, la force armée arrive à la prison pour le conduire à l'échafaud. Il marcha d'un pas si ferme et si fort, qu'il étonnait tous les spectateurs, même les plus scélérats. Arrivé sur l'échafaud, il se mit à genoux, fit une courte prière, se leva avec courage, se dépouilla lui-même de sa veste, et se mit sous la guillotine; le couteau tombe et lui coupe à peu près la moitié du cou; M. Raguenès parle encore; le bourreau lève le couteau et le laisse tomber une seconde fois; la tête n'était pas tout à fait décollée. Un général républicain était présent à la tête de sa troupe; il détache tout à fait la tête d'un coup de sabre, et dit : « C'est dommage que ce soit un *fanatique,* » il n'y a pas de républicain qui meure avec plus de courage. » Son acte de décès ne fut dressé que le 1ᵉʳ mai qui suivit son trépas.

184. — Toujours à Crozon, où la famille de M. Raguenès possède encore de nombreux représentants, les bons catholiques de l'endroit ont cru que M. Raguenès avait été guillotiné parce qu'il ne voulait pas trahir sa Foi. Ils conservent son souvenir et attachent à sa mémoire l'auréole du martyre.

BIBLIOGRAPHIE. — Guillon, *Les martyrs de la Foi,* etc., op. cit. (1821), IV, p. 400. — Thephany : *Histoire de la Persécution religieuse dans les diocèses de Quimper et Léon,* op. cit. (1879), p. 384. — Peyron, *Les prêtres morts pour la Foi au diocèse de Quimper,* op. cit. (1919), p. 67. — Peyron, Pondaven, Perennès, *Le manuscrit de M. Boissière,* op. cit. (1927), p. 49, 128, 129, 132, 140, 142. — *Istor Breiz,* op. cit. (1868), 4ᵉ édit., p. 708. — Perennès, *Les prêtres du diocèse de Quimper mis à mort pour la Foi ou déportés,* in-8°, Brest, 1928, t. Iᵉʳ.

XXXVI, XXXVII, XXXVIII. — François LE GALL, François CORRIGOU et Anne LE SAINT, leur receleuse.

(Archives du Finistère, série L, et dossiers du tribunal criminel de ce département.)

185. — François LE GALL, fils de François et de Jeanne Breton, naquit à la Maison-Neuve en Guimilliau et fut baptisé le lendemain dans l'église de cette paroisse. Il reçut la tonsure et les mineurs à Saint-Pol-de-Léon. Il y fut fait sous-diacre le 3 avril 1756, diacre le 26 mars 1757 et prêtre le 11 mars 1758, après avoir mérité d'excellentes notes lors de son examen pour ce dernier ordre.

M. Le Gall remplit les fonctions de vicaire auxiliaire dans sa paroisse natale depuis sa prêtrise jusque vers la fin de l'année 1772. Il y résidait alors au bourg avec sa mère. Celle-ci le suivit à Landivisiau, quand il s'en alla dans cette localité, alors trêve de Guicourvest, exercer l'office de curé. Il conserva ce poste jusqu'au 28 décembre 1784, date à laquelle il fut nommé par son évêque recteur de Plouénan, où on relève sa première signature, le 14 avril 1785 et sa dernière, le 24 avril 1791. Cet ecclésiastique avait en effet refusé de prêter serment à la Constitution civile du Clergé, refus qui lui valut, aux termes de la loi, d'être déclaré déchu de sa cure, et de voir l'intrus Touboulic venir l'y remplacer.

Mais il arriva à Plouénan ce qui se produisit en Bretagne de façon générale; personne n'acceptait le ministère des curés intrus et l'on continuait de s'adresser pour l'administration des sacrements aux prêtres réfractaires, lesquels ne quittaient leurs paroisses qu'à la dernière extrémité et s'y tenaient cachés dans des hameaux ou des fermes écartés.

186. — Or, à cette époque vivait avec sa belle-sœur Anne Cadiou, au manoir de Pénanéac'h en Plouénan, une vieille fille du nom d'*Anne Le Saint*, née et baptisée le 9 décembre 1748, du mariage de Claude et de Barbe Le Mesguen. Elle avait donc 43 ans en 1791. Ses parents lui avaient fait donner une instruction soignée pour le temps et l'avaient envoyée étudier chez les Ursulines, à Saint-Pol-de-Léon. On ne sait rien sur la vie d'Anne Le Saint depuis sa rentrée dans sa famille jusqu'à la Révolution française, sinon qu'elle était très vraisemblablement tertiaire de saint François, car l'on ajoute habituellement à son nom le qualificatif de « sœur » et le tiers-ordre franciscain était le seul alors existant à Plouénan.

Animée, ainsi que sa belle-sœur, des meilleurs principes, Anne Le Saint qui avait un de ses frères prêtres, ne tarda pas à donner asile dans les vastes bâtiments du manoir-ferme de Pénanéac'h aux ecclésiastiques persécutés. Un diacre nommé Le Goff, décédé en 1846, curé de Saint-Pol-de-Léon, trouva dans ses murs de son propre aveu, un refuge assuré, ainsi qu'une ancienne Ursuline de Saint-Pol, mère Victoire Le Duff, celle-ci cousine de la belle-sœur d'Anne Le Saint. Elle fit venir à son tour dans cette maison hospitalière l'abbé Corrigou, ancien aumônier de son couvent dont l'avait chassé la persécution.

187. — Cet abbé *François Corrigou*, fils de Prigent et de Charlotte Figuière, était né à Sibiril le 25 novembre 1737. Le lendemain, il reçut le saint baptême dans l'église paroissiale. Il n'avait que 16 ans quand il fut tonsuré le 15 mars 1755. Il reçut les mineurs le 17 mars 1761, le sous-diaconat le 10 avril 1762, le diaconat le 19 mars 1763, enfin la prêtrise le 17 avril 1763, le tout des mains de Mgr de Vaudurant ou d'Andigné de la Châsse, qui se succédèrent à cette époque sur le siège de Léon.

Pourvu du service de plusieurs chapellenies ou altaristeries, M. Corrigou exerça, aussitôt sa prêtrise, le ministère dans la paroisse de Plouvorn où l'on relève sa première signature, le 6 mai 1764 et sa dernière le 23 septembre 1783 : tout au début de son arrivée, comme simple prêtre et, à compter du 22 septembre 1773, en qualité de curé.

A son départ de Plouvorn, l'abbé Corrigou fut nommé *aumônier des Ursulines* de Saint-Pol-de-Léon, et remplit ses fonctions jusqu'au 9 mars 1792, date à laquelle ses religieuses furent expulsées de leur couvent. Nous avons dit que, grâce à la Mère Marie-Victoire Le Duff, il trouva asile au manoir de Penanéac'h en Plounénan.

188. — Pas plus que l'abbé Le Gall, recteur de Plouénan, M. Corrigou *n'avait en effet prêté serment;* pas plus que celui-ci, il ne s'était soumis aux injonctions des lois persécutrices révolutionnaires. Le décret du 26 août 1792, celui des 21-23 avril 1793, la loi des 29-30 vendémiaire an II, si terribles dans leurs conséquences, n'avaient pu les faire l'un et l'autre abandonner la Bretagne et laisser sans secours spirituels, les âmes des fidèles livrées par les autorités révolutionnaires à des prêtres d'une vertu médiocre, travaillant sans mandat ni juridiction réelle, dans des paroisses qu'ils avaient usurpées.

M. Le Gall était cependant l'objet de *dénonciations* sans nombre de la part du prêtre Touboulic, son successeur intrus. On en trouve une dès le 26 juin 1791 adressée au District de Morlaix et quelques jours après une autre émanant du maire de Saint-Pol-de-Léon. Les 26 et 30 juillet de cette année, Touboulic renouvela ses plaintes. Enfin, à la suite d'une quatrième dénonciation datée du 12 décembre 1791, le directoire du District de Morlaix expédia à Plouénan un détachement de soldats avec l'ordre de rechercher et d'arrêter les prêtres réfractaires et les séminaristes de cette localité, mais les bons chrétiens de Plouénan surent faire bonne garde et préserver cette fois leurs prêtres de tout danger.

189. — Malheureusement le refuge de MM. Le Gall et Corrigou fut à la fin vendu par un traître nommé Hervé Landaouez. Si bien qu'un détachement de la garde nationale de Saint-Pol-de-Léon fut envoyé, dans la nuit du 7 au 8 septembre 1794, perquisitionner aux villages de Kerandraon et de Pénanéac'h en Plouénan, avec mission d'arrêter tous les individus suspects qu'il y pourrait découvrir. On surprit de la sorte MM. Le Gall et Corrigou, qui y prenaient leur sommeil. Le séminariste Le Goff eut seul l'adresse de s'échapper. On arrêta en même temps leurs courageuses receleuses, Anne Le Saint et Anne Cadiou, sa belle-sœur, ainsi que mère Marie-Victoire Le Duff, la religieuse ursuline, et un des domestiques de la maison nommé Mével.

Au moment où les argousins de la Révolution se préparaient à emmener prisonniers les maîtresses de Penanéac'h, se produisit une lutte de générosité très émouvante rapportée par la bonne sœur Le Duff :

« Laissez ma sœur, s'écriait Anne Le Saint, conservez-la à ses enfants. S'il y a eu crime à donner asile à ces deux Messieurs, c'est à moi seule d'en répondre; le bâtiment où vous les avez arrêtés est ma propriété; c'est moi qui en ai disposé en leur faveur. » Hélas, toutes ces protestations demeurèrent inutiles. Il n'appartenait pas du reste aux capteurs de faire la discrimination des responsabilités. Aussi toutes les personnes énumérées plus haut furent-elles entassées dans une charrette et l'on partit pour Saint-Pol-de-Léon, où après un interrogatoire subi par les deux prêtres et Anne Le Saint devant les membres du Comité de surveillance de cette ville, l'on se mit en route sur Morlaix. Là, les administrateurs du district rendirent, le

9 septembre, un arrêté ordonnant le transfert des prisonniers à Quimper dans la maison d'arrêt du Tribunal criminel du Finistère et antichambre de la guillotine.

190. — C'est le 14 septembre que les proscrits comparurent devant la juridiction chargée de les condamner. On a publié ailleurs le texte de leur jugement. On y voit que fidèle au système qu'elle avait adopté dès l'instant où elle vit le péril qui menaçait sa belle-sœur Anne Le Saint, devant ses juges, ne cessa d'assumer la totale responsabilité de l'hospitalité accordée aux abbés Le Gall et Corrigou, hospitalité qu'elle savait cependant devoir lui coûter la vie.

Quant au recteur de Plouénan et à l'aumônier Corrigou, « il résulte de leurs interrogatoires, déclare le Tribunal criminel dans sa sentence, *qu'ils sont prêtres* et qu'ils n'ont *prêté* ni l'un ni l'autre *aucun des serments imposés* aux ecclésiastiques français et qu'ils n'ont pas non plus *déféré aux dispositions des lois qui les obligeaient soit à l'exil, soit à se faire interner* et, qu'au contraire, ils sont *demeurés cachés en France*, crimes prévus et punis par les lois des 29-30 vendémiaire et du 22 floréal an II quand il s'agissait de sexagénaires. »

Pour Anne Le Saint, il appert, dit-on, de ses aveux, qu'elle reçut et logea chez elle, *avec connaissance* qu'ils n'avaient pas prêté les serments exigés par les Lois, les prêtres Le Gall et Corrigou dans la nuit du 7 au 8 septembre 1794, crime prévu et puni par la loi du 22 germinal an II.

En conséquence, le Tribunal criminel du Finistère le 14 septembre 1794 les condamna tous les trois à la peine de mort; l'exécution devant avoir lieu dans les vingt-quatre heures qui suivraient la sentence.

Le 15 septembre 1794, les trois victimes scellèrent de leur sang sur l'échafaud de Quimper leur fidélité à Dieu et à son Eglise, mais leur acte de décès fut rapporté seulement trois jours plus tard.

191. — Une complainte bretonne en 27 couplets, composée peu après le trépas d'Anne Le Saint et encore en honneur dans la paroisse de Plouénan, *a conservé* jusqu'à nos jours dans cette localité le *souvenir des trois serviteurs de Dieu*. Le 23e couplet prétend qu'avant de mourir sur l'échafaud, Anne Le Saint aurait demandé que l'on donna aux pauvres de sa paroisse les vêtements qu'elle portait, détail bien touchant et bien digne d'une Tertiaire de saint François.

La vénération dont on entoura à Plouénan la mémoire d'Anne Le Saint dès après son exécution, s'est perpétuée jusqu'à nos jours. Nombreuses sont encore les personnes qui s'honorent d'appartenir à sa famille et parmi elles on compte plusieurs ecclésiastiques. Les prêtres, pour lesquels elle se dévoua, participent toujours à Plouénan de l'auréole qui s'attache à sa mémoire. Leur souvenir est indissolublement attaché à celui de la généreuse chrétienne qui périt pour avoir donné asile à des prêtres persécutés.

BIBLIOGRAPHIE. — Tresvaux du Fraval, *Histoire de la Persécution révolutionnaire en Bretagne*, op. cit. (1845), II, p. 117. — Tephany, *Histoire de la Persécution religieuse*, etc., op. cit. (1879), p. 549. — Peyron, *Les prêtres mis à mort pour la Foi*, etc. (1919), p. 81. — Peyron, Pondaven et Perennès, *Le manuscrit de M. Boissière*, op. cit. (1927), p. 130. — Chanoine Perennès, *Les prêtres du diocèse de Quimper mis à mort pour la Foi ou déportés pendant la Révolution*, in-8°, op. cit., t. Ier.

LES PRÊTRES GUILLOTINÉS A LESNEVEN

en exécution de la loi des 29-30 vendémiaire an II.

(Voir texte, p. 15 et sq.)

XXXIX, XL. — Jean HABASQUE
et Guillaume PÉTON

(Archives Nationales, dossier W 544, fond du tribunal révolutionnaire de Brest.)

192. — Jean HABASQUE naquit à Kerlouan, le 25 janvier 1752, du mariage de Jean et de Marie Le Coat. Il fut baptisé le même jour dans l'église de cette paroisse.

Le jeune Habasque termina ses études au collège de Saint-Pol-de-Léon. Il fut tonsuré le 11 mars 1769 par l'évêque de cette ville et pourvu la même année des chapellenies de Marguerite Le Léa et d'Anne Ladan en Kerlouan. Il reçut les mineurs le 27 mars 1773, le sous-diaconat le 19 mars de l'année suivante, le diaconat le 1er avril 1775 et la prêtrise le 23 mars 1776, le tout des mains de son propre évêque Mgr de la Marche.

La même année, il fut doté de la desserte de la chapellenie de sieur Jean de Kerennès, dans sa paroisse natale. En 1777, l'abbé Habasque, de simple prêtre à Kerlouan, devint vicaire de cette localité où sa signature figure des centaines de fois sur les registres. Il y continua ces fonctions jusqu'à la Révolution française.

193. — Celle-ci était déjà commencée depuis trois mois, lorsqu'on relève sur les registres de catholicité de Kerlouan la première signature du prêtre *Guillaume Péton*. Celui-ci était né à Plourin-Ploudalmézeau le 16 janvier 1753 de Joseph et de Roberte Le Guen, son épouse. Il reçut le baptême le jour même de sa naissance. Il fut tonsuré et minoré le 24 septembre 1785. C'est une vocation tardive. Après avoir été pourvu le 4 septembre 1786 de la chapellenie de Goulven-Abiven en Kerlouan, il reçut le sous-diaconat le 24 mars 1787, le diaconat le 20 septembre 1788 et la prêtrise le 28 mars 1789. Il vint alors habiter Kerlouan pour desservir sa chapellenie et résidait près la chapelle de saint Trégarec. On trouve parfois la signature de l'abbé Péton sur les registres de Kerlouan ; la dernière est du 21 juin 1792.

194. — La lutte pour la Constitution sévissait alors dans toute son acuité dans le Finistère. Tout le clergé du Léon avait refusé de s'assermenter : M. Habasque, le 22 octobre 1790, s'était associé par sa signature à la protestation des prêtres léonards contre la Constitution civile et le nom de l'abbé Péton figure également sur la liste complémentaire qui parut le 29 novembre suivant.

Faute de sujets, on n'essaya pas d'expédier de curé intrus à Kerlouan y remplacer le clergé fidèle et la signature de M. Habasque jusqu'au 18 juillet 1792 figure encore sur les registres de catholicité. Après le décret du Département qui leur interdisait toute fonction publique, les prêtres de cette paroisse se mirent à célébrer dans les chapelles et dans les granges, mais ils ne s'exilèrent pas lors de la loi du 26 août 1792, non plus qu'après celle du 21-23 avril 1793 qui leur en faisait à tous obligation expresse comme insermentés. Sans se préoccuper des pénalités qu'elle contenait, ils s'arrangèrent de leur mieux pour continuer leur ministère. Quoique dénoncé par un judas de la localité, le 28 mars 1794, M. Habasque était allé voir un confrère au Viniec, caché dans une charretée de paille, puis il revint à la ferme du Tromelin pour y passer la nuit.

Elle devait marquer pour lui la fin de sa liberté. Voici en effet le procès-verbal de son arrestation ainsi que de celle de Guillaume Pêton, son confrère :

« Vive la République ! Vive la Montagne !

» Le 28 mars 1794 (8 Germinal), en vertu des *réquisitions*
» à nous faites, maréchal des logis des dragons nationaux de
» Lesneven, et brigadier de gendarmerie nationale, de partir
» avec le Maire et les officiers municipaux de la commune de
» Kerlouan pour une expédition secrète dans la dite commune,
» pour y faire *capturer des prêtres réfractaires à la loi*, avons
» parti le 8 Germinal, à 6 heures du soir, et nous sommes
» transportés dans le lieu et en la demeure du citoyen François
» Gac, du manoir de Troublin, environ les onze heures du
» soir, où ayant frappé et fait entourer la maison, la porte a
» été ouverte à la réquisition du maire; nous avons entré et
» fait recherche où nous avons trouvé dans le bas, le nommé
» *Jean Habasque*, cy-devant curé de Kerlouan ; nous l'avons
» interpellé par le signalement que nous avions, de nous dire
» si c'était vraiment son nom. Il a répondu que oui. Alors nous
» lui avons dit de sortir de son lit pour venir avec nous, con-
» formément à la loi qui est contre lui, et n'a pas différé à
» notre réquisition. Avons poursuivi la réquisition, nous avons
» trouvé un sac de toile grise, où était renfermé *un calice* et
» autres ornements servant à son service, en sommes saisis
» pour nous servir de pièces à conviction.

» Puis, par suite de commission, nous nous sommes, de
» concert avec le maire et officiers municipaux transportés à
» la métairie de Guillaume Abautret, de Saint-Trégarec, pour
» faire les mêmes perquisitions; après avoir frappé et fait ouvrir
» la porte, nous avons entré et fait recherche des personnes à
» nous indiquées; avons trouvé le nommé *Guillaume Péton*,
» ci-devant *prêtre*, couché dans un lit-clos, où nous avons par-
» faitement reconnu qu'il était un de ceux que nous cherchions,
» nous lui avons donné lecture de nos pouvoirs, il nous a
» répondu que nous étions bien instruits; lui avons dit de venir
» avec nous; il nous a répondu sans difficulté que oui, et nous
» nous en sommes saisi ; d'après quoi nous avons fait la
» recherche ordinaire, nous avons trouvé un sac renfermant
» *un calice* et autres ornements à son usage, et avons requis
» le juge de paix pour y aller mettre les séquestres. »

195. — Aussitôt leur arrestation, les deux proscrits furent
conduits au bourg de Kerlouan et de là à Lesneven où les

attendaient deux délégués des représentants du peuple, qui avaient organisé cette chasse aux prêtres. Avec les prisouniers, leurs capteurs rapportaient plusieurs ornements et divers autres objets indispensables pour la célébration des saints mystères et l'administration des sacrements.

De Lesneven, on dirigea sur Brest MM. Habasque et Pêton et, le 29 mars 1794, on les interna au château de cette ville. C'est le 1er avril que M. Habasque subit son interrogatoire. *Il y déclara très nettement sa qualité de prêtre réfractaire*, reconnut avoir fait du ministère, et n'avoua par ailleurs que ce qui ne pouvait compromettre personne. Les réponses de l'abbé Pêton furent à peu près identiques et n'apprirent rien à son interrogateur qu'il ne sut déjà. M. Pêton avoua célébrer parfois la messe et habiter chez Abautret, ce que personne n'ignorait plus à cette heure. Les receleurs des proscrits, arrêtés avec eux, se montrèrent aussi discrets dans leurs réponses. Du reste le texte intégral de leurs interrogatoires a été livré intégralement à la publicité.

L'audience pour juger ou plutôt pour condamner MM. Habasque et Pêton fut fixée au 13 avril 1794. Trois jours auparavant, l'ex-jésuite Donzé-Verteuil rédigea son acte d'accusation dont le texte a aussi vu le jour. Il y explique sur un ton grandiloquent que le *fanatisme* étend ses ravages sur l'ensemble du district de Lesneven, que des ci-devant *prêtres rebelles à la loi du serment* comme à celle de la déportation, *y exercent les fonctions du sacerdoce* et y répandent le venin de la doctrine la plus criminelle. Habasque et Pêton sont de ceux-là, ce sont des *réfractaires au serment* ainsi qu'à la loi de déportation, *ils ont avoué avoir fait du ministère caché, ils méritent donc l'application de la loi, c'est-à-dire la mort.*

Elle fut portée par les juges du tribunal révolutionnaire de Brest le 24 germinal an II (13 avril 1794). Cette fois encore les articles 10, 14 et 15 de la loi féroce du 30 vendémiaire an II jouèrent ici leur rôle sanguinaire. *La sentence devait être exécutée à Lesneven,* le lendemain lundi, jour de marché dans cette petite ville *ad terrorem populi.* On en a publié intégralement le texte ailleurs.

On se mit donc en marche le 14 avril 1794 pour gagner Lesneven; un peloton de gendarmerie escortait la charrette transportant les pauvres prêtres. Vers les dix heures du matin, les préparatifs de l'exécution étant prêts, on vint annoncer aux deux serviteurs de Dieu que leurs derniers instants avaient sonné.

M. Habasque, qui n'avait cessé d'encourager et de réconforter son compagnon, le fit monter le premier sur la fatale machine. Lui-même, au pied de la guillotine, récita à haute voix le *Stabat* en breton. Il y monta courageusement à son tour, et bientôt son sacrifice fut consommé. Un habitant de Lesneven, M. de Kerdanet, dans la *Vie* de son père, dit que « la tête de M. Habasque demeura pendante durant quelques » minutes au fatal instrument. Pour l'en détacher on remonta » le couteau à deux reprises; mais ce fut en vain; il fallut » avoir recours au sabre du bourreau; ce que celui-ci, le trop » célèbre Hans, exécuta vivement. » Le même jour, leurs actes de décès furent enregistrés à la mairie de Lesneven.

C'est dans le cimetière actuel de cette localité, bénit solennellement en 1790, que furent enterrés les deux suppliciés, et rapporte un auteur contemporain : « dès le jour de leur exécution on ne cessa de se rendre pour prier sur la tombe des deux victimes regardées comme des martyrs. » « On y plaça » plus tard une croix qui, renouvelée de temps à autre, s'était » perpétuée jusqu'en 1830, époque à laquelle, la croix ayant été » brisée, on a perdu la trace de ces cendres précieuses » qui se trouvent aujourd'hui mélangées dans l'ossuaire creusé sous la croix de Penmarc'h, au coin nord-ouest du cimetière de Lesneven.

196. — Ainsi donc, l'histoire comme la tradition nous montrent deux bons prêtres qui accomplissent humblement leur tâche là où la Providence les a placés et qui se trouvent prêts pour le sacrifice suprême au jour de la tourmente.

Ils auraient pu échapper à la mort. Rien de plus facile pour eux que de se jeter dans une barque de Kerlouan ou de Pontusval et de passer en Angleterre. Par amour pour l'Eglise et pour les âmes, ils sont restés au poste du dévouement et du danger et tous deux ont donné leur vie.

L'auteur d'*Ar c'henta Miz Mari* nous a laissé le portrait de M. Habasque : « C'était, dit-il, un homme plutôt petit, aux » membres souples, à la mise toujours soignée. Sa piété se » reflétait sur son visage et il était toujours prêt à courir là » où il y avait quelque bien à faire. C'était un vrai modèle de » sainteté dont on parle toujours avec respect et admiration. »

Le souvenir de MM. Habasque et Péton demeure encore très vivant à Kerlouan et la croyance en leur martyre unanime. Très nombreux sont encore les membres de la famille de M. Habasque, dont trois prêtres, qui à Kerlouan, Guisseny et Plounéour-Trez se glorifient de leur parenté avec le serviteur de Dieu. — M. Pêton possède aussi à Plourin-Ploudalmézeau un certain nombre de personnes qui se rattachent à sa famille et le souvenir de son exécution à Lesneven n'est pas oublié dans cette localité.

BIBLIOGRAPHIE. — Guillon, *Les Martyrs de la Foi*, etc. (1821), op. cit., II, p. 41-43. — Tresvaux du Fraval, *Histoire de la Persécution révolutionnaire*, etc. (1845), op. cit., II, p. 3. — Levot, *Histoire de la ville et du port de Brest*, etc. (1869), op. cit., 285-287. — Tephany, *Histoire de la Persécution religieuse dans les diocèses de Quimper*, etc. (1879), p. 537. — Peyron, *Les prêtres morts pour la Foi*, etc. (1919), p. 44-45. — Chanoine Perennès, *Les prêtres du diocèse de Quimper mis à mort pour la Foi ou déportés pendant la Révolution*, in-8°, 1928, t. Ier.

LES PRÊTRES GUILLOTINÉS A BREST

en exécution de la loi des 29-30 vendémiaire an II.

XLI. — François LE COZ

(Archives Nationales, série W, dossier 544)

197. — François LE COZ naquit à Collorec, alors trève de Plonevez-du-Faou, le 16 janvier 1746, du mariage de Corentin et de Françoise Le Soutré, de Kerandoaré, et fut baptisé le même jour. Il étudia au collège des Jésuites à Quimper, reçut la prêtrise en 1771 et la même année devint vicaire à Plevin. En novembre 1775, on le désigne comme professeur au séminaire de Plouguernevel. En 1786, il fut appelé aux fonctions de procureur de cet établissement. Enfin, nommé recteur de Poullaouen le 22 avril 1790, il prit deux jours plus tard possession de cette paroisse. Comme tel, il adhéra le 5 octobre suivant à la protestation de Mgr de Saint-Luc, son évêque, contre la Constitution civile du Clergé et, le 30 janvier 1791, il refusa le serment prescrit à cette schismatique Constitution.

198. — Chassé de son presbytère par l'arrivée d'un curé

intrus en mars de cette année, M. Le Coz, n'ayant pas obtempéré à l'arrêté départemental du 13 avril 1791, qui ordonnait à tout prêtre remplacé par un jureur de se tenir éloigné de son ancienne paroisse à quatre lieues de distance, M. Le Coz, disons-nous, dut désormais se tenir soigneusement caché sous peine d'être emprisonné. Mais quels que fussent les périls auxquels il fut dès lors exposé, le recteur de Poullaouen, en bon pasteur prêt à donner sa vie pour ses brebis, ne voulut pas plus abandonner ses ouailles en ce moment, que lorsque la loi du 26 août 1792 vint lui en faire une obligation impérieuse et le menacer de sérieuses pénalités, telle que la déportation à la Guyane française.

La loi des 21-23 avril 1793, celle des 29-30 vendémiaire an II ne purent briser son énergie, et jusqu'à travers les plus mauvais jours de la Terreur, M. Le Coz, *pourvu des pouvoirs les plus étendus* de ses supérieurs ecclésiastiques, continua de faire un *ministère* aussi *fructueux*, que périlleux pour sa personne, ainsi qu'en témoignent un certain nombre de pièces et de « pouvoirs » que l'on saisit sur lui lors de son arrestation. Leurs feuillets froissés jaunissent aujourd'hui aux *Archives nationales*, mais on en a ailleurs reproduit les termes.

Se transportant tantôt dans une localité, tantôt dans une autre, pour dépister les jacobins, vivant parfois à Poullaouen, parfois à Maël-Carhaix, ou bien encore à Collorec, ou à Leuhan, M. Le Coz paraissait insaisissable. Cette situation dura jusqu'au 10 février 1794. A cette date, reconnu par le neveu du recteur de Carhaix au cours d'une visite domiciliaire à la ferme de Kervellé, on l'appréhenda aussitôt, puis sans désemparer, on le conduisit aux locaux disciplinaires des mines de Poullaouen. De là, le lendemain, on le fit transférer sous escorte au château de Brest, alors converti en prison, sous le nom de Fort-La-Loi. Une lettre adressée aux représentants du peuple par le jacobin Julien Pruné, chargeait le prisonnier de tous les crimes possibles, procédé du reste constant de la part des révolutionnaires quand il s'agissait de prêtres insermentés.

199. — On dit que lorsque l'abbé Le Coz quitta sa paroisse pour s'en aller aux prisons de Brest, il se mit à chanter le *Libera*, tant il ne se faisait point d'illusion sur le sort qui l'attendait. Il atteignit cette ville le 12 février au soir et fut immédiatement écroué au château.

Le 17 mars 1794, l'ex-pasteur protestant, Jean-Bon-Saint-André, devenu représentant du peuple, installait à Brest un tribunal révolutionnaire « jugeant à l'instar de celui de Paris », lequel du reste lui fournit du personnel. Cinq jours auparavant, M. Le Coz avait déjà dû subir un premier interrogatoire, dans lequel il affirma hautement sa qualité de prêtre réfractaire, demeuré en France pour faire du ministère. Il refusa nettement par ailleurs de compromettre qui que ce fût par ses réponses. Il nia également avoir jamais essayé de soulever les populations contre le gouvernement qui les opprimait, et ajouta même qu'il avait toujours blâmé la conduite des révoltés. — A l'appui de ses affirmations, on peut alléguer que lorsqu'on instruisit l'affaire des mineurs grévistes de Poullaouen, pas une fois le nom de M. Le Coz ne fut prononcé.

Le 9 mars, l'ex-jésuite Donzé-Verteuil, en qualité d'accusateur public près le tribunal révolutionnaire de Brest, rédigea son réquisitoire contre l'abbé Le Coz. Son texte a été publié ailleurs. Il l'accuse, entre autres choses, en qualité de prêtre réfractaire, d'être demeuré caché en France en contravention aux lois, d'avoir célébré la messe, administré les sacrements de baptême et de mariage après avoir accordé de soit-disant dispenses, en même temps que d'avoir prêché les *« anciennes erreurs »* et les doctrines contre-révolutionnaires.

Le 23 ventôse an II (jeudi 13 mars 1794), au matin, M. Le Coz comparut devant les juges appelés à le condamner. Ils n'y manquèrent point. Conformément aux articles V, X, XIV et XV de l'inexorable loi de vendémiaire an II, le recteur de Poullaouen devait être mis à mort dans les vingt-quatre heures sur la place du Triomphe du Peuple et ses biens confisqués au profit de la République.

A deux heures de l'après-midi du même jour, le serviteur de Dieu, après avoir poussé une dernière fois les cris de « Vive Jésus et Marie », expiait sous le couperet du bourreau Ancé sa fidélité inébranlable aux principes catholiques et son dévouement pour les âmes. Son acte de décès fut dressé à la mairie de Brest le lendemain de son trépas. On l'a publié ailleurs.

200. — Ainsi qu'il l'avait déclaré à la chrétienne famille de Leuhan où, quelque peu avant sa mort, il avait fait du ministère, *« c'est une mort consolante* (pour un prêtre fidèle) *de périr sur un échafaud* (en temps de persécution). Son souvenir vit encore à Poullaouen et la croyance à son martyre.

Bibliographie. — Tresvaux du Fraval, *Histoire de la Persécution révolutionnaire en Bretagne*, op. cit., II, p. 3. — Levot, *Histoire de la ville et du port de Brest sous la Terreur*, Brest,

s. d. (1869), in-8°, p. 287. — Téphany, *Histoire de la Persécution religieuse dans les diocèses de Quimper et de Léon*, op. cit., p. 288-290. — Peyron, *Les prêtres morts pour la Foi au diocèse de Quimper*, op. cit., p. 25. — Peyron, Pondaven, Perennès, *Le manuscrit de M. Boissière*, op. cit., p. 132, 133, 142. — Chanoine Saluden, *Procès et supplice du confesseur de la Foi François Le Coz, prêtre*. Brest, 1928, in-8°. On y trouve intégralement reproduites toutes les pièces de son procès.

XLII. — Jean LE DREVEZ

201. — Jean LE DREVEZ naquit à Ploumoguer, au manoir de Kerouzien, de Thomas Le Drevez et d'Anne Le Ru. Il fut baptisé le 21 novembre 1743, jour de son entrée dans la vie. Il vint au grand séminaire de Saint-Pol-de-Léon à l'âge de 26 ans et, après avoir reçu la tonsure à Noël 1770, il obtint l'année suivante les deux chapellenies de Saint-Jean et de Saint-Yves de Plougonvelin. Il fut ordonné prêtre aux quatre-temps de Noël 1772 et durant quelques mois il exerça le ministère comme prêtre auxiliaire à Lamber, trève de Ploumoguer. Le 30 mars 1773, ayant été approuvé pour les confessions, il desservit dès lors cette même trève à titre de curé jusqu'au 1er juin 1778, date à laquelle il fut chargé du service paroissial attaché à la chapelle du couvent de Saint-Mathieu. Le 10 avril 1780, on le voit signer aux registres de la paroisse Saint-Sauveur de Recouvrance, et c'est dans ce poste que le trouvera la Révolution.

202. — Comme tel, M. Le Drevez, le 1er novembre 1790, s'associa aux 312 prêtres du Léon qui protestèrent avec leur évêque contre la schismatique Constitution du Clergé. Le 31 janvier de l'année suivante, le vicaire de Recouvrance refusa de prêter serment à cette néfaste Constitution, et aux vêpres de l'office de ce même jour, sur l'invitation de son recteur, il signifia à un de ses confrères jureurs de « se retirer pour éviter le scandale », et comme celui-ci ne voulut point obtempérer, le clergé fidèle refusa de célébrer l'office.

A la suite des élections du 13 mars 1791, tout un clergé jureur ayant pris possession de l'église de Recouvrance, M. Le Drevez dut l'abandonner et exerça désormais dans les chapelles où de nombreux fidèles le suivirent.

Les autorités du Finistère ayant porté le 28 juin de cette

année un arrêté prescrivant l'arrestation provisoire, « pour leur sûreté personnelle », de tous les prêtres non sermentés, M. Le Drevez se vit saisir le lendemain même et renfermer dans l'ancien couvent des Carmes de Brest, où il n'est pas d'avanie que lui et ses confrères n'eurent à subir.

Par application de l'amnistie votée par l'Assemblée Nationale en réjouissance de l'acceptation par Louis XVI de la Constitution, M. Le Drevez fut rendu à la liberté le 28 septembre 1791, avec injonction de se tenir à quatre lieues au moins de distance de son ancienne paroisse. Ce voyant, l'ancien vicaire de Recouvrance se retira au bourg de Plouarzel, où il séjournait le 20 octobre de l'année précitée. Cette paroisse, dont le clergé et les fidèles étaient demeurés fermement attachés à l'orthodoxie, lui servit d'asile jusqu'au mois de septembre 1792. Il y recevait la visite de quelques-unes de ses ouailles de Recouvrance, ainsi que leur correspondance. Une de ces lettres, conservée jusqu'ici dans son dossier du tribunal révolutionnaire, fait connaître les périls qui le menaçaient et atteste l'estime qu'il avait su inspirer comme vicaire de Saint-Sauveur.

203. — La situation étant devenue intenable à Plouarzel depuis l'application de la loi du 26 août 1792, M. Le Drevez se réfugia à Ploumoguer, son pays natal, où, croyait-il, il trouverait un asile inviolable au milieu de ses compatriotes. Il se trompait, les asiles inviolables n'existent pas en temps de Révolution, quand la tête des prêtres qui se dévouent à faire du ministère est mise à prix. Après avoir laissé passer sans s'y soumettre les lois des 21-23 avril 1793 et celle des 29-30 vendémiaire an II, qui sous les pénalités les plus graves obligeaient le clergé orthodoxe à se faire renfermer dans une maison d'arrêt, M. Le Drevez fut vendu par un fermier, Hervé Jézéquel, cultivateur au Pouldu, qui pour gagner la prime de cent livres accordée à celui qui ferait arrêter un prêtre réfractaire s'en fut en hâte prévenir à Saint-Renan qu'un ecclésiastique insermenté allait se rendre la nuit prochaine au village de Kerhouant.

De fait, Le Drevez sortit à la nuit tombante, et après avoir administré un malade, pénétra dans une maison voisine pour y baptiser un nouveau-né ; mais, lorsqu'il voulut s'en aller, tout le village était cerné et il tomba aux mains du citoyen Hignet, commandant les sans-culottes révolutionnaires, flanqués du maire et des officiers municipaux jacobins de Ploumoguer. Ceci se passait le 13 décembre 1793.

204. — Conduit aussitôt à Brest, le vicaire de Recouvrance fut incarcéré deux jours après dans le château de cette ville, alors transformé en prison. On attendit pour le juger la création du tribunal révolutionnaire brestois, siégeant à l'instar de celui de Paris, par le citoyen Jean-Bon-Saint-André, futur préfet de Mayence. Ce tribunal n'entra en fonctions que le 7 mars 1794. Le 21 de ce même mois, l'ex-jésuite Donzé-Verteuil dressa l'acte d'accusation. On a déjà vu souvent les mêmes motifs d'inculpation : Le Drevez est un prêtre insermenté, demeuré sur le territoire français au mépris des Lois qui en chassaient le dernier ecclésiastique catholique romain. Il mérite la mort.

Le lendemain, samedi 22 mars, le proscrit subissait devant le juge Maurice Le Bars, l'interrogatoire d'identité prescrit par la Loi. Il y fit preuve d'autant de fermeté et de franchise que de prudence. Ainsi cette réponse à la demande : « De quel endroit veniez-vous lors de votre arrestation ? — Je venais, déclara-t-il, *de ma demeure,* « à dessein d'aller chercher un autre asile ».

L'audience pour condamner à mort M. Le Drevez fut fixée au lundi 4 germinal an II (24 mars 1794). Ainsi qu'il était payé pour le faire, Donzé-Verteuil demanda au nom de la loi la tête de l'abbé Le Drevez, et les juges, après avoir pris le temps de dresser leur jugement, ne manquèrent pas de la lui accorder. La loi des 29-30 vendémiaire ne tenait-elle pas le couperet de la guillotine suspendu sur la tête des prêtres assez audacieux pour tenter de ne pas laisser sans secours spirituels les catholiques romains encore nombreux en France malgré la persécution ?

205. — L'exécution du vicaire de Saint-Sauveur de Recouvrance eut lieu le même jour que fut rendue la sentence, aux trois heures de l'après-midi, et l'huissier audiencier près le tribunal dressa le jour même le procès-verbal de son trépas.

La mémoire de M. Le Drevez est encore conservée à Ploumoguer par des anciens de cette paroisse qui se souviennent toujours du lieu de son arrestation et de celui de son exécution. De nombreuses personnes portant le nom de Le Drevez existent encore dans cette localité.

BIBLIOGRAPHIE. — Tresvaux du Fraval, *Histoire de la Persécution révolutionnaire en Bretagne* (1845), op. cit., II, p. 11. — Levot, *Histoire de la ville et du port de Brest sous la Terreur* (1869), op. cit., p. 280. — Téphany, *Histoire de la Persécution religieuse dans les diocèses de Quimper et de Léon* (1879), op. cit., p. 337. — Peyron, *Les Prêtres morts pour la Foi au diocèse de Quimper* (1919), op. cit. — Chanoine Saluden, *Procès et supplice du confesseur de la Foi Jean Le Drevez.* Brest, in-8°, 1928. Toutes les pièces officielles de son procès figurent dans cet opuscule.

XLIII. — Jean-Marie BRANELLEC

(Archives Nationales, série W, dossier 554.)

206. — Jean-Marie BRANELLEC né au moulin de Penmarc'h, en Saint-Frégant, le 12 novembre 1759, du légitime mariage de Guillaume et de Jeanne Le Quidelleur fut baptisé ce jour même. Il avait 19 ans lorsqu'il commença ses études au collège de Saint-Pol-de-Léon. En 1782 et 1783, on trouve son nom cité parmi les bons élèves de sa classe. Il reçut la tonsure aux Quatre-Temps de Noël 1785. On le jugea durant son séminaire comme « pieux, doux, honnête, annonçant un vrai bon sens et un heureux caractère ». Minoré en 1785, sous-diacre à Noël 1786, diacre en mars 1787, il fut ordonné prêtre le 22 septembre 1787 et aussitôt nommé auxiliaire à *La Martyre* et de là vicaire de chœur à la cathédrale de Saint-Pol-de-Léon ; enfin, vers 1788, on l'envoya vicaire à la paroisse du *Minihy* en cette même ville.

207. — Le 22 octobre de cette année, le nom de M. Branellec figure parmi ceux des ecclésiastiques de l'évêché de Léon qui protestèrent contre la néfaste Constitution civile. Le 31 janvier 1791, cet ecclésiastique refusa de s'assermenter ainsi que le lui prescrivait la loi du 26 décembre 1790. Ayant, du fait même, perdu son emploi, il se retira dans sa paroisse natale, où il eut la douleur de voir son propre frère, alors curé de cette trève, jurer fidélité à la Constitution civile, le 20 février 1791.

A partir de cette date, Jean-Marie Branellec mena la vie errante et remplie de périls réservée aux prêtres proscrits. Menacé dans sa liberté par les arrêtés du Directoire du Finistère des 21 avril, 2 juillet et 29 novembre 1791, condamné à l'exil par la loi du 26 août 1792, à celle de la déportation à la Guyane par celle des 21-23 avril 1793, M. Branellec ne quitta cependant pas la terre bretonne. Sans gîte assuré, couchant tantôt dans un lieu, tantôt dans un autre, il fut arrêté à Saint-Pol le 30 décembre 1793 chez une veuve Le Guen, de Kerneizon, mère de cinq enfants, habitant rue des Carmes, chez qui il avait autrefois pris pension, alors qu'il était vicaire de chœur à la cathédrale de Saint-Pol-de-Léon. Il y avait trois jours, d'après ses déclarations, qu'il trouvait asile chez cette pauvre chrétienne.

208. — Aussitôt conduit avec sa receleuse au local du Comité de Surveillance de Saint-Pol-de-Léon, *qui avait machiné* son arrestation, M. Branellec fut transféré le lendemain devant le Directoire du district de Morlaix qui, le même jour, ordonna de le faire diriger vers la prison du château, où il fut écroué le 1er janvier 1794.

Il devait y séjourner quelques semaines sans qu'on s'occupât de sa personne; mais, le tribunal révolutionnaire brestois, une fois installé par Jean-Bon-Saint-André, ses juges jugeant à l'instar de celui de Paris, firent réclamer à Morlaix les pièces à conviction trouvées sur l'ex-vicaire de Minihy, qu'on avait négligé de leur adresser. Elles consistaient en un Sacré-Cœur de Jésus, colorié en rouge, ainsi qu'en une note d'honoraires de messe et une reconnaissance d'avoir reçu un calice. Peu après, la municipalité de Saint-Pol-de-Léon dut fournir une pièce attestant le refus de serment de M. Branellec ; ses membres joignirent à ce document la liste des témoins qu'il y aurait intérêt à faire citer.

Enfin, tout étant prêt pour la condamnation de M. Branellec, le juge Pasquier, assisté de Donzé-Verteuil, lui fit subir le 11 avril 1794 l'interrogatoire d'identité prévu par la loi des 29-30 vendémiaire de l'an II. L'ecclésiastique proscrit y fit preuve de la plus belle franchise. Il y proclama sa qualité de prêtre réfractaire ainsi que la liberté des opinions religieuses. Il ne fournit sur son domicile et ses relations d'autres renseignements que ceux déjà connus, sachant combien il devait prendre garde de compromettre de nouvelles personnes. Pour les mêmes raisons, il ne voulut pas non plus donner d'indication sur le ministère auquel il s'était livré.

209. — Trois jours plus tard, Donzé-Verteuil rédigeait son acte d'accusation. Dans cette pièce, datée du 14 avril, ce jacobin reprenait contre l'abbé Branellec les rengaines que l'on connaît déjà. L'inculpé était un prêtre réfractaire, il n'avait pas obéi à la loi de déportation, il est demeuré caché sur le terrotoire français; on doit lui appliquer l'inexorable loi des 29-30 vendémiaire an II.

Deux jours après avait lieu la parodie du jugement qui précédait l'exécution capitale. Les témoins convoqués pour établir l'identité du prêtre Branellec eurent vite fait de s'acquitter d'une tâche que les aveux du vicaire du Minihy rendaient facile. Donzé-Verteuil réclama, comme il convenait, la peine de mort, et le tribunal, présidé par Ragmey, fit droit à sa requête et déclara que le serviteur de Dieu, conformément aux articles V,

X, XIV et XV de la loi des 29-30 vendémiaire an II, serait immédiatement livré à l'exécuteur public.

A trois heures de l'après-midi de ce jour, le jeudi de la Semaine Sainte, 17 avril 1794, M. Branellec expiait à Brest sous le couperet de la guillotine son indéfectible attachement au bon Dieu et son dévouement pour les âmes. Son acte de décès fut enregistré le jour même à la mairie de Brest.

210. — On conserve encore le texte d'un très beau cantique composé dans sa prison par le serviteur de Dieu. Il y exprime en termes touchants les sentiments qui l'animent et sa lecture ne laisse aucun doute sur la façon très surnaturelle dont il accepta et souffrit la mort.

Le souvenir de ce bon prêtre est resté vivant jusqu'à présent dans l'excellente petite ville de Saint-Pol-de-Léon. Dès au sortir de la Révolution, une personne de cette localité, qui comme garde national avait été contrainte de « monter la garde à la porte des détenus », écrivait ces lignes : « Mr Branellec fut *martyr* et victime de la Révolution », et, en parlant ainsi, il exprimait le sentiment général de ses compatriotes.

BIBLIOGRAPHIE. — Guillon, *Les Martyrs de la Foi*, etc., op. cit., II, p. 301. — Tresvaux du Fraval, *Histoire de la Persécution révolutionnaire en Bretagne*, op. cit., II, p. 3. — Levot, *Histoire de la ville et du port de Brest sous la Terreur*, op. cit., p. 287. — Téphany, *Histoire de la Persécution religieuse*, etc., op. cit., Quimper (1879), p. 539. — Kerviler, *Bio-Bibliographie bretonne*, t. VI (1893), p. 145. — Peyron, *Les Prêtres morts pour la Foi au diocèse de Quimper*, op. cit. (1919), p. 59. — Chanoine Saluden, *Procès et supplice du confesseur de la Foi J.-M. Branellec*. Brest, in-8°, 1928. On trouve dans cet opuscule toutes les pièces officielles de son procès.

XLIV. — M. Jean-Sébastien ROLLAND

(Archives Nationales, série W, fonds du tribunal révolutionnaire de Brest, dossier n° 544.)

211. — JEAN-SÉBASTIEN fils légitime de Tanguy Rolland et de Marguerite Nédélec, naquit et fut baptisé à Trébrivan, le 6 juillet 1746.

M. Rolland fut ordonné prêtre à Pâques 1774, à l'âge d'environ 26 ans. Après avoir été envoyé comme vicaire trévial à Locarn, il fut au bout de douze ans nommé recteur de Trébrivan, sa paroisse natale, par suite de la résignation que M. Charles-Alain Royou, prêtre, bachelier en Sorbonne, lui fit de cette cure en cour de Rome le 3 août 1786, et des lettres de visa obtenues de son évêque le 18 octobre suivant. Du reste, l'abbé Rolland était estimé de ses supérieurs et le registre des visites de Mgr de Saint-Luc, à Quimper, apprend que de 1778 à 1781, comme vicaire de Locarn, « il se conduisait bien ».

M. Rolland prit le 4 janvier 1787 possession de la cure de Tré-brivan et fut installé par M. Guillaume-René-Armand Floyd, vicaire général de l'évêché de Quimper et recteur de Plusquellec.

212. — Quelles que fussent les qualités qui distinguaient l'abbé Rolland, il se laissa cependant séduire par les sophismes que débitaient, avec la grandiloquence de cette époque, les fauteurs de la Révolution ; tant et si bien qu'en réclamant le paiement de son traitement, le 29 mars 1791, il faisait remarquer « qu'il a observé tous les décrets qui le regardent, tant que la reddition de ses comptes que pour *le serment qu'on exigeait de lui* comme de tous les autres ecclésiastiques »,

Il est donc indubitable que M. Rolland s'assermenta. IL EST NON MOINS CERTAIN QU'IL SE RÉTRACTA L'ANNÉE SUIVANTE, vrai-semblablement après la lettre du pape Pie VI en date du 19 mars 1792. Toujours est-il qu'après avoir perçu d'avance son traitement comme assermenté le 11 mars, pour le second trimestre de cette année, son nom cesse depuis lors de figurer sur les états de paiement du district de Rostrenen, ce qui était justement la pénalité prévue par la loi contre les réfractaires. Bien plus, après l'application de la loi du 26 août 1792, qui obli-geait les insermentés à se déporter, l'abbé Rolland cessa de paraître en public, et c'est le 7 octobre de cette année que l'on retrouve pour la dernière fois sa signature sur les registres de sa paroisse, où IL FUT REMPLACÉ PAR UN INTRUS. *Il ne se soumit pas cependant aux décrets qui ordonnaient aux prêtres inser-mentés de s'exiler*, et, sans doute pour se punir d'avoir consenti à prêter serment, il continua d'exercer en secret le ministère, tant à Trébrivan qu'aux environs, jusqu'en mai 1794, époque de son arrestation.

213. — Celle-ci fut le fruit d'une odieuse trahison commise à l'occasion d'un acte de ministère qu'accomplissait à Carhaix l'abbé Rolland. On en a publié les détails plusieurs fois. On se bornera donc à écrire ici qu'un jeune marié dont il venait de bénir les épousailles, eut la lâcheté de le faire incarcérer aussitôt après par des argousins auxquels il avait dénoncé sa présence. Cet individu, nommé Roxlo, fut cité comme témoin dans le procès de M. Rolland, mais il ne fut nullement inquiété par ailleurs, preuve évidente de sa complicité avec les bourreaux.

Le lendemain, comme M. Rolland était détenu à Carhaix, se présenta à lui un individu nommé du Couëdic, lequel, abusant de la confiance que le prisonnier croyait pouvoir mettre en lui, lui fit écrire une lettre adressée à son frère, dans laquelle il faisait savoir à celui-ci ses dernières volontés. En voici la teneur, elle est datée du 1er mai 1794. On notera spécialement les termes par lesquels il prend congé de sa famille. Ils sont animés *du plus pur esprit surnaturel*.

« Je suis pris à Carhaix, environ cinq ou six heures du matin. J'ai été mis dans la *basse-fosse*. Je vous embrasse tous. Je dois partir pour Brest le soir du premier ou le vendredy, second du mois. Dans mon cabinet, au-dessus de la table, dans le mur, vous trouverez deux petites pierres : ôtez-les et vous devez y trouver de l'argent ; dans le coin du mur, au-dessus de mon lit, vous trouverez la même chose. Vous donnerez de cela *soixante escus aux pauvres*, et le reste, vous les partagerez entre vous tous, après avoir donné dix ecus à Marie-Jeanne..... On a pris tout ce que j'avois sur moi : argent, papier, rasoir, couteau, lunette, pipe, mouchoir et cinture. Ma malle a demeuré chez la personne qui avoit été chez vous me demander. *Je vous prie d'être toujours fidels à votre religion, couteroit-il la vie*. Mes compliments chez vous aux Caze, aux *Roux*, à ceux de chez lui, à Barbe, aux Monache et autres, *à mes confrères*, et dites-leur *de prier Dieu pour moi. A Dieu, dans l'éternité, encore une fois*. Je vous embrasse tous les quatre. N'oubliez pas le Philippe et Gille. »

En possession de cette lettre admirable, Du Couëdic, ancien dragon, se hâta de la communiquer aux autorités de Carhaix, qui s'empressèrent d'ordonner une perquisition chez les parents du prisonnier.

Le résultat le plus clair de cette fouille fut, non seulement la découverte de la cachette où l'abbé Rolland avait déposé son argent, et les objets servant au culte, mais aussi l'arrestation de son beau-frère Jean-Pierre Cazeillat, prévenu du crime, irrémissible à cette époque, d'avoir recélé un prêtre insermenté. Il fut donc conduit en prison, probablement le 14 floréal, et traduit avec M. Rolland devant le tribunal révolutionnaire de Brest.

214. — Ce fut le 12 mai 1794 que le recteur de Trébrivan comparut devant un des membres du tribunal chargé de le condamner. On a publié intégralement ailleurs l'interrogatoire qu'il subit dans une pièce du *château* de cette ville devant le dénommé Maurice Le Bars. L'ancien curé-jureur y voulut encore à nouveau effacer, s'il était nécessaire, toute trace de son erreur passée, et proclama « *que, s'il était arrêté, c'est qu'il n'avait pas prêté serment* ». Par ailleurs, il ne craignit point de s'étendre sur le mariage dont la célébration allait le conduire à l'échafaud, mais il se garda bien de toute imprudence de langage sur le ministère qu'il avait accompli auparavant ainsi que concernant les personnes qui lui avaient donné asile.

Après cela, le substitut de l'ex-jésuite Donzé-Verteuil dressa son acte d'accusation et releva trois charges contre l'abbé Rolland : 1° *Il n'était pas assermenté* et, quoique *réfractaire*, 2° il était *demeuré* quand même sur le territoire français. 3° Enfin, il avait utilisé son séjour en Bretagne pour *remplir des fonctions* que les lois révolutionnaires lui interdisaient absolument, c'est-à-dire *prêcher, administrer les sacrements, célébrer* la sainte messe, tous crimes pour tout quoi on le taxe de *fanatisme* et on réclame pour lui l'application de la loi, c'est-à-dire *la mort*. Du reste, le texte de ce réquisitoire, tout à l'honneur de M. Rolland, a été reproduit ailleurs intégralement. Il est daté du 12 mai 1794.

215. — Le surlendemain, le tribunal révolutionnaire séant à Brest, à l'instar de celui de Paris, condamnait pour tous les motifs ci-dessus, prévus et punis par la loi des 29-30 vendémiaire an II, le prêtre insermenté L. Rolland à la peine capitale. On peut lire ailleurs le texte intégral de ce jugement qui déjà a été publié plusieurs fois.

En conséquence de cette sentence, le recteur de Trébrivan fut exécuté le jour même de sa condamnation, le 14 mai 1794. Une tradition, dont le *Bulletin paroissial de Trébrivan* s'est fait l'écho, rapporte que M. Rolland, en se rendant à l'échafaud, chantait l'hymne des martyrs « *Sanctorum meritis* » et que sa dernière parole fut « Vive Jésus-Christ ». Le prêtre assermenté de 1791, *rétractataire* l'année suivante à la voix du Souverain Pontife, avait noblement lavé dans son sang une erreur passagère et trop commune à son époque, quand il l'avait commise.

216. — Le souvenir du supplice de M. Rolland, selon M. l'abbé Tréhiou, recteur actuel de Trébrivan, est encore conservé par quelques vieillards de cette localité qui gardent précieusement la croyance en son martyre.

BIBLIOGRAPHIE. — Tresvaux du Fraval, *Histoire de la Persécution révolutionnaire en Bretagne*, etc., op. cit. (1845), p. 4. — Levot, *Histoire de la ville et du port de Brest durant la Terreur*, Paris (1869), in-8°, p. 203. — Téphany, *Histoire de la Persécution religieuse dans les diocèses de Quimper*, etc., op. cit. (1879), p. 390. — Peyron, Pondaven, Perennès, *Le manuscrit de M. Boissière*, op. cit. (1927), p. 132, 133, 142. — Lemasson, *Les Actes des prêtres insermentés du diocèse de Saint-Brieuc*, in-8°, Saint-Brieuc, 1916, p. 247-261. — Du même, *Les Actes des prêtres insermentés du diocèse de Saint-Brieuc mis à mort de 1794 à 1800*, in-8°, Saint-Brieuc, 1927, p. 90 et 104. On y trouve tous les documents officiels concernant M. Rolland.

XLV, XLVI, XLVII. — M. Augustin-Marie CLEC'H
ou LE CLEC'H,
Anne LE PRINCE et Anastasie LE BLANC, ses receleuses.

(Archives Nationales, série W, n° 543.)

217. — Augustin CLEC'H ou LE CLEC'H, naquit au bourg de Plestin le 15 février 1739, du légitime mariage de Guillaume et de Marie Le Marec. On le baptisa le surlendemain.

Le jeune Le Clec'h embrassa la carrière ecclésiastique. Si l'état de conservation déplorable des anciens registres de l'évêché de Tréguier nous empêche de suivre le détail de ses ordinations, on peut cependant y lire qu'il reçut la tonsure dans la chapelle du palais épiscopal de Tréguier, des mains de Mgr Le Borgne, un peu avant le 17 septembre 1760, date de l'insinuation de cet acte.

Le 3 février 1763, le père d'Augustin, Guillaume Clec'h, marchand, assura à son fils, alors clerc tonsuré au Séminaire à Tréguier, la somme de 60 livres de rente, en viager, pour lui tenir lieu de titre clérical. On ignore complètement par ailleurs les dates auxquelles l'abbé Clec'h reçut les ordres sacrés ; les registres d'insinuations de Tréguier sont muets à cet égard.

Le 28 septembre 1777, l'évêque de Tréguier proposa un poste à l'abbé Le Clec'h pour Plouégat-Guerrand. Celui-ci fit valoir ses raisons de ne pas accepter. Sur le désir exprimé par M. Le Clec'h, son évêque le laissa dans sa paroisse natale et deux ans plus tard il lui adressait pour cette localité des « lettres de confesseur par approbation annuelle à l'époque des retraites ecclésiastiques », dont nous le voyons user à compter du 15 février 1780.

Lorsque la Révolution éclata, M. Le Clec'h remplissait donc à Plestin les fonctions de vicaire auxiliaire. C'était, assure-t-on, « un prêtre très instruit » ; on va jusqu'à dire « docteur en droit canon ». Ce qui vaut mieux, la tradition rapporte qu'il était « très aimé et très vénéré pour ses vertus dans tout le pays ».

218. — Cependant, M. Le Clec'h fut obligé le 1er octobre 1791 d'abandonner les fonctions du saint ministère qu'il accomplissait à Plestin, à la satisfaction de la majorité des habitants, à cause de son refus de prêter serment à la Constitution civile.

Dès le 6 février précédent, questionné sur son intention de prêter ou non le serment à cette Constitution, l'abbé Le Clec'h s'était en effet publiquement refusé à cet acte ainsi que plusieurs des autres prêtres habitués de Plestin : « *Ils désiraient*, répondirent-ils, *remettre à un autre temps un serment qui demandait la maturité et des réflexions.* » Le recteur de la paroisse n'avait point imité leur sage réserve ; aussi, lorsque la voix du Pape se fit entendre, condamnant toute communication *in divinis* avec les assermentés, M. Le Clec'h et deux de ses confrères de Plestin, malgré les graves dommages qui devaient en résulter pour eux, déclarèrent nettement, le 4 octobre 1791, « *vouloir cesser désormais tout rapport cultuel avec le curé constitutionnel de la paroisse* ». Ils s'offrirent cependant, pour l'utilité des fidèles, à desservir les chapelles rurales comme ils le faisaient auparavant ; mais le curé Rouat, furieux, s'y refusa avec véhémence, « ne voulant pas, dit-il, créer un schisme dans sa paroisse, alarmer les consciences et perdre la confiance de ses ouailles ».

A la suite de la scène que nous venons de mentionner, commença pour l'abbé Le Clec'h la vie pénible et misérable alors réservée aux prêtres réfractaires. Le curé Rouat réclama contre lui et ses collègues, dès le 17 janvier 1792, des mesures vexatoires, puis survint l'arrêté pris le 23 janvier suivant par le Directoire des Côtes-du-Nord, arrêté qui remplit de confesseurs de la Foi le donjon de Dinan. Six mois plus tard, une nouvelle décision prise par le Conseil général des Côtes-du-Nord vint renforcer encore la mesure précédente. Enfin la terrible loi du 26 août de cette année permit, grâce à son article VI, au Directoire des Côtes-du-Nord de prononcer le 1er décembre suivant la déportation de tous les prêtres insermentés de son département.

219. — Dès lors, l'abbé Le Clec'h fut réduit à errer un peu partout. Il vint chercher asile chez son neveu, M. Huon, notaire royal à Lannion. Ce refuge était des plus précaires. Déjà, M. Huon lui-même avait été incarcéré pour avoir recueilli des prêtres. Aussi fut-il bientôt dénoncé de nouveau, si bien que pour échapper au péril de plus en plus menaçant depuis la loi du 30 vendémiaire an II, dut-il promptement chercher une autre retraite pour le prêtre proscrit, en attendant qu'il fût loisible à l'abbé Le Clec'h de passer aux îles anglaises.

220. — Cette occasion ne tarda pas. M. Huon put louer un bateau qui devait partir de Trébeurden et conduire son oncle à un sloop, qui, à la veille de partir pour l'Angleterre, se trouvait mouillé en rade de Morlaix. L'appareillage eut lieu dans l'après-midi du 1ᵉʳ messidor an II (19 juin 1794). Mais assailli par le gros temps à la hauteur des Triagoz, par le travers de la baie de Saint-Michel-en-Grève, le frêle esquif fut forcé de gagner la côte et débarqua son compromettant passager non loin de Plougasnou. Ne connaissant personne en ce lieu auquel il pût demander asile et, par suite, sa situation pouvant devenir extrêmement périlleuse, l'abbé Le Clec'h se mit en route pour Morlaix où il arriva vers les dix heures du soir et s'en alla frapper à la porte portant le numéro 97 de la rue des Vignes, où demeuraient trois femmes dont il avait entendu parler. Ces personnes, originaires de l'*Acadie* ou Nouvelle-Ecosse, dont la conquête par les Anglais et les persécutions qu'elles avaient dû endurer de la part de ces protestants les avaient contraintes à se réfugier en France, étaient la veuve *Sylvain Le Blanc*, née *Anne Le Prince*, âgée de 80 ans, sa fille *Anastasie*, de moitié plus jeune qu'elle, et sa nièce, Marthe Levron, âgée de 26 ans seulement. Anne Le Prince (1) avait encore une autre fille qui n'habitait pas avec elle, mais avait été *autrefois Carmélite* dans le couvent dont la sœur de M. Le Clec'h était sous-prieure, sous le nom de Mère *Augustine de Saint-François de Sales ;* aussi n'hésita-t-elle pas à recevoir le pauvre abbé, *bien qu'elle ne le*

---

(1) *Anne Le Prince*, veuve de Sylvain Le Blanc, sans profession, était née en Acadie en 1721 et vint en France en 1763. Sa fille, *Anastasie*, née en Acadie en 1760, était venue en France avec elle, de même que *Marie-Modeste*, son autre fille, née en Acadie en 1761, laquelle fit profession en 1788 chez les Carmélites de Morlaix sous le nom de sœur Marie-Modeste de Sainte-Reine. Emprisonnée sous la Terreur, elle ne recouvra sa liberté que le 6 mars 1795. (*Arch. du Finistère*, papiers des Acadiens, lesquels ne contiennent aucun renseignement plus précis sur l'état civil de ces personnes.)

connût pas autrement, et malgré tout le péril auquel elle et les siens savaient s'exposer en donnant asile à un prêtre réfractaire. Du reste, ce danger était plus prochain qu'on ne pouvait le prévoir et M. Le Clec'h ne devait pas profiter longtemps de l'hospitalité qu'on lui accordait.

221. — Par une fatalité extraordinaire, deux commissaires de la municipalité de Morlaix, employés à relever le nom des personnes indigentes de la ville, pénétrèrent dès le lendemain soir dans la maison habitée par la veuve Le Blanc et d'autres ménages ouvriers. Sa fille n'eut pas plutôt aperçu les deux personnages officiels, que, pressentant un malheur et perdant la tête, elle gravit quatre à quatre l'escalier conduisant à la mansarde où se trouvait logé leur hôte, afin de prévenir celui-ci du danger qu'elle jugeait le menacer. Les deux commissaires, intrigués par une fuite si précipitée à leur aspect, eurent tôt fait de s'élancer sur les pas d'Anastasie Le Blanc et arrivèrent ainsi au réduit dans lequel l'abbé Le Clec'h était caché.

Lui faire subir un interrogatoire sommaire, puis, devant ses réponses, le mettre en état d'arrestation, fut l'affaire de quelques instants, à cette époque où tout le monde était plus ou moins suspect. Si bien que lorsqu'ils se retirèrent, les deux commissaires emmenaient avec eux deux prisonniers : l'abbé Augustin Le Clec'h et la fille d'Anne Le Prince, Anastasie Le Blanc. On a du reste publié intégralement ailleurs le procès-verbal qui fut dressé de cette arrestation et de la perquisition dont on la fit suivre le lendemain 20 juin, afin de trouver les témoignages indispensables pour faire guillotiner l'abbé Le Clec'h.

A la suite de cette fouille, on saisit elle-même la veuve Le Blanc, laquelle, indépendamment du recel de l'abbé Le Clec'h, fut reconnue coupable d'abriter du mobilier appartenant aux anciennes Ursulines de Morlaix.

A peine le procès-verbal de perquisition fut-il déposé au district de Morlaix, que le directoire de cette localité, malgré l'heure avancée, procéda à l'interrogatoire de l'abbé Le Clec'h. On a publié ailleurs le procès-verbal qui en fut dressé. Les réponses du proscrit sont remarquables par leur extrême souci de ne pas blesser la vérité. Alors que personne ne le connaissait, *il dévoile sans réticence sa qualité de prêtre réfractaire*, ayant une sœur Carmélite, et déclare que c'est à ce titre qu'il a demandé l'hospitalité chez la veuve Leblanc. Ces paroles suffisaient du reste pour assurer sa perte et celle de son hôtesse. Leur résultat fut un arrêté du district de Morlaix, en date du 21 juin 1794, ren-

voyant Le Clec'h et ses receleuses devant le tribunal révolutionnaire de Brest. On a publié intégralement ailleurs le texte de
cette pièce.

222. — Les inculpés arrivèrent deux jours après dans cette
ville et furent aussitôt incarcérés dans la prison du Château. On
s'occupa sans tarder de rédiger leur acte d'accusation. Il se borne
à énoncer les faits que nous relatons. On met à la charge de
M. Le Clec'h de *ne pas avoir prêté le serment* prescrit aux ecclésiastiques, bien que la municipalité de Plestin l'eût invité à le
faire. C'est du reste le principal grief articulé contre lui. On
inculpa la veuve Le Blanc et sa fille d'avoir *recélé sciemment
un ecclésiastique réfractaire qu'elles ne connaissaient pas autrement et qui s'était annoncé chez elle comme un malheureux
prêtre obligé de fuir.* On y ajoutait aussi contre elles le crime
d'avoir caché des objets servant au culte, « lesquels feraient pré-
sumer chez elles la présence d'un prêtre, lors même qu'Augustin
Le Clec'h n'y eût pas été découvert ». On peut du reste lire tout
entier le texte de ce réquisitoire, car il a été plusieurs fois publié.
Il est signé de l'ex-jésuite Donzé-Verteuil.

Ce fut le 1ᵉʳ juillet que M. Le Clec'h et ses compagnes de captivité comparurent devant le tribunal révolutionnaire de Brest.

Les questions posées aux jurés par le président Ragmey établissent nettement *le caractère religieux* de la condamnation des
receleuses de l'abbé Le Clec'h. Voici leur énoncé :

1ʳᵉ question : Est-il constant qu'à Morlaix, le 2 messidor,
présent mois, il ait été commis un *recelé de prêtre réfractaire ?*

2ᵉ question : Anne le Prince, veuve de Sylvain le Blanc ;
Anastasie le Blanc ; Marthe Levron, sont-elles auteurs ou complices de ce recelé ?   *Signé :* Ragmey.

On était si sûr à l'avance de leur condamnation que, lorsqu'on
leva leur écrou pour les conduire au tribunal, le registre porte
cette mention : « sortis pour aller à la gullotine ». C'est en effet
cette peine qu'ils devaient subir : M. Le Clec'h, en vertu de la loi
du 30 vendémiaire an II, et l'octogénaire Anne Le Blanc et sa
fille Anastasie, en qualité de receleuses d'un prêtre réfractaire,
cas prévu par les articles 2 et 3 du décret du 22 germinal an II.

L'arrêt fut rendu le 1ᵉʳ juillet au midi, il fut exécuté le même
jour et le procès-verbal de constat aussitôt rédigé par le greffier
du tribunal.

Le souvenir de M. Le Clec'h n'est pas encore éteint à Plestin-
les-Grèves. *Son nom est gravé sur une plaque de marbre* apposée

près de l'autel du Sacré-Cœur dans l'église paroissiale de cette localité, après l'inscription « *Mort pour la Foi à Brest* ».

Sa famille, toujours existante dans des branches collatérales, se transmet pieusement la croyance à son martyre. Son cas, celui de ses receleuses sont classiques les uns et les autres, et rien n'apparaît dans leur dossier que l'on puisse apporter contre ces serviteurs de Dieu pour permettre de douter de la réalité de leur mise à mort en haine de la religion catholique, dont on prétendait alors exterminer les derniers fidèles.

BIBLIOGRAPHIE. — Guillon, *Les Martyrs de la Foi*, etc., op. cit. (1821), II, p. 440 et 449. — Tresvaux du Fraval, *Histoire de la Persécution révolutionnaire en Bretagne*, etc., op. cit. (1845), II, p. 5. — Levot, *Histoire de la ville et du port de Brest*, etc., op. cit. (1869), p. 345. — Téphany, *Histoire de la Persécution religieuse dans les diocèses de Quimper*, etc., op. cit. (1879), p. 540. — *Le Diocèse de Saint-Brieuc pendant la période révolutionnaire*, Saint-Brieuc, 1895, in-8°, II, p. 174-181. — Le Bihan, *L'abbé Augustin Clec'h*, p. 91-107, in *Mémoires de la Société d'Emulation des Côtes-du-Nord*, année 1913. — Lemasson, *Les Actes des prêtres insermentés du diocèse de Saint-Brieuc mis à mort de 1794 à 1800*, op. cit. (1927), p. 104-128. On y trouve toutes les pièces officielles concernant M. Clec'h.

XLVIII, XLIX, L. — Yves MÉVEL,
dit le P. Joseph de Roscoff,
et Julie et Perrine-Eugénie LE COANT, ses receleuses.

(Archives Nationales, série W, n° 542.)

223. — Yves MÉVEL fut baptisé à Roscoff, le 18 octobre 1729, le jour même de sa naissance. Ses parents Jean Mével et Françoise Lahaye lui firent donner une éducation très chrétienne, aussi prit-il l'habit de capucin au noviciat de Quimper, le 24 décembre 1751 et le 26 décembre de l'année suivante il fit profession sous le nom de P. Joseph de Roscoff. On assure qu'il avait beaucoup travaillé au salut des âmes et qu'il avait le titre de missionnaire apostolique.

224. — En 1790, le couvent de Morlaix, dont faisait partie le P. Joseph, se composait de neuf religieux, qui tous optèrent pour la vie commune. Le 1er octobre de cette même année, les Capucins adressèrent à la municipalité de Ploujean, dont dépendait leur couvent, une requête que le P. Mével signa avec ses frères et dans laquelle ils affirmaient « leur ferme et constante résolution » de terminer nos jours dans le cloître, et dans l'étroite obser- » vance de la règle de saint François, ainsi que nous l'avons » promis à Dieu tout-puissant aux pieds des saints autels, et » devant les témoins présents qui en ont signé l'acte porté sur » nos registres le même jour de notre profession solennelle ».

Le 28 juin 1791, le P. Joseph était encore au couvent de Morlaix, et protestait avec les autres religieux contre l'arrêté du Département, qui leur a été signifié le 4 juin, et qui leur mande « de se retirer de jour à jour au couvent de Roscoff », désigné pour ceux qui avaient choisi la vie commune. Quoique le décret définitif de l'Assemblée nationale ne leur eût pas encore été signifié, ils consentirent à s'y retirer provisoirement, « se réser- » vant néanmoins dans un temps plus heureux le droit de » réclamer la jouissance du couvent de Morlaix et de ses dépen- » dances, dont la propriété doit appartenir aux fondateurs; les » Capucins n'en ayant que le simple usage selon l'esprit de leur » règle, qui leur défend la propriété de chose quelconque. »

Un état du 13 juillet 1791 apprend que le P. Joseph faisait partie du couvent de Roscoff où se trouvaient réunis vingt capu- cins, venus des différents couvents du Finistère.

Les jours s'écoulaient bien tristes à la maison de Roscoff. Les nouvelles, qui arrivaient du dehors aux reclus, n'étaient pas rassurantes : arrestations de prêtres insermentés, expulsions de religieuses, troubles un peu partout, menaces de la part des patriotes, visites domiciliaires de gardes nationaux pendant la nuit; tout leur donnait à entendre, ainsi que l'écrivait l'un d'eux, « que leurs jours étaient comptés et qu'il leur faudrait bientôt prendre le chemin de l'exil ».

Déjà quelques-uns avaient pris des passeports pour l'Angle- terre; ceux qui restaient au couvent en furent brutalement expulsés, le 23 septembre 1792. « Nous venons », écrivait de Roscoff à cette date le citoyen Quarré au directoire du district de Morlaix, « nous venons de faire vider définitivement la maison » nationale des ci-devant Capucins par les individus qui » l'occupaient, les quels ont quitté leur costume. L'un d'eux, » Yves Mével, sexagénaire, demande entrée à l'hôpital. »

225. — Ce religieux fut-il admis à l'hôpital, combien de temps y resta-t-il ? ce sont là deux points que l'on n'a pu éclaircir, faute de documents. Mais, on l'entendra bientôt nous dire com- ment s'écoula sa vie pendant ces années terribles jusqu'à son arrestation à Morlaix chez les personnes qui lui avaient donné asile.

Celles-ci ne nous sont connues que par les trop brefs renseignements que nous fournit l'acte d'accusation : leurs interrogatoires à Brest manquent au dossier. *Julie Le Coant*, veuve Ruvilly Le Saux, âgée de 66 ans, était née à..... vers 1728 et demeurait à Morlaix avec sa sœur, *Perrine-Eugénie Desmarets Le Coant*, née à Port-Louis, le 22 janvier 1730, d'Olivier Le Coant, sieur Desmarets, capitaine de patache, et de demoiselle Marie Piou.

Par la teneur du procès-verbal de l'arrestation du P. Mével, il semble qu'il venait de célébrer la sainte messe chez ces pieuses personnes, lorsque surgirent les sbires du gouvernement persécuteur. Le religieux proscrit se tenait en effet près de l'autel portatif dressé dans la mansarde où il se tenait caché.

Voici du reste les circonstances de son arrestation :

« L'an second de la République française, une et indivisible, le 19 messidor » (7 juillet 1794), Maurice Jézéquel, juge de paix de la commune de Morlaix, était prévenu que l'on venait de découvrir un capucin caché en ville. « Nous étant transporté, dit » le procès-verbal qu'il rédigea, dans une maison située quartier » du Dossen, où demeure la dame *veuve Ruvilly-Le Saux*, et » étant monté dans une petite mansarde, à côté d'un autel, y » étant, nous avons trouvé cet ex-religieux, lequel nous avons » interrogé comme suit de ses prénoms, nom, âge, lieu de nais- » sance et grade de son cy-devant ordre.

» A répondu s'appeler *Yves Mével*, âgé de 64 ans, natif de » Roscoff, ayant pour nom de religion, *Joseph de Roscoff*, » gardien.

» Interrogé depuis quel temps il est dans la maison où nous » le trouvons ? — A répondu que sa mémoire, non plus que son » esprit ne lui permettent de s'en rappeler.

» Sur quoi, ayant fait venir devant nous la *citoyenne veuve* » *Ruvilly* et la ci-devant *citoyenne Desmarets-Le Coant*, ses rece- » leuses, nous les avons interpellées, l'une après l'autre, de nous » déclarer depuis quel temps cet ex-religieux était chez elles? — » Ladite veuve Ruvilly a répondu qu'il y était depuis trois mois » et demi.

» Interrogée comment et par quelle voie cet individu a été » conduit chez elle ? — Répond qu'il a été conduit chez elle par » quatre femmes à elle inconnues, à l'exception de la nommée » Marie-Yvonne Jago, blanchisseuse, demeurant rue des Côtes- » du-Nord.

» Interpellée de nous déclarer si, connaissant la Loi, elle
» n'eut pas dû sur le champ faire sa déclaration de la retraite
» qu'elle accordait à cet ex-religieux ? — A répondu *qu'elle ne*
» *se croyait pas obligée de faire cette déclaration*, qu'au reste,
» ELLE CROYAIT FAIRE UN ACTE D'HUMANITÉ.

» Passant à l'interrogatoire de sa sœur Perrine-Emilie Le
» Coant-Desmarets, âgée de 64 ans, et avec elle demeurante, sur
» l'époque de la retraite qu'elle et sa sœur ont accordé audit
» ex-religieux ? — A répondu comme la précédente qu'il y a
» trois mois et demi, et faisant même déclaration que sa sœur,
» que Marie-Yvonne Jago, blanchisseuse, avec trois ou quatre
» de ses ouvrières, étaient ses conductrices.

» Passé desquelles interrogations, ayant réuni en paquet les
» *calices*, ornements, bréviaires, missel, orsos ou burettes,
» cierges, robes d'ordres et autres habillements trouvés dans
» ledit appartement que dans le grenier adjaçant; desquels effets
» nous nous sommes saisis comme pièces de conviction pour
» être envoyées avec le présent procès-verbal au Tribunal révo-
» lutionnaire séant à Brest. »

226. — A la suite de ces déclarations formelles, les commissaires du Comité de surveillance de Morlaix, présents à cette
visite domiciliaire, ordonnèrent l'arrestation du P. Mével et de
ses deux receleuses, les sœurs *Desmarets*, ainsi que de trois
autres personnes, qui se trouvaient présentes dans l'habitation
et dont nous ne nous occuperons pas ici, leur histoire étant
étrangère au but poursuivi en la circonstance. — La tradition
rapporte que le pauvre capucin, déjà sexagénaire, était si débile,
qu'il fallut le soutenir afin de le conduire jusqu'à la prison de
Morlaix.

Arrêté le 19 messidor (7 juillet), le P. Mével et ses receleuses
étaient encore en prison à Morlaix, le 26 (14 juillet). Le juge
de paix Jézéquel annonça à cette date à l'accusateur public que
« profitant du renvoi des voitures ambulantes des hôpitaux
» militaires de Brest, les inculpés et leurs complices lui par-
» viendront. »

Quelques jours plus tard, les inculpés étaient à Brest dans
la prison du Château, et le 1er thermidor an II (19 juillet 1794)
ils comparaissent devant leurs juges.

Voici l'interrogatoire d'identité du P. Joseph; rien ne laisse à
désirer dans ses réponses. Elles sont aussi fermes que prudentes
et font honneur autant à son courage qu'à sa sagesse :

D. Quels sont vos nom et prénoms ? — R. Yves Mével.

D. Votre nom de religion ? — *R.* Joseph de Roscoff.

D. Votre âge ? — *R.* 65 ans.

D. Le lieu de votre naissance ? — *R.* Roscoff.

D. Votre profession ? — *R.* Capucin.

D. Votre demeure avant votre arrestation ? — *R.* Morlaix.

D. Vos moyens d'existence avant la Révolution, et depuis, et maintenant ? — *R.* De la quête et d'aumônes.

D. Connaissez-vous les motifs de votre arrestation ? — *R.* Non.

D. Avez-vous prêté le serment constitutionnel ? — *R.* Non.

D. Dans quelle maison avez-vous été arrêté à Morlaix ? — *R.* Chez la citoyenne Ruvilly-Le Coant.

D. Par qui avez-vous été conduit chez la citoyenne Ruvilly ? — *R.* Je ne les connais point, il était nuit; c'était par quatre femmes à moi inconnues.

D. A quelle époque avez-vous été conduit chez la citoyenne Ruvilly ? — *R.* Je ne m'en rappelle pas.

D. Combien de temps avez-vous demeuré chez elle ? — *R.* Près de quatre mois.

D. Avez-vous dit la messe chez cette citoyenne ? — *R.* Quelquefois.

D. Avez-vous confessé dans cette maison ? — *R.* Oui, j'ai confessé la citoyenne Ruvilly et sa sœur.

D. Allait-il plusieurs personnes à votre messe? — *R.* Un peu.

D. Dans quel endroit de la maison disiez-vous la messe ? — *R.* Dans la mansarde.

D. Depuis quand erriez-vous, et quels sont les endroits où vous avez été ? — *R.* Depuis quatre ans seulement dans la ci-devant Bretagne.

D. D'où veniez-vous quand vous êtes venu à Morlaix ? — *R.* De Roscoff.

D. Chez quelles personnes avez-vous logé depuis que vous n'êtes plus au couvent ? — *R.* Je ne m'en rappelle pas, parce que je ne les connais point.

« Telles sont ses réponses à ses interrogatoires qu'il déclare » contenir vérité, et y persister, et a signé avec nous. »

De plus, il a été interrogé :

D. D'où vient les ornements qu'on a trouvé chez la citoyenne Ruvilly ? — *R.* Je les avais emporté du couvent de Roscoff, et les portais avec moi partout où j'allais.

D. Personne ne vous aidait à porter ces ornements de l'Eglise ? — *R.* Quelquefois je trouvais des personnes qui voulaient bien les porter.

D. A qui appartient le calice, et les boètes à hosties, les pierres sacrées et le Reliquaire ? — *R.* A répondu que c'était à lui à l'exception de la grande pierre.

Signé : Yves MÉVEL, de Roscoff, *dit* Joseph de Roscoff.

PALIS, juge.   CABON, greffier.

Les interrogatoires subis par les dames Desmarets-Ruvilly et Desmarets-Le Coant, on l'a déjà dit, ont malheureusement disparu du dossier du procès de ces servantes de Dieu.

227. — C'est le 12 thermidor que le P. Mével et ses receleuses comparurent devant le tribunal révolutionnaire de Brest. Le réquisitoire de Donzé-Verteuil *prouve surabondamment le caractère religieux* de la condamnation du P. Mével et de ses receleuses. Voici ce que lui reprochait ce féroce ennemi du clergé catholique romain : « Cet ex-capucin, dit-il, en parlant du » P. Joseph, habitait depuis environ trois mois et demi une » mansarde, dans laquelle était dressé *un autel* pour servir aux » prétendues fonctions de son culte. Tout l'attirail nécessaire à » son *charlatanisme*, et saisi en même temps que lui, consiste » en un missel, un calice avec sa patène, une chasuble, une aube, » une robe de capucin, une boîte dans laquelle se trouvait ce » que l'on appelle des hosties, ainsi que plusieurs autres effets » qu'il serait trop long de décrire.

» Dans le repaire de Mével, se rendaient les superstitieux et » criminels sectateurs d'un *culte* exercé par des ministres séditieux et rebelles; là, cet ennemi de la République et du bonheur » du peuple s'efforçait par ses mensonges et ses impostures, de » les retenir sous l'étendard de la contre-Révolution. » Ce sur quoi du reste le préopinant eût été bien embarrassé d'apporter des preuves, à moins d'affirmer que le culte catholique était essentiellement contraire à la doctrine révolutionnaire.

Le jury, consulté à son tour, apporta sa pierre à la condamnation des receleuses du P. Mével en déclarant :

« 1° Qu'il est constant qu'à Morlaix, dans le mois de messidor » dernier, il a été recélé un prêtre réfractaire ;

» 2° Que J. Desmarets, veuve Ruvilly-Le Saux et P.-E. Des- » marets-Le Coant sont convaincues d'être auteurs ou complices » de ce délit.

» En conséquence, le tribunal, jugeant le P. Mével convaincu » d'être *prêtre réfractaire* non assermenté et comme tel d'avoir » été passible de la déportation, ordonna que celui-ci serait livré » dans les 24 heures à l'exécuteur des jugements criminels pour

» être mis à mort, conformément aux art. X, XIV, XV et V de
» la loi du 30 vendémiaire.

» De même il condamna *Julie Desmarets*, veuve Ruvilly-Le
» Saux; *Perrine-Eugénie Desmarets-Le Coant* à la peine de mort
» conformément aux art. 1 et 2 du décret de la Convention du
» 22 germinal. » C'est-à-dire comme COUPABLES D'AVOIR DONNÉ
ASILE A UN PRÊTRE RÉFRACTAIRE, DONT ELLES CONNAISSAIENT LA
QUALITÉ.

« En outre, les juges décidèrent que le présent jugement
» serait mis à exécution dans les 24 heures, imprimé, publié dans
» toute l'étendue de la République française, et en breton dans
» les départements maritimes. »

L'exécution de la sentence eut lieu le jour même, 30 juillet
1794, sur la place du ci-devant château.

228. — S'il est vrai que l'on ne connaît sur le passé des deux
sœurs Desmarets que peu de chose, sinon qu'elles payèrent de
leur vie l'acte de sublime charité qu'elles accomplirent en
procurant depuis *plusieurs mois* asile à un vieux capucin errant
sur les chemins de Bretagne, ce fait, si plein de redoutables
conséquences suffit à lui seul pour asseoir leur *haute réputation
de vertu*. Dès 1821, l'abbé Aimé Guillon consacrait un article à
chacune d'elles aux tomes III et IV de ses *Martyrs de la Foi* et
les dépeignait comme deux pieuses veuves, adonnées l'une et
l'autre à la pratique de toutes les vertus (1).

Quant au P. Mével, un témoin oculaire, cité par du Châtellier,
rapporte qu'après avoir *soutenu et encouragé les victimes* de la
barbarie des lois persécutrices qui périrent avec lui, il mourut
courageusement sur l'échafaud. A cet admirable capucin, l'abbé
Guillon a également consacré un article conservant son nom et
sa mémoire : Tresvaux du Fraval, en 1845, a donné place à son
tour à ce bon religieux dans son *Histoire de la Persécution révolutionnaire en Bretagne*.

Son cas, du reste, celui de ses deux receleuses, sont les cas
classiques prévus par les lois du 30 vendémiaire et du 22 germinal
an II, lois de sang, destinées à provoquer l'extermination du
clergé catholique en France ainsi que des personnes assez courageuses pour recueillir alors un prêtre pourchassé et sans asile.
Ceux ou celles qui ont péri, victimes de leur application,
paraissent mériter l'appellation de *martyrs*.

BIBLIOGRAPHIE. — Guillon, *Les Martyrs de la Foi*, etc., op. cit.

---

(1) Il semble bien que des deux sœurs Le Coant, filles d'Olivier, sieur Desmarets et de
Marie Piou, Julie seule avait été mariée. Aucune recherche n'a permis jusqu'ici de
retrouver son acte de baptême et son acte de mariage.

(1821) ; Mével, IV, p. 66; Desmarée-Le Coant, II, p. 503 ; Des-
marée-Ruvilly, IV, p. 349. — Du Châtellier, *Histoire de la Révo-
lution dans les départements de l'ancienne Bretagne*, Paris, 1836,
in-8°, t. IV, p. 179-180. — Tresvaux du Fraval, *Histoire de la
Persécution révolutionnaire en Bretagne*, op. cit., II, p. 8-9. —
Lévot, *Histoire de la Ville et du Port de Brest sous la Terreur*,
Brest, s. d., 1869, in-8°, p. 356 et sq. — Téphany, *Histoire de la
Persécution religieuse*, etc., op. cit. (1879), p. 541. — L.-A. Bes-
son, *Souvenirs d'un détenu au château de Brest*, in *Bulletin de la
Société Géographique de Rochefort*, 1889. — R. P. Armel, *Une
journée au Tribunal criminel de Brest*, in *Etudes Franciscaines*,
juillet 1909, p. 26-40. — R. P. Norbert, *La Bretagne franciscaine*,
Saint-Brieuc, 1911, in-16, 158-159. — Peyron, *Les prêtres morts
pour la Foi*, etc., op. cit. (1919), p. 136. — Peyron, Pondaven,
Perennès, *Le Manuscrit de M. Boissière*, op. cit. (1927), p. 136.

LI, LII, LIII. — Tanguy JACOB et Claude CHAPALAIN, Marie CHAPALAIN, veuve Macé, leur receleuse.

(Archives du Finistère, série M, dossiers du tribunal criminel du Finistère, non cotés.)

229. — Tanguy JACOB, fils d'Yves et de Renée Falchun, naquit
au manoir de Mesnaot en Saint-Pabu, le 6 mars 1751, et fut
baptisé le lendemain.

Claude CHAPALAIN vit le jour deux ans plus tard, le 8 mai 1753,
au Bourg-Blanc, du mariage de François et de Marguerite Conq.
Il reçut le saint baptême le jour même de son entrée dans la vie.
On ignore où Tanguy Jacob et Claude Chapalain firent leurs
études secondaires. Mais les archives du Grand Séminaire de
Léon les montrent étudiant en même temps dans cet établissement. Tanguy Jacob est ainsi noté par son supérieur : « *scientiâ*,
2ᵉ classe; *virtute*, 1ʳᵉ classe ».

Pour son ordination aux *ordres mineurs*, Chapalain a comme
note : « de la 3ᵉ classe, a fait des progrès, est pieux. »

Le 12 septembre 1788, Claude Chapalain signe pour la
première fois dans les registres paroissiaux du Bourg-Blanc; et
à son nom il ajoute « *sous-diacre* ».

Tanguy Jacob et Claude Chapalain reçoivent en même temps
le sacerdoce dans l'ordination générale des Quatre-Temps de
septembre 1779.

Dès le mois de janvier 1780, Claude Chapalain est nommé
curé, c'est-à-dire vicaire à *Sizun*, et signe avec cette qualité sur
les registres du Bourg-Blanc. Le 31 mars 1780, nous relevons la

première signature de M. Tanguy Jacob comme « curé de Saint-Pabu ».

Et la vie de ces deux prêtres s'écoule, pour l'un à Saint-Pabu, pour l'autre à Sizun, comme la vie ordinaire d'un prêtre de paroisse à cette époque, ne laissant d'autres traces durables de leur activité extérieure que des rédactions d'actes de baptême, de mariage et de sépulture.

230. — Mais voici venir la Révolution. A la *protestation* de l'évêque de Léon, Mgr de la Marche, contre la *nouvelle Constitution civile* du clergé français, les prêtres de son diocèse adhèrent en grand nombre et, parmi les signatures, on compte celle de *Tanguy Jacob*, « curé de Saint-Pabu », et Claude Chapalain, « curé de Sizun » (22 octobre 1790).

On sait que le dimanche 30 janvier 1791, les municipalités furent invitées à demander aux prêtres en fonctions le serment d'adhésion à la Constitution civile du Clergé. Le recteur de Saint-Pabu, Tanguy Jacob, le refusa.

A Sizun, le clergé de la paroisse comprenait MM. Floc'h, recteur, Chapalain, curé, et plusieurs prêtres habitués; à l'exception de deux de ces derniers, tous refusèrent le serment. Ils furent obligés, par suite de l'arrêté pris le 21 avril 1791 par les administrateurs du Finistère, de s'éloigner de leurs paroisses d'une distance d'au moins quatre lieues.

231. — M. Claude Chapalain *quitta* dès lors Sizun. Il se retira d'abord dans sa paroisse natale, au Bourg-Blanc, car d'après sa déposition lors de son arrestation, il déclare, en 1794, n'avoir fréquenté Plouguin que depuis deux ans. D'autre part, un habitant du Bourg-Blanc se souvient que son grand-père, nommé Jean-Marie Le Gall, né en 1818 et mort en 1894, racontait que sa mère avait assisté à un baptême fait dans une grange au Bourg-Blanc par Claude Chapalain. En 1793, celui-ci se trouvait à Plouguin, et, parmi les cahiers rédigés par les prêtres fidèles pendant la Révolution, M. l'abbé Carof, recteur actuel de Plouguin, possède un *acte de baptême* dressé le 4 février 1793 par Claude Chapalain. En 1794, il baptise encore François-Marie Coz, fils de François et de Marie Pellé.

Quant à M. Jacob, il signe la dernière fois sur les registres de Saint-Pabu le 19 août 1792, puis il erre autour de sa paroisse, et dans le cahier précité, on peut lire les actes de *trois baptêmes* faits par M. Jacob dans la paroisse de Plouguin pendant les deux années 1793 et 1794.

Tout ce ministère, et bien d'autres qui ne nous seront jamais révélés ici-bas, ne s'accomplissaient cependant pas sans courir des risques terribles. Dès le 29 novembre 1791, les administrateurs du Finistère avaient ordonné l'arrestation de tous les prêtres réfractaires jugés suspects « d'incivisme ».

Le 29 juin 1792, la même administration, faisant sienne le décret adopté par l'Assemblée nationale, mais dont l'effet demeurait suspendu par suite du veto royal, arrêtait que les prêtres septuagénaires et infirmes seraient incarcérés à Audierne et que les autres seraient déportés.

Puis vint la loi du 26 août de cette année avec son exil obligatoire, celle des 21-23 avril 1793, celle des 29-30 vendémiaire de l'an II, la chasse aux prêtres organisée et tarifée le 6 janvier 1793. MM. Tanguy et Chapalain bravèrent tout cela pour ne pas laisser sans secours les âmes des catholiques que l'on prétendait entraîner dans le schisme et, de là, dans l'irréligion.

232. — C'est au milieu de ces périls, sans cesse renaissants, que MM. Tanguy et Chapalain virent arriver le mois d'octobre 1794. Plus on étudie l'histoire de la Révolution, plus on voit clairement que la chute de Robespierre, le 9 thermidor, n'avait été qu'une simple révolution de palais : des jacobins affolés par la peur d'être tués supprimèrent Robespierre et ses partisans, sans se douter des conséquences de leur acte pour le rétablissement de la liberté des citoyens; en tout cas les lois qui proscrivaient le culte catholique romain et ses ministres ne furent ni abrogées, ni même alors atténuées en Bretagne; voilà pourquoi à la suite d'une battue organisée par le représentant du peuple Bernard Tréhouard, de Saint-Malo, les prêtres Tanguy et Chapalain, dénoncés par un appelé Talhouarn, furent surpris le 23 septembre 1794 chez la sœur de l'un d'eux, MARIE CHAPALAIN, qui leur donnait l'hospitalité. Cette courageuse chrétienne était née au Bourg-Blanc, le 1ᵉʳ février 1751. Elle avait reçu le baptême le jour même. Après avoir épousé, vers 1771, un cultivateur appelé Henry Mazé, elle vivait au village de Kernizan, dans sa paroisse natale. Elle était veuve en 1786 et exploitait en commun avec son gendre et ses enfants les terres attachées à sa ferme.

233. — Comme on ne jouissait pas d'un instant de tranquillité à cette époque, lorsqu'on recélait des prêtres réfractaires, la pieuse veuve Mazé avait envoyé son jeune fils, François Mazé, âgé de 12 ans, en sentinelle dans un des champs dominant les environs, durant qu'elle s'apprêtait à donner à dîner à M. Tanguy ainsi qu'à son frère ; il était onze heures ; les prêtres se disposaient à manger la soupe, quand tout à coup le petit François Mazé entre en courant : « Ar païaned, ar soudarded ! les païens, les soldats ! » cria-t-il. Les prêtres descendent aussitôt et pénètrent dans leur cachette avec un nommé Olivier Le Guen, jeune homme de Saint-Pabu, qui mangeait en bas et qui avait besoin de se cacher, car il était déserteur.

On entend bientôt un bruit de pas, et les soldats pénètrent dans la cour de la ferme; ils cernent la maison d'habitation, puis un officier, escorté de quatre soldats et d'un administrateur du district, entre dans la vieille demeurance. La veuve Mazé va au-devant d'eux, cependant que sa fille, qui sort à peine de couches, brisée par l'émotion, se tient assise près du foyer. « Qu'y a-t-il pour votre service ? » demande en breton la veuve Mazé. — « Il y a que je commence par arrêter ce galopin qui est là et que nous avons vu courir tout à l'heure pour vous donner l'alarme », dit le gradé en mettant la main au collet du petit Mazé ; « mais c'est inutile, nous savons que tu caches des prêtres réfractaires. Soldats, fouillez-moi cette pièce, il y a là une cachette derrière un lit clos. »

Les soldats ont vite fait de déplacer armoires et lits clos, et voici que derrière un de ces meubles, dans l'enfoncement du mur, bien qu'adroitement dissimulée, la cachette signalée par Talhouarn est vite mise à jour; les soldats en font sortir trois hommes. Sans même les interroger, le chef s'adresse à sa troupe : « Puisqu'ils se cachent, c'est qu'ils sont coupables ; soldats, mettez-leur les menottes, et joignez à eux le garnement que voici », ajoute-t-il, en désignant le jeune Mazé. — « Qui est la maîtresse ici ? » demande ensuite l'officier aux deux femmes. — « C'est moi », répond la veuve Mazé. — « Saisissez-vous maintenant de cette femme », commande-t-il sans pitié.

Mais sa fille, malgré sa faiblesse, refoulant toute émotion, se lève et s'adressant à l'officier : « C'est mon mari et moi qui tenons cette ferme, s'écrie-t-elle, c'est moi qui ai reçu les prêtres; si quelqu'un est coupable devant la Nation, c'est moi. » « Taisez-vous, ma fille, dit la mère; vous avez une famille à élever, n'enlevez pas une mère à ses enfants; *ne croyez-vous pas que je sois mûre pour le Ciel ?* Laissez-moi partir avec ceux-ci et, *s'il faut verser son sang, que la volonté de Dieu soit faite !* Quand on a la conscience en paix, on ne craint pas la mort. »

Sur les représentations du maire de Plouguin, on décida cependant de relâcher la fille Mazé, épouse Le Gall, comme malade de ses couches et intransportable, la confiant à la surveillance de la municipalité.

234. — Les prisonniers passèrent la nuit à la prison de Ploudalmézeau, puis celle du lendemain à celle de Saint-Renan. Ce furent leurs gîtes d'étapes en attendant d'être incarcérés à Brest.

Le surlendemain, 25 septembre, ils arrivèrent dans cette ville où ils furent interrogés par le général Robinet, assisté de trois administrateurs brestois. On a publié ailleurs intégralement les procès-verbaux qui furent dressés à cette occasion et nous ont transmis leurs réponses.

M. Jacob s'y déclara prêtre réfractaire, sans domicile fixe, ancien curé de Saint-Pabu, ne vivant que des charités qu'il recevait dans les paroisses de Saint-Pabu, Plouguin et Plourin. Il reconnut aussi sans hésiter pour lui appartenir une custode qu'on lui présenta. M. Chapalain fit à ses interrogateurs des réponses à peu près identiques. Ils évitèrent l'un et l'autre de compromettre davantage les personnes qui leur avaient donné asile.

Quant à Marie Chapalain, veuve Mazé, elle se refusa nettement de déclarer, comme on le lui conseillait, pour sauver sa vie, qu'elle n'avait cédé qu'à la force en recevant les deux prêtres (1) et se borna à dire que si elle avait hospitalisé les deux proscrits, c'est qu'ils en avaient besoin.

235. — Le 26 septembre, les accusés furent emprisonnés au château de Brest, dit alors Fort-la-Loi, ainsi qu'en fait foi le registre d'écrou de cette forteresse.

Le 3 octobre, les représentants du peuple ordonnèrent aux membres du tribunal criminel de Quimper de se transporter à Brest pour les juger. Dès le 12 octobre, l'accusateur public commençait l'instruction de cette affaire et, le 14 de ce même mois, les prisonniers de Kernisan comparaissaient devant le tribunal chargé de les condamner à mort. Aucun doute n'était possible en effet sur la sentence à rendre. Les lois d'exception contre les prêtres réfractaires étaient toujours en vigueur, de même les lois contre les personnes qui oseraient leur donner asile.

On a publié ailleurs le texte du jugement qui fut rendu contre MM. Tanguy Jacob et Claude Chapalain. Ils furent l'un et l'autre condamnés, le 14 octobre 1794, à subir la peine capitale aux termes de la loi des 29-30 vendémiaire an II, en qualité de prêtres

___

(1) La tradition veut qu'elle ait répondu aux personnes qui lui conseillaient ce subterfuge : « Moi mentir ! moi renier mon frère ! il vaut mieux mourir ensemble. »

réfractaires, *demeurés cachés en France pour y faire du ministère*, malgré l'injonction que la loi leur faisait de se déporter.
Marie Chapalain devait, elle aussi, partager leur sort aux termes
de la loi du 22 germinal an II, pour avoir *sciemment abrité les
deux proscrits*. L'arrêt homicide fut rendu aux 11 heures du
matin et l'exécution dut avoir lieu ce jour même. Nous employons
le terme « dut », car telle était alors la diligence prescrite par la
loi qui faisait périr les prêtres. Quant à la preuve positive, elle
nous fait défaut, car on a négligé d'insérer le décès des trois
guillotinés sur les registres d'état civil brestois.

236. — Mais, du fait même de leur exécution, on ne peut
douter. Le registre d'écrou de leur prison *utilise pour justifier
leur sortie de prison le terme éloquent « condamnés à mort »*. Un
contemporain de leur supplice, M. Henry, administrateur du
diocèse de Léon durant la Révolution, affirme lui-même leur
exécution à Brest; enfin un chant, dit « complainte de M. Jacob,
recteur de Saint-Pabu », composé peu après son supplice et
encore chanté de nos jours, conserve son souvenir dans les
populations qu'il a évangélisées. De même au Bourg-Blanc,
patrie de M. Chapalain, un chant en langue bretonne a fixé dans
la mémoire des fidèles le nom de M. Chapalain indissolublement
lié à celui de son héroïque sœur.

Les représentants de la famille de M. Chapalain sont du reste
encore nombreux aujourd'hui à Plouguin et sont persuadés que
leur grand-oncle et sa sœur ont été mis à mort en haine de la
Foi. Il en est de même à Plourin pour M. Tanguy Jacob et son
souvenir demeure toujours vivace dans cette paroisse.

BIBLIOGRAPHIE. — Tresvaux du Fraval, *Histoire de la Persécution révolutionnaire en Bretagne*, op. cit. (1845), II, p. 5. —
Téphany, *Histoire de la Persécution religieuse*, etc., op. cit.
(1879), p. 540. — Peyron, *Les prêtres mis à mort*, etc., op. cit.
(1919), p. 77. — Chanoine Saluden, *Procès et supplice des
confesseurs de la Foi Tanguy Jacob, Claude Chapalain et Marie
Chapalain*, Brest, 1927, in-8°; on y trouve toutes les pièces de
leur procès.

LES PRÊTRES GUILLOTINÉS A LORIENT

en exécution de la loi des 29-30 vendémiaire an II.

(Cf. texte de cette loi, prés. vol., p. 16-18.)

LIV. — Olivier LE FELLIC

(Sources : Archives départementales du Morbihan, L 1037, 1061, 1073, 1544,
L 1571 ; A 22, Z 501 A 22).

237. — Olivier Le Fellic naquit au village de Kéranduic,
en Noyal-Pontivy, le 6 août 1754. Son père, Gilles Le Fellic, et sa
mère, Marie Le Moign, surtout riches en vie chrétienne, le firent
baptiser le lendemain de sa naissance. On le trouve tonsuré au
Séminaire de Vannes le 18 septembre 1779, minoré le 11 mars
1780, recevant le sous-diaconat le 23 septembre de cette année,
diacre le 31 mars 1781, enfin ordonné prêtre à Vannes le 22 septembre suivant. Deux ans après, il se fixa à Bubry comme prêtre
habitué et, le 19 janvier 1784, y obtint la chapellenie de Saint-
Yves. Cela ne veut pas dire qu'il en devint titulaire. Saint-Yves,
petite chapelle et gros pèlerinage, à une lieue du bourg, appartenait au chapitre de la cathédrale et M. Le Fellic n'en fut constitué que le modeste desservant.

238. — Arrivent les événements de 1789. Le recteur de Bubry,
M. Benjamin Videlo, son frère Louis qu'il avait obtenu pour
vicaire et tous les prêtres de Bubry, refusèrent à la fois le serment
schismatique les 6 et 13 février de cette année; c'était entrer
dans l'orage. Dès lors administrations diverses, ennemis politiques ou personnels, espions de toutes sortes, dénonciateurs de
tout acabit, font naître mille difficultés sous leurs pas. S'ils se
terrent, leurs cachettes sont connues ; s'ils battent le pays, leurs
déguisements sont signalés, et partout et toujours le misérable
curé-jureur de l'endroit, un nommé Le Stunff, élu le 3 avril 1791
curé de Bubry, plus impudique encore que constitutionnel, les
poursuit d'une haine sauvage. On le voit les dénoncer pour la
première fois le 13 septembre 1791, accusant spécialement
M. Le Fellic de détourner les gens d'assister à ses offices. Le
15 juin de l'année suivante, le directoire signa leur ordre d'arrestation. M. Le Fellic y fut désigné nommément, mais on ne put
le saisir. Malgré ces poursuites, M. Le Fellic n'obéit pas aux lois

de déportation du 26 août 1792 et des 21-23 avril 1793. Pour l'en punir, il vit confisquer et vendre son mobilier qui produisit la modeste somme de 39 livres 14 sols; en même temps que l'administration du Morbihan invitait une fois de plus la municipalité de Bubry à le faire arrêter, à l'occasion d'une messe célébrée à la chapelle Saint-Yves.

Le 29 septembre 1793, on avait organisé toute une expédition pour se saisir de MM. Videlo, Bertrand et Le Fellic. Elle échoua, ce n'était que partie remise. M. Le Fellic, vendu par un traître du village de Saint-Yves, nommé Louis Guillemot, devait bientôt se voir capturé.

239. — Dans la nuit du 9 au 10 décembre 1794, ce prêtre et ses confrères s'abritaient au village de Kerfosse, sous le toit d'un des meilleurs chrétiens de la paroisse, Pierre Le Dilly. Il était à peu près quatre heures du matin. M. Le Fellic venait d'entrer et, au premier étage du logis, s'entretenait à voix basse avec le recteur et son frère, quand tout à coup on frappa violemment à la porte : « La Nation ! ouvrez, au nom de la loi ! » Mais la sœur de Dilly parlementa et retint quelque temps les gendarmes au rez-de-chaussée, ce qui permit à M. Louis Videlo de percer le toit de chaume de la maison et de s'enfuir; le recteur et M. Le Fellic furent arrêtés.

Vivement on les entraîna garrottés vers Hennebont.

Que se passa-t-il en route? Est-ce vrai qu'ils essayèrent de s'enfuir, qu'ils offrirent de l'argent à leurs gardiens pour prix de leur liberté? Il serait bien imprudent de le croire. Ce qui est certain, c'est qu'à peine arrivés à Hennebont, on les conduisit au district et que de là on les expédia vers Lorient où, seul d'ailleurs, parvint M. Le Fellic, car, en route, près du pont d'Hennebont en Saint-Caradec, M. Benjamin Videlo avait trouvé moyen de prendre la clé des champs.

Pendant la nuit qui suivit, l'abbé Le Fellic, au fond de son cachot, put se préparer à la mort ; il savait bien qu'on ne l'épargnerait pas. Dès le lendemain 11 décembre, à peine le jour levé, il fut amené devant le tribunal criminel. Dans son interrogatoire, il proclama n'avoir pas prêté serment et n'avoir pas quitté le sol du Morbihan. Il prit garde par ailleurs de compromettre qui que ce fût par ses réponses.

240. — Après avoir pris à peine le délai nécessaire pour en rédiger la teneur, le tribunal criminel du Morbihan rendit son jugement dont le texte a déjà été publié ailleurs. « Olivier Le

Fellic, prêtre réfractaire, demeuré en France malgré les lois qui lui enjoignaient d'en sortir, devra être mis à mort dans les 24 heures sur la place de la Montagne en la ville de Lorient, conformément au texte de la loi des 29-30 vendémiaire an II.

» Le temps de faire au condamné la dernière toilette, et le cortège se forma sans tarder. Des gendarmes et des gardes nationaux le gardaient; le bourreau marchait à ses côtés. Arrivé au pied de l'échafaud, M. Le Fellic gravit les marches de la plate-forme. En un instant il est saisi, lié à la planche fatale, basculé et le couteau tombant consomma son sacrifice ». Il était 11 heures et demie du matin.

Au village de Kerfossé, en Saint-Yves de Bubry, on conserve avec vénération la pièce « où, sous la Révolution, les prêtres ont dit la messe » et l'on garde pieusement le souvenir du martyr.

BIBLIOGRAPHIE. — Guillon, *Les Martyrs de la Foi*, etc., op. cit. (1821), III, p. 509. — Tresvaux du Fraval, *Histoire de la Persécution révolutionnaire en Bretagne* (1845), op. cit., I, p. 512. — P. Nicol, *Les Prêtres de Bubry, 1790-1802*, Vannes, in-8°, 1908. — Merlet, *Le District de Rochefort*, in *Revue de Bretagne*, 1er sem., 1908, p. 116. — R. P. Le Falher, *Les Prêtres du Morbihan victimes de la Révolution*, in-8°, Vannes, 1921, p. 8-19, a publié les principales pièces du procès.

LV. — Julien-François MINIER

(SOURCES : Archives départementales du Morbihan; L 1570, A 14, ancien Z 501 et 511.)

241. — Julien MINIER, fils de Judicaël Minier, marchand cloutier, et de Jeanne Guyot, naquit à Rochefort-en-Terre, le 15 juin 1761. Il fut baptisé le même jour dans l'église collégiale de Notre-Dame de la Tronchaye. Tonsuré le 12 mars 1785, minoré le 1er avril 1786, sous-diacre le 23 septembre suivant, diacre le 2 juin 1787, M. Minier fut ordonné prêtre à l'église du Mené, qui était celle du Grand Séminaire de Vannes, le 27 septembre de cette même année. Il devint immédiatement vicaire de Limerzel, il s'y trouvait encore lors de la Révolution. Sa première signature figure le 4 janvier 1788 et sa dernière le 28 août 1792.

A l'époque du schisme, pas un des quatre prêtres de la paroisse de Limerzel ne voulut prêter serment à la nouvelle Constitution. Suivant l'exemple que leur donnait le recteur, M. Eon, ils demeurèrent invinciblement attachés à la Foi. M. Eon alla mourir en Espagne; son vicaire, M. Minier, à Lorient, sur l'échafaud.

M. Minier tomba pour ainsi dire dès les débuts de la persécution sanglante; on n'était qu'au mois de janvier 1794 quand il fut arrêté.

242. — Le soir du 6, qui était un dimanche, deux hommes exténués frappaient à la porte de l'excellent fermier de Coëdali en Pluherlin. Il faisait froid. ils avaient faim; Joseph Morice, le bon laboureur, leur ouvrit. Quand les voyageurs eurent mangé, ils se couchèrent. Trois heures venaient de sonner à la vieille horloge de la ferme, lorsqu'on frappa à la porte de l'hospitalière demeure. C'était le détachement des gendarmes de Rochefort avec leur lieutenant, que commandait le capitaine Gilles Guérin, venu tout exprès de Vannes. On leur avait dit que Morice logeait des suspects, et ils voulurent voir. « On leur avait dit » : donc il y avait eu espionnage ou trahison.

Les gendarmes grimpèrent à la chambre haute; ils y découvrirent les deux proscrits. Le premier refusa d'abord de répondre, puis finit par déclarer qu'il s'appelait Julien Minier, vicaire de Limerzel. L'autre fit savoir être écolier, c'est-à-dire séminariste, se nommer Jean Desgrées, de Limerzel, et appartenir à la première réquisition. Ils étaient de bonne prise tous les deux. Guérin leur adjoignit Morice parce qu'il les avait abrités, et la troupe prit le chemin de Rochefort. Ainsi M. Minier tomba-t-il aux mains de ses ennemis.

243. — Le lendemain, de Vannes où les prisonniers avaient été conduits tout d'abord, on donna l'ordre de les transférer par étapes à Lorient, où ils arrivèrent le soir du 9 janvier 1794. On ne les y fit pas languir. Le lendemain, les trois prisonniers de Coëdali comparurent à Lorient devant le tribunal criminel pour leur interrogatoire d'identité et le jugement à rendre. M. Minier déclara ne savoir donner d'autre cause à son arrestation sinon qu'il était prêtre. Il reconnut qu'il était sans domicile fixe depuis seize ou dix-sept mois, c'est-à-dire depuis septembre 1792 où tous les prêtres durent se cacher, et qu'il n'avait prêté aucun serment. Morice, plus embarrassé, certifia ne pas connaître le vicaire de Limerzel. Enfin Desgrées, qui était en même temps secrétaire de la municipalité de la commune, répondit bravement au président, qui lui reprochait non seulement de n'avoir pas fait arrêter un prêtre réfractaire, mais encore de cohabiter avec lui : « Je ne pouvais pas le faire saisir et je n'en connaissais aucun moyen. »

Le tribunal se crut suffisamment édifié et, séance tenante, sur les conclusions de Marion, l'accusateur public, en vertu de la loi du 30 vendémiaire, condamna : M. Julien Minier à la peine de mort, comme *prêtre réfractaire* demeuré en France, malgré les décrets qui lui ordonnaient de se déporter, Joseph Morice et Jean Desgrées à la déportation. Voilà pourquoi le samedi 11 janvier, à onze heures et demie du matin, la tête du vicaire de Limerzel roula aux pieds du bourreau sur la place de la Montagne à Lorient. L'exécution avait duré une demi-heure.

244. — Au dire de M. le recteur de Limerzel, le souvenir de M. Minier vit toujours dans cette paroisse ainsi que la croyance à son martyre. L'exécution de ce prêtre en haine de la Foi ne fait de doute pour personne. Sa mort sur l'échafaud est du reste un cas classique, et sa conduite au cours de la Révolution est un sûr garant des sentiments qui l'animaient à ses derniers instants.

Bibliographie. — Guillon, *Les Martyrs de la Foi*, etc., op. cit. (1821), IV, p. 84. — Tresvaux du Fraval, *Histoire de la Persécution révolutionnaire en Bretagne*, op. cit. (1845), I, 531, et II, p. 14. — R. P. Le Falher, *Les Prêtres du Morbihan victimes de la Révolution* (1921), op. cit., p. 19-30; a publié les Acta de son procès.

LVI. — Pierre MAHIEUX

(Sources : Archives départementales du Morbihan, A 13, anciennement Z 501, L 1563.)

245. — M. Pierre Mahieux naquit et fut baptisé à Cruguel, non loin de Josselin, le 26 avril 1764. Yves et Louise Dréano, cordonniers de profession, ses père et mère, jouissaient dans le pays de l'estime universelle. D'après ses lettres d'ordination encore pieusement conservées à Cruguel, le jeune Mahieux tonsuré le 24 mars 1787, minoré le 8 mars 1788, sous-diacre le 28 novembre 1788, fut honoré du diaconat le 28 mars 1789 et de la prêtrise le 19 septembre suivant, des mains de son évêque, Mgr Amelot.

246. — Nommé vicaire de Sérent presque aussitôt son ordination, M. Mahieux refusa fermement de s'assermenter ; aussi lorsque l'intrus Perrotin eut été désigné pour occuper la cure de cette paroisse, les jacobins de la localité ne manquèrent pas de signaler le jeune prêtre comme dangereux. En conséquence, dès le 4 septembre 1791, le directoire du Morbihan rendait un arrêté lui prescrivant de se retirer dans sa famille ou à 10 lieues de Sérent. (*Arch. Morbihan*, L 1192 et L 1206.)

On ignore si M. Mahieux obéit immédiatement à cette injonction. Toujours est-il que l'installation du curé-jureur nécessita la présence de la troupe. On en rendit responsables les prêtres insermentés, et il fut décidé que, pour payer les frais de cette expédition, on retiendrait 100 livres sur leurs traitements échus. (*Arch. Morbihan*, L 1192.)

Puis le sieur Perrotin s'étant cru menacé à Sérent, on vint enquêter dans cette localité et plusieurs témoins déposèrent que l'abbé Mahieux était l'un de ceux qui menaient le plus activement la lutte contre le curé constitutionnel. (*Arch. Morbihan*, L 1129.)

Pour éviter l'emprisonnement, M. Mahieux trop vivement pourchassé à Sérent dut cependant chercher un refuge momentané à Cruguel où l'on trouve sa signature sur quatre baptêmes, le premier le 4 février 1792, et le dernier le 31 mai suivant. Il retourna ensuite à Sérent et s'y tint jusqu'au mois de septembre de cette année.

Malgré que ses dispositions le visassent spécialement en qualité de vicaire insermenté, M. Mahieux n'obéit pas à la loi du 26 août 1792 qui le condamnait à l'exil. Les décrets des 21-23 avril 1793 et ceux des 29-30 vendémiaire de cette année ne parvinrent pas à lui faire renoncer au périlleux ministère qu'il remplissait auprès des âmes, alors si privées des secours de la religion. Dès lors, sans domicile fixe, à la merci d'une dénonciation alléchée par la cupidité, le vicaire de Sérent mena l'existence la plus pénible que l'on puisse imaginer. Dès le 12 novembre 1793, le conventionnel Prieur de la Marne avait mis à la disposition d'un seul district une somme de 3.000 livres pour se saisir des « monstres noirs qui pervertissaient les paysans ». (*Arch. Nat.*, AF, II, 125, plaquette 962, p. 54). M. Mahieux, dans cette chasse aux prêtres, succomba.

247. — La veille de son arrestation, c'est-à-dire le 16 mai 1794, un vendredi, la brigade de gendarmerie de Ploërmel, aux ordres du lieutenant Mahot, voyageait sur la route de Malestroit derrière le commissaire du district, le citoyen Claude Guillot, munie d'une mission secrète.

Arrivée à Malestroit, elle se renforce de 37 militaires de la garnison et, la nuit venue, prend la route de Sérent, localité mal notée parmi les jacobins. Après plusieurs perquisitions inutiles, elle s'en va au village de la Touche frapper à la porte de Jacquette Merlet, veuve de Joseph Guimart, excellente chrétienne dont la population de Sérent *conserve encore précieusement la mémoire.* Sur les sommations de la troupe, une fenêtre s'entrouvre, mais se referme aussitôt sur la menace de brûler la cervelle à la personne assez audacieuse pour se montrer. Aussitôt toutes les lumières s'éteignent; il était minuit.

A l'intérieur on hésite; de l'extérieur on menace; enfin la porte s'ouvre et, face à face avec les soldats de la Révolution, une femme paraît. « Tu as des prêtres cachés ici ! — Non. » Elle avait répondu avec tant de tremblement de toute sa pauvre personne éperdue que les envahisseurs comprirent oui. Joyeux, ils se précipitèrent à la recherche. Ce fut bientôt fini. A l'étage supérieur, d'un lit en désordre un homme sortait, complètement vêtu, qui portait un crucifix, des saintes huiles, des « hosties » pour dire la messe et une lettre signée « Clément ». C'était M. Mahieux, le proscrit.

Quand les policiers l'eurent en leurs mains, ils descendirent et se firent désigner la maîtresse de maison. Une autre femme se chauffait au coin de l'âtre. « Quelle est cette personne ? » demanda le commissaire. C'était Jeanne Trégaro, femme Clément, la signataire de la lettre trouvée sur M. Mahieux. On s'empara encore d'un enfant de seize ans et d'un homme d'une trentaine d'années qui assistaient silencieux à cette scène. L'un était le fils, l'autre le domestique de la maison.

248. — Le jour commençait à poindre et les cinq personnes rassemblées dans la cour de ferme se disposaient à partir, lorsque, profitant d'un moment d'inattention générale, la veuve Guimart tendit à M. Mahieux un petit paquet dont elle s'était munie. Mais le gendarme Morice vit le mouvement, saisit le paquet suspect, et, le commissaire l'ouvrant en hâte, y découvre une *petite custode remplie d'hosties.* « Laissez-le-moi, s'écria la paysanne, *c'est consacré,* vous ne pouvez vous en servir. » Voulait-elle dire que les hosties étaient consacrées ou bien que le vase, qui les contenait, était saint et partant inutilisable, on l'ignore. Commissaire et gendarme n'entendirent rien et gardèrent la custode. Après les avoir garrottées, on entraîna vers Ploërmel les victimes de la persécution jacobine. La tradition veut qu'en traversant Sérent, M. Mahieux chantait le beau cantique du Bienheureux de Montfort : « *Ah ! que mon sort est charmant !* »

249. — Dix jours se passèrent. Des prisons de Ploërmel, les malheureux habitants de la Touche furent transportés à celles de Lorient. Le 26 mai 1794, ils comparurent devant le tribunal criminel du Morbihan siégeant à Lorient. M. Mahieux, dans son interrogatoire, déclara avoir usé de sa liberté en ne prêtant pas le serment prescrit à la Constitution. Courageusement, il fit connaître qu'il n'avait jamais été dans ses intentions d'obéir aux lois de proscriptions qui l'atteignaient et de quitter la France. Il se borna à indiquer sommairement les paroisses qu'il fréquentait, couchant, dit-il, le plus souvent dehors, et allant mendier sa subsistance de porte en porte.

Par ailleurs, il prit garde d'apprendre à ses juges rien de plus qu'ils ne sussent déjà. Il ne cacha pas du reste qu'il exerçait à l'occasion son ministère et ajouta, en bon prêtre qu'il était, *qu'il ne se croyait pas en droit de le refuser* à ceux qui y faisaient appel.

Les femmes Trégaro et Merlet, dans leurs réponses, firent largement appel au système des restrictions mentales, moins sans doute dans l'espoir inutile de sauver leurs têtes que pour mettre à couvert leurs jeunes familles des conséquences terribles qu'elles redoutaient.

Les cas comme ceux de M. Mahieux et de Jacquette Merlet étaient réglés d'avance, c'était la mort. La loi des 29-30 vendémiaire an II était formelle, ainsi que celle du 22 germinal suivant. Jeanne Trégaro fut adjointe à Jacquette Merlet comme sa complice. Le soir du jour qui les avait vus condamner, vit aussi leurs exécutions sur la place de la Montagne, à Lorient. Procès-verbal fut dressé de leur mort le jour même de leur trépas, 26 mai 1794.

250. — Les victimes moururent sans forfanterie dans le calme de leur conscience, sûres d'elles-mêmes, avec le plus simple héroïsme, *le prêtre comme réfractaire*, les deux femmes comme *ses receleuses*, c'est-à-dire les uns et les autres en haine de la Foi.

La tradition du martyre tant de M. Mahieux que de Jacquette Merlet paraît solidement établie dans sa parenté. Les collatéraux du premier conservent encore précieusement une partie de son mobilier dont un coffre, une armoire et une soutane. Non seulement la famille de M. Mahieux est persuadée qu'il a été mis à mort pour la Foi, mais aussi ses compatriotes. Il y a bien longtemps déjà que vis-à-vis son acte de baptême, une main inconnue a tracé ces mots : « *Mort martyr en 1794* ». Plusieurs personnes à Sérent se souviennent avoir appris de leurs parents que l'on réquisitionna des cordes pour garrotter les prisonniers et qu'une fois que M. Mahieux se vit couvert de liens à l'image du Divin Maître, il s'écria : « Unis-toi maintenant, mon âme, à Dieu ; »

BIBLIOGRAPHIE. — Tresvaux du Fraval, *Histoire de la Persécution révolutionnaire en Bretagne* (1845), op. cit., II, p. 30. — R. P. Le Falher, *Le Royaume de Bignan*, in-8°, Paris, 1913. — — Du même, *Les Prêtres du Morbihan victimes de la Révolution* (1921), op. cit., p. 55-73, publient les actes officiels du procès de M. Mahieux et de ses receleuses.

LVII. — Dom Mathurin LÉON, Chartreux.

(Archives départementales du Morbihan, L 875, 912, 1148, Q 497.
A 23, anciennement L 501-53.)

251. — Ainsi qu'il l'apprend dans son interrogatoire, Mathurin LÉON naquit à Bazouge-lès-Château-Gontier, dans l'évêché d'Angers, le 26 août 1746, du mariage de Mathurin et de Michelle Sureau. A 32 ans, le 20 ou 23 avril 1778, il faisait profession dans l'ordre de Saint-Bruno, à la Chartreuse de Nantes. De là, on le transféra à la maison d'Orléans en 1782. Trois ans plus tard, ses supérieurs le rappelèrent à Nantes pour fort peu de temps. Enfin, le 29 octobre 1785, on le trouve religieux à l'abbaye du Champ-Saint-Michel, à Auray. Il vécut dans cette maison jusqu'aux jours néfastes de la Révolution.

252. — Dans cet établissement, animé en général du meilleur esprit, les religieux semblent avoir manifesté en grand leur intention de continuer la vie commune. C'est ainsi que, le 19 janvier 1791, s'y trouvaient encore dix religieux et, parmi ceux-ci Dom Léon. Pour mettre leur patience à l'épreuve et surtout avec le secret espoir de les forcer ainsi à déguerpir plus tôt, on apporta la plus mauvaise volonté à ordonnancer leurs traitements. Puis, comme ce moyen n'aboutissait pas à les faire s'en aller, et qu'au contraire, conformément à la loi, ces bons moines, afin de montrer leur bonne volonté, avaient procédé, le 6 août 1791, à des élections à la suite desquelles Dom Léon avait été désigné sacristain, les révolutionnaires, afin d'expulser plus sûrement leurs victimes, décidèrent de vendre leur abbaye. Celle-ci trouva acquéreur.

Par suite, la vie commune cessa de devenir possible et chacun des religieux dut s'en aller quérir asile ailleurs. C'est pourquoi le 4 octobre 1791, Mathurin Léon, âgé de 45 ans, cy-devant Chartreux de la maison du Champ-Saint-Michel, près Auray, déclarait-il vouloir se fixer au village de Saint-Quirin, en la paroisse de Brec'h. Il avait loué là une petite maison, où il vécut non sans peine, l'espace d'une année entière, le plus souvent de charités, car les plus futiles raisons étaient un prétexte au directoire du Morbihan pour le priver lui et ses collègues de la pension que leur garantissait la loi.

La persécution sous toutes ses formes n'était-elle pas à l'ordre du jour contre ses pareils? Dès le 14 août 1792, un arrêté rendu par le directoire du Morbihan autorisait tous les administrateurs de district à arrêter et à faire conduire directement à la citadelle de Port-Louis tous les prêtres insermentés (*Arch. Morbihan*, L 260).

Aussi, dès que parut la loi du 26 août 1792, quoique ses termes ne le visassent pas directement, Dom Léon en fut-il bientôt réduit à disparaître et à se cacher. Il ne semble pas cependant avoir quitté la région d'Auray et, jusqu'au 11 novembre 1792, on connaît celui qui lui fournissait du pain à crédit, car il présenta après son trépas la note à payer aux caisses révolutionnaires.

253. — Un jour du mois de juin 1794, c'était le 5 ou 6 (1), il traversait un landier de Brech, tout voisin de la route et à quelques kilomètres d'Auray, quand un détachement de cavalerie passant l'aperçut et le héla. Tout de suite Dom Léon comprit qu'il était perdu et, fuyant devant les soldats, essaya de se cacher dans un champ de blé du voisinage. Mais les cavaliers mettent pied à terre, découvrent le pauvre Chartreux, trouvent sur lui des *hosties*, vraisemblablement consacrées, constatent ainsi qu'il est prêtre et l'emmènent à Auray où ils le jettent en prison. Il y demeura plusieurs jours, car ce n'est que le 26 juin, à 9 heures du soir, qu'il arriva à Lorient.

Les juges de cette ville tinrent à regagner le temps perdu : dès le lendemain, Brullé, l'accusateur public, le fit interroger. Le procès-verbal qui nous a conservé ses réponses, prouve que sa franchise en la circonstance égala sa prudence. S'il ne nia rien de ce qui pouvait le perdre, il évita soigneusement de dire quelque chose capable d'entraîner des difficultés pour des tiers.

La sentence suivit immédiatement l'interrogatoire de Dom Léon. Elle ne le surprit pas. Il savait à l'avance le sort qu'on lui

---

(1) Dom Léon dit le 5, l'agent national qui l'arrêta dit le 6.

préparait, c'était la mort, en exécution de la loi des 29-30 vendémiaire an II, par laquelle on prétendait exterminer tout le clergé catholique romain demeuré en France pour y faire du ministère.

Dom Léon périt sur l'échafaud, le jour même de sa condamnation, le 27 juin 1794, à 6 heures du soir. Son acte de décès fut enregistré le lendemain. On a toujours dans l'ordre de Saint-Bruno considéré le serviteur de Dieu comme un martyr de la Foi, et toutes les fois que les Chartreux citent son nom, ils ne manquent pas de le faire précéder de cette glorieuse épithète. C'est bien en effet la haine des Révolutionnaires pour les prêtres catholiques romains qui lui coûta la vie.

BIBLIOGRAPHIE. — Guillon, *Les Martyrs de la Foi*, etc., op. cit. (1821), III, p. 355. — Tresvaux du Fraval, *Histoire de la Persécution révolutionnaire en Bretagne* (1845), op. cit., II, p. 31. — R. P. Le Falher, *Les Prêtres du Morbihan victimes de la Révolution* (1921), op. cit., p. 85-90. — Bliard, *Prieur de la Marne*, etc., p. 198.

LVIII. — Mathurin LE BRETON

(SOURCES : Archives départementales du Morbihan, A 14, anciennement Z 501, L 1353, 1359).

254. — M. Mathurin LE BRETON naquit au village de Priziac en Pleucadeuc, le 18 mai 1749, du mariage de Pierre Le Breton et de Jeanne Aoustin. Tonsuré le 3 décembre 1769, minoré le 16 mars 1771, sous-diacre *titulo patrimonii* le 4 avril 1772, diacre le 19 septembre suivant, M. Le Breton fut ordonné prêtre à Vannes, le 18 septembre 1773, par Mgr de Bertin. Il remplit ensuite les fonctions de vicaire à Ruffiac où on relève sa première signature le 29 octobre 1774 et sa dernière le 13 octobre 1780. On retrouve ensuite sa présence à Pleucadeuc comme « curé d'office » le 20 octobre 1783. Mais les registres de catholicité ayant disparu dans cette paroisse à partir de 1791, on ne peut préciser l'époque à laquelle ce prêtre cessa d'y faire officiellement du ministère.

255. — M. Le Breton souffrait d'un tempérament maladif, une surdité quasi totale s'ajoutait à ses autres infirmités. C'était un vieillard avant l'âge ; il puisa cependant dans sa Foi assez d'énergie pour refuser tous les serments inventés à cette époque, et, quand parut la loi du 26 août 1792, qui l'atteignait directement, il prit un passeport pour l'Espagne et partit. Malheureusement ce ne fut pas pour longtemps. Arrêté à la côte d'Ambon par des vents contraires, son navire vainement essaya trois fois de lever l'ancre. Découragé, M. Le Breton rentra dans son pays.

256. — On ne sait comment il s'y terra pendant près de deux ans. Les documents et la tradition veulent qu'il se cachait au village de la Grenouillière, à cinq cents mètres de son lieu natal. La sécurité dont il y jouissait devait être fort précaire, car le 29 mai 1794, ayant eu connaissance de la loi du 22 floréal an II (11 mai de cette année), qui réglait le sort des ecclésiastiques sexagénaires ou infirmes, M. Le Breton ayant su la venue d'un commissaire expédié par les autorités de Rochefort, pour procéder à la vente de ses meubles, s'en fut se présenter à lui, muni d'un certificat médical, se fit connaître et le pria de lui procurer un cheval pour l'accompagner à Rochefort. Les administrateurs de ce district, qui devaient connaître quelle existence misérable traînait l'abbé Le Breton, accédèrent à sa demande de le faire conduire à Vannes et l'expédièrent sous escorte vers cette ville le 31 mai suivant (12 prairial an II). Ils poussèrent même l'humanité jusqu'à faire remarquer à leurs collègues du département « que ses infirmités connues depuis longtemps, jointes à la considération qu'il s'était présenté volontairement, semblaient l'exempter de la peine de mort et même de celle de la déportation » (*Arch. Morbihan*, L 1359).

Le 1er juin 1794, on écroua M. Le Breton à l'ancien couvent de la Retraite pour les femmes à Vannes, alors transformé en prison. Puis, comme il était toujours intéressant pour un jacobin d'exterminer un prêtre quand la chose était possible, on décida de faire comparaître l'ex-vicaire de Pleucadeuc devant le tribunal criminel du Morbihan. Dans ce but, on l'expédia sur Lorient le 5 juillet 1794, et dès le lendemain l'accusateur public s'occupait de son cas.

257. — Lors de son interrogatoire, M. Le Breton, comme tous ses collègues, après avoir *déclaré sans hésiter* sa qualité de prêtre réfractaire, nia avoir connu l'arsenal de lois qui enserraient de mailles de plus en plus étroites les malheureux ecclésiastiques insermentés. Ils étaient sincères en cette réponse. Tous en général ne connaissaient qu'imparfaitement la législation persécutrice révolutionnaire, laquelle au fond ne présentait que trois perspectives au clergé catholique romain : l'exil pour le plus grand nombre, la prison perpétuelle pour les sexagé-naires et les infirmes et l'échafaud pour tous les autres; à l'exception de ceux, très rares, qui, considérés comme intransportables, avaient été autorisés par délibération spéciale à demeurer chez eux, sous la surveillance des municipalités.

C'est à ceux-là seulement qu'en Bretagne, on appliqua la partie favorable de la loi du 11 floréal an II (cf. p. 19). Par suite, M. Le Breton, n'ayant jamais fait connaître à temps ses graves infirmités, avait donc commis une grosse erreur en se livrant, lui, prêtre réfractaire, entre les mains des acharnés destructeurs du clergé catholique. Le tribunal criminel du Morbihan l'en châtia en lui faisant l'application de la loi exterminatrice des 29-30 vendémiaire an II, aggravée de celle du 22 prairial même année. Tant et si bien que le pauvre prêtre, auquel on ne pouvait reprocher, en somme, que d'avoir obéi à sa conscience et à sa Foi en refusant un serment schismatique en 1791, périt sur l'échafaud le soir du 7 juillet 1794. Son acte de décès fut rédigé sept jours après à la mairie de Lorient. Plusieurs personnes représentent encore le nom du serviteur de Dieu dans la paroisse de Pleucadeuc.

BIBLIOGRAPHIE. — Guillon, *Les Martyrs de la Foi*, etc., *op. cit.* (1821), III, p. 492. — Tresvaux du Fraval, *Histoire de la Persécu-tion révolutionnaire*, etc., *op. cit.* (1845), II, p. 39. — R. P. Le Falher, *Les Prêtres du Morbihan*, etc., op. cit. (1921), p. 91, a publié p. 95 l'interrogatoire et le jugement de M. Le Breton.

LIX, LX. — Jacques SANTERRE, oncle,
et Jacques SANTERRE, neveu.

(SOURCES : Archives du Morbihan, L 276, A 14, anciennement Z 501. — Archives d'Ille-et-Vilaine, série L, non datée, texte imprimé de leur jugement.)

258. — Jacques SANTERRE, issu du mariage de Jacques et de Guillemette Guyot, naquit au village de Trémont, en Herbignac, le 9 mai 1716, et fut baptisé le même jour. On n'a pas trouvé de renseignements sur ce serviteur de Dieu, sinon qu'il fut ordonné prêtre dans le diocèse de Nantes en 1745. En 1763, il était vicaire à Assérac, même évêché. A une date que l'on ignore, il fut nommé chapelain ou vicaire de la Madeleine, chapelle aujourd'hui paroisse, située dans les faubourgs de Guérande. Le 3 septembre 1791, le directoire de la Loire-Inférieure, considérant le desservant de la Madeleine comme un fonctionnaire public, décida qu'il serait procédé au remplacement de M. Santerre « parce qu'il ne s'était pas présenté au moment de la prestation de serment à Guérande », exemple d'autant plus méritoire qu'il fut peu suivi en cette localité. Obligé de se chercher asile ailleurs, ce vieillard se retira à Férel, alors trêve d'Herbignac, où il avait quelques propriétés.

259. — M. Santerre possédait deux neveux qui devinrent prêtres tous les deux. Le plus jeune, Julien, mourut déporté à la Guyane en 1799, l'aîné et son filleul, appelé JACQUES, comme son parrain, naquit à Herbignac, le 25 octobre 1739, du mariage de Jean et de Marie Bertho. Il fut baptisé le lendemain. Il reçut la prêtrise à Nantes, le 20 décembre 1766. Son oncle étant septuagénaire fit appel à ses forces à une date que l'on n'a pas retrouvée. C'est donc pourquoi, habitant Guérande en 1791, il imita la conduite de son parrain et, comme lui, fut obligé de quitter cette ville en qualité de réfractaire. Il se retira lui aussi dans son pays natal et ne tint aucun compte des lois d'exil qui l'atteignaient, préférant l'intérêt des âmes à sa propre sécurité.

260. — Jacques Santerre, oncle, d'après la tradition, vivait retiré au village du Drézel, où il donnait le meilleur exemple aux alentours. Aidé de son filleul et neveu, il fit tout le bien possible aux environs, écrivait dès 1821 le précieux chroniqueur qu'est l'abbé *Guillon*. Les lois féroces des 21-23 avril 1793, des 29-30 vendémiaire et du 22 floréal an II (Cf. texte, p. 15-19), qui menaçaient directement leurs existences, ne les firent point modifier leur façon d'agir. Enfin, le 29 avril 1794, une dénonciation de Jean Lévêque, curé intrus d'Herbignac, plus connu sous le nom de Jean des Bicqueteaux, vint mettre le comité de surveillance de cette localité en éveil. On fit venir un cultivateur appelé Michel Vallée, qui fit connaître avoir rencontré Jacques Santerre aîné, près du village de Kerboulard, revêtu d'habits civils. (*Arch. Morbihan*, L 276.)

Les autorités jacobines, ainsi alertées, durent redoubler d'efforts pour s'emparer des prêtres Santerre, mais nul document que l'on connaisse ne raconte leur arrestation. On dit que Santerre oncle fut saisi au cours d'une immense chasse aux prêtres qui battit toute la région de La Roche-Bernard. Ecroué à la Tour de Vannes sur ordre de l'agent national du district, en date du 3 juin 1794, M. Santerre aîné fut élargi le 15 de ce même mois et transféré à la prison dite de la Retraite des Femmes, à cause de sa mauvaise santé. On l'en sortit le 1er juillet de cette année pour le conduire à Lorient, alors siège du tribunal criminel.

Quant à Santerre neveu, il fut écroué le 7 juin 1794 par la gendarmerie de Muzillac à la Tour de Vannes. On l'emmena à Lorient le même jour que son oncle. La tradition, confirmée par sa déposition, ainsi qu'on le verra plus loin, veut que Santerre cadet se livra spontanément pour obtenir la délivrance de son frère Jean arrêté à son lieu et place.

261. — Le 7 juillet 1794, les deux parents comparurent à Lorient devant le tribunal criminel du Morbihan pour s'y entendre condamner à mort. Leur jugement, prévu d'avance, n'était que le couronnement d'une parodie judiciaire voulue par la loi. On possède deux versions de l'interrogatoire subi par Santerre, l'octogénaire. — L'une, *qu'il refusa de signer*, prétend qu'il ne prêta pas le serment constitutionnel, « parce qu'il était malade. » C'est cette version qui figure dans le dossier de son procès que l'on conserve parmi les papiers du tribunal criminel. — L'autre version, au contraire, qu'on peut lire dans le texte imprimé de son jugement, prête à ce vieillard une toute autre attitude. Il y affirme nettement, *sans y ajouter aucune explication*, qu'il n'a point prêté le serment constitutionnel, et comme les juges insistaient pour connaître la raison pour laquelle il ne s'était pas retiré, vu son âge, dans la maison de réclusion départementale créée par la loi du 26 août 1792, l'octogénaire, fatigué sans doute de ces questions sans fin, répondit brusquement à ses interrogateurs : « Pour faire comme les autres », puis dans un sursaut d'énergie, il ajouta ces paroles qui figurent en *italiques* dans le texte imprimé de son jugement : « Qu'au surplus on pouvait le fusiller ou le guillotiner, *qu'il s'en foutait.* »

262. — Décontenancés ses juges passèrent à un autre inculpé, lequel fut M. Le Breton, vu précédemment, puis ensuite à Jacques Santerre neveu. Celui-ci fit remarquer nettement (ce qui cadre avec ce que l'on a dit à son sujet tout à l'heure) « qu'il n'a point été arrêté, mais qu'il s'est rendu de lui-même à la municipalité de Férel le 5 juin 1794 ». Il nia après cela, tout autant avoir prêté serment que d'avoir pris quelque moyen pour se déporter, ainsi que l'y obligeaient les lois de persécution. Enfin, il résuma en ces mots la vie atroce qu'il avait dû mener en sa

qualité de proscrit demeuré en France pour y faire du ministère :
« Je mendiais ma subsistance et je me retirais dans les bois, les
granges et les genêts. »

L'accusateur public Brullé, dans sa plainte, avait désigné les
ecclésiastiques sus-nommés comme *prêtres réfractaires*, arrêtés
errants sur le territoire de la République. La loi n'exigeait rien
autre pour condamner à mort. La sentence suivit de près l'interrogatoire. — On invoqua pour sa teneur les textes de lois si
connus des 29-30 vendémiaire et des 22 floréal an II. (Cf. texte,
p. 15-19.)

263. — L'attitude si énergique de Santerre octogénaire au
cours de son interrogatoire, le courage de son filleul allant se
livrer à la mort pour faire rendre la liberté à son frère, sont un
sûr garant des sentiments avec lesquels ils acceptèrent et
subirent leur condamnation. Celle-ci fut exécutée quelques
heures seulement après leur jugement, à sept heures quarante
du soir. Leurs actes de décès figurent sur les registres d'état civil
de Lorient.

Quelques personnes de leur famille existent toujours à Herbignac et à Férel. Les anciens de Férel se souviennent encore
de leurs noms et croient à leurs martyres.

Bibliographie. — Guillon, *Les Martyrs de la Foi*, etc., op. cit.
(1821), t. IV, p. 575 et 579. — Tresvaux du Fraval, *Histoire de la
Persécution révolutionnaire en Bretagne*, etc., op. cit. (1845),
p. 31. — A. Lallié, *Le Diocèse de Nantes pendant la Révolution*,
deux in-8°, Nantes, 1893, I, p. 421; II p. 355. — P.-M. Briand,
Notices sur les Confesseurs de la Foi dans le diocèse de Nantes,
deux in-8°, Nantes, II, p. 435. — R. P. Le Falher, *Les Prêtres du
Morbihan victimes de la Révolution*, etc. (1821), op. cit., p. 92-99,
publie une partie des pièces de leurs procès.

LXI. — Jean FROCRAIN

(Sources : Archives du Morbihan, Z 412 et Z 500).

264. — Le 24 juin 1735, naquit en la trève de Sainte-Reine,
paroisse de Pontchâteau, au village de Lorganais, Jean Frocrain,
fils de François et de Guillemette Guihenneuc. Il fut baptisé le
lendemain de sa naissance. On trouve M. Frocrain tonsuré le
17 décembre 1757 et prêtre le 20 mai 1760. Cet ecclésiastique
desservait un peu avant le 20 mai 1765, date de sa première

signature, la frérie tréviale de Sainte-Reine en Pontchâteau. Comme tel, il y refusa le serment. Obligé pour cela de quitter son poste, il s'y maintint néanmoins le plus longtemps possible, puisque sa signature ne disparaît des registres de la frérie de Sainte-Reine qu'à la fin d'avril 1792, et c'est encore son écriture qu'on retrouve dans la rédaction d'un acte de sépulture au mois d'août de cette année.

Lorsque survint la loi du 26 août 1792, M. Frocrain, directement atteint par cette loi, voulut s'embarquer pour l'Espagne avec ses confrères au port de Vieille-Roche, près la Roche-Sauveur, au mois d'octobre qui suivit. Mais ceux-ci lui expliquèrent « qu'à cause de ses infirmités (il était affligé en effet d'une claudication prononcée et on l'appelait *le clochard*), sa place était toute désignée pour une maison de réunion » dont la création avait été prévue pour les prêtres infirmes.

M. Frocrain se laissa convaincre, mais ne se rendit cependant pas à la maison de réunion de Nantes, échappant ainsi aux horreurs de la noyade. Il crut pouvoir vivre ignoré dans son canton. Un supplice d'un autre genre lui était réservé.

265. — M. Frocrain chercha d'abord une retraite à Crossac, puis à Sainte-Reine, chez sa propre sœur, Madeleine, épouse de Guillaume Guihard. Les soldats de la Révolution visitèrent plusieurs fois Lorganais et la maison Guihard. Le prêtre proscrit, lorsqu'il les voyait arriver, les attendait sans trouble et les recevait affablement, leur faisant servir ou leur servant lui-même à boire et à manger. Les militaires trompés par sa manière d'être, qui imitait admirablement celle des gens de la campagne, ne pouvaient soupçonner qu'ils avaient devant eux un prêtre proscrit.

Mais il arriva qu'un Vendéen échappé au massacre de Savenay reçut chez les époux Guihard une généreuse hospitalité. Remis de ses fatigues et guéri de ses blessures, cet homme profita d'une amnistie et prit du service dans la cavalerie des révolutionnaires. Or, quelque temps après, Laumailler, commandant temporaire de Vannes, faisait fouiller activement les campagnes environnantes, dans l'espoir d'y découvrir des prêtres réfractaires. Le 14 juin 1794, une troupe de hussards aborda le village de Lorganais. A leur approche, M. Frocrain, une bêche sur l'épaule, prit de son pas boiteux la direction des cultures, quand tout à coup une voix connue s'écrie : « Voilà le clochard de Sainte-Reine, arrêtez-le. » C'était l'abominable Vendéen qui payait ainsi l'hospitalité à laquelle il était redevable de la vie.

La troupe aussitôt s'empare du malheureux prêtre, le garrotte et l'emmène à La Roche-Bernard, puis de là à Vannes et enfin à Lorient. C'était la dernière étape avant la guillotine.

266. — M. Frocrain demeura plus d'un mois en prison avant de comparaître devant le tribunal criminel du Morbihan, puisque c'est le 22 juillet seulement qu'il subit la constatation d'identité prescrite par la loi avant de le livrer au couperet de la guillotine. Il déclara franchement devant ses juges *n'avoir prêté aucun serment*, ne s'être point exilé à cause de ses infirmités, bien qu'ayant pris un passeport pour l'Espagne, et n'avoir pas osé, à la suite de la loi du 23 avril 1793, demander un laisser-passer pour se livrer aux autorités du département.

Il prit garde par ailleurs de compromettre quiconque par ses réponses, mais il eut soin quand même de faire remarquer que la loi du 22 floréal, qui visait spécialement les prêtres de sa catégorie, n'était parvenue à Sainte-Reine que postérieurement à son arrestation, mais cet argument n'obtint aucun succès.

Cette parodie judiciaire terminée, le tribunal rendit sa sentence : c'était tout naturellement la mort. Les motifs, on les a vus bien des fois. A la base, on invoque contre M. Frocrain un crime irrémissible : c'est un *prêtre réfractaire*. La loi du 26 août 1792 voulait purger le territoire de la République des êtres de son espèce. Il n'a pas obéi à la loi qui ordonnait son départ pour l'étranger, pas plus qu'il ne s'est fait interner dans une maison de réunion. Les décrets persécuteurs édictés depuis n'ont pu le faire sortir de sa passivité. Quant à la loi du 22 floréal, son ignorance à son sujet n'est pas une excuse, l'insertion de son texte au *Bulletin des Lois* tenant lieu de toute autre publication.

267. — En conséquence de l'application de toute cette législation nettement persécutrice, M. Frocrain fut livré au bourreau, « le Vengeur du Peuple », le jour même de son jugement, le 22 juillet 1794, aux 8 heures du soir. Son acte de décès fut dressé le lendemain à la mairie de Lorient. Une tradition qui a cours dans la Brière, veut que M. Frocrain, très boiteux, comme on l'a dit, étant tombé sur l'échafaud, le bourreau eût eu la cruauté de l'amener sous le couperet en le tirant par les cheveux. Les anciens à Sainte-Reine n'ont pas encore perdu le souvenir de son nom et croient à son martyre.

BIBLIOGRAPHIE. — *Semaine religieuse* de Nantes du 11 février 1888, p. 135. — Laillé, *Le Diocèse de Nantes pendant la Révo-

lution, in-8°, Nantes, 1893, t. Iᵉʳ, p. 42 ; t. II, p. 421. — P. M. Briand, *Notices sur les Confesseurs de la Foi pendant la Révolution*, in-8°, Nantes, 1903, t. II, p. 518. — R. P. Le Falher, *Les Prêtres du Morbihan victimes de la Révolution*, in-8°, Vannes, 1921, p. 100-104, publie une partie des pièces de son procès. — Abbé Grégoire, *Histoire religieuse de la ville et du pays de Guérande pendant la Révolution*, p. 160.

LXII. — Jean-Noël GOUGEON

(Sources : Archives départementales du Morbihan, A 9, anciennement Z 500, L 1213.)

268. — M. Jean-Noël Gougeon naquit à Ploërmel, diocèse de Saint-Malo, le 25 décembre 1742 et fut baptisé le même jour. Son père s'appelait Alexis Gougeon et sa mère Perrine-Thérèse Audeville.

Le jeune Gougeon fit ses premières études à Vannes. Appartenant par son origine au diocèse de Saint-Malo, c'est devant les autorités de cet évêché qu'il subit l'examen pour la tonsure. Il présenta de bonnes attestations de son recteur et du grand vicaire de Vannes, fut noté comme ayant « fort bien répondu » et fut tonsuré le 17 septembre 1763. A la suite, il reçut le même jour les ordres mineurs.

Lors de son examen pour le *sous-diaconat*, en août 1765, M. Gougeon étudiait au Séminaire de Saint-Méen-le-Grand. Bien que noté comme « présentant de bonnes espérances », on jugea qu'il avait « assez faiblement répondu » en la circonstance. En conséquence, on le retarda jusqu'au 15 mars de l'année suivante pour la réception de cet ordre.

Il subit l'examen pour le *diaconat* au mois d'août 1767. On jugea que ses réponses déjà faibles dans son précédent examen l'étaient encore cette fois-ci. On lui demanda donc de continuer ses études une nouvelle année. Il reçut cependant le diaconat le 9 septembre 1767 (*Arch. I.-et-V.*, G 88 et 89), mais jamais plus le nom de M. Gougeon ne figure désormais sur les registres d'ordination de l'ancien évêché de Saint-Malo. Fut-il rebuté par la difficulté des études ecclésiastiques, c'est vraisemblable. Toujours est-il qu'il ne reçut jamais la prêtrise et vécut désormais à Ploërmel, remplissant les fonctions de diacre d'office à l'église paroissiale et se créant des ressources en donnant aux jeunes enfants des leçons de français et même de latin. Une preuve des excellents sentiments qui ne cessaient de l'animer, c'est qu'en 1773, nous voyons son nom figurer parmi ceux de la *pieuse compagnie dite « des prêtres de Ploërmel ».*

269. — En 1791, M. Gougeon, n'étant pas fonctionnaire public, n'eut pas à refuser le serment, mais pour bien montrer sa pensée, *il cessa ses fonctions de diacre d'office à l'arrivée du curé intrus* de l'église Saint-Armel, le 5 juin 1791. Du reste, sa conduite n'avait pas échappé à la scrupuleuse surveillance des jacobins de l'endroit. Un soldat franc-maçon de passage, le citoyen Couture, du régiment de la Guadeloupe, le dénonça à la municipalité, le 31 mars 1792, comme n'ayant pas prêté à titre d'instituteur privé le serment constitutionnel. Les autorités de Ploërmel firent répondre à ce gêneur qu'elles avaient besoin d'un certain délai pour examiner cette question. On ne sait ce qu'il en advint finalement. (*Arch. municipales de Ploërmel*, reg. n° 7.)

La loi rendue le 26 août 1792 contre les ecclésiastiques insermentés n'atteignait pas directement M. Gougeon, mais un arrêté rendu le 14 août précédent par le directoire du Morbihan le gênait bien davantage, en autorisant les administrateurs des districts à faire conduire directement à la citadelle de Port-Louis tous les ecclésiastiques réfractaires. Aussi le diacre ploërmelais crut-il meilleur pour lui de sortir de France, où sa situation spéciale ne lui permettait pas de rendre beaucoup de services à la religion en temps de persécution. Il avait même quitté Ploërmel sans esprit de retour, lorsque le plus malencontreux des contretemps l'arrêta net dans son voyage. Arrivé en effet à la Trinité-Porhoët, où il avait de la famille, on lui fit remarquer que son passeport pour Jersey aurait dû être visé au district de Ploërmel. M. Gougeon s'empressa de l'expédier à cette ville pour les additions nécessaires, mais on perdit du temps, les délais accordés par la loi pour s'expatrier expirèrent et, faute de passeport, M. Gougeon ne put s'exiler. La Providence lui réservait une plus glorieuse destinée.

270. — Pendant deux ans le malheureux diacre vécut donc caché comme les prêtres et sans avoir les consolations de leur ministère. Il n'alla pas loin, tantôt à Loyat, tantôt à Mohon, à proximité de la forêt de Lanouée dont les épais fourrés servirent d'asile à tant de proscrits. Il mendiait son pain, déclare-t-il dans son interrogatoire, il l'achetait quand il pouvait. Il devait aussi dans la mesure de ses moyens se rendre utile aux âmes.

Or, dans la soirée du 14 septembre 1794, il s'était introduit dans la remise à charrettes d'un village de Mohon, la Ville-

Jehan, et il y comptait sans doute passer la nuit, quand les aboiements furieux d'un méchant chien de garde le chassèrent de son asile. En même temps la fermière de la maison voisine, Marie Marivin, sortit de chez elle pour voir ce qui se passait. La paysanne le connaissait-elle ? Il n'y paraît pas. Le diacre, sans annoncer qui il était, demanda logement par charité ou pour argent, et la bonne fermière, lui trouvant l'air honnête et sans lui demander son nom, conduisit l'étranger dans un cellier tout proche, où il put se reposer. Il était environ dix heures du soir. Vers les deux heures de cette même nuit, le village de la Ville-Jehan fut cerné par un détachement du 7e bataillon du Jura, aux ordres du lieutenant Desgoulle ; M. Gougeon était saisi au lit, il déclara son identité et la troupe l'emmena vers Ploërmel avec le fermier et la fermière, tous les deux accusés de recel, 15 septembre 1794.

271. — Le 19, les prisonniers furent dirigés sous escorte vers Lorient.

Le 3 octobre seulement, ils comparurent devant leurs juges. Tous les trois firent preuve en la circonstance de la plus parfaite loyauté. M. Gougeon, en particulier, après avoir déclaré hautement sa qualité de réfractaire, ne cacha rien de sa vie, tout en se refusant pourtant aux déclarations indiscrètes, qui auraient pu compromettre la vie des autres.

Il fut condamné à mort et ses biens confisqués tout comme les prêtres et pour avoir contrevenu à la loi des 29 et 30 vendémiaire an II, qui n'exceptait aucun ecclésiastique insermenté, son but étant de les exterminer. Il ne peut donc exister aucun doute que M. Gougeon a été mis à mort en haine des lois persécutrices révolutionnaires.

L'exécution eut lieu le lendemain 4 octobre, à Lorient, sur la place de la Montagne. Il avait 52 ans.

M. Gougeon eut l'heureuse fortune de passer sa dernière nuit en compagnie de M. Lévenas, vicaire d'Ambon, qui lui prodigua ses encouragements et toutes les consolations de son ministère, en attendant que le lendemain il le rejoigne dans la gloire, au paradis.

On a négligé d'inscrire l'acte de décès du diacre Gougeon sur les registres d'état civil de Lorient. Mais son trépas ne fait pour cela aucun doute : son nom figure aux *Archives du Morbihan*, sur une liste cotée LZ, dossier 206, parmi les ecclésiastiques de ce département exécutés à Lorient.

Enfin, dans le même dépôt, sous la cote L 1213, on trouve

une lettre adressée au directoire du Morbihan à propos de la vente de ses biens qui suivit son exécution. Parmi ces biens, figurait une maison indivise et le propriétaire de l'autre moitié justifiait ses réclamations.

M. le curé de Ploërmel n'a pu répondre que par des points d'interrogation sur les souvenirs laissés dans cette ville par le diacre Gougeon et sur les membres de sa famille tant paternels que maternels qu'il pourrait y avoir encore.

BIBLIOGRAPHIE. — *Semaine religieuse de Vannes*, année 1911. — R. P. Le Falher, *Les Prêtres du Morbihan victimes de la Révolution*, op. cit. (1921), p. 104-124.

LXIII. — Abel LÉVENAS

(SOURCES : Archives départementales du Morbihan, L 1445, 1447, 1457, 1557, 1575, A 8, Z 500. P. NICOL : *La justice révolutionnaire et le clergé*, Revue Morbihannaise, juin août 1903 (trois articles.)

272. — M. Abel LÉVENAS naquit à Damgan, frairie d'Ambon, le 12 janvier 1753, du légitime mariage d'honorable homme Abel Lévenas, capitaine de navire, et de demoiselle Jeanne Nyo. Sa famille comptait parmi les plus honorables du pays.

Abel fit ses études au collège de Vannes et, quand il les eut achevées en 1772, il suivit la fortune de son père, entra dans la marine et fit un voyage en Espagne. Mais il s'était trompé; Dieu le voulait ailleurs. Entré au Séminaire de Vannes, il y reçut la tonsure et les mineurs le 21 septembre 1776, le sous-diaconat le 15 mars 1777, le diaconat le 20 septembre suivant. Enfin, il fut ordonné prêtre par Mgr Amelot, son évêque, le 4 avril 1778. Après avoir été quelque temps vicaire à Noyal-Muzillac, il revint à Damgan l'an 1780 et se dévoua à desservir dans cette frairie la chapelle Notre-Dame.

273. — C'est là que la Révolution le trouva. Comme tous ses confrères d'Ambon, la paroisse-mère, il refusa le serment à la Constitution civile, auquel du reste, à l'origine, la loi ne l'obligeait pas. Survint la loi du 26 août 1792 qui, par son article VI, donnait en réalité aux autorités le pouvoir de déporter qui leur déplaisait. Aussi l'abbé Lévenas, obligé de choisir entre l'exil et sa vie errante, se décida-t-il peut-être à prendre un parti mitoyen. Si l'on en croit certaines traditions, il se serait embarqué vers la fin de septembre ou les premiers jours d'octobre, afin de donner le change, à destination d'Espagne, puis une fois à la Corogne, il revint en France avec le navire qui l'avait amené. Quoi qu'il en soit, M. Lévenas dut dès cette époque commencer de suite cette vie crucifiante de prêtre réfractaire, caché le jour, travaillant la nuit, célébrant la messe dans les greniers, dans les granges, au fond des étables, dans les îlots qui bordent la côte, dans d'introuvables, mais pénibles cachettes, défiant, espionné, qu'un mot ou une démarche pouvait perdre et finissait par perdre trop souvent (1).

Deux ou trois familles se dévouaient à recéler M. Lévenas; c'était peu, mais encore trop. La discrétion est difficile et les secrets les plus essentiels trouvent toujours la fissure par laquelle ils s'échappent, tant et si bien que l'administration républicaine de Vannes finit par apprendre sa présence au pays, grâce à un dénonciateur de Damgan.

Un jour, à la fin du mois de mai 1794, on vint annoncer à M. Lévenas qu'il était porté sur la liste des émigrés; c'était un mauvais son de cloche. Une autre fois, une personne mystérieuse, frappant à la porte du prêtre, jeta ces mots à sa mère : « Dans quelques heures, la police va venir. » C'était la fin.

274. — Le 25 septembre 1794, six cavaliers et un brigadier du 16ᵉ dragons sortaient de Vannes dès l'aube, aux ordres du citoyen Jéhanno, menuisier, chargé la veille par le Comité de surveillance de cette ville de faire des visites domiciliaires et de s'emparer d'un prêtre réfractaire caché à Damgan. Un autre personnage, ancien notaire, qui s'appelait aussi Jéhanno, se joignit à l'expédition. Il avait été condisciple de Lévenas au collège de Vannes, c'était un cousin du menuisier et l'agent national du district. Vers sept heures, les révolutionnaires arrivèrent à Ambon où ils saisirent quelques vases sacrés à l'église. A dix heures, ils se présentèrent à Damgan. Immédiatement les perquisitions commencèrent. Chez Mᵐᵉ Quistrebert, les dragons grimpent au grenier rempli de paille et Jéhanno, le menuisier, les suit. Avec son sabre, il sonde la paille amoncelée, rencontre de la résistance et appuie : « Je dors », cria une voix. C'était M. Lévenas qui, surpris en plein sommeil, croyait n'avoir à faire qu'à des habitués de la maison. En une minute on le découvre et on l'arrête.

Cependant le captif réussit à s'échapper et, sautant par dessus les clôtures de pierre assez basses qui bordent les jardins du village, gagna un peu de terrain. Il n'alla pas bien loin ; les

____

(1) L'on a montré longtemps à Ambon le grenier et l'autel où M. Levenas célébrait la messe dans la maison de Mˡˡᵉ Bouillan.

dragons l'eurent bientôt rejoint, attaché, hissé sur un cheval et emmené avec eux dans la direction de Vannes. Sur la route, près de la vieille croix, dite *Fong er Beleg*, des enfants qui gardaient leurs troupeaux accoururent, dans leur ignorance, pour voir passer le prisonnier : « Mes enfants, leur cria le prêtre, *allez » dire à vos parents de prier pour moi*, car ils vont me guillo- » tiner. »

Au bourg d'Ambon, à l'auberge dite de la *Croix verte*, devant la population épouvantée, assis sur une grosse pierre et lié comme un criminel, M. Abel Lévenas attendit pendant deux heures que ses maîtres et gardiens aient assouvi leur faim et leur soif.

275. — Le soir, vers dix heures, il était écroué au Petit-Couvent, à Vannes.

Le 28 septembre, l'agent national Jéhanno, qui avait été son condisciple au collège de Vannes, fit comparaître M. Lévenas devant lui et, seul à seul, lui posa une foule de questions. Il y déclara sa qualité de prêtre réfractaire, insoumis aux lois d'exil qui frappaient le clergé catholique romain, mais, malgré des sommations impératives, il prit garde de compromettre qui que ce fût par ses réponses, que d'ailleurs, il refusa de signer. Ce fut son premier interrogatoire.

Après quelques jours, on l'expédia à Lorient, distant de douze lieues qu'il fit à pied et en une journée. M. Lévenas étant aux mains du tribunal criminel, le dénouement approchait. Le samedi 4 octobre, à quatre heures vingt-cinq minutes décimales de l'après-midi, eut lieu le second interrogatoire, de pure formalité, pour constat d'identité. *M. Lévenas n'avait prêté aucun serment ;* il n'avait obéi ni au décret du 26 août 1792, ni à la loi du 23 avril 1793, ni à celle du 30 vendémiaire an II : cela suffisait amplement pour déterminer son sort. Aux termes de la loi qui visait son cas, il méritait la mort et il y fut condamné.

L'exécution eut lieu le lendemain, dimanche matin 5 octobre 1794, avec les accompagnements ordinaires de la foule de jacobins avide du sang d'un prêtre, des insultes, des hurlements, et des couplets révolutionnaires.

276. — On raconte que trois marins d'Ambon, qui venaient de débarquer, attirés par le tumulte et ayant voulu voir, reconnurent leur compatriote. L'horreur les saisit et ils se jetèrent dans une maison voisine où tous les trois se mirent à sangloter comme des enfants.

L'acte de décès de M. Lévenas fait défaut sur les registres de l'état civil de Lorient; mais nous ne pouvons douter de la réalité de son exécution. Dès le 3 novembre 1795, Marie-Anne Lévenas, sa sœur consanguine, adressait au directoire du Morbihan une pétition tendant à obtenir pleine et entière main-levée du séquestre qui pesait sur les biens meubles et immeubles à son frère « condamné révolutionairement ». Sa requête n'ayant pas obtenu de succès, sa mère, Mme veuve Lévenas, introduisit à son tour, le 8 décembre 1796, une nouvelle demande. Son fils, y dit-elle, ayant été condamné comme « convaincu d'être sujet à la déportation et de ne s'y être pas soumis ».

Ces deux actes prouvent péremptoirement que M. Lévenas avait bien été mis à mort à la suite de sa condamnation. Du reste, envers les prêtres réfractaires, on ignorait la pitié et ils n'avaient nulle grâce à attendre de personne, une fois condamnés à mort. La mémoire de M. Lévenas est demeurée à Ambon en grande vénération et la croyance à son martyre y est très répandue. Dès 1845, Tresvaux l'inscrivait parmi les victimes de la persécution.

BIBLIOGRAPHIE. — Tresvaux du Fraval, *Histoire de la Persécution révolutionnaire en Bretagne* (1845), op. cit., II, p. 219. — P. Nicol, *La Justice révolutionnaire et le Clergé* in *Revue Morbihannaise*, juin, août 1903. — R. P. Le Falher, *Les Prêtres du Morbihan victimes de la Révolution*, op. cit. (1921), p. 114-123 : a publié la plupart des actes de son procès.

◆◆◆

LES PRÊTRES GUILLOTINÉS A VANNES

en exécution de la loi des 29-30 vendémiaire an II.

LXIV. — Noël BRIEND

(SOURCES : Archives départementales du Morbihan, A 5, anciennement Z 412 ; 500, A 5.)

277. — M. Noël BRIEND naquit et fut baptisé à Saint-Perreux, le 22 décembre 1743, de Jean et de Marie Gicquel. Tonsuré le 2 mars 1776, minoré le 20 septembre 1777, il fut pourvu des chapellenies du Clos-Denis et des Blanchards en l'église tréviale

de Saint-Perreux au mois de novembre de cette année. M. Briend reçut le sous-diaconat le 4 avril 1778, *sub titulo beneficii*, le diaconat le 19 septembre suivant, et la prêtrise le 20 mars 1779, à Vannes. Quand la Révolution éclata, il était vicaire de Sérent, en résidence à Saint-Guyomard, dont il desservait la trêve, et c'est là qu'au mois de février 1791, en union complète avec tous ses confrères de la paroisse, il refusa le serment à la Constitution civile.

278. — Tout d'abord il resta parmi ses ouailles, malgré les persécutions qu'il endurait de la part d'un municipal de l'endroit nommé Frère, aussi prétentieux que méchant. C'est ainsi qu'on le voit dénoncé, le 22 mai 1791, comme ayant parlé contre la Constitution (*Arch. Morbihan*, L 1229). A la fin, la situation devenant intolérable, et se voyant sous le coup d'un mandat d'amener en date du 6 avril 1792 (*Arch. Morbihan*, L 1215), il abandonna le pays et se réfugia dans sa paroisse d'origine. Là, il possédait au village de Carouge, actuellement bourg de Saint-Perreux, une petite maison avec jardinet, qui devint son habituelle résidence. Il s'y trouvait le 20 septembre 1792, et fit ce jour-là deux mariages à Saint-Perreux. Sa nièce, Jeanne Briend, s'était constituée sa domestique et lui, le jour, il travaillait la terre, ou bien comme les campagnards voisins se livrait à la pêche; la nuit, il remplissait son ministère sacerdotal. On le voyait quelquefois, déguisé en paysan, courir de village en village à la recherche des malades; souvent il demandait asile à la Cavallonière, dans la famille très chrétienne des Danilo qui lui étaient tout dévoués. Deux ans s'écoulèrent ainsi pour l'abbé Briend, quand, sur une dénonciation du curé intrus de la paroisse voisine de Peillac, la garde nationale de cette localité, grossie d'un détachement de troupe du district de Rochefort, vint perquisitionner à Saint-Perreux le 18 avril 1794. Arrivé au Carouge, l'attention de l'un d'eux fut éveillée par un individu jardinant derrière une haie, lequel n'était pas vêtu comme tout le monde ; ils s'arrêtèrent. L'homme, laissant là ses outils et ses sabots, s'enfuit à travers la campagne : « C'est Briend », crièrent les Bleus, et ils se lancèrent à sa poursuite. On lui mit la main au col : « Vous êtes Noël Briend ? » Il ne le nia pas, demanda seulement qu'on le conduisît chez lui pour prendre quelques vêtements, et alors, suivi de sa nièce, coupable de l'avoir recélé, il s'achemina vers Peillac.

279. — Des geôles de cette localité où ils passèrent la nuit du

18 au 19 avril, les deux prisonniers furent conduits en celles de Rochefort; le lendemain 19, M. Briend y subit son premier interrogatoire. Il y donna certains renseignements sur son ministère qu'il eût sans doute mieux fait de céler, tant pouvaient être dangereuses pour des tiers, les indications les plus futiles en apparence. Il répondit, à propos de la Révolution, ne vouloir ni juger ni approuver personne et s'en tenir à la liberté des opinions, n'avoir jamais parlé directement contre la Révolution et s'être caché lors des mouvements insurrectionnels de crainte de s'y trouver mêlé.

A la suite, on arrêta le maire de Saint-Vincent, Pierre Gicquel, et un tisserand du même endroit, Marc Denoual, dont il lui avait échappé de dire « qu'après la célébration de sa dernière messe, il avait remis entre leurs mains le calice dont il avait fait usage ».

Et voilà comment, le 24 avril, ils étaient quatre malheureux que la gendarmerie nationale écroua à Vannes.

280. — Onze jours plus tard, le tribunal criminel, revenant d'une tournée de guillotinade à Josselin, passait au chef-lieu du département. L'accusateur public Marion en profita pour réclamer le jugement immédiat des prisonniers. On fit droit à sa demande. Le lendemain, 6 mai, ils comparurent devant leurs juges : Raoul, président, Maury, Pierre Ménager et Le Saint. Briend leur déclara avoir fait par plusieurs fois du ministère et prit garde à ne pas compromettre davantage les personnes jugées avec lui. M. Briend fut condamné à mort comme *prêtre réfractaire* demeuré en France malgré les lois qui l'en chassaient et exécuté le jour même, en vertu de la loi des 29-30 vendémiaire an II. Les trois autres accusés furent punis de la déportation.

Le souvenir de M. Briend est toujours vivant à Saint-Perreux, où l'on a conservé par tradition le détail des principales circonstances de son arrestation. Plusieurs membres de sa famille vivent encore dans cette localité. On y assure qu'en quittant Saint-Perreux sous l'escorte de ses capteurs, le serviteur de Dieu chantait le cantique : *Que mon sort est charmant ; mon âme en est ravie.* Les circonstances de sa vie et de sa mort prouvent qu'il périt victime des lois persécutrices révolutionnaires.

BIBLIOGRAPHIE. — Guillon, *Les Martyrs de la Foi*, etc., op. cit. (1821), II, p. 321. — Tresvaux du Fraval, *Histoire de la Persécution révolutionnaire en Bretagne*, op. cit. (1845), II, p. 30. —

R. P. Le Falher, *Le Royaume de Bignan*. — Du même, *Les Prêtres du Morbihan victimes de la Révolution*, op. cit. (1921), p. 40-54. Ce volume contient une partie des pièces officielles de son procès.

LXV. — Yves LE MANOUR

(SOURCES : Arch. dép. du Morbihan, 282 *bis* et 285, Z 457, Z 413).

281. — Yves LE MANOUR naquit le 7 mai 1748 au village de Kermérian, en Moustoir-Remungol, de Mathurin et d'Yvonne Le Mer. Il fut baptisé le lendemain.

Tonsuré et minoré à Quimper en vertu de lettres dimissoriales en date du 18 mars 1776, sous-diacre à Vannes, *sub titulo ecclesiæ*, le 15 mars de l'année suivante, diacre six mois après, le 20 septembre, on constate l'ordination sacerdotale de M. Le Manour à Vannes le 4 avril 1778 dans l'église du Grand Séminaire, au Mené. Il devint alors, dès le 15 mai suivant, chapelain effectif de Saint-Yvy de Moréac, petit bénéfice qu'il avait obtenu au mois de mai 1776, quand il n'était encore qu'acolyte. Pendant plusieurs années, M. Le Manour vécut de sa chapellenie et ce ne fut qu'en 1787 qu'il l'abandonna pour venir, prêtre auxiliaire, se fixer à Languidic, où l'on constate sa première signature le 8 novembre 1787. Au mois d'avril 1789, il était chargé dans cette paroisse du quartier ou frairie de Kergonan.

Comme tous les habitants des campagnes, M. Le Manour ne se montra nullement hostile, au début, aux réformes économiques qu'apporta la Révolution. C'est ainsi que, le 5 juin 1790, on le voit désigné par sa municipalité commissaire pour la frairie de Lambézégan-Kergonan, avec mission de faire un relevé détaillé des biens possédés par les nobles, les ecclésiastiques, les chapelles, les ordres religieux et l'ordre de Malte. Mais quand l'Assemblée Constituante s'attaqua à la constitution même de l'Eglise, M. Le Manour s'empressa de faire machine en arrière.

Le 20 avril 1791, le recteur de Languidic et son vicaire ayant été convoqués pour prêter serment, ils refusèrent et M. Le Manour, poussé par l'ambition, ne se présenta pas pour jurer à leur lieu et place, dans l'espoir de les remplacer dans leurs postes ; il était trop bon prêtre pour cela.

282. — D'après l'interrogatoire qui précéda sa condamnation capitale, l'abbé Le Manour, qui signa pour la dernière fois à Languidic le 2 décembre 1791, déclara n'avoir jamais consenti à une capitulation de conscience. Quoique exerçant tout le temps un périlleux ministère à travers les campagnes, il échappa heureusement aux années si terribles pour le clergé de 1793 et 1794. Le printemps de 1795 lui procura quelques mois de répit, mais dès le mois d'octobre de cette année, la persécution ayant repris tout comme au temps de la Terreur, M. Le Manour crut bon de quitter Languidic et de s'en aller porter à des populations plus abandonnées les secours de la religion. A la mi-novembre 1795, il parcourt la presqu'île de Rhuys, confesse, baptise, marie, puis, à la fin du mois, il s'embarque pour l'Ile-aux-Moines, où, suivant toutes apparences, il avait déjà dû plusieurs fois faire du ministère.

283. — Huit jours durant, M. Le Manour se tint à la disposition des catholiques de cette localité, caché le jour chez une fille Jouanguy, ancienne religieuse chassée de son couvent, qui lui donnait asile. Le prêtre proscrit sortait encore de cette humble demeure le 5 décembre, à 10 heures du soir, pour aller voir un malade, quand il fut arrêté et reconnu comme prêtre par un détachement de marins de la Révolution qui patrouillaient à l'Ile-aux-Moines. Ceux-ci, sous prétexte qu'il aurait voulu forcer les jeunes gens et autres de cette localité à embrasser la chouannerie, l'emmenèrent avec eux prisonnier. Cependant M. Le Manour se défendit toujours avec énergie de cette accusation, laquelle ne put jamais être prouvée et ne servit aucunement de base à sa condamnation capitale.

On saisit avec M. Le Manour et l'on emporta comme pièces à conviction : un petit ciboire en argent, une boîte aux saintes huiles en plomb, un petit rituel, un martyrologe romain, un bréviaire, ainsi que des procès-verbaux de célébration de mariage, preuves de ses travaux apostoliques.

Le malheureux prisonnier et la sœur Jouanguy furent amenés aussitôt à Vannes et enfermés au Petit Couvent, où on les tint au secret. Ils subirent leur premier interrogatoire le lendemain de leur arrestation. La religieuse n'ajouta rien à ce que l'on a dit plus haut. Quant à M. Le Manour, le procès-verbal que l'on a conservé de ses réponses, ne porte point sa signature, ce qui permet de douter de son exactitude. Le prisonnier déclara lui-même, lors de sa seconde comparution devant les membres du tribunal de Vannes, « avoir perdu la tête la première fois qu'il avait été interrogé et n'avoir jamais passé en Espagne ainsi qu'il l'avait prétendu ». Il affirma par ailleurs avoir fait tout le ministère possible et fut ramené dans sa prison.

Il n'y devait pas languir bien longtemps. Lucas-Bourguerel,

accusateur public, le fit citer le 31 décembre 1795 devant le tribunal criminel de Vannes chargé de le condamner à mort. Là, M. Le Manour affirma sans crainte n'avoir prêté aucun serment contraire à la Religion catholique ; il redit qu'il était demeuré en France pour y faire du ministère toutes les fois que l'occasion se présentait et qu'il s'était encore livré à ces saintes occupations les jours qui précédèrent son arrestation. Il prit bien garde par ailleurs de compromettre qui que ce fût par ses réponses imprudentes et, pour finir, *il nia avec énergie toute participation à la chouannerie* et n'avoir jamais enrôlé pour les chouans.

283 bis. — Jugé coupable *d'être réfractaire* à des lois schismatiques et de ne s'être pas déporté, c'est-à-dire *d'avoir continué son ministère de prêtre catholique*, M. Yves Le Manour fut condamné à la peine de mort, en vertu de la loi des 29 et 30 vendémiaire an II, remise en vigueur par la loi du 3 brumaire an IV, toutes mesures éminemment persécutrices.

. Le 1er janvier 1796, à l'heure de midi, la tête du prêtre de Languidic tombait sur la place de la Liberté à Vannes.

Le souvenir de M. Le Manour, ravivé par les travaux de M. Guilloux, n'est pas oublié à Languidic.

Bibliographie. — Tresvaux du Fraval, *Histoire de la Persécution révolutionnaire en Bretagne*, op. cit. (1845), II, p. 221. — Abbé Guilloux, *Languidic pendant la Révolution*, in *Revue Morbihannaise*, t. III, p. 20. — R. P. Le Falher, *Les Prêtres du Morbihan victimes de la Révolution*, op. cit. (1921), p. 142-151. Cet auteur a publié tous les actes de son procès.

LXVI. — Alain ROBIN

(Sources : Arch. dép. du Morbihan, L 1108; Z 459.413).

284. — M. Alain Robin naquit à Pontivy le 16 novembre 1757, de Jean Robin et de Reine Jégouet. Tonsuré le 31 mars 1781, minoré le 16 mars 1782, sous-diacre *titulo patrimonii* le 21 septembre de cette année, diacre le 5 avril 1783, il fut ordonné prêtre à Vannes en l'église du Grand Séminaire, au Mené, le 20 septembre suivant. Puis dès 1788 il était vicaire d'Inzinzac, où, vers les débuts de 1791, il refusa le serment à la schismatique Constitution civile. Ce qui ne l'empêcha pas de continuer quelques mois encore ses fonctions « avec édification, zèle et activité », ainsi que l'attestait le 4 mai suivant la municipalité de cette paroisse.

Inzinzac ayant été dotée d'un curé constitutionnel nommé Even, celui-ci, gêné par l'heureuse influence de M. Robin, demanda et obtint son emprisonnement à Port-Louis au mois de juin de cette année. L'amnistie votée par l'Assemblée Constituante, à l'occasion de l'acceptation de la Constitution par le faible Louis XVI, lui rendit la liberté à la fin de septembre suivant. Le vicaire d'Inzinzac se garda d'obéir à la loi du 26 août 1792, puis à celle des 21-23 avril 1793 qui l'obligeaient à quitter la France. Afin de s'y rendre utile aux âmes, il se cacha dans divers endroits, cherchant asile ailleurs quand il était trop pourchassé ; tel, par exemple, quand la demeure de ses parents qui l'abritaient à Pontivy, fut l'objet, le même jour, de trois perquisitions successives.

285. — Après quelque temps d'une quiétude relative, qui régna du mois d'avril au mois d'août 1795, M. Robin se trouvait aux environs d'Hennebont, lorsque sa présence y fut signalée à un détachement de soldats dont la loi du 6 septembre 1795 avait dès aussitôt réveillé la haine féroce contre le clergé romain. Pénétrant donc dans la demeure où se tenait le vicaire d'Inzinzac, ils y découvrent le proscrit, emportent des ampoules à saintes huiles comme pièces à conviction et l'emmènent lui-même prisonnier à Hennebont, le 8 octobre 1795.

Le juge de paix de cette petite ville, le citoyen J. Le Fur, après avoir fait subir au captif un interrogatoire aujourd'hui disparu, ordonna ensuite son transfert à la maison d'arrêt de Vannes. Dans la lettre qu'il confia à son escorte, il accuse le prêtre réfractaire « de parcourir depuis plusieurs années les campagnes » (preuve évidente que M. Robin se dévouait à faire du ministère) et « de causer de grands maux », reproches dont les persécuteurs chargeaient habituellement les prêtres catholiques.

A Vannes, la justice ne fit preuve d'aucune hâte. Le général Hoche, par calcul, était opposé à la reprise de la persécution et sa puissance était grande dans le département. Aussi M. Robin languit-il pendant plus de deux mois et demi au fond d'une prison tellement humide que, racontait une de ses petites-nièces trépassée nonagénaire en 1892, l'eau pourrissait ses vêtements.

286. — Enfin, le 31 décembre 1795, M. Robin comparut devant le tribunal criminel du Morbihan. On l'interrogea sur les serments qu'il avait refusés, sur les personnes qui lui avaient donné asile, sur ses relations avec les insurgés, sur la loi du 7 vendémiaire an IV sur la police des cultes. Les réponses du serviteur de Dieu furent toujours précises, calmes et dignes d'un prêtre de J.-C. Il assura n'avoir jamais prêché « que la paix, la concorde et la justice » et n'avoir jamais figuré parmi les rassemblements royalistes. On s'en tint là pour l'instant, car les juges, tout iniques qu'ils étaient, ne pouvaient manquer de constater qu'on l'avait arrêté dès le 8 octobre ; par conséquent, la loi du 29 septembre précédent (dite du 7 vendémiaire an IV), n'ayant été promulguée dans le Morbihan que le 27 octobre de cette année, ne pouvait s'appliquer à sa personne, sinon d'une façon rétroactive, c'est-à-dire contraire aux principes du droit.

Il y avait bien la loi du 25 octobre (3 brumaire an IV) qui, dans son article 10, rendait exécutoires dans les 24 heures, pour les prêtres sujets à la déportation ou à la réclusion, toutes les lois les plus redoutables de 1793 et 1794. Mais était-elle applicable dans l'occurrence ?

Le Tribunal fut fort embarrassé et jugea bon de remettre sa sentence à plus tard, pour en référer à Paris au ministre de la Justice. M. Robin retourna donc en prison.

286 *bis*. — Le mois de janvier 1796 passa, le mois de février aussi et, de Paris, pas de réponse. Alors l'accusateur public, Joseph-Marie Lucas-Bourgerel fils, brusqua soudainement les choses le 29 février et, s'appuyant sur une lettre des administrateurs du Morbihan du 26 précédent, sans attendre davantage la réponse du ministre de la Justice, il demanda la mise en jugement immédiat de M. Robin, prêtre réfractaire, sujet à la déportation, n'ayant pas quitté le territoire de la République.

L'audience pour condamner M. Robin fut fixée au 2 mars. Lucas-Bourgerel fils, toujours avide de verser le sang ecclésiastique, fit remarquer au tribunal que la consultation adressée au ministère de la Justice était sans objet, puisque le prêtre Robin n'avait jamais prêté aucun serment, pas même celui exigé par la loi du 7 vendémiaire an IV. Ainsi « sa résistance opiniâtre à la volonté nationale le mettait dans le cas de subir les peines portées contre les prêtres réfractaires ». En conséquence, Lucas réclamait l'application des lois contre les prêtres de cette catégorie, c'est-à-dire la mort.

L'interrogatoire du vicaire d'Inzinzac ne se prolongea guère ; le tribunal, s'en rapportant à celui du 31 décembre précédent, se contenta de lui demander s'il avait prêté la formule prescrite par la loi du 7 vendémiaire an IV : « Je reconnais que l'universalité des citoyens français est le souverain, et je promets soumission et obéissance aux lois de la République. » A quoi M. Robin répondit « qu'il n'a ni fait, ni offert cette déclaration », ainsi qu'agissaient du reste la majorité des bons prêtres en Bretagne.

Puis, après avoir fait savoir « qu'il n'avait pas d'avocat (appelé alors défenseur officieux) et qu'il n'en avait pas besoin », les juges à l'unanimité le déclarèrent « *prêtre réfractaire aux lois* », lui donnèrent lecture de l'article 10 de la loi du 3 brumaire an IV, des articles le concernant de la loi du 30 vendémiaire an II et le condamnèrent à la peine de mort.

287. — Son exécution eut lieu le lendemain, 3 mars 1796, aux trois heures du soir, sur la place de la Liberté à Vannes. Il mourut en compagnie de M. Rogue, prêtre lazariste vannetais, dont la cause est déjà présentée à Rome. On assure qu'ils passèrent leur dernière nuit à s'entretenir du bonheur de donner leur vie pour la Foi et à parler de la béatitude éternelle dont ils espéraient bientôt jouir.

L'acte de décès de M. Robin figure sur les Actes de l'Etat-Civil de Vannes.

La famille de M. Robin existe toujours et l'on en connaît plusieurs branches collatérales. Les souvenirs de ses membres sont d'autant plus précieux que la parenté présente se trouve n'être séparée du serviteur de Dieu que par une seule génération. Tous le considèrent comme un saint et croient avoir en lui un intercesseur au Ciel.

BIBLIOGRAPHIE. — Tresvaux du Fraval, *Histoire de la Persécution révolutionnaire en Bretagne*, op. cit. (1845), II, p. 223. — L. Bretaudeau, *Pierre-René Rogue*. Paris, Desclée, 1908, in-12, p. 140. — R. P. Le Falher, *Les Prêtres du Morbihan victimes de la Révolution*, op. cit. (1921), p. 161-169.

LXVII. — Pierre LE VERGER

(SOURCES : Arch. départ. du Morbihan, L 301, 882; Z 444, 459.

288. — Pierre LE VERGER naquit et fut baptisé le 16 mars 1750 au bourg de Lanouée, alors du diocèse de Saint-Malo. Il était fils de Pierre Le Verger, laboureur, et de Perrine Chantrel. Il acheva ses études au collège de Dinan et reçut la tonsure et les mineurs le 18 septembre 1773 des mains de Mgr de Saint-Malo. Ses notes pour l'examen qui précéda cet ordre, comme pour celui préparatoire à son sous-diaconat, qu'il reçut le 24 mars 1774, furent jugées « pas mauvaises ». Admis au diaconat par dimissoire en date du 16 mars 1776, il fut ordonné prêtre le 15 mars 1777 ; il avait alors 27 ans.

Après son sacerdoce, M. Le Verger revint habiter son pays natal en qualité de prêtre auxiliaire, puis, en 1780, il obtint le poste, alors vacant, de chapelain des Forges de Lanouée.

289. — N'étant pas fonctionnaire public, jouissant de l'amitié de M. Tron, directeur des Hauts-Fourneaux, bien noté dans le camp jacobin, M. Le Verger, qui, jusqu'au 15 octobre 1791, avait été officier municipal de Lanouée, ne fut pas tout d'abord inquiété par la Révolution. Aussi, lorsque survint la loi du 26 août 1792, qui condamnait à l'exil les prêtres insermentés, qualifiés fonctionnaires publics, M. Le Verger, qui ne rentrait pas dans cette catégorie, continua son ministère auprès des ouvriers des Forges et s'efforça même de suppléer le recteur et le vicaire de Lanouée, lesquels avaient dû passer à Jersey ; si bien que la municipalité de Lanouée, à la tête de laquelle était son père, demanda au Directoire du département du Morbihan d'autoriser sa présence en ce lieu pour y remplir les fonctions de vicaire provisoire.

L'Administration du Morbihan répondit à cette requête par l'ordre, daté du 19 octobre 1792, de saisir tous les prêtres qui demeuraient encore à Lanouée, au mépris de la loi sur la déportation, et par l'envoi d'une troupe pour perquisitionner dans cette commune. Mais M. Le Verger sut se dérober à toutes les recherches effectuées pour le découvrir.

Aux premiers jours de février 1793, une dénonciation anonyme parvint au Directoire de Josselin, accusant le chapelain des Forges d'avoir célébré publiquement la messe le jour de la « Chandleur », dans la chapelle de l'endroit.

Des enquêteurs aussitôt envoyés, et que tout le monde trompa, rapportèrent aux administrateurs que M. Le Verger était assermenté et entièrement soumis aux lois de la République. — Le chapelain des Forges était trop bon prêtre pour laisser s'accréditer une telle opinion sur son compte. Voici la lettre qu'il écrivit, le 9 février de cette année, pour rétablir les faits :

« M. Tron a dû faire des démarches auprès de vous pour me réintégrer dans les fonctions que j'occupais à la Forge et que je n'aurais pas dû abandonner. Sa démarche même doit vous prouver que je ne suis point récalcitrant aux lois de mon pays;

son civisme reconnu et celui de tous les habitants de la Forge en est un sûr garant et, certainement, il ne s'intéresserait pas dans un homme qui prêcherait la désobéissance aux lois et la révolte.

» Que veut-on de moi ? qu'exige-t-on ? Je ne suis point sous le coup de la loi du 26 août 1792, et je n'y serais que conformément à l'article 6, si j'avais par quelque acte extérieur occasionné des troubles, ou que six citoyens, domiciliés dans le département, avaient demandé mon éloignement. Je ne pense pas être dans l'un ni dans l'autre cas : Je paye les impôts, je remplis le devoir de *citoyen* et je suis prêt à prêter tous les serments que la loi exige en cette qualité.

» Chapelain de la Forge de la Nouée depuis 13 ans, j'y suis attaché par inclination et par reconnaissance ; je ne convoite, ni n'ai jamais convoité rien au delà. Content de mon sort, je vous demande au nom de la loi de m'accorder la sûreté et l'assistance qu'on doit à tous les citoyens de la République.

» J'espère donc de votre justice que vous me laisserez exercer mes fonctions sans inquiétude.

» C'est le vœu de votre concitoyen,   » *Le Verger.* »

P. S. — La loi du 14 août 1792 (serment de Liberté-Egalité) n'a rien de commun avec la situation où je me trouve. Je ne suis point pensionnaire de l'Etat.

Des explications de la nature de celles-ci ne pouvaient satisfaire des individus qui avaient décidé d'expulser ou d'exterminer le dernier prêtre catholique romain en France. Aussi, dès le 9 mars suivant, M. Le Verger fut-il à nouveau menacé dans sa liberté, et les 16 mars et 24 mai de cette même année, on tenta diverses mesures pour s'emparer de sa personne. Mais M. Le Verger savait se dérober à toutes les recherches, et le dimanche 21 mai 1793, il osa même encore célébrer publiquement la messe à Lanouée. Il semble aussi qu'il vécut dans cette paroisse jusqu'aux mois d'octobre et novembre de cette année.

290. — Vers cette époque, trop vivement pourchassé dans son pays natal par la troupe qui occupait les Forges, il se réfugia à Bréhand-Loudéac, alors privé de prêtres. Il y rendit les plus grands services, poussant l'audace jusqu'à célébrer la sainte messe, en pleine Terreur, dans l'église paroissiale.

A la pacification du printemps de 1795, M. Le Verger, se rendant aux désirs des municipaux de Bréhand, s'établit près de l'église de cette localité, dans laquelle il accomplit publiquement les fonctions ecclésiastiques. Cette éclaircie ne dura guère. Après la loi du 6 septembre et surtout *celle du 25 du mois suivant, qui, dans l'intention d'anéantir le catholicisme romain, faisait revivre les mesures de persécution les plus cruelles*, il lui fallut reprendre la vie de proscrit et se condamner à un demi-martyre quotidien en attendant le véritable. Désormais, lorsque M. Le Verger célébrait la messe à Bréhand le dimanche, tout un réseau de sentinelles veillait à sa sûreté.

Cependant, le 23 février 1796, comme le desservant de Bréhand, vêtu en paysan, longeait le canal qui, de la Ville-Jégu va aux Forges, il se trouva tout à coup face à face avec un détachement de soldats de la Révolution. A cette heureuse époque, où tout le monde était plus ou moins suspect, les voyageurs étaient facilement arrêtés. Saisi et fouillé par ordre de l'officier Falba qui commandait cette troupe, M. Le Verger déclara sans hésiter *qu'il était prêtre*. Trompé qu'il se trouvait, par un faux bruit d'amnistie, il ajouta même qu'il se rendait à Josselin, de ce pas, pour s'y constituer prisonnier avec ses autres confrères, déjà sous les verrous.

Il les rejoignit en effet et passa une dizaine de jours avec eux dans l'infection d'une prison horrible. Puis, le 9 mars 1796, on l'amena à Vannes, où il fut écroué à la Porte-Prison. C'est là que, le lendemain, il comparut devant l'accusateur public, Joseph-Marie-Prudent Lucas-Bourgerel. Il reconnut sa qualité de prêtre réfractaire, insoumis à la loi de déportation, *ayant exercé publiquement du ministère à Bréhand-Loudéac au printemps de 1795*, après avoir fait la déclaration prescrite par la loi du 21 floréal an III.

291. — Onze jours plus tard, le 21 mars, M. Le Verger comparut devant le tribunal criminel du Morbihan rassemblé pour le condamner. Le serviteur de Dieu renouvela ses déclarations *d'avoir toujours refusé tout serment* et de n'avoir jamais quitté le territoire français. Il reconnut aussi avoir fait du ministère depuis la déclaration prescrite par la loi persécutrice du 7 vendémiaire an IV. Enfin, il se garda de dévoiler par des réponses indiscrètes les noms des généreux chrétiens qui l'avaient abrité. Les termes de la loi des 29 et 30 vendémiaire ne laissaient aucun échappatoire aux prêtres insermentés. La sentence des juges ne pouvait que déclancher sur leurs têtes le couperet de la guillotine. S'appuyant donc sur la loi du 3 brumaire an IV (25 octobre 1795) qui remettait en vigueur les mesures sanglantes des 29 et 30 vendémiaire précitées, M. Le Verger fut condamné à mort.

Deux autres de ses confrères, MM. Le Bècre et Hamery, pour le même motif, devaient partager son sort. Ensemble ils se préparèrent pieusement à subir le dernier supplice.

C'est le 22 mars 1796, devant la place de l'Hôtel-de-Ville de Vannes, que M. Le Verger subit la peine capitale, aux trois heures du soir, ainsi que le marque son acte de décès rédigé le lendemain. Son souvenir est encore conservé dans sa paroisse natale par un certain nombre de personnes qui sont très convaincues qu'il a péri en haine de la Foi.

BIBLIOGRAPHIE. — Tresvaux du Fraval, *Histoire de la Persécution révolutionnaire en Bretagne*, op. cit. (1845), II, p. 233. — R. P. Le Falher, *Les Prêtres du Morbihan victimes de la Révolution*, op. cit. (1921), p. 193-201. — Chanoine titulaire Moisan, chevalier de la Légion d'honneur, *Une Victime de la Révolution, Pierre Le Verger (1750-1796)*, in-16 de 132 p., Hennebont, imprimerie Méhat, 1928.

LXVIII. — Julien LE BÈCRE

(SOURCES : Arch. départ. du Morbihan, L 301, 1268, 1290, 1285, 1547 ; LZ 415, 459, 575, 615 ; Arch. municipales de Pontivy).

292. — Julien LE BÈCRE naquit à Locminé-Moustoir-Ac, rue des Roués, le 21 mai 1753, du mariage de Jean et de Marie Rouillé. Il fut baptisé le jour même de son entrée dans la vie.

Il avait un frère aîné, appelé Colomban, et l'un comme l'autre dirigés vers le sacerdoce par leurs oncles, les abbés Jean Rouillé et Joseph Le Bècre, se destinèrent à l'Eglise. Julien, tonsuré le 15 mars 1777, minoré le 4 avril suivant, sous-diacre le 20 mars 1778, diacre le 18 septembre 1779, reçut le sacerdoce à Vannes des mains de son évêque, Mgr Amelot.

L'année suivante, Julien Le Bècre remplissait les fonctions de vicaire à Stival. En 1784, il vivait à Pontivy en qualité de prêtre auxiliaire. Durant l'absence de M. Guégan, recteur de cette paroisse, élu député aux Etats Généraux, il devint même vicaire provisoire et reçut son traitement à ce titre durant toute l'année 1790.

293. — Soumis comme fonctionnaire public à l'obligation de prêter serment à la Constitution, M. Le Bècre s'y refusa, le 13 février 1791, et son attitude déchaîna les colères des jacobins de cette ville, si bien que le 19 juillet suivant, pour échapper à leur courroux, il avait abandonné depuis quelque temps Pontivy et demandait la protection des autorités pour y rentrer.

Revenu à Pontivy, M. Le Bècre reprit ses fonctions de vicaire. Mais il se dispensa d'assister au *Te Deum*, chanté à l'acceptation par Louis XVI de la Constitution, laquelle contenait, hélas ! parmi ses articles, ceux de la Constitution civile du Clergé. La maçonnique société *des Amis de la Constitution* de Pontivy dénonça sans tarder son attitude à la municipalité et demanda à ce qu'il fût « privé d'un traitement qu'il ne méritait pas ». Enfin, à la suite de démarches répétées, les jacobins de Pontivy obtinrent du Directoire du Morbihan la suppression du vicariat provisoire créé en faveur de M. l'abbé Le Bècre, ce poste n'ayant été conservé jusqu'alors que « vu la rareté des prêtres assermentés ».

M. Le Bècre se réfugia alors à Locminé, son pays natal, où sa signature apparaît fréquemment sur les registres de catholicité jusqu'au 23 avril 1792, date à laquelle il dut quérir un meilleur asile, sans que l'on puisse désigner la localité. Lors de la loi du 26 août 1792, qui l'atteignait directement comme ayant reçu à Pontivy, dix-huit mois durant, un salaire de l'Etat, l'abbé Le Bècre prit un passeport pour s'exiler, mais ne quitta pas la France. Il expliquera devant ses juges, en 1796, « qu'il lui eût été trop pénible d'abandonner seule sa mère, alors septuagénaire et infirme ». Mais ce n'était pas la véritable raison de son attitude. Il resta en Bretagne avec l'intention d'y faire du ministère caché, et durant les plus mauvais jours de la Terreur, alors que sa tête et celle de ses semblables étaient mises à prix, il sut demeurer introuvable, courant la ville et la campagne, tantôt à Noyal et tantôt à Pontivy, et, chose remarquable, il ne se trouva personne pour le dénoncer afin de toucher la prime promise.

Vint la pacification d'avril-août 1795. Pontivy était demeurée sous la domination jacobine. Cependant, sur une pétition des catholiques romains de cette localité, la municipalité de cette ville, suivant en cela les instructions des représentants du peuple en mission en Bretagne, leur accorda le 4 février 1795 la chapelle Saint-Yvy. Le 8 mai suivant, le district de Pontivy leur rendit même la jouissance provisoire de l'église des ci-devant Ursulines, et dès le lendemain la messe y fut célébrée, à n'en pas douter, par M. Le Bècre, qui, sitôt son retour, s'était engagé devant la municipalité de Pontivy « à vivre paisiblement et à prêcher la paix et la concorde ».

294. — Malgré ses excellentes intentions, M. Le Bècre devait périr quand même victime de son attachement inébranlable à l'Eglise catholique romaine. La première loi sur la police des cultes, édictée en France le 3 ventôse an III (21 février 1795), après la première séparation de l'Eglise et de l'Etat, n'imposait ni serment, ni promesse aux ecclésiastiques quels qu'ils fussent, et le général Hoche s'en réjouissait, car, écrivait-il, « à cause de l'impopularité des prêtres constitutionnels, le seul mot de *serment* effraye tous les autres en Bretagne ». Aussi M. Le Bècre, fermement attaché aux bons principes, avait-il, comme ses confrères, la phobie du serment. Or, la seconde loi sur l'exercice des cultes rendue le 11 prairial an II, contenait, dans son article 5, l'obligation, pour tout prêtre qui voudrait exercer des fonctions cultuelles, « de se faire décerner acte devant la municipalité du lieu où il exercera *de sa soumission aux lois de la République* ». L'exécution de cet article souleva d'ardentes controverses en Bretagne. Cependant, par amour de la paix, l'abbé Le Bècre se présenta le 18 juin 1795 à la mairie de Pontivy et fit la déclaration dans les termes mêmes prescrits par la loi.

Dès le lendemain de cet acte, dans une proclamation à ses concitoyens, rédigée avec des desseins suspects, la municipalité pontivienne, mettant sur le même pied clergé constitutionnel et prêtres réfractaires, s'avisa de prétendre qu'ils avaient, les uns et les autres, prêté *serment de fidélité à la République*. Cette prétention fit bondir M. Le Bècre, déjà houspillé par ses confrères pour sa promesse de simple soumission : « Je n'ai point prêté *serment*, écrivit-il aussitôt à la municipalité pontivienne : je n'ai souscrit que la promesse de soumission aux lois de la République, telle que l'exige le décret du 11 prairial dernier, et cette *promesse* je l'ai faite afin de *coopérer à la paix, à la concorde et à la fraternité qui sont dans mes principes.* »

Le dimanche 21 juin, afin de dégager sa conscience, M. Le Bècre donna lecture à ses ouailles de sa protestation, puis, répétant en breton ce qu'il avait dit en français, tout en leur affirmant « qu'il n'avait pas prêté *serment* de fidélité à la République », il négligea de leur ajouter « qu'il avait cependant, conformément à la loi de prairial, fait sa déclaration de soumission aux lois de la République ». Aussitôt avisée, la municipalité le fit mander et lui ordonna le dimanche suivant de déclarer aux Bretons bretonnants qu'il s'était soumis aux lois de la République. M. Le Bècre ne s'y refusa pas et, dans un but de conciliation, il donna l'explication demandée. Mais, si porté que fût ce prêtre à se conformer aux désirs du pouvoir, pourvu qu'on *ne mît pas son orthodoxie à l'épreuve,* la municipalité de Pontivy était prévenue à son égard. Aussi les jacobins de la localité, furieux de constater que cet ecclésiastique ne se laissait pas prendre aux pièges qu'on lui avait tendus, pétitionnèrent-ils pour obtenir la fermeture des Ursulines; mais le district de Pontivy n'y voulut pas consentir et, jusqu'au début du mois d'août, M. Le Bècre continua d'y célébrer.

295. — On a déjà exposé, et on exposera encore plusieurs fois, combien les soldats de la Révolution étaient les ennemis féroces du clergé catholique romain. L'affaire de M. Le Bècre, se défendant par scrupule de conscience d'avoir prêté *serment* de fidélité à la République révolutionnaire, avait ameuté contre lui le parti jacobin. Ceux-ci le dépeignirent comme un partisan des chouans à deux escadrons de hussards envoyés à Pontivy en juillet de cette année ; aussitôt ceux-ci prirent le prêtre en exécration et tentèrent de le faire périr.

Le 22 juillet 1795, M. Le Bècre, effrayé par une irruption des soldats de la Révolution dans l'église des Ursulines, refusa, malgré les instances de la municipalité et même du commandant des hussards de Pontivy, d'y célébrer à nouveau les offices. A leurs assurances de sécurité, il objecta, non sans raison, « qu'il ne voulait compromettre la vie de personne ».

Déjà mal disposées contre le prêtre réfractaire qui avait su déjouer leurs manœuvres tortueuses à propos de sa promesse de soumission qu'elles avaient tenté de transformer en serment, pour le confondre ensuite avec les constitutionnels, les autorités de Pontivy, furieuses de la détermination de M. Le Bècre de ne plus célébrer en public, résolution qui excitait des rumeurs parmi leurs administrés, décidèrent de s'en venger. Aussi, comme l'abbé, le 2 août et quelques fois depuis, avait célébré la messe dans sa chambre, elles saisirent ce prétexte pour le dénoncer au juge de paix Ange-Marie Bassin. Assigné par ce magistrat à comparaître devant son prétoire, le **8** de ce même mois, M. Le Bècre s'entendit décréter d'arrestation pour infraction à l'article 4 de la loi du 3 ventôse an III sur la police des cultes, lequel « interdisait toute cérémonie du culte hors de l'enceinte choisie pour son exercice ».

Condamné de ce chef à trois mois de prison le 11 septembre 1795 par le juge de paix de Pontivy, malgré les conclusions du procureur de la commune qui réclamait sa mise en liberté, « attendu que la détention qu'il a subie peut être considérée comme une mesure de sûreté suffisante pour l'empêcher de récidiver », M. Le Bècre vit confirmer sa peine en appel par le

tribunal du district, le 26 septembre de cette année. La détention
du serviteur de Dieu devait prendre fin le 7 décembre 1795
seulement, mais, cette date arrivée, on se garda bien de le rendre
à la liberté. « Craignant, explique la municipalité de Pontivy,
que son élargissement ne troublât les esprits, elle attendait des
ordres ultérieurs du Département. »

296. — Durant que M. Le Bècre languissait en prison, la
persécution, après quelques mois de répit, avait repris avec une
nouvelle ardeur. Les jacobins, ne pouvant voir sans un violent
déplaisir les catholiques français courir en foule aux églises
récemment ouvertes, portèrent le 6 septembre 1795 une loi qui
interdisait toute addition explicative à la soumission *in globo*
exigée par la loi du 11 prairial an III déjà vue; puis, le 29 septembre suivant (7 vendémiaire an IV), une nouvelle loi très
oppressive sur la police des cultes exigea, par son article 6, la
promesse ci-dessous : « Je reconnais que l'universalité des
citoyens français est le *souverain* et je promets soumission
et obéissance aux lois de la République. » Nombreux furent
d'excellents prêtres qui n'osèrent engager leur conscience en
signant cette formule. — Enfin, le 3 brumaire an IV (25 octobre
1795), la Convention, avant de se séparer, décida « que les lois
de 1793 et de 1794 (concernant par conséquent *la déportation* ou
l'échafaud pour les prêtres réfractaires) seraient exécutées dans
les 24 heures de la promulgation du présent décret ». D'autre
part, de nombreuses circulaires des ministres de l'Intérieur et de
la Justice pressèrent de tout leur pouvoir l'exécution de cette loi,
en particulier une instruction adressée le 13 janvier 1796 à toutes
les autorités constituées.

Or, l'abbé Le Bècre était *prêtre réfractaire ;* il avait horreur,
ainsi qu'on l'a vu, de toute espèce de serment ; sa place était
donc toute désignée pour la prison de Vannes, antichambre du
tribunal criminel. On l'y conduisit le 27 février 1796 et le 29 il
signa au livre d'écrou. Le lendemain, au cours d'un premier
interrogatoire que lui fit subir l'accusateur public, il fit savoir
qu'il n'avait prêté aucun des serments requis des ministres du
culte catholique, mais qu'il s'est soumis aux conditions de la
loi du 11 prairial précédent. Quant à la déclaration exigée par
la loi du 7 vendémiaire an IV (29 septembre 1795), se trouvant
alors en prison, il n'avait pas eu à la faire. Puis il raconta les
conditions de son arrestation et acheva en déclarant « ne savoir
pas les motifs de la prolongation de sa détention dans la prison
de Pontivy après l'expiration de sa peine ».

Le 17 mars suivant, Lucas-Bourguerel fils, accusateur public, rédigea contre le serviteur de Dieu une demande de mise en jugement. Il n'invoqua du reste contre lui qu'un seul motif, éminemment d'ordre religieux : « *Le Bècre n'a pas fait les serments et soumissions ordonnés aux ministres du culte catholique.* »

297. — Traduit le 22 mars 1796 devant le tribunal criminel du Morbihan, l'inculpé subit un nouvel interrogatoire. Il y reconnut sans hésiter n'avoir prêté ni le serment schismatique à la Constitution, ni celui de Liberté-Egalité du 15 août 1792. Ne s'étant point soumis à la loi du 26 août de cette année, il se cacha dans les communes de Pontivy et de Noyal ; mais jamais pour cela, affirma-t-il, il n'abusa de son ministère pour inspirer la haine des lois de la République, et n'a jamais prêché que la paix et la concorde, quoi qu'en puissent dire ses calomniateurs. Il rapporta aussi les faits racontés plus haut au sujet des incidents de Pontivy. Enfin, concernant la nouvelle promesse imposée par la loi du 7 vendémiaire an IV (29 septembre 1795), il fit cette réponse à retenir : « *il ne l'a pas faite, parce qu'elle n'est pas dans ses principes,* et que, d'ailleurs, les lois ne sont pas assez stables : aujourd'hui c'est une soumission que l'on exige, demain c'est une autre, et elles sont même contraires l'une à l'autre ».

Nayl, commissaire du pouvoir exécutif, tenant compte que M. Le Bècre, emprisonné dès le 7 août 1795, n'avait pu se soustraire à aucune des conséquences des lois, tant du 6 septembre que du 25 octobre de cette année, eût désiré que cet ecclésiastique n'eût été condamné qu'à la peine de la déportation ; mais les juges de Vannes, leur président Chesnel en tête, étaient avides de verser le sang des prêtres. Appliquant au serviteur de Dieu les termes de l'article 10 du décret du 25 octobre 1795, qui remettait en vigueur la loi des 29-30 vendémiaire an II, ils condamnèrent M. Le Bècre à la peine capitale. Il subit celle-ci le jour même, 22 mars 1796, à 3 heures du soir, sur la place de l'Hôtel-de-Ville de Vannes, alors dénommée place de la Liberté. Son acte de décès fut enregistré le lendemain aux registres de l'Etat-Civil. Deux autres prêtres, pour le même motif, furent exécutés le même jour que lui, ce qui ne laisse place à aucun doute sur la façon dont tous ensemble ils se préparèrent les uns et les autres à la mort. Quant à M. Le Bècre, tous les faits qu'on vient d'énoncer prouvent abondamment qu'il périt victime de son horreur pour le serment à la Constitution civile et pour tout ce qui, de près ou de loin, pouvait sembler une participation au schisme.

Le souvenir de ce prêtre est toujours conservé, du reste, dans les branches collatérales de sa famille, qui compte des dignitaires ecclésiastiques parmi elles. Tous le considèrent comme un martyr de la Foi. Il existe encore des objets lui ayant appartenu, entre autres ses lettres d'ordination, un morceau de son aube, un débris de son calice que l'on conserve précieusement.

BIBLIOGRAPHIE. — Tresvaux du Fraval, *Histoire de la Persécution révolutionnaire en Bretagne*, op. cit. (1845), II, p. 223. — R. P. Le Falher, *Les Prêtres du Morbihan victimes de la Révolution*, op. cit. (1921), p. 169-179. Cet auteur publie une partie des documents officiels de son procès. On trouvera les autres dans une étude très complète de M. Corgne : *La Vie religieuse à Pontivy durant la Révolution. Julien Le Bècre*, in-8°, Pontivy, impr. Anger, 1926.

LXIX. — Jean-Toussaint HAMERY

(SOURCES : Arch. départ. du Morbihan, L 257, 301, 1153 ; LZ 103, 459.

298. — Jean-Toussaint HAMERY, fils de Julien et de Jeanne Piesrel, naquit à la rue Saint-Gurval, en Guer, alors du diocèse de Saint-Malo, le 23 novembre 1759. On lui administra le saint baptême le même jour. Il reçut la tonsure le 20 septembre 1777 à Saint-Méen et les mineurs le 19 septembre 1778. Il devint sous-diacre le 9 juin 1781 et diacre le 25 mai 1782. Enfin il fut ordonné prêtre au mois de septembre de l'année suivante. Après son sacerdoce, il demeura plusieurs années prêtre auxiliaire dans sa paroisse natale; puis, quelque peu avant la Révolution, il obtint la chapellenie du Bois-du-Gué en Saint-Servant, près Josselin, où l'on relève sa première signature le 27 février 1789 et la dernière le 31 juillet 1792.

299. — Le recteur de la paroisse, Noël Gauthier, vieillard morose et d'esprit janséniste, tomba dans le schisme et s'assermenta. Au contraire, ses collaborateurs, son vicaire Olivier et le chapelain Hamery, s'élevèrent contre son erreur avec une très grande force. Ils sauvèrent ainsi la foi de la population, mais devinrent un objet de haine passionnée pour les Administrateurs du district voisin de Josselin. M. Hamery, en particulier, fut inculpé, les 7 et 10 juin 1791, d'avoir, le 22 mai précédent, donné connaissance à différents particuliers d'un bref du Pape et d'avoir blâmé un acquéreur de biens ecclésiastiques. A la suite d'une enquête, dans laquelle déposèrent plusieurs témoins le 7 juillet de cette année, le chapelain du Bois-du-Gué comparut le 9 septembre 1791 devant un juge du district de Josselin. Ses réponses ne manquèrent pas de prudence; il nia une partie des faits qu'on lui imputait et rectifia le reste de son mieux, de façon à éviter une condamnation qu'il prévoyait imminente. L'amnistie votée par l'Assemblée Constituante le 21 septembre de cette année vint heureusement à temps le sortir d'embarras.

300. — L'année suivante, à la suite de l'arrêté du Directoire du Morbihan du 26 juin, autorisant les districts à faire emprisonner les personnes qui faisaient de l'obstruction à la Constitution civile, M. Hamery fut interné le 7 août 1792 dans les cachots de la citadelle de Port-Louis, où l'on jetait alors pêle-mêle ceux des prêtres « fanatiques » de ce département que l'on pouvait saisir. Ce fut en vain que la municipalité de sa commune adressa aux administrateurs du Morbihan une pétition, dans laquelle, après avoir déclaré « qu'il s'était toujours comporté en bon et honnête citoyen », elle réclamait son élargissement. Déjà Hamery, à son vif chagrin, se voyait déporté en vertu de la loi du 26 août 1792. Sans doute, il eût préféré Jersey à l'Espagne, ainsi qu'il le fit savoir le 8 septembre suivant à un délégué du district d'Hennebont, mais il eût surtout désiré ne pas quitter sa patrie ; aussi écrivit-il le 9 septembre une supplique au procureur général du Morbihan où l'on peut lire ces lignes : « On nous accuse tous en général d'avoir soulevé le » peuple et d'avoir prêché contre la Constitution : je suis inno- » cent de tout cela... j'ai toujours été soumis aux lois de l'Etat, » j'y ai toujours obéi et je suis dans l'intention de le faire jus- » qu'au dernier moment ». Ces protestations sentaient la peur. Hamery, en effet, terrorisé par la pensée de l'exil, s'imagina pouvoir l'éviter en prêtant un serment restrictif et conditionnel. Il fit donc savoir le 15 septembre son intention à la municipalité de Port-Louis de prêter le serment dit de *Liberté-Egalité*, qui, vu sa qualité de non-fonctionnaire public, s'appliquait à son cas.

301. — Ce serment avait été rendu obligatoire les 14-15-18 août et 3 septembre 1792. Sa teneur soulève encore aujourd'hui beaucoup de discussions et sa licéité ne fut jamais admise par la majorité du clergé fidèle en Bretagne. Ailleurs, cependant, de bons prêtres, voire même de bons évêques, le jurèrent, prétendant, en le prêtant, vouloir ne donner à leurs paroles que leur signification naturelle et exclure tout sens religieux. Parmi ceux qui agirent ainsi à cette époque et ne se rétractèrent point, figurent des personnages mis à mort pour la Foi et proposés à ce titre pour la béatification.

Malheureusement pour lui, ce n'est pas la formule officielle de ce serment que prêta M. Hamery. Au texte prescrit par la loi, le Directoire du département du Morbihan prit sur lui d'en substituer un autre spécial à son territoire et que devaient souscrire les ecclésiastiques pour éviter l'exil. En voici les termes : « Je jure de maintenir de tout mon pouvoir la Liberté et l'Ega- » lité, de vivre comme citoyen soumis aux décrets des repré- » sentants de la Nation et d'en recommander l'obéissance dans » les fonctions que je remplirai en qualité d'ecclésiastique ». -- Sans doute, auparavant, Hamery *protesta oralement « qu'il pré- tendait exclure de son serment tout ce qui pouvait attaquer le dogme »*; car, par trois fois, au cours des interrogatoires qu'il subit en 1795 et 1796, il ne manqua pas d'assurer qu'il n'avait voulu prêter qu'un serment restrictif et conditionnel et de telles protestations à cette époque ne pouvaient que lui porter un sérieux préjudice. Cependant on ne peut méconnaître que sa protestation ne fut pas enregistrée et qu'il signa son serment.

302. — N'oublions pas toutefois que saint Pierre a bien renié Notre-Seigneur trois fois, ce qui ne l'empêcha pas de confesser généreusement sa foi ensuite. Rendu à la liberté aussitôt après ce serment regrettable, M. Hamery s'en retourna à Saint-Servant près Josselin, la conscience bourrelée d'inquiétudes sur la licéité de son acte ; inquiétudes que les reproches de ses confrères demeurés inébranlables dans l'orthodoxie eurent tôt fait de transformer en amers remords. Aussi, n'y tenant plus, dès le 7 octobre 1792, trois semaines après sa prestation de serment, le chapelain du Bois-du-Gué adressa-t-il aux administrateurs du district de Josselin ainsi qu'aux municipalités de Port-Louis et de Saint-Servant une lettre de rétractation très explicite, dans laquelle « *il demande pardon à Dieu de son acte* et le conjure de *lui accorder la grâce de vivre et de mourir dans la Foi catholique, apostolique et romaine* ».

303. — Spécialement recherché par les autorités révolutionnaires après sa rétractation, M. Hamery ne voulut cependant pas demander un refuge à l'étranger, bien que les lois qui visaient le clergé réfractaire lui fissent une obligation stricte de s'expatrier, et cela sous les peines les plus sévères. Tout au contraire, pour se punir de sa faiblesse passagère, il se condamne à demeurer dans le pays pour y accomplir, au péril de ses jours, du ministère dans les conditions les plus difficiles. Lui-même, dans un interrogatoire, déclare avoir vécu les années 1793 et 1794 dans les communes de Saint-Servant, Guégon et Guer, passant de l'une dans l'autre quand il était trop vivement pourchassé. Il paraît avoir résidé à Saint-Servant durant l'essai de pacification religieuse d'avril-août 1795. Il venait de Trégranteur lors de son arrestation le 10 octobre suivant.

304. — Ce jour-là, en compagnie d'une vieille paysanne, il se rendait à Ploërmel pour affaires, lorsque, non loin du bourg de Taupont, le lieutenant Merselle, commandant un détachement du 3e bataillon d'Ille-et-Vilaine, lui demanda son passeport, reconnut qu'il était prêtre, ce que M. Hamery ne tenta pas de dissimuler, et le conduisit au district de Ploërmel, sous prétexte que les pièces dont il était muni, n'avaient plus de valeur, parce que trop anciennes.

305. — Laissé provisoirement en liberté sous caution d'un compatriote, l'abbé comparut devant les administrateurs du district de Ploërmel. De ses réponses, on doit retenir qu'il nia toutes relations avec les royalistes et qu'à la question obligatoire concernant les serments qu'il avait prêtés, il fit savoir que « depuis le serment qu'il fit avec *restrictions* (sic), voilà trois ans, il n'en avait prêté aucun autre, et même que, depuis la loi du 20 fructidor an III (laquelle ordonnait l'arrestation de tous les prêtres qui n'avaient pas fait dans son intégrité la promesse du 11 prairial précédent concernant la soumission aux lois de la République), « il avait cessé à Saint-Servant toute fonction ecclésiastique ».

Quelques jours plus tard, M. Hamery produisit même une attestation de la municipalité de Saint-Servant datée du 14 octobre 1795, d'après laquelle celui-ci se serait présenté à la maison commune de cette localité, le 21 septembre précédent, et lui aurait déclaré en substance « que la loi du 20 fructidor lui interdisant l'exercice du culte (comme n'ayant pas fait dans son intégrité la promesse du 11 prairial), mais le laissant libre de vivre à Saint-Servant, il se propose d'y vivre en paisible citoyen, sans rien faire et dire qui puisse troubler la paix et la concorde ».

Malheureusement Monnerais, secrétaire de la municipalité de Saint-Servant, tout en ne niant pas l'authenticité des signatures, vint déclarer sous le sceau du secret que c'était M. Hamery le rédacteur de cet acte. Il ajouta même que ce prêtre avait encore célébré la messe au Bois-du-Gué, postérieurement au 21 septembre. En conséquence, le malheureux ecclésiastique fut définitivement constitué en état d'arrestation et envoyé à Vannes. Une lettre des administrateurs du district de Ploërmel l'accompagnait, le dépeignant sous les traits les plus noirs, mais « *sans pouvoir*, ajoutent ses signataires, *apporter aucune preuve matérielle de leurs accusations et se déclarant incapables de s'en procurer*, ce qui ôte à nos yeux toute valeur à leurs propos ; étant habitué par nos études à voir les autorités jacobines charger sans preuve, comme sans vergogne, les prêtres réfractaires de toutes sortes de méfaits.

306. — C'est à Vannes que M. Hamery, signalé le 15 février 1796 comme ecclésiastique réfractaire à la loi par les administrateurs du Morbihan, fut cité par Lucas-Bourguerel fils, l'accusateur public, à comparaître devant lui. Il répéta devant ce magistrat ce qu'on vient d'exposer plus haut. Il fit aussi état de sa déclaration du 21 septembre 1795 devant la municipalité de Saint-Servant et de l'attestation qu'on lui en avait délivrée. Enfin, il n'oublia pas de dire que, s'il avait prêté à Port-Louis « le serment de fidélité à son pays », c'était avec la restriction que « *ses lois ne viennent point attaquer le dogme* ». Il prit garde par ailleurs de faire connaître les noms des personnes qui lui avaient donné asile et fut reconduit en prison. Ses jours étaient désormais comptés. On tenait son serment de Liberté-Egalité pour nul et quant à lui on ne le considérait que comme un prêtre réfractaire, banni par les lois de son pays, mais demeuré en France pour « fanatiser » les campagnes.

Le 15 mars 1796, un officier de santé vint l'examiner et rendit compte qu'aucune infirmité n'avait pu l'empêcher de prendre la route de l'exil. Dès le lendemain, Lucas-Bourguerel invita le tribunal criminel du Morbihan à juger le prêtre proscrit, « prévenu, dit-il, *de ne pas avoir fait les serments et soumissions ordonnés aux ministres du culte catholique* ».

307. — C'est le 21 mars 1796 (1er germinal an IV, dans le jargon des Jacobins) que comparut le prêtre Hamery devant la juridiction chargée de le condamner. On pourvut avec difficulté le prévenu d'un avocat d'office, personnage bien inutile du reste ; puis l'accusé déclara n'avoir jamais prêté le serment schismatique à la Constitution, n'avoir jamais exercé de fonctions rétribuées par l'Etat, et n'avoir prêté le serment de Liberté-Egalité qu'après y avoir joint (verbalement) une restriction essentielle : *Pourvu que ce serment n'eût en rien attaqué le dogme* ». Il nia de même n'avoir jamais cherché autre chose que la paix et la tranquillité, ainsi que l'avait attesté la municipalité de Saint-Servant.

Enfin, après avoir fait remarquer à juste titre qu'il n'était pas de ceux auxquels la loi imposait d'adhérer à la schismatique Constitution civile par un serment, pour la *non-prestation* duquel on allait le guillotiner, il fit savoir à ses juges que s'il avait rétracté son serment de Liberté-Egalité, et s'il s'était caché ensuite, « c'est qu'on ne suivait pas les conditions (verbales) qu'il avait mises » au dit serment. Pour finir, le président releva la contradiction qu'il constatait entre l'attestation de la municipalité de Saint-Servant, suivant laquelle l'accusé s'engageait à la date du 21 septembre 1795 à ne plus exercer de fonctions cultuelles en public, et une réponse de celui-ci, faisant connaître qu'il ne les avait cessées que le 2 octobre suivant ; observation à laquelle M. Hamery répondit en se réclamant de « la liberté ».

Le temps de rédiger sa délibération et le tribunal de Vannes rendit sa sentence. C'était la mort dans les 24 heures, sans appel ni recours au tribunal de cassation. *Les motifs invoqués sont essentiellement d'ordre religieux :* le prêtre Hamery a rétracté son serment, et quoique cela, se trouvant de ce fait sujet à la déportation comme prêtre réfractaire, il n'a pas quitté la France. Ce sont toujours les articles de la loi des 29-30 vendémiaire an II, remis en vigueur par la loi du 3 brumaire an IV, qui jouent dans la circonstance.

308. — M. Hamery expia le lendemain 22 mars 1796, à 3 heures de l'après-midi, sur la place de l'Hôtel-de-Ville de Vannes, alors dénommée place de la Liberté, sa qualité de prêtre catholique romain. Son acte de décès figure sur les registres de l'état civil de Vannes.

Si, dans un instant de dépression physique et morale, il avait eu la faiblesse de signer une formule de serment regrettable, il l'avait depuis longtemps courageusement rétractée et il ne la rappelait jamais sans mentionner la restriction verbale dont il avait cru l'atténuer.

Deux autres prêtres, MM. Le Verger et Le Bècre, déjà vus précédemment, périrent en même temps que lui sur l'échafaud, ce qui ne permet aucun doute sur la façon dont ils se préparèrent ensemble à verser leur sang pour la Foi.

Le nom de M. Hamery n'est pas éteint dans la paroisse de Guer. Il est toujours honorablement porté. On garde à la chapelle du Bois-du-Gué divers ornements et un calice en étain que l'on croit lui avoir appartenus.

BIBLIOGRAPHIE. — Tresvaux du Fraval, *Histoire de la Persécution révolutionnaire en Bretagne*, op. cit. (1845), II, p. 223. — R. P. Le Falher, *Les Prêtres du Morbihan victimes de la Révolution*, op. cit. (1921), p. 184-200. Une partie seulement des documents officiels concernant M. Hamery figure dans ce recueil.

Articles Particuliers

DEUXIÈME SECTION
LES EXÉCUTIONS EXTRA-LÉGALES

(Cf. p. 6).

309. — C'est la vérité que les autorités révolutionnaires, dans leur haine du catholicisme romain, usèrent de tous les moyens, légaux comme extra-légaux, pour atteindre et détruire les prêtres réfractaires aux lois du serment par lesquelles ils prétendaient lier leur conscience. Dès janvier 1794, le conventionnel Prieur (de la Marne) notifiait à l'agent national de Pontivy, afin de saisir un prêtre réfractaire : « Je t'autorise à prendre *toutes les mesures* que tu jugeras convenables ».

Au mois de mars 1796, Julien Bosquet du Rocher, juge au tribunal de Vannes, écrivait à un député à la Convention une lettre où il découvre ses intentions au sujet du clergé insermenté : « A propos de prêtres, nous les travaillons ici comme
» ces coquins méritent. Quatre hier allèrent *ad patres;* nous ne
» cessons de les juger. Mais les exécutions publiques font un
» très mauvais effet. Envoyez-nous donc une loi par laquelle,
» au lieu de mettre les prêtres réfractaires *sous la loi,* vous les
» mettiez *hors la loi* et puis une RÉCOMPENSE A CEUX QUI LES
» TUERAIENT. »

Cette mentalité dont on pourrait fournir des preuves en 1797 et 1798, persista jusqu'à la fin de la Révolution. Le ministre Fouché écrivait lui-même en juillet 1799 aux administrations en Bretagne : « La loi des otages autorise à fusiller sans jugement les prisonniers qui essaient de s'enfuir. *Cette loi est large, élargissez-la* encore selon les besoins de la situation. Le pouvoir vous soutiendra toujours dans vos efforts révolutionnaires ».

310. — Les troupes de la Révolution, dont bon nombre étaient les adeptes des loges maçonniques (les loges militaires existaient en France dès 1789), s'inspirèrent de cette mentalité. Les proclamations furibondes, les écrits grandiloquents qui ne cessaient de leur représenter les prêtres catholiques romains comme un groupe de « monstres » et de « scélérats fanatiques », coupables des méfaits « les plus atroces » et dignes à ce titre de tous les châtiments, avaient déchaîné contre le clergé réfractaire leurs instincts les plus sanguinaires.

Un prêtre rescapé des pontons de Rochefort, M. Julien Le Noan, écrivait le 8 janvier 1797 des prisons de Saint-Brieuc à un habitant de Saintes : *Jamais la vie des prêtres catholiques ne fut plus exposée qu'en 1796. Lorsque je fus arrêté, les soldats crurent que j'étais laboureur. S'ils avaient su que j'étais prêtre, je ne serais plus de ce monde ».

C'est la vérité qu'il y eut autant de prêtres assassinés en Bretagne que de prêtres exécutés sur l'échafaud. On a groupé les noms de ceux pour lesquels on a pu réunir des preuves péremptoires que les révolutionnaires fomentèrent et perpétrèrent leur assassinat, et applaudirent à leur mort, ainsi que ceux dont la mémoire, de génération en génération, se perpétue là où ils ont péri avec la réputation de martyr.

◆◆◆

LES PRÊTRES MIS A MORT
PAR LES COLONNES MOBILES DANS LE TERRITOIRE
DE L'ARCHIDIOCÈSE DE RENNES

LXX. — Jacques-François-Joseph ROYER

(Archives d'Ille-et-Vilaine, série L. Archives paroissiales de Dompierre).

311. — Jacques-François-Joseph ROYER, fils de Joseph et de Marie Catel, son épouse, né le 5 novembre 1746 à Rennes, paroisse Saint-Germain, fut baptisé le lendemain.

M. Royer reçut la tonsure et les mineurs en septembre 1769, le sous-diaconat à la même époque l'année suivante et la prêtrise au mois de septembre 1771.

Après son sacerdoce, M. Royer, demeuré prêtre auxiliaire à Saint-Germain de Rennes, fut nommé vicaire à Luitré en 1777 et sut s'y faire apprécier de son recteur. En 1789, la cure de Dompierre-du-Chemin étant devenue vacante par la mort de son occupant, M. Royer fut présenté pour ce bénéfice le 5 avril de cette année, par M. de Rommilley, archidiacre de Rennes. Ses lettres de provision sont datées du lendemain et, trois jours après, il prenait possession de l'église et du presbytère. Un mois plus tard, la Révolution commençait.

« Plein d'un zèle ardent pour la sanctification des âmes,
» écrivait dès 1820 l'abbé *Carron*, Rennais comme lui, historien
» digne de foi et son premier biographe, M. Royer se livra tout
» entier au soin d'éclairer les fidèles et de les prémunir contre
» les séductions de l'erreur et les mensonges des impies. La
» lutte généreuse qu'il soutint contre leurs menées, leurs intri-
» gues ou leurs menaces, développa chez lui le caractère intré-
» pide d'un apôtre. »

312. — Il est certain que M. Royer refusa nettement de s'assermenter, préférant se voir expulser de sa cure, qui lui valait alors 1.500 livres de revenus, d'après sa déclaration du 11 avril 1790.

Cependant, la paroisse de Dompierre, figurant parmi celles qui devaient disparaître dans la nouvelle organisation du diocèse constitutionnel de Rennes, ne fut pas dotée d'un curé assermenté; si bien que M. Royer put y demeurer ouvertement jusqu'au milieu de 1792, où on relève pour la dernière fois sa signature le 24 août de cette année. Toutefois, sa présence à Dompierre gênait grandement les jacobins des environs et, dès les débuts de janvier 1792, « plusieurs habitants de Luitré réclamaient au district de Fougères la fermeture de l'église de Dompierre, où, disent-ils, se rendaient en foule les catholiques des paroisses voisines qui fuyaient les offices des curés intrus ».

M. Royer n'avait pas prêté, a-t-on dit, le serment schismatique des constitutionnels; il refusa de même celui plus spécieux connu sous le nom de Liberté-Egalité des 14-15 août 1792. Il n'obéit pas davantage à la loi du 26 août de cette année, qui le condamnait comme prêtre réfractaire à prendre le chemin de l'exil. Ses ouailles étaient demeurées si fidèles à son enseignement que lui, de son côté, voulut les payer de retour en demeurant parmi elles, malgré les peines de plus en plus rigoureuses qui le menaçaient : loi des 21-23 avril 1793, loi des 29-30 vendémiaire an II, dont on a déjà vu tant de fois les redoutables applications.

313. — La chasse aux prêtres était partout organisée ; des primes étaient payées à ceux qui les dénonçaient, comme à ceux qui les arrêtaient ainsi qu'à ceux qui les « détruisaient ». Aussi l'existence des ecclésiastiques qui, comme M. Royer, vivaient parmi leurs fidèles dans l'intention de leur être utiles, était-elle bien précaire. C'est tous les jours qu'ils bravaient la mort.

Lui et un autre prêtre se trouvaient dans le champ de *la Grafardière*, en Luitré, lorsqu'ils furent surpris par un détachement de la garde nationale de Fougères, commandé par le citoyen Chevrel, peu avant le 8 mai 1794. Le compagnon de M. Royer put se dérober par la fuite, mais le recteur de Dompierre tomba aux mains de ses ennemis qui, le reconnaissant pour un prêtre, l'assassinèrent sans désemparer.

Les auteurs qui, d'après des témoins de l'époque, écrivirent la vie du serviteur de Dieu en 1820 et 1821, MM. *Carron* et *Guillon*, rapportent qu'avant de mourir il poussa le cri de « *Vive la Religion* ! » et que sa dernière parole fut : « *Je vous pardonne ma mort* ».

314. — Voici les termes en lesquels le *registre de délibérations* du district de Fougères parle du trépas de M. Royer, à la date du 19 floréal an II (8 mai 1794), folio 256-7 :

« Sur la déclaration de quelques particuliers d'avoir reconnu le *scélérat* tué pour être *Joseph Royer*, curé *inconstitutionnel* de Dompierre-du-Chemin, et sur ce que le procès-verbal, rapporté par les officiers qui commandoient le détachement, dont partie étoient de la garde nationale de Fougères, qui atteste que *c'étoit un prêtre* : les effets trouvés sur lui donnent d'ailleurs une preuve morale. Et, voulant *récompenser le zèle des Patriotes*, qui manifestent, par tous les moyens qui sont en eux, le désir d'exterminer les ennemis de la République.

« Les administrateurs (ouï l'agent national provisoire du district de Fougères,) arrêtent : *que la prime de 100 livres*, accordée par la Loi, sera délivrée au citoyen Cheverel, capitaine, commandant, par le Receveur du District, dont il aura reprise sur les fonds à ce destinés; laquelle somme sera distribuée aux volontaires et gardes nationales qui ont concouru à la prise de ce *scélérat prêtre* ». (*Arch. I.-et-V.*, série L, registres son cotés.)

315. — Rien de plus probant que cette pièce sur les motifs qui déterminèrent les révolutionnaires à assassiner l'abbé Royer. On l'a mis à mort en haine de la Foi, parce qu'il était « prêtre », et, qui plus est, « prêtre inconstitutionnel », c'est-à-dire *insermenté*, demeuré en France pour y faire du ministère. D'autre part, d'après ses plus anciens biographes, il mourut en pardonnant à ses bourreaux : peut-on demander fin plus sainte ?

316. — Quant à l'argument de tradition, il semble, lui aussi, fort solide. Aussitôt après son trépas, les ouailles de M. Royer témoignèrent pour sa dépouille mortuaire la plus grande vénération. Ensevelis avec respect par une pieuse femme et, par crainte des révolutionnaires, inhumés là même où il avait péri, les restes de M. Royer reposèrent jusqu'en 1820 dans le champ de la Grafardière. Si l'on en croit les anciens de Dompierre et de Luitré, un genêt poussa sur sa tombe, mais ses fleurs, par une disposition particulière, demeurèrent toujours *blanches*, alors que les genêts voisins donnaient des fleurs jaunes, ainsi que le constataient chaque année ceux qui venaient prier sur sa sépulture.

La Restauration ayant permis de rendre enfin aux victimes de la Révolution les hommages auxquels elles avaient droit, les paroissiens de Dompierre, avec l'autorisation des autorités, décidèrent de ramener dans leur église les ossements de leur pasteur bien-aimé, pour leur donner une sépulture plus digne de lui. La cérémonie de l'exhumation eut lieu le 1er mai 1820, en présence de Marie Gervais, épouse de Charles Harel, la courageuse chrétienne qui l'avait enseveli, et de diverses personnes qui avaient procédé autrefois à son inhumation. Transportée processionnellement dans l'église de Luitré, où eut lieu une première cérémonie religieuse, la dépouille funèbre de M. Royer fut ramenée le 8 de ce même mois dans l'église de Dompierre, où, après avoir reçu à nouveau les honneurs de la sépulture ecclésiastique, on la déposa dans un caveau creusé au milieu du sanctuaire, « là où le prêtre se place pour commencer la messe ».

Un grand nombre de prêtres se firent un devoir d'assister à cette émouvante translation. Un procès-verbal en fut dressé que l'on conserve précieusement au presbytère de Dompierre. L'on y mentionne expressément que Royer « fut massacré en haine de la Religion ».

317. — C'est encore le sentiment unanime des paroissiens actuels de cette localité, auxquels leurs parents ont transmis de génération en génération la croyance au martyre de leur dévoué recteur. Ce serait une grande joie pour cette population si le Souverain Pontife permettait de transformer en culte public les sentiments de pieuse vénération qu'elle garde pour sa mémoire.

BIBLIOGRAPHIE. — Carron, *Les Confesseurs de la Foi*, etc., op. cit. (1820), p. 39. — Guillon, *Les Martyrs de la Foi durant la*

Révolution française, op. cit., IV, p. 547. — Tresvaux du Fraval, *Histoire de la Persécution révolutionnaire en Bretagne*, op. cit. (1845), II, p. 46-47. — Guillotin de Corson, *Les Confesseurs de la Foi sur le territoire de l'archidiocèse de Rennes*, op. cit. (1901), p. 110-112. — Pautrel, *Notions d'histoire et d'archéologie pour la région de Fougères*, Rennes (1927), in-8°, p. 258 et 439.

LXXI. — Joseph-Julien SORETTE

318. — Joseph-Julien Sorette, fils de Pierre et de Françoise Murie, sa femme, naquit à la Bondonnais, en Saint-Germain-en-Coglès, et fut baptisé en cette église le 24 juillet 1758.

L'oncle du jeune Joseph ayant remarqué chez ce dernier d'heureuses dispositions, l'emmena dans sa cure du Châtellier pour y étudier le latin. Envoyé à Rennes à l'âge de 14 ans, il y fut admis par voie de concours au Petit Séminaire où il acheva ses études avec succès.

Le 21 décembre 1782, l'abbé Sorette reçut la tonsure et les ordres mineurs; le 21 mai 1785, Mgr de Girac, évêque de Rennes, lui conféra le sacerdoce et il chanta sa première grand'messe à Saint-Germain, à la Fête-Dieu qui suivit. Il fut alors nommé vicaire à Betton où il montra un talent rare pour la direction des âmes, mais en 1788 ses connaissances littéraires lui procurèrent une chaire de professeur au collège de Rennes, où il enseigna successivement la 6°, la 5° et la 4°.

Parmi les élèves de l'abbé Sorette se trouva Gabriel Bruté qui plus tard devint évêque de Vincennes; ce dernier, longtemps après, écrivait de lui : « L'abbé Sorette était un jeune prêtre qui n'était pas encore âgé de 30 ans lorsqu'il fut nommé professeur au collège de Rennes; je lui vouai une vive affection, et, de son côté, il voulait bien prendre à moi un intérêt particulier. Il faisait parfois à ma mère l'honneur de venir dîner chez nous. La charmante modestie, la candeur, la piété, jointés à l'enjouement de cet excellent homme, le rendaient cher à tous ceux qui le connaissaient. Lorsque le serment révolutionnaire fut imposé au clergé, il refusa de le prêter, et il fut exclu en conséquence du collège dès le mois de janvier 1791. »

319. — N'ayant plus d'occupations à Rennes, M. Sorette se retira chez sa mère qui habitait alors Parigné. Cette paroisse avait pour recteur légitime Patrice Guignette; mais, le 29 mai 1791, on lui donna un curé constitutionnel, l'ex-Père Louis

Verdier, ancien prieur de l'abbaye de Savigny. Aussi M. Sorette, en sa qualité d'insermenté, ne devait pas jouir de beaucoup de tranquillité dans cette localité, si l'on en juge par une lettre qu'il écrivait de Parigné, le 10 juin 1791, à Mme Bruté et dont son fils, Mgr Bruté, nous a conservé le texte dans ses *Souvenirs*. En voici quelques extraits :

320. — « Dimanche dernier, un détachement de la garde nationale de Fougères est arrivé à Parigné à neuf heures du matin, la bayonnette au bout du fusil et criant : *les aristocrates à la lanterne !* Ils demandaient aussi la tête de tous les prêtres qui avaient refusé le serment. J'étais le seul prêtre dans le village, le recteur et son vicaire ayant pris la fuite la veille pour échapper à la lanterne dont ils étaient sans cesse menacés. Au moment de l'arrivée des troupes, je venais de quitter la maison pour aller dire la messe dans une chapelle particulière; mais la canaille en avait muré la porte, en déclarant que s'ils me prenaient, ils me coûperaient la tête...

» Les « patriotes » surveillent mes actes et mes paroles pour trouver un bon prétexte pour me chasser de la paroisse. Je suis en vérité dans une triste position. Je ne veux pas quitter ma mère, tant que les choses n'auront pas pris un meilleur aspect. Je vous serais obligé de me chercher un lieu de refuge à Rennes, où je puisse me sauver, si je suis proscrit une seconde fois, comme on m'en menace sans cesse à Fougères. Les intrus ne sont nulle part acceptés par le peuple. A Fougères, comme ici, personne ne va à leur messe... »

Cependant, quels que fussent les périls qui le menaçaient, cet ecclésiastique zélé ne se déroba point. Une lettre qu'il écrivit le 4 février 1792 à son ami l'abbé Damon, fait connaître combien était pénible l'existence à laquelle il se condamna pour rendre service aux fidèles de Parigné et de Saint-Germain-en-Coglès. Elle dépeint bien aussi le caractère à la fois résolu et enjoué du vaillant confesseur de la Foi. En voici des extraits :

« Il y a eu un an le 25 janvier que je suis dans le pays de Fougères, tantôt chez ma mère, tantôt chez un de mes frères en Saint-Germain-en-Coglès, ma paroisse natale, car la milice nationale de Fougères m'a fait déguerpir deux ou trois fois. Elle m'a fait l'honneur de me visiter, tantôt en corps, tantôt par députés. Comme je suis peu jaloux de ses visites, je ne restais point à la maison quand je prévoyais son arrivée.

» Elle désirait tellement me trouver au logis qu'elle vint une fois vers minuit. Malheureusement, j'étais encore absent. On me chercha partout, depuis la cave jusqu'au grenier, même dans les meubles, armoires, etc. On voulait me conduire en triomphe à la ville. Mon humilité et mon éloignement des grands honneurs m'obligèrent encore à me soustraire à cette cérémonie. De peur de m'y trouver, je prolongeai mon absence de quelques mois. Je venais dîner chez ma mère et m'en allais coucher à Saint-Germain, à une lieue plus loin. Depuis la Toussaint (1791), je me suis aguerri : quelques soldats sont encore venus me visiter pour me faire sortir de la paroisse. Je leur ai déclaré que j'y resterais et que j'étais aux termes (suivant les termes) des décrets. Ils s'en sont tenus aux menaces jusqu'à présent.

» Malgré toutes mes courses et aventures, qu'il serait trop long de vous raconter ici et que j'espère vous détailler en temps et lieu, ma santé s'est toujours bien soutenue. J'en suis moi-même étonné. Je souhaite que la vôtre ne vous abandonne pas non plus. Voilà plus de huit mois que je suis entouré de curés et de vicaires constitutionnels, qui m'ont toujours observé de très près et parfois dénoncé. Je suis parfois obligé de faire une ou deux lieues pour dire la messe. De temps en temps, je la dis secrètement dans une chapelle à trois quarts de lieue de distance... J'ai été sur le point de prendre une place de précepteur à Fougères, mais comment me déterminer à quitter de braves gens qui me sont attachés et qui ont besoin de moi ? »

321. — Lorsque vint la loi du 26 août 1792, qui le condamnait à l'exil comme ancien fonctionnaire public insermenté, l'abbé Sorette ne se déporta pas, mais dut se cacher davantage, car les pénalités auxquelles il s'exposait par dévouement pour les âmes devinrent de plus en plus rigoureuses. Les grottes de la Tulaie servirent bien souvent alors d'asile au malheureux proscrit, qui trouva cependant moyen, en *pleine Terreur*, en 1793 et 1794, de faire 15 baptêmes et de bénir 5 mariages, tant à la Tulaie en Saint-Germain et à la Vieuville en Le Châtellier, qu'à Saint-Fiacre en Parigné.

A la suite des arrêtés pris les 26 mars et 12 avril 1795 par les représentants du peuple, il y eut un peu de paix relative en Bretagne et, à Parigné, le clergé insermenté put recommencer à se montrer. M. Sorette osa même célébrer la fête de Pâques à l'église et prêcha cette année la communion solennelle des enfants de Saint-Germain et du Châtellier à la chapelle de Marigny.

322. — Sur les entrefaites, ce prêtre fut nommé curé d'office du

Châtellier et, d'avril 1795 à décembre de cette année, les registres paroissiaux qu'il tint dans cette localité, nous le montrent faisant 28 baptêmes et 4 mariages « dans l'église ». Malheureusement, la loi du 7 vendémiaire an IV (29 sept. 1795) vint rendre bien difficile l'exercice public du culte aux insermentés, en leur imposant une déclaration à laquelle répugnait leur conscience. Peu après, la loi du 3 brumaire an IV (25 oct. 1795) remit en vigueur toutes les lois de persécution. Aussi, lorsque les autorités d'Ille-et-Vilaine se décidèrent à appliquer ces lois scélérates, l'église du Châtellier fut à nouveau fermée, et M. Sorette recommença à exercer dans les maisons ou dans les granges. De juin 1796 à la loi de fructidor an V (sept. 1797), l'église du Châtellier rouvrit encore une fois ses portes. Puis ce fut l'époque de la déportation fructidorienne avec toutes ses horreurs et les prêtres pourchassés avec plus d'ardeur que jamais.

323. — Le 7 juin 1798, jour de la Fête-Dieu, le gendarme Morel, âme damnée du commissaire Loysel, arriva de Fougères à la Vieuville, en Le Châtellier, avec quelques gardes nationaux pour y perquisitionner. Mais déjà l'alarme avait été donnée, si bien qu'une quarantaine de personnes avec un prêtre, en vêtements sacerdotaux, sortirent précipitamment d'une grange et se sauvèrent à temps. L'ecclésiastique fugitif n'était autre que M. Sorette, qui dut interrompre sa messe pour se cacher au plus vite.

Obligé de se réfugier en lieu sûr, l'abbé Sorette se vit en même temps atteint de douleurs rhumatismales très violentes, gagnées un jour qu'il s'était caché, trempé de pluie, dans une meule de paille où, pour sauver sa vie, il avait dû demeurer plusieurs heures.

On lui conseilla d'aller aux eaux minérales de Guichen, tant pour améliorer l'état de sa santé, que pour dérouter les recherches qui se faisaient de sa personne avec un redoublement d'activité du côté du Châtellier. En attendant, il s'en vint à Rennes où il se cacha dans le faubourg Saint-Martin, à la Péchardière, chez Mme de Léon.

324. — « Pendant qu'il y demeurait, écrit Mgr Bruté, je pus obtenir une précieuse entrevue avec lui. Il me raconta quelques-unes de ses aventures, où il avait, comme miraculeusement, échappé à la mort. Mais après lui avoir persuadé aisément qu'il ne serait pas prudent pour lui de s'en aller aux eaux de Guichen, il en tira une conclusion bien différente de celle que j'attendais :

c'est qu'il avait déjà trop écouté les médecins.; il n'était pas si malade qu'ils le pensaient, et *son meilleur parti était de retourner près de ses paroissiens et de rester au milieu d'eux jusqu'à la fin*. D'ailleurs, après six ans de pénible apostolat, faire enfin le sacrifice de sa vie, n'était-ce pas la conclusion digne d'envie de ses travaux ? Tels furent les sentiments qu'il m'exprima avec beaucoup de ferveur et de gaieté. Aucun argument, aucune prière ne l'amenèrent à céder aux désirs de ses amis de Rennes. Trois jours après, il repartit pour Le Châtellier. Trois semaines plus tard, il était assassiné ! »

325. — Le commissaire du Directoire exécutif près l'administration cantonale de Fougères, nommé Loysel, avait, en effet, avec l'approbation de l'administration départementale d'Ille-et-Vilaine, *organisé des bandes d'individus tarés*, lesquels, déguisés en paysans de la région fougeraise, parcouraient les campagnes et s'efforçaient, MOYENNANT UNE PRIME DE 100 FRANCS par tête, de METTRE A MORT le plus grand nombre possible DE PRÊTRES INSERMENTÉS, personnages dont le sieur Loysel avait particulièrement la phobie, ainsi que le démontrent plusieurs documents signés de sa main qui ont été publiés ailleurs.

326. — « Des jeunes gens de Fougères, écrit dans ses *Mémoires* le colonel de Pontbriand, un contemporain de cette triste époque, ne craignirent pas de s'associer à ces expéditions [sanguinaires]. Un prêtre, M. Sorette, ancien régent au collège de Rennes, portait le Saint-Sacrement à un malade : il fût reconnu par des jeunes gens de Fougères...... et fut massacré...... » M. Sorette n'eut pas le temps de soustraire à la profanation les Saintes Espèces, mais toute la tradition s'accorde à raconter que c'est en allant faire du ministère que ce prêtre fut mis à mort ainsi qu'on va le voir.

A son retour au Châtellier, après son bref séjour à Rennes, l'abbé Sorette s'était caché chez la famille Roussel, qui habitait alors le vieux presbytère de Montgreffier. Le 15 frimaire an VII (5 déc. 1798), on vint l'y chercher pour aller faire l'absoute de Pierre Despas qui était mort au village du Haut-Villiers; il s'y rendit aussitôt. En même temps, raconte son élève, Mgr Bruté, « une troupe de ces révolutionnaires déguisés, dont on a précédemment parlé, battant la campagne à la recherche de victimes, demanda à une jeune fille si elle ne pourrait pas leur indiquer un prêtre pour venir confesser un malade. La paysanne, trompée par le déguisement des faux-frères, leur répondit qu'elle venait de voir M. Sorette passant dans la prairie. Ils s'élancèrent aussitôt à sa poursuite et, dès qu'ils l'approchèrent, ils firent feu sur lui et lui cassèrent un bras. M. Sorette s'arrêta aussitôt et se rendit prisonnier, réclamant d'être conduit à la ville. Mais eux, sachant qu'on se bornerait à le déporter à Cayenne, lui dirent qu'ils avaient résolu de le mettre à mort. M. Sorette leur demanda alors de lui accorder quelques minutes pour recommander son âme à Dieu. Il s'agenouilla sur le gazon ; et, après l'avoir laissé prier quelques moments, ils le fusillèrent sur place. »

Les bourreaux du prêtre, *explicitement chargés de l'assassiner* par Loysel, commissaire du pouvoir exécutif à Fougères (Cf. un rapport du 7 décembre 1798), atteignirent le curé du Châtellier au-dessus du village de Montmusson, tout près du moulin de la Vieuville, dans un coin du champ de la Bayle; il était alors une heure après midi ; les misérables, après avoir fusillé le bon prêtre, s'acharnèrent à larder son corps à coups de baïonnettes.

A cette nouvelle, le représentant du gouvernement à Fougères, le commissaire Loysel, se *réjouissait de la mort de ce* « *fanatique* » et COMPTAIT LE PRIX DU SANG, SOIT 100 FRANCS à ses assassins, qui s'efforcèrent de dramatiser leur crime par un rapport manifestement mensonger que l'on a publié ailleurs.

D'après l'abbé Tresvaux (*Histoire de la Persécution*, op. cit., II, p. 338), c'est grâce à un chien dressé à cet effet que les assassins de M. Sorette l'obligèrent à s'arrêter. La tradition locale a conservé ce détail, que nous retrouvons en 1865 sous la plume d'un chroniqueur du pays fougerais, M. des Buffards.

327. — Dès le lendemain on dressait à la mairie du Châtellier son acte de décès et ce même jour, un de ses confrères voisins, M. Valentin Lorre, écrivait sur le registre de Saint-Germain où il notait les actes de son périlleux ministère : « Aujourd'hui, quatre décembre 1798 (le cinq est effacé et remplacé par quatre), le vénérable et discret messire *Joseph Sorette*, curé d'office du Châtellier, a été assassiné par sept de nos frères égarés, près le moulin de la Vieuville, en Le Châtellier, ET CE, EN HAINE DE LA RELIGION. C'est sur les onze heures du matin que ce massacre a été fait. »

Un frère de la victime nommé Julien et Marie Boyvent, son épouse, au dire de M. Macé, s'en furent eux-mêmes accuser les meurtriers de leur frère auprès des autorités de Fougères. Ils en obtinrent l'autorisation d'inhumer le confesseur de la Foi dans l'église même du Châtellier, où son corps repose encore en attendant la résurrection glorieuse. Lorsque de nos jours on a reconstruit cet édifice, on y a placé dans la nef, un peu au-dessous de la porte méridionale, la tombe de l'abbé Sorette. On a de plus fait élever une croix commémorative à l'endroit même où tomba le martyr dans le champ de la Bayle. On y lit cette inscription : « *Ici mourut, martyr de sa Foi, M. l'abbé Sorette, le 15 frimaire an VII.* » C'est ainsi que la paroisse du Châtellier s'est honorée en honorant elle-même la mémoire du prêtre qui l'évangélisa aux dépens de sa vie. Son souvenir du reste vit toujours dans cette localité où l'on ne met pas en doute qu'il n'ait péri en haine de la Foi.

Bibliographie. — Tresvaux du Fraval, *Histoire de la Persécution révolutionnaire en Bretagne*, op. cit., II, p. 338. — Bruté de Rémur, *Souvenirs de la Persécution révolutionnaire* (*Revue de Bretagne et de Vendée*, IX, 218-224). — Guillotin de Corson, *Les Confesseurs de la Foi*, etc., op. cit., p. 136-141. — Abbé Jean Macé, *Quatre siècles d'histoire ou Saint-Germain-en-Coglès*, 2 in-12, Rennes, 1926, t. II, p. 71-77, — *Revue de Bretagne et de Vendée*, t. IX, p. 225. — Pautrel, *Notions d'Histoire et d'Archéologie pour la région de Fougères*, Rennes in-8°, 1927, p. 184 et 260. — Lemasson, *Les Actes des prêtres insermentés de l'archidiocèse de Rennes*, etc., op. cit., 1927, p. 216-229. On y trouve toutes les pièces officielles concernant ce prêtre, y compris son acte de décès.

LXXII. — Guillaume DUVAL

328. — Né au village de Brezel en la paroisse de Montours, le 22 août 1747, d'une famille originaire de Saint-Germain-en-Coglès, Guillaume Duval était fils de Julien Duval et de Gillette Delourme, qui donnèrent encore le jour à deux autres fils ainsi qu'à trois filles. Son titre clérical est du 18 juin 1770. Il reçut le sous-diaconat le 22 septembre 1770 et le diaconat le 19 septembre 1771. Mgr des Laurents, évêque de Saint-Malo, lui conféra le sacerdoce à Saint-Méen, par dimissoire, le 19 septembre 1772.

Nommé d'abord vicaire à Coësmes cette même année, il fut en la même qualité transféré en 1779 au Châtellier et en 1781 à Notre-Dame de Vitré. C'est là qu'il fut pourvu, sur la présentation de l'abbé d'Evron, de la cure de Laignelet, laquelle lui valait 3.057 livres de revenu net. Il en prit possession le 20 mars 1787. Il signa comme tel en 1790 l'adresse du clergé fidèle à l'évêque de Rennes et refusa après de se souiller du serment à la Constitution. Par suite, remplacé comme insermenté dans sa paroisse, il dut s'éloigner de son presbytère aux environs du 27 mai 1791, date de sa dernière signature sur les registres de catholicité de Laignelet. Il vécut alors momentanément à Montours, mais l'abbé Duval « qui, de bonne heure, avait prévu les dangers du schisme, en avait tellement prévenu son peuple, que pas un de ses paroissiens n'y participa ». Aussi l'intrus (M. Desrues) arrivé pour le remplacer, le 29 mai 1791, ne put trouver personne pour lui servir la messe et dut quitter sa paroisse au bout de quelques mois. Les habitants de Laignelet réclamèrent en vain au district de Fougères un pasteur de leur choix. Le 28 novembre 1791, on leur répondit en mettant comme condition *sine qua non* la prestation du serment de l'abbé Duval. Une conduite si chrétienne de la part de son troupeau le lui rendit encore plus cher, et il résolut dès lors de ne pas s'en séparer. Il laissa donc partir pour l'exil, en septembre 1792, son vicaire et son ami, M. Brette, mort depuis chanoine de Rennes, et sut se soustraire à la loi de déportation. Ce digne pasteur resta ainsi pendant plus de cinq ans caché dans sa paroisse ou dans les environs, affermissant ses ouailles dans la Foi par l'exercice du saint ministère, et les édifiant par ses exemples.

« C'était, écrit de lui Mgr Bruté dans ses *Souvenirs*, op. cit., t. IX, page 249, un homme d'une contenance pleine de sérénité et dont le fond du caractère était la douceur. Il était cependant d'une audace extrême et ne craignait rien quand il s'agissait de remplir ce qu'il jugeait son devoir. Aussi son courage, poussé souvent jusqu'à l'héroïsme, lui avait-il mérité le surnom glorieux de *Guillaume-sans-Peur*. »

On raconte que, revenant un jour de baptiser un enfant à Montours, il aperçut de loin une patrouille de révolutionnaires sur la route : loin de songer à fuir, il mit à son chapeau une belle cocarde tricolore qu'il avait en poche et, entonnant la *Marseillaise*, il passa, sans broncher et sans être reconnu, devant les soldats.

Il se cacha souvent, durant les mauvais jours, chez un de ses paroissiens nommé Jean Le Bossé, que nous voyons signer la déclaration de son décès. Il se réfugiait aussi parfois à la Tertraie, où habitait sa famille, alors revenue se fixer à Saint-Germain-en-Coglès.

329. — Au printemps de 1795, la tranquillité sembla vouloir renaître; quelques églises furent même rendues au culte et le clergé fidèle put momentanément y exercer son ministère. Les premiers mois de 1797 furent aussi marqués par un ralentissement de la persécution religieuse. On possède encore à Laignelet le registre des baptêmes et mariages que fit dans cette paroisse M. Duval en 1797, du commencement de janvier à la fin de septembre. A cette dernière date, il lui fallut de nouveau se cacher, et cela d'autant plus que Loysel, commissaire du Directoire exécutif près l'administration cantonale de Fougères, *avec l'approbation de l'administration départementale d'Ille-et-Vilaine*, avait organisé des bandes d'individus, qui, déguisés sous le costume des paysans du pays fougerais, *avaient mission, à raison d'une prime de 100 francs par tête, d'exterminer le clergé catholique.* Et, si horrible que ce fait paraisse, les documents officiels et les Mémoires du temps ne permettent pas de révoquer en doute cette assertion.

« Des jeunes gens de Fougères, écrit le colonel de Pontbriand, un contemporain, à la page 399 de ses *Mémoires*, publiés en 1897 à Paris, chez Plon, ne rougirent pas de s'associer à ces expéditions (sanguinaires). Deux d'entre eux assassinèrent eux-mêmes, près l'ancien couvent de Saint-François, le respectable M. Duval, curé de Laignelet et frère d'un célèbre chirurgien de Rennes. Voici du reste la relation traditionnelle de la mort du recteur de Laignelet :

Le 22 pluviôse an VII (11 février 1799), Guillaume Duval, en compagnie de la domestique de son presbytère, Jeanne Letellier, était venu passer la journée au village du Pressoir en Laignelet, chez un bon paysan, appelé Pierre Godard. On y vint lui demander de se rendre au village de la Fieffe, pour y baptiser l'enfant d'un nommé Perrin. Il voulut partir aussitôt, mais la famille Godard le retint, parce que des Jacobins de Fougères avaient été vus dans la forêt de ce nom.

Quand vint le soir, l'abbé Duval refusa d'attendre plus longtemps et partit à la tombée de la nuit, suivi de Jeanne Letellier, sa fidèle domestique. Arrivés près du ruisseau de la Grande-Rivière, là où il coupe l'ancien chemin de La Bazouges, ils aperçurent les patriotes qui s'en revenaient du lieu dit Saint-François; aussitôt ils se jetèrent dans les taillis, le recteur d'un côté, sa domestique de l'autre. Malheureusement M. Duval avait été vu, sinon reconnu. Tuer un curé était une bonne affaire pour de tels individus; l'un d'eux tira sur le fuyard, et ses deux coups de fusil atteignirent le vénérable prêtre; M. Duval put encore faire quelques pas, mais il ne tarda pas à tomber pour ne plus se relever, au lieu dit le « Saudre Emoussé ».

Lorsque les misérables assassins se furent éloignés, non sans avoir fouillé le cadavre encore chaud, la pauvre domestique toute

tremblante retourna à la maison du Pressoir et y dit en arrivant :
« Venez vite, on a tiré sur Monsieur le Recteur, bien sûr qu'il
est tué ! » Le père Godard et ses deux fils, Pierre et Jean, prirent
immédiatement une lanterne, et, guidés par Jeanne Letellier,
se mirent à la recherche de l'abbé Duval, mais ils ne parvinrent
pas à le trouver. Le lendemain seulement, étant retournés dans
la forêt, ils rencontrèrent son cadavre, tombé à une centaine de
mètres du lieu où il avait été tiré. Le corps du martyr demeura
deux jours dans la forêt, comme le prouve l'acte de décès que
l'on a donné ailleurs.

L'abbé Tresvaux assure tenir de la famille de la victime que
« le chirurgien qu'on avait chargé de faire l'ouverture du
cadavre, éprouva un grand étonnement, ainsi que ceux qui
assistaient à l'opération, en voyant que le corps de M. Duval
avait *conservé les couleurs d'un homme vivant*, et qu'au premier
coup de bistouri, *il en sortit un sang vermeil et limpide*. Il fut
inhumé dans le cimetière de sa paroisse et près de la porte
principale de l'église de Laignelet. » On conserve toujours pieusement sa sépulture.

330. — L'assassinat de M. Duval fit verser bien des larmes
aux bons chrétiens du pays de Fougères; son véritable meurtrier
n'était autre que Gabriel Deshayes, garde général de la forêt de
Fougères, lequel, ainsi que l'établissent sans réplique des documents qui ont été publiés ailleurs, poussé par sa *prétrophobie*
et sa *cupidité*, avait, selon son dire, « terrassé M. Duval d'un
coup de feu à une distance de vingt à trente pas. » Ce misérable
RÉCLAMA et reçut ensuite pour SA RÉCOMPENSE une somme de
100 FRANCS des mains du représentant à Fougères du gouvernement révolutionnaire.

Les objets dérobés sur le cadavre à peine refroidi de M. Duval
par son meurtrier, sont tout à l'honneur de ce prêtre si dévoué et
si actif; en voici l'énumération, telle qu'elle figure à la date du
19 février 1799 aux *Arch. d'I.-et-V.*, série L, 446 : d'après ce
document, Deshaies s'empara sur sa victime d'une espèce de
petite bourse de carton, couverte en soie, contenant un petit
purificatoire dans lequel se trouvait renfermée une *hostie;* d'un
petit coco en forme d'œuf, contenant une petite boîte d'étain,
renfermant des *saintes huiles;* enfin, d'un chapelet de cou,
auquel était attachée une petite médaille, représentant d'un côté
une figure et, de l'autre, un soleil. Il s'y trouvait pareillement
attaché un petit Christ en bois étranger.

On ne peut mieux terminer cet article qu'en inscrivant ici

l'acte de décès de l'abbé Duval, rédigé par un de ses confrères martyrisé comme lui pour le nom de Jésus-Christ. Lorsque le pieux abbé *Gavard*, vicaire à Parcé, — duquel on parlera bientôt, — apprit l'assassinat du recteur de Laignelet, il écrivit ce qui suit sur le touchant registre de Parcé, qu'il eut le courage de tenir aux plus mauvais jours de la Révolution : « Vénérable et discret Messire Guillaume Duval, recteur orthodoxe de la paroisse de Laignelet près Fougères, a été assassiné et massacré dans la forêt de Fougères, près le couvent de Saint-François, dans le temps que par UN SAINT ZÈLE et ANIMÉ PAR LA CHARITÉ, qui ont toujours fait son caractère propre et particulier, il se transportait dans un lieu où son ministère exigeait sa présence. Il avait longtemps affronté les plus grands dangers pour porter les secours de la religion, et prodigué sa vie pour le salut des âmes : il avait plusieurs fois passé au milieu des cantonnements de soldats furieux contre les catholiques et surtout contre les ministres de la Religion romaine. *Dieu l'appela à lui par une mort qui lui fut donnée en haine de la Religion et qu'il avait pardonnée par avance.* » Qui pouvait mieux faire l'éloge de ce bon serviteur de Dieu que le prêtre destiné à périr du même genre de mort quelques mois plus tard ?

331. — « Le souvenir de M. l'abbé Duval, d'après M. le recteur actuel de Laignelet, s'est, après plus d'un siècle, conservé vivant dans le pays où sa mémoire est toujours vénérée. On aime à y rappeler les circonstances de sa vie et de sa mort héroïques. On y croit à son martyre.

En 1913, à l'occasion d'une mission, M. l'abbé Nogues a fait ériger une *croix* en granit sur le bord de la route, tout près du village du Pressoir, à la mémoire de l'héroïque abbé Duval. A l'occasion de cette cérémonie, il engagea ses paroissiens, lorsqu'ils passeraient devant ce calvaire, à réciter un *Pater* et un *Ave* pour obtenir la conservation de la Foi parmi eux.

Ainsi donc, *mise à prix* de la tête de M. Duval, *prime* payée à son meurtrier, assassinat exécuté à l'occasion d'un *acte de ministère*, renommée de martyr s'attachant aussitôt après son trépas à sa mémoire, et se perpétuant jusqu'à nos jours, rien ne semble manquer à ce serviteur de Dieu pour permettre de présenter sa cause à la S. C. des Rites.

BIBLIOGRAPHIE. — Tresvaux du Fraval, *Histoire de la Persécution révolutionnaire en Bretagne*, op. cit., t. II, p. 315. — Bruté de Rémur, in *Revue de Bretagne et de Vendée*, t. IX, p. 224-225. —

Lemas, *Un District breton*, op. cit., p. 286-289. — Le *Journal de
Fougères*, répondant à la *Chronique de Fougères* en juin 1893.
— Guillotin de Corson, *Les Confesseurs de la Foi*, etc., op. cit.,
p. 141-144. — Abbé Jean Macé, *Quatre siècles d'Histoire ou Saint-
Germain-en-Coglès*, etc., op. cit., t. II, p. 79-86. — Pautrel,
Notions d'Histoire et d'Archéologie pour la région de Fougères,
Rennes, in-8°, 1927, p. 261. — Lemasson, *Les Actes des prêtres
insermentés de l'archidiocèse de Rennes*, etc., op. cit., p. 229-
240. On y trouve toutes les pièces officielles concernant M. Duval.

LXXIII. — François GAVARD

332. — Julien GAVARD et Jeanne Maillard, paroissiens de
Saint-Ouen-de-la-Rouerie, eurent l'honneur de donner le jour à
deux prêtres, François-Jean-Pierre-Marie et René-Julien. L'aîné
d'entre eux, auquel nous consacrons cette notice, était né le
18 novembre 1754. Il reçut le baptême le même jour. Tonsuré en
1774, il reçut à Rennes les ordres mineurs le 21 septembre 1776
et le sous-diaconat le 20 septembre 1777, le diaconat à Saint-Malo
le 16 septembre 1778. Enfin il fut promu au sacerdoce à Rennes
le 18 septembre 1779, le jour même que son jeune frère recevait
la tonsure. On l'envoya ensuite en qualité de vicaire, d'abord à
Izé, durant trois ans, puis à Parcé en 1782. A Parcé, cependant,
la Constitution civile apporta l'agitation et le trouble. Déjà en
octobre 1790, des individus s'étaient crus autorisés à « commettre
des irrévérences durant les offices », et la municipalité fut invitée
« à faire maintenir l'ordre et la décence dus aux temples ».
Bientôt, sur le refus du recteur et du vicaire de prêter serment,
on élut un curé constitutionnel, pour cette localité, qui y fut
installé le 22 mai 1791.

333. — Obligé de s'éloigner de Parcé, à la suite de l'arrêté du
Directoire d'Ille-et-Vilaine du 14 juin de cette année, l'abbé
Gavard, qui, élu officier municipal à Parcé en 1790, y jouissait
d'une grande influence, se retira dans sa famille à Saint-Ouen-
de-la-Rouerie et, de sa retraite, continua de s'intéresser à Parcé
où la paix ne se faisait point. Aussi demanda-t-il en vain à revenir
« pour y cultiver une petite propriété, nommé les Noyers, dont
son industrie lui avait facilité l'acquisition ». Satisfaction ne fut
point donnée à sa requête, « car, *écrivait-on au district, on l'eût
suivi comme un prophète* »; du reste, ajoutait-on, « si le curé
constitutionnel n'a de relation avec ses ouailles que par les

injures qu'il en reçoit, il faut sans doute l'attribuer aux correspondances perfides de l'ancien vicaire. »

Jugeant sa situation intenable, le curé intrus donna irrévocablement sa démission. Pour lui succéder, arriva comme curé d'office un sieur Hubeaudière, qui, bien que né dans la paroisse, n'y fut pas accueilli avec plus d'aménité. Son installation fut troublée par de violentes rumeurs dans l'assistance, laquelle finalement quitta l'église en tumulte avant la clôture de la cérémonie. Dénoncé comme l'un des organisateurs de cette manifestation, l'abbé Gavard qui, à la suite de l'arrêté du Directoire d'Ille-et-Vilaine, était revenu se cacher à Parcé, fut arrêté dès le soir même et incarcéré à Fougères. De là, le 29 mai 1792, on le transféra avec ses complices présumés à Rennes, où il comparut devant le Tribunal criminel, qui, le 21 juillet suivant, dut l'acquitter faute de preuves.

Tout en dissimulant sa présence, M. Gavard, qui ne s'était pas exilé, malgré les mesures de persécution de plus en plus violentes qui l'atteignaient, vécut à Parcé et à Saint-Ouen-de-la-Rouerie les terribles années 1793 et 1794. On a même la preuve qu'il fit une inhumation à Parcé, le 25 décembre 1793, en pleine Terreur.

Après le traité de la Mabilais, François Gavard pensa pouvoir sortir des cachettes où il célébrait le Saint Sacrifice. Dès le mois de février 1795, il exerçait les fonctions de son ministère dans la chapelle Sainte-Anne, dépendant du château de Mué, en Parcé. Le 4 avril suivant, l'intrépide vicaire commença la rédaction d'un registre paroissial qu'il termina le 28 avril 1799, quelques semaines avant sa mort. Ce cahier, précieusement conservé et fort intéressant, renferme non seulement les actes de baptêmes et de mariages de la paroisse de Parcé, mais encore ceux de plusieurs paroisses voisines, car les habitants des alentours venaient volontiers trouver M. Gavard pour qu'il leur administrât les sacrements. *Le registre ne contient pas moins de cinq cent quarante-quatre actes de baptême et quatre-vingt douze actes de mariage.* De plus, le pieux confesseur de la Foi y a inséré quelques faits qui lui semblaient, à juste raison, dignes d'intérêt, telle la mort de M. Duval relatée à son article.

Il apprend ainsi que le 3 mai 1795, assisté du vénérable M. Duclos, il réconcilia lui-même l'église et le cimetière de Parcé « en présence d'un peuple innombrable, accouru de toutes les paroisses voisines ».

Ailleurs, il mentionne la bénédiction de plusieurs croix élevées sur le territoire de sa paroisse, notamment en mai, juin et août 1797, aux lieux dits le Bas-Bourg, les Perrières, la Villeray, la Rue et le Quartier. On a vu en quels termes, pleins de foi, il rendait compte du meurtre de l'abbé Duval. Le 10 avril 1799, il consignait qu'un de ses confrères voisins venait d'être arrêté « en haine de la religion romaine ». « Que Dieu le conserve dans sa miséricorde et le rende à l'Eglise ! » ajoutait-il.

334. — Que de peines cependant avait-il à supporter ! A peine M. Gavard était-il rentré dans l'église de Parcé, « désolée et entièrement ravagée », le 24 avril 1795, qu'il lui fallut de nouveau l'abandonner le 18 septembre suivant et recommencer sa vie errante dans les villages, où des caches lui étaient préparées. En avril 1797, il put sortir de nouveau et recommencer le culte public, mais au prix de mille précautions et souvent au péril de sa vie ! Bientôt survinrent les proscriptions qui marquèrent le mois de fructidor de cette année.

Bien que l'abbé Gavard, pour donner le change aux Révolutionnaires, eût demandé à Parcé, le 22 vendémiaire an VI (13 octobre 1797), un passeport « pour une île britannique, d'où il certifierait sa résidence aussitôt qu'il y serait descendu », l'on croyait si peu à son départ, que, un an après, en vendémiaire an VII (octobre 1798), « un rapport de police le dénonçait comme ayant tout récemment réuni aux Noës une vingtaine de confrères, dont Beaugendre d'Izé et Hunault de Billé ». Mais en quel endroit habitait-il ? Ce n'était point chose facile à déterminer. Il passait cependant pour se retirer parfois chez son cousin Jean-Louis au village de la Rue, et c'est là qu'on l'arrêta le 23 mai 1799 (4 prairial an VII), d'après un *procès-verbal* qui se trouve aux *Arch. d'I.-et-V.*, série L, 446.

335. — Immédiatement dirigé sur Vitré après sa capture et le lendemain mis en route sur Rennes, sous l'escorte de six fusiliers et d'un caporal commandés par un sergent, l'abbé Gavard marchait depuis le matin, lorsque, sur les limites de Noyal-sur-Vilaine, il reçut deux coups de feu de ses gardiens, qui l'étendirent raide mort, au moment, déclarèrent-ils, « où il essayait de s'enfuir ».

L'excuse traditionnelle qui légitime tous les assassinats des révolutionnaires se retrouve encore ici : « Nous avons été obligés de tirer sur le fuyard » est une phrase stéréotypée qui reparaît bien souvent dans les rapports des militaires de la Révolution. Aussi les autorités révolutionnaires d'Ille-et-Vilaine n'en furent-elles pas dupes. Cependant, lit-on aux *Archives* de ce département sur des documents qui ont été reproduits ailleurs, elles se contentèrent d'infliger à l'escorte un simple blâme « *pour avoir d'elle-même fait justice et de s'être livré à un acte de nature à soulever le peuple* ».

L'assassinat n'était cependant que trop réel, si bien que dans une lettre en date du 9 prairial, le commissaire du Directoire exécutif près le canton de Noyal-sur-Vilaine faisait savoir que « *les circonstances de cet événement offraient matière à amples réflexions. Le corps de la victime, dit-il, était couvert de contu-sions et il est prouvé* qu'elle a été fusillée à bout portant ». (*Arch. d'I.-et-V.*, série L, 446.)

Voici la version traditionnelle de son assassinat :

Le samedi, 25 mai, l'abbé Gavard devait partir pour Rennes à cinq heures du matin (c'était du moins l'assurance qu'on avait donnée à son domestique qui l'accompagnait). Il espérait aussi être conduit par le commandant qui lui avait témoigné de la sympathie; mais de nouveaux ordres changèrent tout. Dès trois heures du matin, un détachement fit sortir l'abbé Gavard de sa prison. L'escorte suivit la route de Rennes et traversa Château-bourg; mais, arrivé à quelque distance au delà, au pont d'Olivet, en la paroisse de *Noyal-sur-Vilaine*, elle s'arrêta et, quittant la grande route, entra dans un chemin qui conduit au bourg de *Servon*. A peine M. Gavard y eut-il fait quelques pas, qu'on lui signifia que sa dernière heure était venue; immédiatement il fut, en effet, fusillé.

« Le corps du martyr fut apporté dans les prairies qui sont au pied du bourg de Servon, près du château du Gué; certain médecin vint en faire l'autopsie, et, d'après la tradition persis-tante jusqu'à présent dans la localité, dans sa rage révolution-naire, ce misérable en enleva le cœur et le porta dans une maison du bourg de Servon, que l'on montre encore; là, le cœur du saint prêtre fut apprêté et mangé par les cannibales qu'engendrait la République jacobine ! »

Un habitant du pays, nommé Bricel, recueillit ensuite les vénérables restes de l'abbé Gavard et les inhuma dans le cimetière paroissial de Servon, mais lorsqu'on a désaffecté celui-ci, il y a une cinquantaine d'années, on a mélangé dans une fosse commune les ossements de M. Gavard. A Servon, vit toujours le souvenir de M. Gavard, massacré en haine à la Foi. A Saint-Ouen-la-Rouerie, vivent encore plusieurs petits-neveux de M. Gavard qui conservent avec vénération la mémoire et se transmettent d'âge en âge la mémoire du confesseur de la Foi

A Parcé même, le souvenir de ce prêtre héroïque n'est pas encore complètement disparu.

336. — En terminant, on doit signaler d'après l'abbé Tresvaux (1845) les châtiments qui, écrit-il, atteignirent les bourreaux du saint vicaire de Parcé : « Son dénonciateur éprouva bientôt les effets de la colère divine : il devint infirme et il était perclus de tous ses membres lorsqu'il mourut. Un de ceux qui avaient arrêté le confesseur de la Foi se brûla la cervelle, en prison, d'un coup de pistolet, pour éviter le dernier supplice. Un autre mourut en impie, en 1844. »

Bibliographie. — Tresvaux du Fraval, *Histoire de la Persécution révolutionnaire en Bretagne* (1845), op. cit., 1re éd., t. II, p. 355-358. — Guillotin de Corson, *Les Confesseurs de la Foi pendant la Grande Révolution*, etc. (1900), op. cit., p. 145-148. — Kerviler, *Répertoire général de Biographie et Bibliographie bretonne* (1905), t. XV, p. 339. — Lemasson, *Les Actes des prêtres insermentés de l'archidiocèse de Rennes*, etc. (1927), op. cit., p. 240-255. — E. Pautrel, *Notions d'Histoire et d'Archéologie pour la région de Fougères*, Rennes, 1927, in-8°, p. 262.

◆◆◆

LES PRÊTRES MIS A MORT PAR LES COLONNES MOBILES DANS LE TERRITOIRE DU DIOCÈSE ACTUEL DE SAINT-BRIEUC

LXXIV. — Jean-Guillaume BELOUART

(Archives des Côtes-du-Nord, série L. — Archives de la mairie et du presbytère de Lanrelas).

337. — Jean-Guillaume Belouart vit le jour à Paimpont (Ille-et-Vilaine) du mariage de Joseph et Mathurine Dono. Il reçut le baptême le 14 février 1725, jour même de sa naissance.

Le jeune Belouart fut envoyé étudier chez les Jésuites de Rennes. On le note au Séminaire comme « chantant un peu, pas mal à ses examens, répondant bien et avec jugement ». On lui assura son titre clérical le 9 décembre 1747, quelques jours avant son sous-diaconat. Il reçut la prêtrise le 14 mars 1750. Le 11 août

1773, cet ecclésiastique concourut vainement pour la cure de Plouër. Mgr de Pressigny, évêque de Saint-Malo, le pourvut « pleno jure » du rectorat de Lanrelas, le 28 octobre 1789.

338. — A son arrivée à Lanrelas où M. Belouart signa pour la première fois recteur, le 9 février 1790, sur les registres d'état civil de cette paroisse et la dernière fois le 22 décembre 1792, le nouveau pasteur trouva le presbytère en si mauvais état d'habitabilité que des réparations urgentes s'imposaient. En attendant qu'elles fussent exécutées, il dut prendre momentanément pension avec son vicaire chez une vieille fille, appelée Anne Renouvel, tertiaire du Sacré-Cœur. Le 20 février 1791, le recteur de Lanrelas déclara très nettement à sa municipalité « *qu'il ne prêterait jamais le serment qu'on lui demandait*, à moins que le Pape ne confirme les décrets sur la Constitution civile du Clergé ». (*Arch. des C.-du-N.*, L^m 5, 9.)

Le 12 juin suivant, cet excellent prêtre se refusa positivement à donner connaissance à ses ouailles de la première lettre pastorale de l'évêque intrus Jacob et s'opposa même à ce que le maire Thominiaux en donnât lecture à sa place. (*Arch. des Côtes-du-Nord*, L^m 5, 15.)

Cependant, malgré sa fidélité aux bons principes, M. Belouart demeura dans sa paroisse, faute pour les révolutionnaires de trouver un curé constitutionnel pour le remplacer. C'est ainsi que le vaillant recteur de Lanrelas était toujours à son poste lors de l'application de la loi du 26 août 1792, qui l'obligeait comme « fonctionnaire public, insermenté sexagénaire », à *s'emprisonner* à la maison de réunion créée à Saint-Brieuc pour les ecclésiastiques de sa catégorie.

M. Belouart ne se soumit point volontairement à cet ordre et demeura au milieu de ses ouailles jusqu'à ce qu'on vint l'en arracher. Cet instant ne devait pas tarder. A la suite de son arrêté du 1er décembre 1792, le Directoire des Côtes-du-Nord prescrivit le 24 décembre suivant au district de Broons de faire saisir de suite tous les prêtres insermentés de sa région par les brigades de gendarmerie de Broons et de Merdrignac. (*Arch. C.-du-N.*, L 263, f° 12.) En conséquence, le maréchal des logis Pinot, accompagné de quatre autres représentants de la force armée, arrêtèrent en sa demeure M. Jean Belouart, le firent monter à cheval et le conduisirent à Broons le 30 décembre 1792. (*Arch. C.-du-N.*, L^m 5, 36.)

339. — De cette localité, on le fit diriger de « brigade en brigade », sur Saint-Brieuc, où on l'interna comme un dangereux criminel à la maison de réunion des Filles-de-la-Croix; il avait alors 66 ans.

Transféré de là aux Carmélites de Guingamp avec les autres ecclésiastiques sexagénaires ou infirmes des Côtes-du-Nord aux environs du 20 octobre 1793, M. Belouart ne fut rendu avec eux à la liberté, que le Vendredi-Saint, 3 avril 1795, à la suite de l'arrêté des représentants Guezno et Guermeur, en date du 26 mars précédent. Il avait à cette époque subi 27 mois d'une dure captivité.

Aussitôt libre, ce bon pasteur revint au milieu de ses ouailles qui le revirent avec joie et reprit près d'elles l'exercice de son saint ministère. Il se refusa cependant à signer la formule de soumission « in globo » aux lois de la République, prescrite par la loi du 11 prairial an III (17 juin 1795) et urgée quant à l'application par le décret du 20 fructidor suivant (6 septembre). A plus forte raison n'accepta-t-il pas les obligations trop pénibles à sa conscience, imposées par la loi du 7 vendémiaire an IV sur les cultes (29 septembre 1795) et fit-il tout son possible pour détourner ses confrères voisins, en particulier les abbés Richard et Huguet, de se lier par ces formules captieuses, dans lesquelles on pouvait toujours craindre que ne fût blessée l'orthodoxie catholique.

Cependant, expliquait la municipalité de Lanrelas le 25 fructidor an III (11 septembre 1795), « ce prêtre n'a jamais prêché » que la paix et la concorde. Il a toujours obéi à la loi et est » encore prêt à s'y conformer, mais ses opinions religieuses ne » lui permettent pas de faire la soumission qu'on exige. Du reste, » il a cessé ses fonctions ». (*Arch. C.-du-N.*, L^m 5, liasse 96.)

Sans doute, l'abbé Belouart cessa-t-il de célébrer dans l'église de Lanrelas, mais il continua quand même de faire en secret tout le ministère possible auprès de ses ouailles. Aussi sa présence et son influence sur le clergé des environs exaspérèrent-elles les révolutionnaires qui jurèrent sa perte. On le signala aux nombreuses colonnes mobiles qui sillonnaient la région. Elles ne devaient pas tarder à s'en défaire. Du reste, les militaires français à cette époque, *affiliés pour une partie aux loges maçonniques*, excités par les libelles déclamatoires qui leur dépeignaient le clergé catholique romain sous les traits les plus noirs, se montrèrent en général durant toute la Révolution les ennemis les plus acharnés des prêtres réfractaires et les exécutions sommaires, *qu'à l'instar des massacreurs de septembre,* ils firent des ecclésiastiques qu'ils pouvaient rencontrer, sont assurément fort nombreuses. Le recteur de Lanrelas devait lui aussi périr sous leurs coups.

340. — On va reproduire le récit de son assassinat d'après deux sources qui se corroborent et se complètent mutuellement. La première nous est fournie par le chanoine *Tresvaux* qui l'avait recueillie aux environs de 1840 de témoins oculaires. La seconde provient d'un vieux registre de Lanrelas où naguère était consignée la relation du meurtre de ce saint prêtre. Ce document est aujourd'hui perdu, mais les auteurs du *Diocèse de Saint-Brieuc durant la période révolutionnaire*, op. cit., I, p. 43, ont heureusement reproduit son texte et c'est leur version que nous utilisons. Or, leur récit, pour la première partie de la vie de M. Belouart, entre dans un tel ensemble de détails, dont on a vérifié l'exactitude rigoureuse, que l'on ne peut douter que son rédacteur n'ait été admirablement renseigné sur ce qu'il raconte. Voici donc comment trépassa M. Belouart :

« Des contre-chouans accompagnés de quelques soldats répu-
» blicains saisirent l'abbé Belouart le 6 janvier 1796 et le
» renfermèrent d'abord dans une chapelle située dans le bourg,
» dite chapelle Saint-Jacques, puis la nuit étant bien avancée,
» les soldats le firent sortir pour le mener dans un champ voisin,
» où ils le massacrèrent à coups de baïonnettes. Tout son corps
» était tellement percé de coups dans le dos, dans la tête, dans
» les côtés et dans le ventre que ses intestins en sortaient. Quand
» les barbares l'entendaient prononcer le nom de « *Jésus* » et
» de *Marie*, ils s'écriaient : « Ah, le sacré bougre ! *il prononce*
» *le nom de Jésus ! Enfonces-lui donc plus avant ta bayonnette* ».
» Au rapport des meurtriers, plus il prononçait le nom de Jésus
» et plus il recevait de coups de bayonnette. En le conduisant au
» supplice, ils avaient tous en main des chandelles allumées,
» comme marque de leur triomphe. Le lendemain matin, ils
» revinrent voir ce que l'on avait fait et tirèrent sur ceux qui
» étaient à l'ensevelir, dont l'un fut blessé très dangereusement
» à la hanche par une balle ».

341. — A défaut d'autres pièces officielles que l'on n'a pas jusqu'ici eu le bonheur de retrouver, voici, relevé sur les registres d'état civil de Lanrelas, l'acte de décès de ce saint prêtre :

« Aujourd'hui 17 nivôse an IV républicain (7 janvier 1796), environ 9 heures du matin, par devers moi, Jean Juhel, officier public de la commune de Lanrelas, élu le 27 janvier

1793, etc., etc., est comparu Mathurin Loyat, journalier, demeurant au bourg, lequel assisté de François Le Marchand, cultivateur et de Marie Chicouenne, le premier âgé de 38 ans; la seconde, âgée d'environ 50 ans, demeurant tous les deux au village du Rochais, susdite commune, lesquels m'ont déclaré à moy officier public, que *Jean-Guillaume Belouart, ci-devant recteur de Lanrelas*, est décédé cette nuit, proche les ponts de Lanrelas et *qu'il a été tué par une troupe de républicains armés* (1). D'après cette déclaration, je me suis transporté sur le champ au susdit lieu et je me suis assuré du décès du dit Belouart et j'ai rédigé le présent acte que le dit Mathurin Loyat et les deux témoins ont déclaré ne savoir signer. »

Fait en chambre commune de Lanrelas le susdit jour et an que devant.   *Signé* : J. Juhel, officier public.

Tresvaux du Fraval, qui raconte cette même scène à la p. 211 du t. II de son *Histoire de la Persécution révolutionnaire en Bretagne*, y ajoute quelques détails qui se juxtaposent très bien à ce que l'on vient de lire. Les voici :

« Une colonne mobile arriva à Lanrelas et demande à parler
» au recteur. Son commandant proteste qu'il ne lui veut faire
» aucun mal. Néanmoins on refusa de lui dire où il est. Le lende-
» main, la colonne reparaît sans qu'on eut prévu sa venue.
» M. Belouart n'avait pas fui. On le saisit et tout le jour, on le
» retient prisonnier dans l'église. La nuit venue, on feint de le
» conduire à Broons, éloigné de quelques kilomètres, mais à
» quelques pas du bourg de Lanrelas on le transperce de coups
» de bayonnette ». Cf. aussi : *Le Diocèse de Saint-Brieuc durant la période révolutionnaire*, op. cit., I, p. 43, qui spécifie que le champ du martyre est placé à l'angle formé par les routes d'Eréac et de Broons, sur les bords de la Rance, près duquel une croix a longtemps gardé son souvenir. On conserve encore à Lanrelas la mémoire qu'un prêtre a péri à cet endroit en haine de la Foi. Aussi bien dans la mort que dans l'existence antérieure de M. Belouart, tout nous montre un ecclésiastique prêt à tout sacrifier pour la plus grande gloire de Dieu et tout dans sa vie, comme dans sa mort, apparaît héroïquement imprégné de sur-naturel.

Bibliographie. — Tresvaux du Fraval, *Histoire de la Persécution révolutionnaire en Bretagne*, op. cit. (1845), t. II, p. 211. —

---

(1) M. Manceau, ancien vicaire de M. Belouart, écrit vers 1810, « que celui-ci fut sabré par les républicains », c'est-à-dire par les révolutionnaires qui avaient juré la destruction du catholicisme. *(Archives du Presbytère de Lanrelas.)*

Le Diocèse de Saint-Brieuc durant la période révolutionnaire,
op. cit. (1895), t. I, p. 43. — Lemasson, *Histoire du pays de Dinan,*
Rennes, 1927, in-8°, p. 273-276. — Du même, *Les Actes des
prêtres insermentés du diocèse de Saint-Brieuc, mis à mort, etc.,*
op. cit., p. 128-137, qui reproduit tous les actes officiels concernant M. Belouart.

LXXV. — François-Jérôme TOURNOIS

(Archives de la mairie de Léhon. — Archives de la Loire-Inférieure, série L et série Q.)

342. — François-Jérôme Tournois, né du mariage de François
et de Marguerite Le Roy, fut baptisé le 30 septembre 1765 dans
l'église de Trélivan, sa paroisse natale.

Le voisinage des Capucins de Dinan éveilla de bonne heure
chez le jeune Tournois des germes de vocation à la vie franciscaine. Après avoir achevé son noviciat et fait profession à Saint-
Brieuc, le 2 octobre 1786, il s'en fut ensuite à Nantes où il reçut
la tonsure et les mineurs le 23 décembre de cette année. Il fut
fait diacre dans la même ville, le 6 juin 1789. (*Arch. Loire-Inf.,*
G 86 et 87.) Il a été impossible de retrouver la date de ses autres
ordinations. Ce religieux vivait lors de la Révolution au grand
couvent de la Fosse, à Nantes. Le 3 mai 1790, il y déclara se
réserver de faire connaître sa décision concernant sa volonté de
continuer ou non la vie commune. Cependant ses principes
demeuraient toujours fermement attachés à l'orthodoxie. Aussi
est-ce en vain qu'on l'élut curé constitutionnel de Chauvé, le
21 février 1791 (Lallié, *Le Diocèse de Nantes pendant la Révolution,* t. II, p. 375) ; il refusa. Puis, à la fermeture de sa maison,
lors de la dispersion de ses membres, le 6 mai 1791, le P. Tournois, auquel souriaient peu les conditions désagréables que les
législateurs avaient mises à la vie commune, s'en revint dans son
pays natal et se mit à la disposition des recteurs voisins pour les
aider dans leur ministère. C'est ainsi que les auteurs du *Diocèse
de Saint-Brieuc,* op. cit., I, p. 226, signalent plusieurs fois la
signature de ce bon prêtre sur les registres de Saint-Solen, du
21 décembre 1791 au 1ᵉʳ septembre 1792, et M. Fouéré-Macé, dans
son étude sur le prieuré de Léhon, l'indique également comme
présent à Léhon le 13 juillet de cette même année.

Lors de l'application de la loi du 26 août 1792, le P. Tournois,
bien qu'insermenté, ne chercha pas à s'exiler. Du reste, en sa
qualité de « non fonctionnaire public », il n'était pas astreint à
le faire aux termes de la loi. Mais quand parut l'*arrêté* du Direc-

toire des Côtes-du-Nord du *1er décembre* de cette même année, qui condamnait à la déportation ou à l'internement tous les ecclésiastiques insermentés de ce département, le courageux religieux, tout insermenté qu'il était, ne chercha pas davantage à s'expatrier, mais, remplaçant dans la mesure de ses forces les recteurs et les vicaires de Léhon, de Tressaint et de Saint-Solen, qu'une législation cruelle avait obligés de prendre le chemin de l'étranger, il exerça en secret dès lors, et durant tout le temps de la Terreur, un ministère caché aussi fructueux que rempli de périls et dans l'accomplissement duquel il risqua cent fois sa vie.

343. — Au printemps de 1795, les représentants du peuple, en mission en Bretagne, s'étant convaincu que pour rallier les habitants des campagnes au régime nouveau il était indispensable de *tolérer l'exercice public du culte* dans les départements de l'Ouest, une accalmie momentanée s'en suivit. Les habitants de Léhon en profitèrent pour solliciter la réouverture de leur église et, le 12 mai de cette année, le P. Tournois, qui commençait à se montrer publiquement depuis environ trois semaines et avait obtenu un passe pour circuler de l'agent national du district le 7 du mois précité, le P. Tournois, disons-nous, *fit devant la municipalité de cette commune la déclaration officielle d'exercer désormais les fonctions cultuelles à Léhon,* tâche dont il s'acquitta du reste avec tout le zèle imaginable depuis la fête de l'Ascension jusqu'à celle de l'Assomption 1795. . C'est alors que prit fin cette tolérance. La Convention en effet avait voulu obliger, par sa loi du 11 prairial an III (30 mai 1795), tous les prêtres catholiques à souscrire la déclaration d'une promesse de soumission « in globo » à toutes les lois de la République, mais quand la municipalité léhonnaise signifia cette exigence au P. Tournois, le 16 août 1795, celui-ci, « qui exerçait les fonctions du culte à la satisfaction du peuple », ne crut pas en conscience pouvoir s'y conformer.

344. — Une nouvelle loi, celle du 7 vendémiaire an IV (29 septembre 1795), en prescrivant un nouveau serment (1), vint sur les entrefaites aggraver encore les dispositions coercitives de la première; aussi le P. Tournois dut-il désormais se cacher à nouveau, et, la loi du 3 brumaire an IV (25 octobre 1795) ayant rouvert contre le clergé romain les dispositions les plus sangui-

---

(1) Celui de reconnaître comme souverain l'universalité des citoyens

naires des lois persécutrices, il devint dès lors l'objet de recherches intenses de la part des colonnes mobiles, auxquelles son orthodoxie intransigeante l'avait spécialement fait signaler. Ses jours étaient désormais comptés, et il en avait le pressentiment.

« Un jour, écrit l'abbé *Carron* (lequel avait recueilli des
» témoignages de témoins oculaires, op. cit., III, p. 482), que ce
» religieux confessait à Saint-Solen, averti dans son confessional,
» que les « patriotes » arrivent pour l'arrêter, il n'eut que le
» temps de se réfugier dans les bois. « Mais c'est en vain, disait-
» il, que je diffère; certainement (et il le répétait encore sept
» jours avant de périr), *certainement je serai pris*. Ils sont trop
» acharnés contre moi. Tout ce que je demande au Seigneur,
» c'est qu'il daigne m'accorder la faveur d'être arrêté dans un
» champ, afin que je n'ai pas la douleur de compromettre
» personne. *Je mourrai ! Oui, je mourrai content pour la Foi*
» *catholique, si je péris de la main des révolutionnaires*, et
» d'avance, je leur pardonne ma mort. »

345. — Le samedi 23 janvier 1796, l'intrépide missionnaire, retiré à la ferme de la Forestrie, en Trélivan, se disposait à célébrer la sainte messe dans la chapelle de Coëtmeur, lorsqu'on accourut l'avertir de l'arrivée d'une troupe de gens armés.

Accompagné de Jean-Mathurin Le Bourdais, 27 ans, fermier à la Forestrie, et de Marcel Ruquays, 23 ans, de Léhon, le P. Tournois s'empressa sans tarder de prendre la fuite, de crainte de causer la perte de ses hôtes s'il était trouvé dans leur demeure. Mais comme les trois hommes essayaient d'éviter la colonne mobile, cette troupe les aperçut, à l'instant même où, sortant du bois de la Forestrie, les fugitifs sautaient dans un champ voisin, dans l'espoir de traverser la route de Broons pour gagner ensuite les vallées de Léhon.

Aussitôt les soldats se précipitèrent avec furie sur ces personnes sans défense et les fusillent presque à bout portant. Mais là ne s'arrêta pas la rage des assassins : ils se jetèrent ensuite sur les cadavres de leurs victimes, les dépouillèrent de leurs vêtements, ne leur laissant que leurs chemises ensanglantées qu'ils leur retroussèrent jusqu'aux épaules; puis ils *coupèrent la main droite* du P. Tournois et dans leur fureur, lui *écrasant la tête* à coups de crosses, *ils répandirent par terre sa cervelle toute fumante encore*.

Une *petite fille*, qui gardait ses bestiaux, fut seule témoin de l'horrible drame, et toute tremblante d'épouvante, s'en fut se réfugier à la ferme des *Clos-Gastels*. Elle y raconta ce qui venait de se passer entre les onze heures et midi sur les confins des paroisses de Trélivan et de Léhon, dans un champ sis en la paroisse de Quévert, nommé le *Champ aux Agneaux*.

Ce ne fut seulement que le lendemain, dimanche soir, à la nuit tombante (car les bourreaux avaient pris la précaution de monter la garde près des restes de leurs victimes), que les parents de Jean Le Bourdais et la femme du parrain du P. Tournois, aidés d'Olivier Cocheril, de Léhon, et de Joseph et de Jean Chollet, de Calorguen, purent s'approcher des cadavres des confesseurs de la Foi et pieusement procéder à leur ensevelissement.

346. — Inhumés d'abord près la pièce de terre, dite le *Champ aux Agneaux*, où ils étaient tombés, leurs ossements furent *solennellement relevés le 3 septembre 1817* par les soins de l'abbé *François Lécuyer*, alors recteur de Quévert, qui, ayant passé la Révolution caché dans le pays, avait été témoin du dévouement du P. Tournois et connaissait admirablement la façon dont il avait péri. Puis, le 10 septembre suivant, on les enterra dans le cimetière de Quévert, au milieu d'une imposante cérémonie, dont un procès-verbal, que l'on n'oublia heureusement pas de rédiger, est seul aujourd'hui à conserver le souvenir; car, par suite d'une inconcevable négligence lors du transfert du cimetière de Quévert, le lieu de la sépulture de l'héroïque P. Tournois est aujourd'hui complètement inconnu...

347. — Voici la seule pièce officielle mentionnant son trépas. Elle est extraite du *Registre des Dépôts de pièces faits au Tribunal de Dinan* du 24 frimaire an IV au 30 frimaire an XII :

« Du 3 pluviôse an IV (23 janvier 1796), le citoyen Lamy, » lieutenant de la gendarmerie de Dinan, a déposé un procès-» verbal du « lief » des cadavres de François Tournois, Jean » Bourdas et d'un autre inconnu, présumés chouans, trouvés » morts près les bois de Vaucouleurs. »

(*Ancien Greffe du Tribunal de première instance de Dinan. Aujourd'hui aux Archives des Côtes-du-Nord.*)

Quelques vieillards conservent encore à Léhon la mémoire de ce saint prêtre; mais c'est surtout à Trélivan que le souvenir du P. Tournois est demeuré particulièrement vivant. De nombreux descendants en ligne collatérale de ce religieux existent encore dans cette localité. Sa famille a contribué à l'érection dans la chapelle dédiée à la Sainte Vierge dans l'église de Trélivan, d'un vitrail reproduisant d'un côté, en médaillon, le massacre du P. Tournois et de ses compagnons et d'un autre, l'inhumation des mêmes personnages. Tous les membres de la famille du P. Tournois, ont du reste la *conviction que ce prêtre fut mis à mort en haine de la Foi*. Semblablement, beaucoup de paroissiens connaissent à Trélivan le récit traditionnel de la mise à mort de ce martyr et se le transmettent religieusement de père en fils.

Bibliographie. — Carron, *Les Confesseurs de la Foi*, etc., op. cit. (1820), III, p. 480 et sq. — Guillon, *Les Martyrs de la Foi*, etc. op. cit. (1821), IV, p. 659. — Tresvaux du Fraval, *Histoire de la Persécution révolut. en Bretagne*, op. cit. (1845), p. 209-211. — Chanoine Fouéré-Macé, *Le Prieuré royal de Saint-Magloire de Léhon*, Rennes, in-4° (1892), p. 232. — *Le Diocèse de Saint-Brieuc durant la période révolutionnaire*, op. cit. (1895), I, p. 226. — R. P. Norbert, *La Bretagne franciscaine*, etc., Saint-Brieuc, 1911, in-16, p. 155-156. — A. Lemasson, *Les Actes des prêtres du diocèse de Saint-Brieuc mis à mort de 1794 à 1800*, op. cit., p. 138-145. — R. P. Armel, *P. Romanus Dinanensis a militibus pro fide mactatus*, in *Analecta ordinis capuccinorum*, vol. XLII, 15 octobre 1927.

LXXVI. — Noël CHAPELLE
(*ou* CHAPEL, *suivant sa signature*).

(Archives des Côtes-du-Nord, série L, non cotée. — Archives de Plemet.)

348. — Noël Chapelle, fils légitime de Julien et de Julienne Huet, naquit au village du Petit-Bodifé en Plémet, le 21 juillet 1730, et fut baptisé le même jour. Son titre clérical lui fut assuré par son père, le 26 octobre 1753. Il a été impossible de découvrir la date de ses autres ordinations. D'après un carnet épiscopal rédigé en 1770, il reçut le sacerdoce en 1756.

M. Chapel après son sacerdoce ne quitta pas Plémet, localité dans laquelle son nom apparaît de temps à autre sur les registres de catholicité. Après avoir desservi la chapellenie de Saint-Julien des Courtillons, il démissionna de cette charge le 27 septembre 1779. Il reçut, trois ans plus tard, le 28 octobre 1782, le visa pour l'altaristerie de Saint-Vincent alors attachée à l'église de Plémet et grevée de deux messes par semaine. Il en prit possession le 11 novembre suivant et la desservait encore en 1789. Elle lui rapportait 132 livres et, le 11 janvier 1791, il réclamait ses honoraires pour l'année écoulée au district de Loudéac.

349. — L'abbé Chapel n'étant ni recteur, ni vicaire, n'était point obligé à souscrire à la Constitution civile du clergé, ce qui ne l'empêcha pas de manifester pour celle-ci la plus vive aversion. Son attitude énergique lui valut, le 27 septembre 1792, d'être dénoncé au Directoire des Côtes-du-Nord « pour avoir » depuis le commencement de la Révolution, manifesté le plus » grand mépris pour la Constitution civile du clergé, déclaré que » les prêtres assermentés étaient des intrus et des hérétiques et » des schismatiques et pour avoir, malgré la défense de la muni- » cipalité de Plémet, confessé chez lui et ailleurs et porté le » viatique aux malades, etc., etc. ».

A cette époque, prévoyant le sort malheureux réservé au clergé réfractaire, il tenta de sauver ses biens de la confiscation possible par une vente sous seing privé de son mobilier faite à son neveu Lubin Chapel pour six cents livres. Il le subrogea même par le même acte dans tous ses biens immeubles, situés tant au village de la Maronais et de Saint-Julien qu'au Petit-Bodifé, pour la somme de 5.000 livres. Mais toutes ses précautions, comme on le verra plus loin, demeurèrent inutiles (*Arch. de Plémet*).

A la suite de ces actes et pour échapper aux poursuites dont il était l'objet, M. Chapel, après avoir eu un instant la pensée de s'exiler à Jersey (*Arch. C.-du-N.*, L^m 5, 34), se présenta le 27 octobre 1792 à la maison de réunion des Filles de la Croix pour s'y faire interner, sa qualité de sexagénaire le faisant échapper à la déportation. Malgré cela, il fut compris parmi les prêtres que le Directoire des Côtes-du-Nord voulait embarquer pour les îles anglaises, le 19 avril 1793. Voici le signalement inscrit sur le passeport qu'on lui remit à cette occasion : « Cheveux et barbe noirs mêlés de gris, le front haut, les yeux bruns et enfoncés, le nez court et pointu, la bouche moyenne, la figure pleine, le menton carré, le teint blanc » (*Arch. C.-du-N.*, L^m 5, 32). Transféré de Saint-Brieuc à Guingamp au mois d'octobre de cette année, M. Chapel reçut sa liberté le 3 avril 1795. Il déclara lors de sa sortie de prison, vouloir se retirer à sa maison du Petit Bodifé en Plémet, où son mobilier avait été vendu révolutionnairement le 10 août 1794, pour 798 livres et ses immeubles placés sous séquestre, le 11 avril précédent.

350. — A son retour, ce prêtre recommença l'exercice du culte dans l'antique chapelle de Saint-Lubin, le joyau architectural de cette localité, et le 24 avril 1795, il adressait aux autorités une requête tendant à la restitution de ce qu'on lui avait confisqué. Il se dit dans cette supplique « accablé par la vieillesse et les infirmités qui ont encore été accrues par une détention de trente mois, et se trouvant sans ressource pour se procurer même les premiers besoins de la vie. » (*Arch. C.-du-N.*, série Q, contentieux des prêtres.)

Nous ignorons si l'on fit droit immédiatement à la prière du malheureux spolié. Nous en doutons, car la loi qui permettait ces restitutions ne fut rendue que beaucoup plus tard. Du reste, le prêtre Chapel n'en avait plus désormais pour longtemps à songer à sa subsistance.

Un jour, raconte l'abbé Guillon à la p. 407 du t. II de ses *Martyrs de la Foi*, édités en 1821, que « l'abbé Chapel traversait » un champ tenant un livre à la main, des soldats « bleus » qui » passaient par là, l'ayant aperçu, fondirent sur lui. Reconnais- » sant que le livre qui les intriguait était un bréviaire, ils en » conclurent que celui qui le lisait était un prêtre et l'assom- » mèrent aussitôt à coups de crosse. »

Tresvaux du Fraval, à la page 50 du tome second de son *Histoire de la Persécution* précitée, éditée en 1845, reproduit la même chose en les mêmes termes, mais les auteurs du *Diocèse de Saint-Brieuc durant la période révolutionnaire*, publié en 1895, qui avaient pu se documenter davantage, écrivent avec plus de détails, « que revenant un jour de visiter un malade au » village du Hâ, M. Chapel récitait son bréviaire, en traversant » un champ à quelques cents mètres de Saint-Lubin, lorsqu'il » fut surpris par une colonne mobile qui passait par Saint-Lubin » en se rendant au Vaublanc. Le guide qui la conduisait, » sachant que M. Chapel résidait dans ce village, craignant que » celui-ci ne fut surpris et arrêté, leur fit prendre un chemin » détourné. Malheureusement les militaires aperçurent un jeune » homme qui courait à toutes forces à travers champs, et » immédiatement, mis en éveil, ils détachèrent quelques hommes » à sa poursuite. M. Chapel traversait alors un champ nommé » la *Sente*, son bréviaire à la main. Surpris par les soldats, il » voulut se débarrasser de son livre de prières en le jetant dans » un buisson, mais son mouvement avait été aperçu. Le recon- » naissant pour prêtre à ce signe, ils l'assommèrent à coups de » crosse sans autre forme de jugement. Ils mutilèrent tellement » son corps que l'on fut obligé de transporter ses restes dans un » drap de lit dans sa demeure. On l'inhuma dans l'ancien » cimetière de Plémet. Ses restes ont été transportés dans le » nouveau cimetière, et ses cendres placées auprès de la Croix. »

351. — Ses compatriotes érigèrent sous son nom une *croix* dite *croix de M. Chapel* à l'endroit même où il avait été mis à mort. Lorsque cette croix tomba de vétusté, *on la changea de place*, tout en lui conservant son nom. Elle se trouve actuellement au bord de la route qui conduit à la chapelle Saint-Lubin. La mémoire de M. Chapel était encore très vivante en 1892, écrivent les auteurs des *Conférences ecclésiastiques*. Il en est de même encore aujourd'hui, spécialement dans le quartier de Saint-Lubin, où ce bon prêtre vécut et acheva ses jours. Des membres de sa famille existent toujours à Plémet qui conservent encore fidèlement le souvenir de son martyre. Ils savent, pour l'avoir entendu dire par leurs parents, qu'il fut mis à mort pour n'avoir pas consenti à prêter serment, « pour avoir refusé de se soumettre » aux mauvaises lois. — Plusieurs prêtres originaires du village de Saint-Lubin en Plémet ont toujours entendu raconter le même récit traditionnel de sa mort. Il serait facile de citer leurs noms. La tradition précise même le sillon où le cadavre tout mutilé de M. Chapel fut relevé par les habitants de Saint-Lubin.

Sans doute, il est regrettable qu'une tradition si solide ne soit pas confirmée par des documents officiels. Mais rien n'est plus rare dans le diocèse de Saint-Brieuc que des récits de martyrs consignés sur les registres paroissiaux entre 1800 et 1865. Cependant vers cette époque, M. Louail, un des curés les plus distingués qui aient vécu à Plémet, n'hésitait pas à accoler au nom de M. Chapel l'épithète de martyr. La colonne mobile qui a exécuté le chapelain de Saint-Lubin n'a pas non plus rédigé de procès-verbal de son assassinat. On n'y perd pas grand'chose, ces rapports n'étant le plus souvent qu'une suite de mensonges, ainsi qu'on a pu s'en convaincre par ceux que l'on a insérés dans ce recueil.

Quant à l'acte de décès de M. Chapel, on ne l'a inscrit à la mairie que cinq jours après son trépas. On n'y fait pas mention de son assassinat. C'est que les officiers d'état-civil à cette époque, terrorisés par les colonnes mobiles, évitaient de se créer de fâcheuses histoires par des recherches intempestives de la vérité. Très souvent ils n'inscrivaient pas même le nom de la victime, ou ne parlaient pas de son assassinat. Pour M. Chapel, on le déclare, avec cinq jours de retard, décédé dans sa demeure. Ces cinq jours de retard, cas unique dans tout le registre de 1796, suffiraient à eux seuls à donner l'éveil à un critique tant soit peu averti. En tout cas voici la teneur de cet acte :

« Du quinze pluviôse, an quatre, de la République française, une et indivisible (4 février 1796).

» Devant nous soussigné Louis-François Charles, officier public de la commune de Plémet, district de Loudéac, département des Côtes-du-Nord; s'est présenté Lubin Chapel, du lieu du Tertre, commune de Plémet; lequel nous a déclaré que *Noël Chapel, prêtre*, est décédé *en sa demeure*, le trente janvier dernier (vieux style) âgé de soixante-six ans, et inhumé le lendemain au lieu de sépulture.

» En présence de Pierre Chapel, du bourg, d'Yves Moisan, du même bourg de Plémet. Lesquels, ont certifié la dite déclaration pour la vérité.

» Fait au dit Plémet, sous notre seing et celui du dit Lubin Chapel pour son respect, et pour ce que les autres sus-dénommés ont déclaré ne pouvoir signer, de ce interpellés, les dits jour et an que devant. »

Signés : CHARLES et CHAPEL.

La béatification de M. Chapel remplirait de joie la population et le clergé de Plémet. Sa lutte contre la Constitution civile, sa longue détention, son dévouement pour les âmes, le tout couronné par une mort héroïque semblent des preuves qui ne sont pas sans valeur et de son martyre matériel et de son martyre formel.

BIBLIOGRAPHIE. — Guillon, *Les Martyrs de la Foi* (1821), op. cit., II, p. 407. — Tresvaux du Fraval, *Histoire de la Persécution révolutionnaire en Bretagne* (1845), op. cit., II, p. 50, — *Le Diocèse de Saint-Brieuc durant la période révolutionnaire* (1895), op. cit., II, p. 224-227. — Aug. Lemasson, *Les Actes des prêtres insermentés mis à mort*, etc. (1927), op. cit., p. 212-213.

LXXVII. — Paul-Gédéon RABEC

(Archives des Côtes-du-Nord, séries G, L et Q.)

352. — Paul-Gédéon RABEC, né à Cerisy-la-Salle, diocèse de Coutances, le 21 mars 1738, du mariage de Pierre et de Catherine Cardin, fut baptisé le même jour dans l'église de sa paroisse.

M. Rabec, qui appartenait à une famille considérée et dont l'un des oncles se trouvait directeur général de la Compagnie des Indes, fut envoyé faire ses études au collège de Sainte-Barbe, à Paris.

Suivant l'usage à cette époque, lorsqu'il s'agissait de sujets nantis de puissantes recommandations, dès le 21 juin 1758, et bien qu'il ne fût encore que clerc tonsuré, mais sur la présentation de M. le vicomte de Plédran, le jeune Rabec fut pourvu de la chapellenie de la Ville-Gaudu, canonicat de Saint-Guillaume en Saint-Brieuc, vacant par la démission de M. de la Noüe. (*Arch. des C.-du-N.*, série G, Reg. d'insinuations de l'évêché de Saint-Brieuc.)

Quatre ans plus tard, le 1er septembre 1762, Mgr de Coutances, son propre évêque, accordait au jeune chanoine un dimissoire pour recevoir la prêtrise à Paris. M. Rabec continuait en effet de résider dans la capitale, où il préparait ses grades en théologie. C'est dans cette ville, où il habitait rue des Fossés-Montmartre, paroisse Saint-Eustache, qu'il fut encore pourvu le 12 décembre 1765 d'une chapellenie sise en Langueux, sur la présentation de Robert de la Granville. Il fit prendre possession de celle-ci par procureur, le 28 décembre suivant, et nous trouvons son nom figurant à cette époque et les années suivantes, parmi les membres de la *Société d'Agriculture de Bretagne*. Sur les entrefaites, M. Rabec fut nommé curé de Neufmoutiers, à 5 kilomètres de Meaux. Il résigna cette cure le 1er juin 1768, et, peu après, son canonicat de Saint-Guillaume : de plus hautes destinées l'attendaient. Le 27 juillet 1768, cet ecclésiastique, qualifié licencié en théologie, obtint en effet la dignité d'archidiacre ainsi que celle de chanoine théologal de la cathédrale de Dol, dont il prit possession le 30 juillet suivant. Il conserva ces fonctions jusqu'au 21 janvier 1772, date à laquelle, le climat de Dol assez malsain à cette époque, ne convenant pas à sa santé, il permuta ses bénéfices avec M. Michel Toumin des Vauxponts, pour s'en aller occuper à son lieu et place la cure d'Aron, dans le canton actuel de Mayenne. Il en prit possession le 23 juillet 1772.

D'après le *Dictionnaire historique, topographique et biographique de la Mayenne*, publié par l'abbé Angot, III, p. 337, l'évêché du Mans nota M. Rabec « comme bon curé, *zélé, charitable*, mais de mauvaise santé ». Ces notes concordent du reste assez bien avec ce que ses plus anciens biographes écrivent à son sujet : ils assurent en effet « qu'il se fit remarquer dans son administration pastorale par ses libéralités excessives envers les pauvres, si bien que s'étant grevé de lourdes dettes, ce prêtre, afin de pouvoir les acquitter, dut résigner sa cure », qu'il quitta le 28 mai 1782, en se réservant toutefois une pension de 700 livres sur ses revenus. Grâce à la générosité d'un de ses oncles, M. Jacques Rabec, seigneur du Val en Planguenoual et directeur général de la Compagnie des Indes, l'abbé Rabec put cependant se libérer promptement de ses obligations, et s'en vint vers 1785 habiter la propriété du Val-Martel, en Mégrit, mise à sa disposition par un parent.

353. — Lors de la Révolution, M. Rabec *se garda bien de prêter serment*, obligation du reste à laquelle la loi, primitivement du moins, ne l'obligeait pas; mais bien plus, d'après le *Dictionnaire d'Angot* précité « *il revient exprès dans le pays de Mayenne pour y travailler* contre les fauteurs du serment constitutionnel ». Selon l'abbé Carron, il ne borna pas là ses efforts et parcourut aussi le pays de Dol dont il avait été archidiacre, pour maintenir les ecclésiastiques de cette région dans les bons principes. Et comme l'un de ses amis l'engageait à se modérer, afin d'éviter « la lanterne » : « Ah ! répliqua-t-il, je ne crains pas cela, *voilà mon cou, il est prêt à couper. Mourons s'il le faut; mais mourons enfants soumis de l'Eglise, fidèles à notre Dieu.* Vive notre sainte religion ! »

Aussi préféra-t-il perdre sa pension de 700 livres plutôt que de prêter le serment de Liberté-Egalité décrété les 14 et 15 août 1792.

Atteint par *l'arrêté du Directoire des Côtes-du-Nord* du 1er décembre suivant, qui *prescrivait, soit la déportation, soit l'entrée à la maison* de réunion de Saint-Brieuc de *tous les prêtres insermentés.* M. Rabec, à cause de sa mauvaise santé, se décida pour ce dernier parti. Il fit donc viser pour s'y rendre le 12 de ce même mois un passeport par les autorités de Broons, sur lequel nous relevons son signalement, que voici : « taille 5 pieds et demi, cheveux et sourcils noirs, nez aquilin, grande bouche, *teint jaune* ». Le Directoire des Côtes-du-Nord, après avoir quelque peu hésité, décida le 15 décembre « que le genre » de maladie dont le sieur Rabec est attaqué, donnant lieu de » craindre pour sa vie durant la traversée, il est autorisé à » s'enfermer à la maison de réunion de Saint-Brieuc. » (*Arch. C.-du-N.*, registre L 161, f. 134.)

Transféré de la maison des Filles-de-la-Croix aux Carmélites de Guingamp, aux environs du 20 octobre 1793, M. Rabec ne fut rendu à la liberté que le 3 avril 1795, *après avoir subi 27 mois et 18 jours de captivité pour la cause de la Religion.*

354. — A son retour chez lui, ce prêtre trouva ses biens mis sous séquestre et sa maison au pillage. « On lui avait, écrit-il, enlevé ses meubles, dont une partie avait été vendue le 21 décembre 1794, son linge, sa pouaïllerie, ses tonneaux; ses ornements d'église. » Bref, il se trouvait absolument sans ressources le 13 juin 1795, faisait-il savoir aux administrateurs du département des Côtes-du-Nord, en priant ceux-ci de bien vouloir lever le séquestre de ses propriétés. Le 3 octobre suivant, des dispositions favorables venant d'être prises par la loi, il insistait encore pour la restitution de son mobilier. Il ne semble pas que ses requêtes aient obtenu grand succès. En tout cas, après ses biens, on ne devait pas tarder à lui ravir même la vie.

Bien que M. Rabec ne se mêlât point de politique et que la déclaration qu'il signa le 9 juin 1795 et dont on a donné le texte ailleurs, prouve qu'il *cherchait avant tout l'intérêt de la Religion*, les fonctions du culte qu'exerçait ce prêtre dans la paroisse de Mégrit, avaient excité la haine des révolutionnaires broonais. C'est en vain que les amis de cet ecclésiastique l'avaient conjuré de chercher asile à Dinan après le terrible *décret du 3 brumaire an IV* (25 octobre 1795), qui remettait en vigueur toutes les lois de sang contre les prêtres réfractaires, il leur répondit, rapporte l'abbé Carron « *que son devoir était de se sacrifier pour le salut des âmes* ».

355. — Le 28 février 1796, une colonne mobile partie de Broons se présentait au domicile de M. Rabec au Val-Martel, au moment où ce prêtre achevait de célébrer sa messe. « Voilà donc le moment où je vais paraître devant vous, ô mon Dieu ! » s'écria-t-il à leur vue. Voici abrégé le récit très circonstancié que nous ont conservé de son trépas *Carron* et *Guillon*, d'après des *témoignages contemporains* :

« Après avoir fait manger et boire ses assassins, ceux-ci l'entraînèrent dans l'allée de son manoir, en le lardant de coups de baïonnettes, dont on compta après sa mort jusqu'à quatorze blessures sur son cadavre. En lui assénant ces coups si cruels, ses bourreaux lui disaient : « Offre encore cela à ton bon Dieu. » Mais pour toute réponse il s'écriait : « Seigneur, pardonnez-leur et faites-moi miséricorde ! » Puis, comme on se disposait à le fusiller, le martyr ajouta : « *Soldats qui devez me fusiller, venez m'embrasser, je vous pardonne ma mort.* » Emu par tant de grandeur d'âme, un de ces soldats refusa de concourir à son exécution, mais les autres le tirèrent à bout portant; puis, ayant complètement dépouillé leur victime et emporté ses vêtements, ils abandonnèrent son cadavre, qui fut inhumé le jour même par Marie Le Hoday, sa servante et ses fermiers dans le cimetière de Mégrit. *Une croix* indique encore dans cette paroisse le lieu de son trépas.

Voici reproduit textuellement tout ce que les registres de l'état civil de Mégrit ont conservé de la mort de ce bon prêtre : « Polle Gédéon de Rabec, cy devant prestre, décédé au Valle-» Martel, le vingt huite de feuvrier, vieux style, a été ynumé le » même jour, ager danvironts cinquante huit ans en présence » de Jan Lemetayer et de Jan Simon et autre qui ne signe » (*sic*).

Signé : Jan SIMON; Jan MÉTAYER;
François HERVELIN, officier public.

356. — Chose bien rare dans nos diocèses, *on a conservé pieusement dans le cimetière de Mégrit la tombe de M. Rabec.* Elle se trouve dans le coin formé par la sacristie et le chevet de l'église, « côté midi ». Une dalle funéraire très vétuste, d'environ 2 mètres de long sur 0 m. 60 de large, recouvre les restes du martyr. On peut y lire encore ces mots : *Cy-Git Mr Paul Rabbec, prêtre theologal, né le 21 mars 1738, mort 28 Fr 1796 »;* au-dessus un calice est gravé dans la pierre. A une époque plus récente, en tout cas postérieure à 1869, on a exhaussé cette pierre tombale au moyen de quatre piliers en granit et l'on a placé à sa tête une croix, aussi en granit, portant gravée cette inscription : « *A la mémoire de l'abbé de Rabec, décédé au Val-Martel en Mégrit (C.-du-N.), le 28 février 1796 (9 ventôse an IV). Martyr de la Foi.* »

357. — Malgré l'absence des pièces officielles contemporaines signalant la mort violente de M. Rabec et les circonstances dramatiques dans lesquelles elle se produisit, absence toute naturelle, les assassins ne tenant pas à nous instruire de leurs crimes, nous croyons qu'il est impossible d'en révoquer l'authenticité. *Marie Le Hoday,* la fidèle servante de M. Rabec, que nous voyons s'en aller à Saint-Brieuc, au cours du mois d'octobre 1793, porter des secours à son maître emprisonné (*Arch. C.-du-N.,* Lm 5, 73), survécut de longues années à celui qu'elle avait entouré de tant de dévouement. *Elle avait été témoin de son trépas,* les assassins la forcèrent de s'agenouiller près des restes de son maître pour recevoir le coup de la mort. C'est elle qui a renseigné l'abbé *Carron* ainsi que l'abbé *Guillon,* les premiers historiographes du confesseur de la Foi. Rédigées seulement 24 ans après son trépas par des personnes dignes de foi, *leurs relations présentent tous les caractères d'authenticité désirables* et l'on ne peut qu'engager à se reporter spécialement à celle de M. Carron, qui contient une foule de détails édifiants que nous laissons aux témoins le soin de rapporter.

Dix ans après ces auteurs, Perrin, dans ses *Martyrs du Maine*, édités en 1830, inscrit M. Rabec en sa qualité d'ancien curé d'Aron sur son martyrologe. En 1859, Ropartz lui accordait une place, comme ayant succombé pour la Foi, dans ses *Récits bretons*. Enfin, les auteurs des *Conférences ecclésiastiques* imprimées en 1894 par les soins de l'évêché de Saint-Brieuc, n'ont pas manqué de consigner dans leurs pages le récit de la mort de M. Rabec, établissant ainsi jusqu'à nos jours la continuité de la croyance au martyre de cet admirable prêtre. Plusieurs familles existent encore, qui se font gloire d'avoir des liens de parenté avec M. Rabec et croient à son martyre. Dans l'une d'elles, on conserve pieusement son portrait. A Mégrit même, on n'a pas perdu le souvenir qu'un prêtre a péri pour la Foi aux environs du bourg de cette localité.

Bibliographie. — Carron, *Les Confesseurs de la Foi*, op. cit., IV, p. 7 à 15. — Guillon, *Les Martyrs de la Foi*, op. cit., IV, p. 394-398. — Théodore Perrin, *Les Martyrs du Maine*, in-12, Le Mans, 1830, p. 211-213. — Tresvaux, *Histoire de la Persécution Révolutionnaire*, op. cit., II, p 213-217. — Ropartz, *Récits Bretons*, Saint-Brieuc, in-16, 1859. — Abbé Lemasson, *Les Actes des prêtres insermentés du diocèse de Saint-Brieuc mis à mort de 1794 à 1800*, op. cit., p. 146 à 154.

LXXVIII. — Jean-Paul GEORGELIN

(Archives des Côtes-du-Nord, séries G et L. — Archives état civil de Plessala.)

358. — Le futur abbé Georgelin naquit au village de la Deute, en Plœuc, le 3 mars 1765, du mariage de Pierre et de Elodie Agar, et fut baptisé ce même jour. Il fit ses études au collège de Saint-Brieuc, et ses supérieurs, à cause de la tournure que prenaient les événements, le firent recevoir des mains de l'évêque de Tréguier (celui de Saint-Brieuc étant absent depuis plusieurs années) la tonsure, les mineurs et le sous-diaconat, le 9 septembre 1789. C'est encore à Tréguier qu'il fut ordonné diacre, le 29 mai 1790. Enfin son ordination sacerdotale est insinuée sur les registres de ce même évêché à la date du 18 décembre suivant. Quelques jours après, l'Assemblée Constituante, après avoir voté la néfaste Constitution civile du Clergé, affirmait son intention de la maintenir envers et contre tous, en *imposant l'obligation de jurer fidélité* à la dite Constitution *à tout prêtre à charge d'âmes*.

L'abbé Georgelin, qui s'était fixé au village de la Hazaie, dans sa paroisse natale, où l'on montre encore sa maison d'habitation, n'était pas dans ce cas. Il eût donc pu, se cantonnant dans une attitude passive, attendre le cours des événements et se concilier de la sorte la bienveillance des pouvoirs publics. S'il avait eu de l'ambition, prêtant l'oreille aux suggestions qui lui venaient d'un peu partout, il eût adhéré sans hésiter à la réforme nouvelle, et cet acte n'eût pas manqué de lui valoir immédiatement un poste avantageux. Tout au contraire, M. Georgelin, fortement attaché à la saine doctrine, adopta une ligne de conduite toute différente. *Dès que la question du serment envers la Constitution civile fut posée, il prit nettement parti parmi ses adversaires* et se vit enveloppé dans la réprobation que leur portaient les Révolutionnaires; tel le prouve la teneur de l'arrêté ci-dessous, où le nom de M. Georgelin figure parmi ceux des prêtres de Plœuc qui luttaient davantage contre la Constitution Civile. Cette pièce est extraite des *Archives des Côtes-du-Nord*, série L^m 5, liasse **18** :

« Me le requérant le sieur Jean-François Moy, procureur de la commune de la paroisse de Plœuc, nous, Yves-Louis Alleno, secrétaire-greffier de cette municipalité, j'ai, à la requête du dit sieur Moy, notifié l'arrêté pris par la même municipalité le 17 juillet 1791, défendant tout attroupement pour cause de pèlerinage et procession nocturne, à Pierre Eudo, *Jean-Paul Georgelin*, J.-B. David et J.-B. Helo, prêtres de la paroisse de Plœuc, avec sommation d'y obéir... A Plœuc, le 19 juillet 1791. »

A cette époque, en effet, Plœuc était nanti d'un constitutionnel et MM. *Chevalier* et *Bertrand*, recteur et vicaire légitimes de cette localité, avaient dû s'en éloigner à une distance d'au moins six lieues, aux termes de l'arrêté du département des Côtes-du-Nord du 18 juin précédent.

359. — La persécution commençait : M. Georgelin ne s'en émut pas outre mesure. La violence excita son zèle. Nul péril ne l'arrêta. Nul arrêté, nul décret, nulle loi ne purent l'empêcher d'accomplir ce qu'il croyait son devoir. Les révolutionnaires faisaient rage, mais il demeurait insaisissable. La loi du 26 août 1792, condamnant à l'exil tous les prêtres qui, astreints au serment, l'avaient refusé, ne l'atteignait point *ipso facto*, mais un de ses articles permettait cependant de la lui faire subir. Aussitôt, six révolutionnaires, tant de Plœuc que de Saint-Carreuc, s'empressèrent de signer la dénonciation qu'exigeait la loi pour faire condamner M. Georgelin à l'exil. Cet exposé des griefs que l'on alléguait contre cet ecclésiastique constitue le plus bel éloge que l'on puisse faire de sa personne. On l'a reproduit ailleurs intégralement, aussi n'en retiendrons-nous ici que la conclusion : « *Si vous n'exilez le sieur Georgelin, nos églises seront bientôt tout à fait abandonnées !* » Et cependant, malgré l'arrêté de déportation rendu à la suite de cette démarche par le Directoire des Côtes-du-Nord, arrêté qui lui fut notifié à son domicile à Plœuc, au village de la Hazaie, le 17 octobre 1792, M. Georgelin persista à se cacher dans le pays, risquant tous les périls pour ne pas abandonner les âmes sans secours religieux. Ses confrères, MM. Eudo et Helo, comme lui prêtres habitués à Plœuc, compris dans l'arrêté de déportation du 2 novembre 1792, avaient pris l'un après l'autre la route de l'exil. Le recteur les avait précédés dans cette voie ; le vicaire était interné à Saint-Brieuc. L'immense paroisse de Plœuc demeurait sans prêtre catholique. Mais M. Georgelin était là, et, *trois ans durant, il se dévoua sans compter,* risquant sa vie tous les jours, surtout après la promulgation de la loi de sang des 29 et 30 vendémiaire de l'an II (20 et 21 octobre 1793).

Cependant, pour se venger de ne pouvoir s'emparer de sa personne, les révolutionnaires, dès le 31 décembre 1792, mirent les biens de ce prêtre sous séquestre comme propriétés d'émigré, et l'abbé Georgelin, pour subsister, en fut réduit aux aliments que ses sœurs Marie et Euphrosine (celle-ci épouse de Jean Le Couturier) lui faisaient passer dans les cachettes où, durant le jour, il échappait aux poursuites de ses ennemis.

360. — Lors de la pacification du printemps 1795, le frère cadet de Jean-Paul Georgelin, nommé Pierre, ayant reçu la prêtrise, put s'occuper des catholiques de Plœuc, et son aîné fut envoyé travailler à Plessala. Il n'y voulut point faire les promesses exigées par la loi du 11 prairial an III (30 mai 1795), ainsi que par celle du 7 vendémiaire an IV (29 septembre 1795) *dont les termes, volontairement ambigus,* choquaient sa conscience. Aussi continua-t-il d'exercer le culte catholique dans les granges et les maisons particulières, entraînant du reste à sa suite l'immense majorité des fidèles. Bientôt *la loi du 3 brumaire an IV* (25 octobre 1795) vint rouvrir par son article 10 la persécution religieuse dans toute son acuité, et M. Georgelin, pour accomplir son ministère, dut user de toutes sortes de précautions. Cette situation terrible dura jusqu'à la fin de 1796. A compter de la loi du 14 frimaire an V (4 décembre 1796), le vent souffla à l'apaisement ; aussi, à moins d'avoir affaire à des jacobins forcenés, les autorités dans les Côtes-du-Nord fermaient volontiers les yeux sur la présence dans les paroisses du clergé réfractaire, quand celui-ci s'efforçait de s'y faire oublier. C'était du reste le cas de l'abbé Georgelin, lequel, déclarent eux-mêmes les administrateurs des Côtes-du-Nord, le 9 mars 1797, « n'avait » pas fait sa soumission aux lois du 7 vendémiaire an IV » (27 septembre 1795), tout en exerçant dans les maisons les » fonctions de son culte, et n'avait provoqué aucune plainte sur » son compte ».

361. — Mais le bien s'opère souvent sans bruit et l'influence de M. Georgelin à Plessala était considérable, tant et si bien que ceux que sa présence y gênait énormément, *le clergé constitutionnel et les jacobins*, lui vouèrent une haine forcenée. Les uns et les autres jurèrent sa perte.

Le meurtre de l'abbé Georgelin fut machiné entre le prêtre constitutionnel *Honoré-Léonor Laubé*, ancien curé assermenté de la Prenessaye, et le sous-lieutenant *Robert Boulogne*, vieux soudard, devenu officier par la grâce des élections militaires.

Ainsi qu'on l'a publié aux pièces officielles des Actes de M. Georgelin, Laubé et Boulogne, deux complices, unis à des titres différents, par la même haine du catholicisme romain, circonvinrent *Robin*, l'agent municipal de Plessala, pour qu'il délivrât l'ordre de perquisitionner au domicile des personnes qui donnaient asile à l'abbé Georgelin. Pour obtenir cette autorisation qu'il ne se décidait pas à signer, Boulogne n'hésita pas à lui faire violence. Terrorisé, Robin délivra enfin la pièce désirée. On n'avait plus besoin de lui, on le laissa aller : c'était le 24 février 1797, vers les 7 heures du soir.

Boulogne organisa aussitôt son expédition et désigna quatre hommes et un caporal. Nous savons le nom de trois d'entre eux : c'étaient Louis-Nicolas Toutelier, de Paris, 22 ans, caporal : Silvain Ricard, 22 ans, et Jean Drouillard, 25 ans. Aucun commissaire civil ne les accompagnait.

362. — On n'a pas le texte du rapport qu'ils durent rédiger de leur méfait. Le commissaire du Directoire Exécutif à Loudéac, le jacobin *Bigrel*, bien que l'affaire ne le concernât pas, était *tellement heureux de l'assassinat* d'un prêtre catholique, qu'il éprouva le besoin de communiquer aux administrateurs des Côtes-du-Nord la version officielle des meurtriers, en l'assaisonnant d'un commentaire fielleux digne de sa mentalité. On l'a publié ailleurs. Est-on obligé d'ajouter pleine confiance à sa relation ? — On ne peut demander d'être plus crédules que l'administration centrale des Côtes-du-Nord, dont voici l'opinion : *« On a surpris M. Georgelin dans la maison où il était couché, sans armes et sans défense, et on l'accuse, à l'ordinaire, d'avoir voulu s'enfuir ! »*

Voici du reste cette relation, qui paraît suspecte à plus d'un titre :

« Dans la nuit du 6 au 7 ventôse an V, le commandant du cantonnement de Plessala ayant appris (on a vu par quels moyens) que trois prêtres chouans, nommés Paul (Georgelin), Mathurin Le Quilleuc et Nicolas Loncle, devaient être couchés au Closneuf, maison de Donet, habitée actuellement par la sœur et la servante de Donet, et qui font beaucoup de mal dans le canton, fit partir une patrouille de 6 hommes commandés par un caporal.

» Rendus au Closneuf, après un peu de résistance, ils se firent ouvrir les portes, fouillent les en-bas, les chambres, trouvent un lit défait et encore chaud et un habit sur une chaise, y trouvent M. Paul qui n'avait que ses culottes et avait déjà commencé à percer la couverture pour s'évader. Il refuse de dire son nom et son état. Il s'habille, on le fouille. On trouve dans ses poches deux bréviaires ou livres d'église, une boîte aux saintes huiles, deux paquets de poudre et de plomb; il est sans doute de l'Eglise militante.

» Dans la maison, on trouva également plusieurs ornements d'église. Sitôt son arrestation, il a demandé à gâter de l'eau. Le caporal avec deux fusiliers l'y conduisirent. Il s'échappe. On lui crie d'arrêter. En courant toujours, il reçut une balle dans les reins. Les soldats, attendu l'obscurité de la nuit, le perdent. Ils se partagent pour pouvoir le rencontrer et reviennent au Closneuf où le prêtre s'était rendu. Il s'évada à nouveau et reçut un nouveau coup de fusil. Les soldats le rejoignent une heure après au village de Sous-le-Feu, presque mort, et le mettent dans une charrette pour le transporter à Plessala où il est mort. »

363. — Alors même que l'on adopterait tous les termes de la version fournie par les assassins de M. Georgelin, il demeurerait établi que ce prêtre, en tant que membre du clergé catholique romain, fut mis à mort par des militaires dépêchés pour cette mission. Car, ainsi qu'on le fit remarquer à cette époque, si Boulogne, l'un des machinateurs du meurtre de ce prêtre, avait vraiment voulu éviter tout excès contre la personne de M. Georgelin, il eût fait, comme la loi le prescrivait, accompagner sa troupe d'un commissaire civil, qui aurait pu au besoin modérer les soldats déjà trop excités contre les prêtres réfractaires. La lettre que l'administration centrale des Côtes-du-Nord adressa le 9 mars au Ministre de la Police pour lui faire connaître le meurtre de M. Georgelin est, à ce point de vue, remplie de réflexions fort justes. *On avait*, dit-on, *prémédité* bel et bien la *perte* de M. Georgelin, à cause de *sa qualité de prêtre réfractaire*, le rapport de l'agent Robin le démontre clairement. *On prit ensuite les moyens appropriés pour réussir.* L'excuse classique : « Il a cherché à s'enfuir, on l'a tiré, il est mort », revient encore ici. Elle ne convainc personne, on l'a déjà vue trop de fois utilisée quand des soldats de la Révolution ont assouvi leur haine contre un prêtre catholique en l'assassinant.

Il reste donc établi que M. Georgelin, demeuré fidèle à l'orthodoxie catholique la plus intégrale, resté en France pour exercer son ministère auprès des âmes au prix de mille dangers sans cesse renaissants, périt victime de l'*animadversion* que lui avait vouée en tant que prêtre réfractaire un membre du clergé schismatique des Côtes-du-Nord, ainsi que des sentiments semblables qu'éprouvait pour lui un soldat jacobin, tout *impreigné* des *déclamations virulentes* que l'on répandait de tous côtés contre le clergé fidèle. Enfin les révolutionnaires jacobins, tel Bigrel, le commissaire de Loudéac, applaudirent à sa mort.

364. — Du reste, les descendants en ligne collatérale de sa famille du côté maternel, ont pieusement jusqu'ici conservé son souvenir. D'après une enquête faite par M. le doyen de Plœuc dans sa paroisse d'origine, on regarde cet ecclésiastique comme *ayant été mis à mort en haine de la religion catholique*, parce que prêtre et prêtre insermenté.

Bibliographie. — Guillon, *Les Martyrs de la Foi*, op. cit., III, p. 188. — Tresvaux du Fraval, *Histoire de la Persécution révolutionnaire en Bretagne*, op. cit., II, p. 313. — H. Pommeret, *L'Esprit public dans le département des Côtes-du-Nord*, in-8°, Saint-Brieuc, 1921, p. 367 et 465. — A. Lemasson, *Les Actes des prêtres insermentés du diocèse de Saint-Brieuc*, etc., op. cit., p. 154-166, où sont publiées toutes les pièces officielles concernant M. Georgelin. — *Archives des Côtes-du-Nord*, liasses Lᵐ 5, 109, 110, registres L 168, fᵒˢ 17 et 40 ; L 289, fᵒˢ 136-137 ; L 290, fᵒˢ 1 et 2. — Archives Nationales, F 7, 7238.

LXXIX. — Mathurin COCHON

(Archives des Côtes-du-Nord, série L, non cotée.)

365. — Mathurin COCHON naquit le 17 mai 1751 à la Galinais, en Gommené, alors de l'ancien diocèse de Saint-Malo. Michel Cochon et Perrine Carré, ses père et mère, appartenaient à une famille considérée et qui possède encore de nombreux représentants dans ce pays, lesquels conservent religieusement son souvenir.

Le jeune Cochon perdit son père de bonne heure ; ce fut donc son frère Julien qui lui assura son titre clérical, le 6 octobre 1781. Après avoir étudié à Saint-Malo-de-Beignon et mérité la note bien à ses examens ecclésiastiques, l'abbé Cochon, tonsuré et minoré le 23 mars 1780, sous-diacre le 25 mai 1782, diacre le 14 juin 1783, reçut la prêtrise à Saint-Méen le 18 septembre 1784, à l'âge de 33 ans. Il fut employé comme prêtre auxiliaire dans sa paroisse depuis son ordination jusqu'en 1790, époque à laquelle il vint comme vicaire à La Trinité-Porhoët.

366. — A La Trinité, l'abbé Cochon gagna très vite la confiance et l'estime des habitants de cette localité. On voit en effet par le registre des délibérations du Général, puis de la municipalité de cette commune, que le 2 février 1790, l'assemblée des paroissiens devant nommer douze notables, désigna M. Cochon le premier d'entre eux, et cela à la pluralité des voix. Cinq jours après, une nouvelle assemblée des paroissiens décidait que ce serait ce prêtre qui prêcherait la station du prochain carême. Quelques mois plus tard, les électeurs de La Trinité, réunis le 27 juin de cette année en vue de remplacer leur maire démissionnaire, proclamèrent l'abbé Cochon *maire* de La Trinité. Cet ecclésiastique, qui se trouvait présent, ne se déroba pas à cette marque de confiance et prêta le serment de maintenir de tout son pouvoir la Constitution, et d'être fidèle à la Nation et au Roi. Ce serment, du reste, n'avait alors rien de répréhensible, car la néfaste Constitution civile du clergé n'avait pas encore été décrétée à cette époque.

L'abbé Cochon exerça pendant six mois et onze jours sa magistrature municipale à La Trinité, mais son attachement à l'orthodoxie ne lui permit pas de conserver plus longtemps ses fonctions. (*Archives municipales de La Trinité-Porhoët.*)

L'Assemblée Constituante avait en effet décrété, le 27 novembre 1790, d'exiger de tous les magistrats ou fonctionnaires français le serment de fidélité à la Constitution. Or, celle-ci comprenait le statut schismatique que les Constituants prétendaient imposer à l'Eglise de France ! Plutôt que de prêter ce serment contre lequel protestait sa conscience, M. Cochon écrivit sur le 19ᵉ feuillet du registre de délibérations de La Trinité : « Je renonce à la charge de maire, — La Trinité, 8 janvier 1791, — Signé : M. *Cochon*, prêtre. » De même, le lendemain dimanche, jour fixé pour la prestation du serment pour le clergé de la Trinité, *ce bon vicaire ne jura rien du tout* et persista constamment dans son attitude, malgré tout ce que les partisans du nouvel état de choses purent mettre en œuvre pour la lui faire modifier.

367. — Lors de l'application de la loi du 26 août 1792, qui condamnait à l'exil les ecclésiastiques fidèles, M. Cochon ne s'y soumit point et poussa l'audace jusqu'à demeurer *ouvertement* à La Trinité jusqu'au 20 octobre de cette année, date à laquelle il fit encore un baptême dans cette localité. Obligé cependant de prendre quelques précautions, il se retira alors chez son frère à la Galinais, en Gommené, où il fit encore *huit baptêmes* qui figurent sur les registres d'état civil de cette localité à la fin de l'année 1792. La résidence de cet ecclésiastique à Gommené est du reste attestée par un rapport du sieur Rouvraye, brigadier de gendarmerie à Merdrignac et grand ennemi du clergé insermenté, qui, le 10 janvier 1793, dénonçait l'abbé Cochon comme séjournant à Gommené, où « il continue, dit-il, de concert avec le curé *Augustin-Alain Lemoine*, leur mission apostolique ». (*Archives des Côtes-du-Nord*, Lᵐ 5, 37.)

Mais si M. Cochon se cachait habituellement à Gommené, il n'avait pas pour cela délaissé ses ouailles de La Trinité. Voici ce qu'écrivaient, en effet, le 7 mai 1793 les administrateurs des Côtes-du-Nord aux membres du district de Loudéac : « On nous » dénonce qu'un prêtre, nommé Cochon, cy-devant vicaire à la » Trinité, district de Josselin, *y dit publiquement la messe tous* » *les dimanches*, qu'il s'y rend des citoyens des paroisses circon- » voisines de 3 à 4 lieues de distance... Nous sommes persuadés » que le district de Josselin nous saura gré si nous parvenons » à le délivrer de cet apôtre du *fanatisme* (1) et de la rébellion. » Nous vous prions donc de nommer un commissaire qui, avec » un détachement de gardes nationaux, ira faire toutes les per-

---

(1) Tout prêtre, tout catholique, qui ne voulait pas pactiser avec le schisme constitutionnel était aussitôt taxé de fanatisme. A partir de 1793, ce terme servit de base à ces accusations capitales contre une foule d'ecclésiastiques ou de pieux fidèles.

» quisitions nécessaires pour l'arrêter. » (*Archives des Côtes-du-Nord*, L^m 5, 42 et 44.)

Il fallait, on peut dire, être vraiment téméraire, ou bien posséder le zèle pour le service de Dieu poussé jusqu'à *l'héroïsme* pour se risquer à cette époque à de pareils exploits.

Cependant les dénonciations pleuvaient contre M. Cochon. Les plus acharnés s'adressaient à Paris au Comité de Sûreté générale ; les autorités de Josselin se plaignaient à celles de Loudéac. On a publié ailleurs tous ces documents.

L'année suivante, les hommes au pouvoir décidèrent, le 11 mars 1794, de faire apposer par Louis-Amaury Onfray, juge de paix, les scellés sur les biens meubles et immeubles de Mathurin Cochon, « ex-prêtre émigré » ! Les administrations républicaines ne pouvaient cependant avoir aucun doute sur la présence en France de l'abbé ; si on n'arrivait pas à exterminer tous les prêtres catholiques, on voulait au moins leur ôter tous les moyens d'existence (1).

Durant ce temps, le prêtre Cochon, quasi indifférent à la persécution qui s'efforçait de le faire périr, continuait, avec une merveilleuse abnégation de lui-même et un splendide mépris du danger, son admirable ministère auprès des âmes. Se retirant tantôt à Gommené chez son frère, tantôt à Plumieux dans une maison amie, et souvent même à La Trinité, il était dans ces localités, rapporte la tradition, aussi bien de jour comme de nuit à la disposition de quiconque réclamait sa présence. Avec cela fortement rigoriste dans ses principes et n'entendant pactiser à aucun prix avec les ennemis du catholicisme romain, *cet ecclésiastique se déclara énergiquement en 1795 et les années suivantes contre toute déclaration ou promesse* permettant la reprise officielle du culte public, car tous ces actes, sur la licéité desquels on ne s'entendait pas alors, surtout en Bretagne, lui paraissaient comme autant de compromissions avec le mal. Aussi *la haine des révolutionnaires ne désarmait-elle pas* contre lui et n'aspirait-elle qu'à l'instant où elle pourrait l'atteindre de sa vengeance.

368. — Le 27 février 1798, les membres de l'administration communale de Loudéac *le dénonçaient* en ces termes à l'administration départementale des Côtes-du-Nord :

« Nous sommes instruits que le prêtre Cochon *a dit la messe* » le 7 ventôse an six (24 février 1798) dans l'église de Plumieux.

---

(1) La loi du 12 mars 1794, déclarait confisqués acquis à la République les biens de tous les prêtres insermentés quels qu'ils soient. (Cf. tome Ier du *Manuel pour l'étude de la Persécution* que l'abbé Lemasson a publié en 1926, n° 130).

» Cette messe fut chantée et il y avait bien *deux mille assis-*
» *tants.* Il l'avait encore dite dans la même église le 30 pluviôse
» (18 février).

  » Il se retire souvent chez le nommé *Elie,* boulanger, demeu-
» rant à Launay-Mignot, en Plumieux. Il vient chaque semaine
» dans le bois de la Prénessaye confesser et baptiser, et on dit
» qu'alors il tient ses séances à la Tronchais et au Biliais. Il est
» souvent avec un capucin nommé *Hervé,* au village de Breil
» en Gommené ou Ménéac, dans une maison inhabitée qui appar-
» tient à Jacquemine Jaguet, fermière de la métairie de la
» Garenne en Gommené.

  » Nous vous prions d'en donner connaissance au Général
» pour qu'il donne des ordres sévères aux différents cantonne-
» ments pour les réveiller de leur apathie... » (*Arch. des Côtes-
du-Nord,* L^m 5, 116.)

Ainsi qu'il ressort de ce rapport de police, « les administrateurs de Loudéac étaient assez bien renseignés, grâce à leurs
espions, sur les faits et gestes de l'abbé Cochon et brûlaient du
désir de le saisir ».

Ils devaient encore attendre six mois avant d'avoir enfin cette
satisfaction.

369. — Le mercredi 5 septembre 1798, le vicaire de La Trinité
se reposait en sécurité chez la veuve Raullot, au village de
Launay-Geffray, en Plumieux, à un quart de lieue du bourg de
La Trinité, quand sa présence y fut révélée aux soldats républicains qui le recherchaient très activement.

En conséquence, un détachement de soldats appartenant à
la 5e compagnie du 2e bataillon de la 13e demi-brigade d'infanterie légère, commandée par le lieutenant Laflitte, se saisit de
ce prêtre, « *si célèbre par son fanatisme* », proclamaient ses
capteurs.

La troupe qui s'était emparée de M. Cochon l'emmena
d'abord à La Trinité, où il passa la nuit en prison. Le lendemain, elle le ramena au bourg de La Chèze. Chemin faisant, ses
capteurs, dans le but de s'approprier son argent, lui proposèrent
de le conduire prendre sa bourse, « afin de se munir de quelques
ressources avant d'être envoyé en déportation ». Ils passèrent
donc à nouveau à Launay-Geffray, puis s'acheminèrent vers
Loudéac « où, écrit Tresvaux, un témoin contemporain, nous
le vîmes à son arrivée, le 6 septembre au soir. Nous nous rappe-
lons encore l'air calme qu'il conservait au milieu des soldats ».

370. — On renferma sans délai M. Cochon dans le cachot de la prison, séjour affreux, souillé d'immondices et privé de lumière où les détenus étaient entassés. Il y passa les journées du 6 au 9 septembre 1798. Un des frères de l'abbé vint pour l'y visiter, mais on ne l'admit pas à l'entretenir. Enfin, *le dimanche 9 septembre*, vers les onze heures du soir, une colonne légère commandée par l'officier Conscience, composée de chasseurs à cheval et de quelques fantassins, se mit en route pour conduire le prisonnier à Moncontour, étape habituelle entre Loudéac et Saint-Brieuc. On emmenotta l'ecclésiastique avant son départ, et, raconte Tresvaux qui résidait alors à Loudéac, *le serrurier les serra avec tant de force* que le sang du confesseur de la Foi coulait des poignets avec abondance, ce qui lui arracha ces plaintes : « Ne serrez pas tant, lui dit-il, je ne veux pas m'échapper. » Mais cet individu, jacobin forcené et sans doute au courant des desseins homicides tramés contre l'abbé Cochon, se contenta de lui répondre : « *Pourquoi te plaindre ? tu en verras bien d'autres sur la route.* » C'était lui annoncer qu'il avait tout à craindre pour sa vie : aussi se prépara-t-il à la mort. En passant au Pontgamp, en Plouguenast, Tresvaux assure que les militaires qui conduisaient M. Cochon le conduisirent à l'habitation du prêtre assermenté Laletton, qui comptait parmi les révolutionnaires les plus exaltés. « Faites *les promesses prescrites par la loi,* lui aurait-il dit, *et je vous assure la vie.* » — « *Non, non,* répliqua le courageux prisonnier; *je n'ai pas tant souffert jusqu'à cette heure, pour me damner en ce moment.* »

Du presbytère de Pontgamp, M. Cochon fut dirigé vers les maisons de la Tantouille, en Plémy. C'est près de ce hameau que ce vaillant serviteur de Dieu consomma son sacrifice. La troupe, après être entrée dans l'une des auberges de ce tout petit hameau, en ressortit bientôt entraînant sa victime ; puis, vers les trois heures du matin, elle se débarrassa de l'abbé Cochon en faisant sur lui une décharge à bout portant. Après quoi, les militaires rentrèrent, soi-disant pour y chercher abri, dans l'auberge de la Tantouille et passèrent le reste de la nuit à ribauder, disant que les chouans venaient de tuer un prêtre.

371. — Ceci avait lieu dans la nuit du 9 au 10 septembre 1798. Le lendemain matin, on trouva le corps du martyr, baigné dans son sang, sous une aubépine, dans le fossé à droite de la route de Moncontour, à 37 mètres d'une des maisons de la Tantouille, là où s'élève aujourd'hui un Calvaire.

Il y eut à l'occasion de la découverte du cadavre une descente de justice. Par un heureux hasard, le procès-verbal qui fut rédigé à cette occasion a été conservé et se trouve aux *Arch ves des Côtes-du-Nord*, série L^m 5, liasse 121. En voici la teneur :

« L'an six de la République Française, une et indivisible, le 24 fructidor (10 septembre), nous François Chantard, juge de paix, instruit qu'un individu avait été tué la nuit dernière sur la grande route de Moncontour à Loudéac, entre les deux auberges de la Mirlitantouille et le village de Saint-Mœux, nous nous sommes rendus au lieu indiqué, où arrivé environ les cinq heures et demie avec Le Huray, officier de santé, dont nous avons requis l'assistance, à l'effet d'être, en sa présence, procédé aux opérations ci-après, dont lui en avons fait connaître l'objet, qui est un *cadavre* trouvé mort sur la grande route, comme il est ci-devant dit, gardé par des soldats républicains ; visite faite par l'officier de santé, celui-ci a dit et déclaré que cet individu est mort tout récemment, *qu'il a reçu plusieurs coups de fusil entre la poitrine et le bas-ventre*, que la tête lui a été ouverte, que *le cerveau est sorti hors du crâne, épars sur le chemin;* ce qui a été vu et aperçu de tous les assistants.

» Nous étant informé tant aux voisins du lieu du délit qu'aux militaires quelle pouvait être la cause de la mort de ce même individu, *les voisins ont dit ne pas la connaître*, mais plusieurs militaires restés garder ce cadavre nous ont dit et déclaré que des royalistes et chouans embusqués dans les champs qui avoisinent la grande route, entre les deux ou trois heures du matin, ont crié : « Qui vive ? » — Les militaires ont répondu : « Républicains français. » — A l'instant les embusqués ont tiré plusieurs coups de fusils sur les soldats républicains qui conduisaient ce prêtre réfractaire, de Loudéac à Moncontour, en vertu d'un mandat du citoyen Pierre Boulon du Mesny, directeur du jury d'accusation dans l'arrondissement de Loudéac ; ce qui est justifié par une copie de ce mandat qui nous a été remise par un des soldats gardiens, avec une attestation d'habitation de l'administration municipale du canton de la Trinité, trouvée sur l'individu mort, en date du 21 de ce mois, ce qui donne lieu de croire que cet individu est Mathurin Cochon, cy-devant prêtre habitué de la commune de la Trinité, département du Morbihán. »

372. — Les exécutions sommaires des prêtres réfractaires comme l'abbé Cochon étaient fréquentes à cette époque, et *l'absurdité de la version de la mort*, telle qu'elle a été recueillie et consignée par le juge Chantard, n'exige pas une longue démonstration. Il est clair que, dans l'hypothèse invoquée d'une attaque par les chouans, toutes les balles de ceux-ci, par un *merveilleux prodige*, ne fussent pas allé trouver uniquement le corps du prêtre Cochon, et le couvrir de blessures toutes reçues de face, bien plus, *lui faire sauter la cervelle*, ce qui exige un coup de feu tiré à bout portant. Mais ni le citoyen Chantard, ni ses acolytes ne tenaient à se créer de fâcheuses histoires par une recherche intempestive de la vérité, et ces gardiens de l'ordre public acceptèrent le récit des soldats, malgré son invraisemblance. Le crime demeura donc impuni et l'affaire fut classée.

Cependant, grâce au procès-verbal que l'on vient de reproduire, on connaît l'état lamentable dans lequel les assassins laissèrent leur victime. Afin de pouvoir *recueillir sa cervelle*, une femme, appelée Marie Lanoë, prêta une de ses coiffes. On enveloppa ensuite le corps de M. Cochon dans un linceul et on le transporta dans le cimetière de Plémy, où *il devint vite l'objet de la vénération des fidèles*, à tel point qu'on jugea, la paix religieuse rétablie en France, devoir lui faire donner une place plus honorable.

373. — A une date que ne fixe pas le registre paroissial de Plemy, les restes de M. Cochon furent donc transportés du cimetière dans l'église de cette localité. On les plaça à l'entrée du chœur, du côté de l'épître, et l'on prit soin d'y apposer une plaque qui commémora le souvenir du confesseur de la Foi. Voici l'inscription qui y figure toujours : « *Ici reposent les restes de M. Mathurin Cochon, massacré à la Tantouille, en haine de la Foi, dans la nuit du 8 au 9 septembre 1798.* »

Des pèlerins viennent encore près de son tombeau invoquer la protection de ce serviteur de Dieu. Beaucoup y amènent leurs enfants pour lesquels ils sollicitent la guérison de leurs infirmités. On a reproduit ailleurs plusieurs procès-verbaux mentionnant des *faits extraordinaires attribués à ce bon prêtre*.

La conduite tenue par M. Cochon durant toute la Révolution nous est un gage des sentiments avec lesquels il subit son supplice. La vénération populaire et les faveurs attribuées à son intercession ne sont-elles pas elles aussi un précieux *confirmatur* de la vie et de la mort héroïque de ce bon serviteur de Dieu ?

Bibliographie. — *Archives du Morbihan*, L 272-302-312. — Guillon, *Les Martyrs de la Foi*, in-8°, Paris, 1821, tome III, p. 345. — Tresvaux du Fraval, *Histoire de la Persécution révolu-*

tionnaire en Bretagne, in-8°, Paris, 1845, II, p. 328. — Les continuateurs d'Ogée au t. II, art. Plemy au *Dictionnaire de Bretagne*, qui défigurent le nom de *Cochon* en celui de Cochet : Jollivet au t. V de ses *Côtes-du-Nord*, publiés en 1859, et G. Lenôtre dans sa *Mirlitantouille*, ont reproduit l'un et l'autre cette mauvaise version, faute d'avoir consulté les pièces originales. — *Le diocèse de Saint-Brieuc durant la période révolutionnaire*, in-8°, Saint-Brieuc, 1895, tome II, p. 79-83, 215-218 et 285. — A. Lemasson, *Les Actes des prêtres insermentés du diocèse de Saint-Brieuc*, etc., op. cit., p. 166-186, où sont publiées toutes les pièces officielles concernant M. Cochon et les guérisons qui lui sont attribuées ; — et les divers auteurs cités au cours de la présente notice. — H. Pommeret, *Les Drames de la Mirlitantouille*, in-8°, Saint-Brieuc, 1928, p. 40.

LXXX. — Yves LONCLE

(Archives des Côtes-du-Nord, série L. — Archives de la mairie de Collinée. — Archives Nationales, série F 7, 7521.)

374. — Yves L*oncle* naquit à la Touche-Brondineuf en Plouguenast du légitime mariage de Jean Loncle, laboureur, et de Jeanne Le Claire, son épouse, et fut baptisé le 4 février 1761.

Yves Loncle fit ses études au collège de Saint-Brieuc. Regnault de Bellescize, évêque de cette ville lors de la Révolution, étant depuis plusieurs années absent de son diocèse, l'abbé Loncle reçut à Tréguier, par dimissoire, le 7 mai 1788, des mains de Mgr Le Mintier, la tonsure, les ordres mineurs et le sous-diaconat; le 6 juin 1789, il fut fait diacre par le même prélat et dans les mêmes conditions. Enfin, le 25 mai 1790, il reçut le sacerdoce dans la même ville. Une fois prêtre, l'abbé Loncle revint habiter à Plouguenast au milieu de sa famille. Il avait alors 29 ans et la Révolution était déjà commencée.

375. — La lutte entre les tenants et les opposants à la Constitution civile fut fort vive dans cette localité, M. Loncle ne demeura point neutre dans la circonstance. Non seulement il signa la protestation contre la Constitution civile du clergé, connue sous le nom « *d'Exposition des Principes* », avec 196 prêtres du diocèse de Saint-Brieuc, mais encore l'ardeur de sa foi l'entraîna à entrer en lice et à combattre de toutes ses forces les partisans du schisme à Plouguenast, ce qui lui valut plusieurs dénonciations du clergé constitutionnel de cette

localité. On le qualifie dans un écrit « de grand *fanatique*, fameux
» prédicateur de la contre-révolution, aussi bien en particulier
» qu'en public, disciple de Donat, enseignant au peuple que les
» sacrements administrés par les assermentés sont nuls. » (Ce
qui se trouvait vrai au moins pour le sacrement du mariage). —
« Il court sans cesse, ajoute-t-on, de paroisse en paroisse, de
» village en village... S'il apprend qu'il y a des malades, il y
» vole, etc., etc. ». (*Arch. C.-du-N.*, L^m 5, liasse 26.)

A la suite de ce factum, l'abbé Loncle fut décrété d'accusation
le 7 mars 1792. M. Chapelain, recteur de Plouguenast, fut compris avec lui dans cette mesure. (*Arch. C.-du-N.*, L^m 5, 27, et
reg. L, 161, f° 27.)

376. — Les Jacobins en furent pour leurs frais. M. Chapelain
tout comme M. Loncle sut se rendre insaisissable. Six mois
plus tard, lorsqu'on appliqua la loi du 26 août 1792, qui atteignait M. Loncle, comme ayant été l'objet d'une mesure coerci-
tive, celui-ci demeura en France malgré les pénalités de plus
en plus rigoureuses auxquelles il s'exposait par dévouement
pour les âmes.

Un de ses petits-neveux, Louis Gofvry, actuellement âgé de
86 ans, a affirmé à M. l'abbé Jean Morin, présentement doyen
de Plouguenast, *qu'il a vu de ses yeux* à la Ville-Orio en Plessala,
habitée par une famille André, alliée à l'abbé Loncle, *une longue
caisse* portative, assez étroite et grossièrement rabotée, avec
deux poignées à chaque bout. C'était dans cette sorte de lit, que
M. Loncle passait bien souvent la nuit au milieu des champs,
pour échapper aux poursuites incessantes des révolutionnaires
persécuteurs. Le vieillard qui a rapporté ces détails, a aussi
entendu dire encore à ses parents que lorsque M. Loncle avait
passé ses nuits à la belle étoile, il célébrait la messe de grand
matin en plein air et qu'une simple barrique ou une cuve
renversée lui tenaient lieu d'autel. Ainsi s'écoulèrent les terribles
années de 1793 et de 1794. Après quelques mois d'accalmie au
printemps de 1795, la persécution reprit à l'état aigu dès octobre
de cette année et l'abbé Loncle dut recommencer son existence
de proscrit, aussi pénible qu'elle était périlleuse.

Les lois du 7 vendémiaire et du 3 brumaire an IV (29 septembre et 25 octobre 1795), déterminèrent en effet un *acharnement inouï* contre les prêtres réfractaires de la part des *colonnes
mobiles* qui sillonnaient la région et qu'excitaient encore les
dénonciations de la municipalité cantonale de Loudéac, dont le
Jacobinisme ne désarmait pas. Le sieur Bigrel, commissaire du
Directoire exécutif près cette municipalité, avait spécialement la

phobie du clergé insermenté, aussi lança-t-il, le 5 mars 1797, *un ordre d'arrestation contre l'abbé Loncle*, lequel, porte la teneur de cette pièce, « exerce les fonctions du catholicisme en secret », preuve péremptoire que ce prêtre n'avait voulu prêter aucune des promesses captieuses qu'exigeait alors le gouvernement du Directoire pour permettre l'exercice public du culte.

377. — Le coup d'Etat de fructidor an V (septembre 1797) aggrava considérablement la situation du clergé catholique, et M. Loncle, à cause de son zèle, *fut spécialement désigné à l'attention des colonnes mobiles chargées d'exterminer les bons prêtres*. Elles devaient finalement parvenir à le faire périr. On n'a jusqu'ici sur son trépas que les deux documents officiels que voici. Ils émanent l'un et l'autre des autorités révolutionnaires persécutrices et sont suspects à ce titre. Le premier est une lettre des administrateurs des Côtes-du-Nord, dans laquelle ceux-ci, à la date du 5 janvier 1799, avisent le Ministre de la police générale, que « la colonne mobile qu'ils ont formée, s'est » mise seulement en route le 2 nivôse an VII (22 décembre 1798). » Elle a seulement capturé deux prêtres réfractaires, dont l'un, » nommé *Londe*, très mauvais sujet, a été atteint d'un coup de » feu « en s'enfuyant » et en est mort. » (*Arch. Nat.*, F 7, 7521, n° 63.)

L'autre pièce est une lettre du général Michaud adressée au Ministre de la guerre. Chassin l'a reproduite au tome III, p. 258 de ses *Pacifications de l'Ouest*. « Le 28 décembre 1798, rend » compte cet officier général, la colonne mobile organisée par » mes soins dans les Côtes-du-Nord, a, dans la commune de » Plémy, arrêté le nommé *Louche*, prêtre réfractaire. Cet indi- » vidu qui n'a jamais quitté le pays et y a toujours suivi les » chouans, ayant, le lendemain de son arrestation, voulu » échapper » aux républicains, ceux-ci l'ont terrassé par *trois* » *coups de feu*. C'est un scélérat de moins dans le pays. »

La similitude de ces deux rapports ne prouve pas leur véracité. Tout d'abord, on remarquera que l'administration des Côtes-du-Nord s'est inspirée dans sa rédaction du procès-verbal émanant des autorités militaires que celles-ci lui avaient fait parvenir, et par conséquent ses dires ne font que reproduire ceux des premiers. De plus, dans le récit du trépas de l'abbé Loncle, on retrouve la *version classique* par laquelle les colonnes mobiles expliquent toujours et excusent en même temps les exécutions sommaires qu'elles faisaient trop souvent des prêtres réfractaires qui avaient le malheur de tomber entre leurs mains.

On a déjà dit ailleurs le peu de crédit que mérite cette explication, on y reviendra encore plusieurs fois.

Il existe une relation plus sûre de la mort de l'abbé Loncle. Elle fut recueillie entre les années 1815 et 1820 par l'abbé Aimé Guillon, alors que de nombreux *témoins* des faits qu'il racontait existaient encore. Il l'a insérée au tome III, p. 585, de ses précieux *Martyrs de la Foi*. Le chanoine Tresvaux du Fraval l'a reproduite au tome II, p. 374, de son *Histoire de la Persécution révolutionnaire en Bretagne*. Les auteurs du *Diocèse de Saint-Brieuc durant la période révolutionnaire*, tome I, p. 320, l'ont à leur tour adoptée, en y ajoutant, d'après une tradition constante, corroborée par les documents, que M. Loncle *fut fusillé à deux cents mètres de la Croix de Saint-Quia*, alors en Saint-Gouéno, mais aujourd'hui en Collinée. — Voici le récit en question. Plusieurs traditions de famille le confirment tant à Plouguenast qu'en Plessala. On n'a nulle raison sérieuse d'en suspecter la sincérité :

« M. Loncle, jeune prêtre de Plouguenast, diocèse de Saint-
» Brieuc, était caché dans cette paroisse, lorsqu'une colonne
» mobile le surprit la veille de Noël et l'enferma d'abord dans
» une cave du presbytère au vieux bourg de Plouguenast, où il
» passa la nuit dans les angoisses les plus cruelles, entendant
» les imprécations et les blasphèmes de ces forcenés, ainsi que
» les projets sinistres qu'ils formaient contre lui. Les militaires
» partirent le lendemain du vieux bourg de Plouguenast, et
» emmenèrent avec eux leur prisonnier à Plessala où se trouvait
» le juge de paix du canton. Ils le traduisirent devant ce
» magistrat afin qu'il déclarât qu'il était prêtre. Mais le juge de
» paix, nommé Hautbourg-Amette, était un homme estimable;
» ne voulant pas perdre M. Loncle, il éluda les questions que lui
» faisaient les soldats à son sujet. Le commandant de la colonne,
» voyant qu'il n'obtenait pas de réponses conformes à ses désirs,
» donna l'ordre à sa troupe de se diriger sur Collinée, commune
» voisine; et dans le chemin, à Saint-Quia, il fit fusiller le
» vertueux prêtre, qui, par ses bonnes qualités, était aimé de
» tous, même des révolutionnaires. On attribua, dans le temps,
» sa mort, à la haine d'un mauvais prêtre constitutionnel,
» nommé *Laletton* (qui de sa demeurance du Pontgamp, terro-
» risait tout le canton).

» *M. Loncle fit généreusement le sacrifice de sa vie dès qu'il*
» *se vit entre les mains des soldats. Il se prépara à la mort avec*
» *calme et la subit avec une résignation* qui étonna la colonne
mobile elle-même. » Son cadavre abandonné sur le terrain fut

inhumé à Collinée après une descente judiciaire dont le procès-verbal est perdu et l'on dressa son *acte de décès*, que l'on conserve à la mairie de cette commune.

378. — Le meurtre de ce prêtre frappa les habitants de Saint-Gouéno. « Les anciens de cette localité, déclare M. l'abbé François Hervé, recteur de cette paroisse, se sont transmis jusqu'à présent le souvenir de l'abbé Loncle et sont persuadés *qu'il a péri victime de son dévouement sacerdotal.* »

A Plouguenast, sa paroisse natale, où près de *quatre-vingt personnes*, parmi lesquelles deux petits-neveux et une petite-nièce, appartiennent encore à la famille de l'abbé Loncle, le souvenir de cet ecclésiastique demeure toujours très vivant, affirment MM. J. Morin et Jules Mathon, doyen et vicaire de cette localité. Une tradition unanime y veut qu'après son arrestation, on ait conduit ce prêtre devant l'intrus Laletton qui résidait alors au Pontgamp. Son attitude devant ce peu recommandable personnage y fut extrêmement réservée. Il refusa de s'asseoir et d'accepter des aliments, et une discussion s'engagea entre les deux prêtres, mais en latin.

Une personne de Plouguenast, tertiaire de la Mère Admirable, nommée Jeanne Rolland, née en 1839 et morte en 1928, *a connu des frères de M. Loncle*, et se souvient avoir entendu narrer qu'une des sœurs de ce prêtre, le voyant entre les mains des soldats, les suivait en pleurant. Elle cite même l'itinéraire parcouru : Montorien, Boutteville et la Touche-Brondineuf, village natal de l'abbé. Arrivé là, et craignant de voir sa sœur devenir témoin de son supplice, le sort qu'on lui réservait ne faisant aucun doute à ses yeux, le serviteur de Dieu pressa vivement celle-ci de s'en retourner chez elle, en lui disant : « Adieu, nous nous reverrons au Ciel. »

Toujours d'après cette tertiaire, laquelle, malgré son grand âge, avait conservé toutes ses facultés mentales, les parents de l'abbé Loncle, la Révolution achevée, voulurent rapporter dans le cimetière de Plouguenast les ossements du confesseur de la Foi, qu'ils tenaient pour un martyr : « Si je pouvais ramener à Plouguenast les restes de mon oncle, répétait souvent un de ses neveux, nommé Mathurin, quelle belle fête ferions-nous ce jour-là ! » On ignore quelles circonstances l'empêchèrent de réaliser ce pieux dessein.

D'autre part, M. Le Texier, aujourd'hui vicaire à Loudéac, a connu une des petites-nièces de M. Loncle, alors qu'il était vicaire à Plessala. Celle-ci lui fit de l'arrestation de son oncle un récit, reproduit ailleurs, lequel se rapproche d'assez près de celui rapporté par *Guillon*. Il a le mérite d'y ajouter des détails très explicites sur l'acceptation de son supplice par le serviteur de Dieu.

BIBLIOGRAPHIE. — Guillon, *Les Martyrs de la Foi*, op. cit., III, p. 585. — Tresvaux du Fraval, *Histoire de la Persécution révolutionnaire en Bretagne*, op. cit., II, p. 374, — *Le Diocèse de Saint-Brieuc durant la période révolut.*, I, op. cit., p. 320. — Abbé Lemasson, *Les Actes des prêtres insermentés du diocèse de Saint-Brieuc mis à mort de 1794 à 1800*, op. cit., p. 186-195, où sont publiées les pièces officielles concernant M. Loncle puisées aux *Arch. des C.-du-N.* et aux *Arch. Nationales*.

LXXXI. — François-Olivier LE GOFF

(Archives du Finistère, des mairies de Plourin et de Saint-Martin
et de la justice de paix de Corlay.)

379. — François-Olivier LE GOFF naquit à Saint-Martin-des-Prés, le 4 juillet 1739, du mariage d'honorables personnes Alain Le Goff et Mathurine Briand. Il fut baptisé le dit jour. On ne peut donner le détail de ses ordinations, car Saint-Martin-des-Prés faisait autrefois partie de l'évêché de Quimper. Or, les registres du secrétariat ainsi que ceux des insinuations ecclésiastiques de cet ancien diocèse, ont disparu pour la plupart, et manquent spécialement pour l'époque où M. Le Goff reçut les saints ordres. Aussitôt après avoir reçu le sacerdoce, cet ecclésiastique s'en fut se fixer à Plourin-Morlaix, où l'appelait son oncle, Louis Briand, alors recteur de cette paroisse.

380. — L'abbé Le Goff vivait depuis quelque temps prêtre habitué dans cette localité, où l'on relève pour la première fois sa signature, le 14 mars 1764, lorsque son oncle résigna son bénéfice en sa faveur, le 10 novembre 1764, M. Le Goff obtint, le 14 janvier 1765, le visa de l'évêque de Tréguier et, le 29 de ce même mois, il prit possession comme recteur de l'importante église de Plourin, qui lui dut en 1775 la réfection de plusieurs de ses autels.

Lors de la constitution des municipalités, M. Le Goff fut choisi le 7 février 1790 comme secrétaire du scrutin, et le lendemain, il fut élu procureur de sa commune par 56 voix sur 109. En cette qualité, il avait l'initiative de toutes les mesures à proposer aux délibérations du Conseil, et put en faire voter de très utiles, soit à l'église, soit aux paroissiens. La séance du 20 juin 1790 mérite d'être citée, car elle témoigne de la charité sacerdotale du recteur de Plourin :

« Le sieur Le Goff, recteur de cette paroisse et procureur de » la commune (lit-on au *registre des délibérations de la muni-* » *cipalité de Plourin,* conservé à la mairie de cette localité), a » assigné le général de la dite paroisse pour avoir leur avis sur » le *sort des pauvres* qui se trouvent au nombre d'environ 700, » qui sont dans le cas de périr de misère, vu la chèreté des » denrées; (vu) qu'il y a entre les mains des particuliers des » sommes qui appartiennent au général et qu'on ne peut en » faire un meilleur emploi qu'en soulageant les misérables, les » çitoyens, les membres de la société, en un mot tous nos frères. » Tels sont mes motifs en priant le général de la paroisse d'en » délibérer. »   *Signé :* Le Goff, recteur et procureur.

Le même souci des malheureux de la part de M. Le Goff se révèle encore dans la séance de la municipalité tenue le 29 juin 1790. M. Le Goff, à cette occasion, pria les répartiteurs d'*avoir égard dans l'imposition à la misère publique* et de soulager autant que faire se pourra les pauvres.

Le 14 novembre 1790, M. Le Goff résigna ses fonctions de procureur. Il est vraisemblable que l'œuvre utile en certains points qu'avait accompli l'Assemblée constituante et l'habile incorporation des articles de la Constitution civile à ceux de la nouvelle Constitution dont elle venait de doter le royaume, décidèrent l'abbé Le Goff à prêter le serment constitutionnel, le 6 février 1791, à la grand'messe paroissiale. Pie VI, du reste, à cette époque, n'avait pas encore fait officiellement entendre sa voix. Voici donc les paroles que M. Le Goff prononça à cette occasion : « Je jure d'être fidèle à la Nation, à la Loy et au Roy, » à l'organisation civile du Clergé, et de maintenir de tout mon » pouvoir la Constitution décrétée par l'Assemblée nationale et » sanctionnée par le Roy, et de veiller avec soin sur les fidèles » de la paroisse qui m'est confiée. » Il ne dut cependant se décider à cet acte qu'après hésitation, car son nom figure parmi les prêtres du diocèse de Tréguier qui protestèrent à la fin de 1790 avec leur évêque contre l'œuvre religieuse accomplie par l'Assemblée constituante.

381. — Le 8 mars suivant, M. Le Goff fit chanter le *Te Deum* après la grand'messe pour remercier le Ciel d'avoir donné

Expilly pour évêque constitutionnel au Finistère et lut un mandement de celui-ci pour annoncer son élection. De plus, après une altercation assez vive, il empêcha l'abbé Yves Briand, l'un de ses vicaires, de donner lecture d'une pastorale de Mgr Le Mintier, l'évêque légitime. Sur les entrefaites, le pape Pie VI, les 21 février, 10 mars et 13 avril 1791 avait publié des brefs condamnant nettement la Constitution civile. Sitôt qu'il en eut pris connaissance, *l'abbé Le Goff ne demeura point sourd à l'appel du Pasteur suprême.* Après avoir pris soin de toucher son traitement, dont il savait que sa rétractation le priverait désormais, il monta en chaire de Plourin, le 21 mai 1791, au prône de la messe paroissiale, et « à l'issue du dit prône » rapporte le registre de la municipalité de cette commune, le dit sieur Le Goff *se rétracta* du serment par lui fait... Voici en quels termes il s'exprima : « Vous savez, mes chers paroissiens, que » j'ai fait ici un serment en votre présence, mais je vous déclare » à tous et vous prie de bien vouloir m'écouter, que *je me rétracte* » *de ce serment, qui est tout à fait contraire à ma façon de* » *penser.* Cependant, je vous promets toujours de mettre le bon » ordre dans ma paroisse, et je serai toujours fidèle à la Nation, » à la Loy et au Roy, tout le temps que je vivrai. Je vous prie, » mes chers paroissiens, de prendre mon exemple. *Je ne puis* » *m'empêcher de dire que ceux qui ont prêté le serment ont une* » *grande charge de conscience.* Ce qu'il y a de certain, JE SUIS » TOUT PRÊT A MOURIR POUR SOUTENIR LA RELIGION. Je dis de plus » que si les cavaliers de la maréchaussée venaient me prendre, » que je serais (quand même) toujours soumis à la Loi. »

A l'issue de la grand'messe la municipalité de Plourin ayant dressé procès-verbal de la rétractation de M. Le Goff que l'on vient de citer, Mme Bodros, épouse du maire, qui assistait au saint sacrifice, affirma avoir entendu ce prêtre déclarer « *qu'il* » *avait eu le malheur de faire un serment contraire à la religion,* » *mais qu'il le rétractait formellement à la face du peuple, qu'il* » *allait faire comme la Madeleine qui avait pleuré ses péchés et* » *qu'il comptait aller aux Capucins de Morlaix faire une* » *retraite.* »

M. Le Goff avait noblement réparé son erreur momentanée. Les termes dont il se servit pour se rétracter ne prêtent à aucune équivoque. Du reste, la municipalité de Plourin les jugea susceptibles « d'occasionner une sédition et même une révolte. » M. Le Goff avait en effet d'autant plus de mérite à se rétracter que deux prêtres de Plourin avaient aussi prêté le serment constitutionnel, ce qui ne pouvait qu'occasionner de grosses difficultés dans la localité.

Le vicaire Jacques Piton fut du reste élu curé constitutionnel de Plourin et installé dans ses fonctions, le 28 août 1791; M. Le Goff avait à cette époque quitté son presbytère, et depuis le 31 précédent, sa signature ne figure plus sur les registres de catholicité. Il dut même, quelques semaines après, sur l'injonction de la gendarmerie, abandonner le territoire de Plourin.

382. — Chassé de sa cure par la persécution, M. Le Goff se réfugia dans sa paroisse natale, ainsi qu'en témoigne un certificat daté du 20 mars 1792, dont l'original existe aux Archives du Finistère, série L[v], district de Morlaix.

Lorsque survint la loi du 26 août 1792, qui condamnait à l'exil tous les prêtres insermentés réputés fonctionnaires publics, M. Le Goff essaya vainement de s'y soustraire et de demeurer caché dans le pays. On ignore la date précise de son arrestation, mais elle suivit de près l'application de la mesure de déportation précitée. Le 28 octobre 1792, les membres du district de Morlaix, tous en liesse, écrivaient en effet aux administrateurs du département des Côtes-du-Nord :

« Nous avons reçu votre lettre du 23. Avec quel plaisir nous avons appris l'*arrestation du fanatique Le Goff*, cidevant recteur de Plourin ! Il arrive en ce moment par la gendarmerie. Il sera constitué en arrestation au château du Taureau et bientôt il fera voile avec ses compagnons vers la Guyane française. »

Le 30 novembre 1792, le recteur de Plourin fut en effet enfermé au sombre château du Taureau en rade de Morlaix; puis, le 17 avril de l'année suivante, on l'embarqua d'office avec un certain nombre d'autres ecclésiastiques pour être dirigés sur Brême.

En exil, il se trouva réduit à la dernière misère : M. Marzin, économe de l'hospice de Morlaix, a publié quelques lettres d'un volontaire de cette cité nommé Talabardon. Dans l'une d'elles, datée de Namur, le 1er frimaire an IV (22 nov. 1795), celui-ci raconte « qu'il a vu M. Dudresné et M. le recteur de Plourin, » qui sont *misérables* et réduits à porter le sac sur leur dos » comme des mendiants, de l'autre côté du Rhin ! »

383. — Aussi M. Le Goff s'empressa-t-il de profiter du vote de la loi du 7 fructidor an V (24 août 1797), qui autorisait le retour en France des prêtres déportés, pour regagner la Bretagne et venir à Plourin. Il s'y fixa chez un de ses frères, alors domicilié dans cette localité, ainsi que l'atteste le registre de délibérations de la municipalité cantonale de Plougonven en date du 21 fructidor an V (7 septembre 1797).

Le frère de M. Le Goff décéda à Plourin le 1er juillet 1798. A son trépas, désormais sans asile et vivement pourchassé en vertu des lois de *fructidor an V*, qui avaient rouvert avec une nouvelle acuité la persécution religieuse quelques jours après la rentrée au pays du recteur de Plourin, celui-ci se crut plus en sûreté à Saint-Martin-des-Prés où il avait déjà trouvé refuge une première fois au milieu de sa famille. Il s'y rendit donc, espérant y jouir d'une sécurité relative; il devait au contraire y trouver la mort.

384. — Si on possède des documents irrécusables sur la façon dont les soldats de la Révolution immolèrent M. Le Goff à leur phobie anticléricale, on ne connaît rien de positif sur les circonstances qui amenèrent son arrestation. Du reste, sa situation de prêtre réfractaire le rendait toujours exposé aux pires éventualités. Les auteurs des *Conférences ecclésiastiques du diocèse de Saint-Brieuc en 1892* racontent, au tome Ier, p. 73, de ce travail « qu'ils ne savent à quel moment, étant à travailler le fil (de lin) chez son frère, M. Le Goff fut reconnu comme prêtre et arrêté. »

Ces arrestations d'ecclésiastiques étaient du reste très fréquentes, a-t-on déjà dit, après la loi *du 19 fructidor an V* (5 septembre 1797), qui donnait au Directoire exécutif le droit de déporter par simple décret tous les prêtres catholiques et même de *faire fusiller* ceux que l'on pouvait convaincre d'être des émigrés rentrés.

Il est vraisemblable que M. Le Goff fut arrêté le soir : sans cela ses capteurs qui faisaient partie du détachement cantonné à Corlay, l'eussent dirigé sur cette localité pour le remettre entre les mains de l'administration cantonale. Les circonstances ne s'y prêtant pas, ces individus, avec la mentalité des *massacreurs de septembre*, complotèrent de l'assassiner. Ils perpétrèrent leur dessein dans l'enceinte de la propriété où ils gardaient leur captif. Quant à la version qu'ils inventèrent pour excuser leur forfait, c'est celle habituelle en pareil cas : « Le prisonnier s'enfuyant, on l'a tué pour l'empêcher de s'échapper. » L'explication est facile, mais elle est démentie par les faits. Si l'abbé Le Goff avait été atteint alors qu'il essayait d'échapper à ses ennemis, ses blessures eussent toutes été reçues par derrière; or, l'autopsie qui fut faite de son cadavre *révèle qu'il succomba à des plaies reçues de face*. Comment concilier la déposition des assassins avec la réalité, sinon en appliquant à ces premiers l'épithète d'imposteurs. Du reste, on s'en convaincra en prenant connaissance du « lief » du cadavre de ce prêtre conservé aux Archives du greffe de la justice de paix de Corlaix. En voici la teneur :

« L'an sept de la République française, le trois ventôse (21 février 1799). Nous, Mathurin-Joseph Tilly, juge de paix du canton de Corlay, avons pénétré dans le jardin du Midi de la maison Darlet, où nous avons trouvé un cadavre masculin, gisant par terre au bas du jardin, vêtu d'un habit de berlinge à mi-usé, d'un gilet blanc, d'une paire de culottes de berlinge aussi à mi-usées, d'une paire de guêtres de toile, d'une paire de bas de laine noire, d'une paire de chaussons bruns; plus près de la maison, à quinze pas environ, avons remarqué une paire de sabots neufs, et à côté du cadavre, un chapeau de paille rond. Lequel cadavre nous a été déclaré être celui de *François Le Goff*, *prêtre réfractaire*. Au même instant, le citoyen Guérin, sur notre invitation, après visite et examen fait du dit cadavre, nous a dit et rapporté que le dit cadavre a reçu deux coups de feu, tiré à la *partie latérale inférieure droite* du bas ventre et l'autre à la *partie latérale droite du sternum* et de suite avons procédé à l'information des causes et circonstances de la mort du défunt comme suit :

« Jean Lorans, caporal commandant le poste établi chez la dite citoyenne Le Flahec, première compagnie de la *treizième demi-brigade* d'infanterie légère, après serment par lui fait de dire vérité, a dit qu'environ deux heures du matin un prêtre réfractaire, détenu au corps de garde, demanda à sortir pour des besoins naturels; qu'ayant sorti du dit corps de garde, cet homme a été dans le jardin au midi, qu'il l'a remarqué jetter ses sabots, et aussitôt s'est mis à courir, qu'ayant crié trois fois : « arrête », se voyant dans l'impossibilité de le rejoindre, il lui a tiré un coup de fusil; que cet homme n'a pas tombé de son coup de fusil et que aussitôt un autre homme de garde lui a tiré un autre coup de fusil qui l'a arrêté.

« Nicolas Bouard, volontaire sapeur de la même compagnie, aussi après serment, a déposé que le matin environ les deux heures, un prêtre *arrêté hier* et déposé au corps de garde, a demandé à sortir pour des besoins naturels, que le prêtre a passé dans un jardin au midi de la maison où est le corps de garde, et à une certaine distance de l'entrée du dit jardin, cet homme a jetté ses deux sabots; après a pris sa course pour s'évader. Le déposant a crié « aux armes » et « arrête » trois fois. Un de ses camarades lui a tiré un coup de fusil; voyant que l'homme courait encore, il lui a tiré aussi son coup de fusil qui l'a abattu, et a signé. »

Signé : TILLY, juge de paix; BOISBERTHELOT, greffier.

Avec l'acte de décès de cet ecclésiastique, lequel mentionne expressément « *qu'il a été tué par la colonne mobile* » de Saint-Martin, les autres renseignements officiels que l'on a recueillis sur l'assassinat du prêtre Le Goff, se bornent à une mention qui figure à la liasse L^m 5, 141, aux *Archives des Côtes-du-Nord*. Elle est fort brève et ne fait que confirmer ce que l'on vient de dire. On l'a publiée ailleurs.

La courageuse rétractation de l'abbé Le Goff alors qu'il ne pouvait ignorer les redoutables conséquences de cet acte, sa déclaration d'être prêt à mourir pour la Religion, la vie misérable qu'il mena de 1792 à 1799 par suite de sa qualité de prêtre réfractaire, sont une garantie des sentiments avec lesquels ce prêtre subit la mort après avoir offert à Dieu le sacrifice de sa vie.

385. — La tradition, assure M. le Recteur de Saint-Martin, place le lieu de l'exécution de l'abbé Le Goff presque au sud de ce bourg, au bas du jardin de l'ancienne école des filles. Aussi longtemps que les Sœurs du Saint-Esprit ont eu la direction de l'école, l'endroit fut indiqué par une *pièce de bois affectant la forme d'un tombeau*. Depuis la laïcisation de ce local, toute trace a disparu. Mais *le souvenir demeure toujours vivant* à Saint-Martin qu'un prêtre a été massacré *là en haine de la Foi* par les soldats d'une colonne mobile.

La famille Le Goff s'est éteinte dans la paroisse de Saint-Martin, par la mort d'une demoiselle Mathurine Le Goff, décédée en 1855, léguant ses biens à l'église et aux personnes qui étaient à son service.

LXXXII. — Pierre MÉHEUT

(Archives des Côtes-du-Nord, série L. Archives municipales de Hillion et de Morieux).

386. — Pierre-Jean MÉHEUT naquit au village de Forville, en Hillion, le 5 juin 1754, du mariage d'Etienne et d'Eugénie Guillaume. Il reçut le baptême le même jour. Elevé par de pieux parents, le jeune Méheut étudia au collège de Saint-Brieuc, se fit d'Eglise et fut tonsuré par son évêque le 15 mars 1777, puis minoré le 20 décembre suivant. Noël Rondel, de Pommeret,

lui assura son titre clérical sur une maison sise à la Ville-Eden
en cette paroisse et sur deux pièces de terre, nommées le Mené
et la Hautière. Finalement, il fut ordonné prêtre à Saint-Brieuc
le 18 décembre 1779.

Le 17 juin 1786, cet ecclésiastique obtint de desservir la fondation dite de Françoise Briquet, laquelle était grevée d'une
messe par semaine, à célébrer dans l'église de Morieux. A compter du 21 janvier 1788, il trouva plus commode de venir habiter
cette paroisse, où l'on relève désormais souvent sa signature
sur les registres de catholicité.

387. — Lors de la Révolution, rien n'obligeait légalement
M. Méheut à prêter serment à la Constitution civile du Clergé.
Seule l'ambition aurait pu le déterminer à cet acte schismatique.
Il n'y succomba pas. La crainte aurait pu le pousser à prêter
le serment de Liberté-Egalité prescrit par la loi des 14-15 août
1792. Elle n'eut pas davantage le pouvoir de faire faiblir sa
conscience, mais, dès lors, classé dans la catégorie des prêtres
réfractaires, l'abbé Méheut put s'attendre à toutes les mesures
répressives dont les révolutionnaires se préparaient à le frapper.

A la suite de la loi du 26 août 1792, le recteur de Morieux
dut prendre la route de l'exil, et M. Méheut demeura là pour
le remplacer. Du 23 septembre au 14 novembre de cette année,
sa signature figure à Morieux sur tous les actes de catholicité.
Ce dernier jour, elle prit une forme plus solennelle; au baptême
de Françoise Delanoë, le célébrant énumère tous ses titres :
P. J. C. Méheut, prêtre catholique, apostolique et romain, lit-on
au pied de l'acte. Ce sont, en effet, les raisons pour lesquelles
un décret du Directoire des Côtes-du-Nord venait de le frapper
de déportation à la date du 19 précédent. (*Arch. C.-du-N.*, 1 L,
registre 161, f° 102.)

Dénoncé comme continuant le culte catholique romain à
Morieux, M. Méheut avait été compris dans une vaste mesure
administrative dont étaient victimes 70 prêtres de sa région.
Jugeant sa situation intenable, M. Méheut se préparait à partir,
mais il avait tenu auparavant à affirmer sa Foi. Il s'exila à Jersey,
puis passa en Angleterre. Les révolutionnaires profitèrent de sa
déportation, qu'ils avaient provoquée, pour faire l'inventaire de
son petit mobilier qu'il avait laissé en garde à ses parents et
que ceux-ci lui avaient payé de leurs deniers.

388. — Le pain de l'étranger est, dit-on, toujours amer. Comme
la plupart de ses compagnons d'exil, M. Méheut n'aspirait qu'à

l'instant où il pourrait revenir en France vers les âmes de ses compatriotes abandonnées. La loi du 7 fructidor an V (24 août 1797) lui fit croire qu'il pouvait s'embarquer. Mais à peine avait-il touché le sol natal, qu'une nouvelle loi, celle du 19 fructidor suivant (5 septembre 1797), vint remettre en vigueur toutes les mesures antérieures persécutrices. Qu'importe ! M. Méheut était rentré en France ; les âmes avaient besoin de lui ; il y resta, malgré toutes les mesures féroces qui atteignaient les prêtres réfractaires et dont il devait être la dernière victime en Bretagne.

Les archives publiques ne possèdent pas de l'assassinat de M. Méheut une relation officielle. La perte est légère, car les autorités jacobines laissent à peine entrevoir dans ces actes quelques fragments de vérité. Mais on possède un récit recueilli près des témoins oculaires et auriculaires de ce drame, par un historien bien connu, *Aimé Guillon*, qui s'était spécialisé dans la matière et écrivait en 1821. On peut le lire au tome IV, page 53 de ses *Martyrs de la Foi* déjà cités. La véracité de sa relation ressort à toutes les lignes. Le Postulateur de la Cause l'adopte et la fait entièrement sienne. Le témoignage des traditions toujours subsistantes la corroborent. L'acte de décès de M. Méheut la confirme. La voici :

389. — « M. Méheut revint d'exil peu avant le 18 fructidor an V (5 septembre 1797), date néfaste, qui marqua l'anéantissement de tant d'espérances. Obligé de se cacher presqu'aussitôt son retour en sa patrie, il se tenait aux environs de Lamballe et, par l'exercice du saint ministère, il se rendait utile aux paroisses qui avoisinent cette ville. Huit jours avant sa mort, il se plaignait dans une instruction aux fidèles de l'affaiblissement de leur piété et, leur rappelant les grâces qu'il recevait de Dieu, il leur disait : « Encore quelque temps et vous voudrez avoir des ministres du Seigneur : *je suis presque le seul qui vous reste en ce pays et vous ne m'aurez plus.* » Ces paroles, auxquelles on ne fit pas sur-le-champ guère attention, frappèrent après sa mort et parurent *prophétiques.* Elles ne tardèrent pas à se vérifier.

» Le 3 février 1800, M. Méheut se trouvait avec M. André, recteur de Morieux, chez un fermier du Tronchais, nommé Mathurin Josset, connu pour son bienveillant accueil envers les prêtres et les pauvres. On vint bientôt avertir les deux ecclésiastiques qu'une *colonne* se dirigeait vers la maison où ils étaient cachés. Dans la crainte de compromettre leurs hôtes, les deux prêtres s'empressèrent de fuir, mais déjà la troupe arrivait sur les lieux. M. Méheut fit de vains efforts pour s'échapper par un chemin creux, mais on l'arrêta presqu'aussitôt et on le conduisit au chemin de la Ville-Gourio. Le commandant d'un autre détachement, qui survint alors, s'efforça vainement de se faire remettre le prisonnier. L'officier qui l'avait capturé se refusa obstinément, disant « qu'il répondait sur sa tête de celle de l'abbé Méheut ». Lorsque cet homme quitta la Ville-Gourio, il prit soin de se faire remettre la montre et trente francs d'argent que possédait son prisonnier, l'assurant que rien ne serait perdu.

» Comprenant par cette spoliation le sort qui l'attendait, M. Méheut pria celui-ci de ne pas le faire périr sur le territoire de Morieux. A la sortie de cette paroisse, l'ecclésiastique *s'agenouilla auprès d'une croix qu'on appelait croix de Sourdrais*, située sur le tertre de Boulbouté, à un kilomètre environ des Ponts-Neufs.

Ce fut le moment que le commandant choisit pour faire signe à ses soldats de fusiller l'abbé Méheut, qui s'affaissa sans vie, criblé de balles, âgé seulement de 46 ans.

» Le bruit de cette fusillade, ajoute *Guillon*, op. cit., p. 54, se répandit dans les environs. Les habitants voisins accoururent et virent avec indignation le cadavre du saint prêtre étendu dans la boue, rougie de son sang. Ils s'occupèrent du soin de l'inhumer et toutes les paroisses du voisinage assistèrent à cette émouvante cérémonie. Quelques mois plus tard, elles vinrent faire solennellement la plantation d'une nouvelle croix, là où M. Méheut avait perdu la vie. *Depuis vingt ans qu'il a péri, martyr de son zèle et de sa foi, on parle encore dans le pays avec autant d'édification que d'attendrissement de ses vertus et de sa mort.* Il s'était attiré l'estime et la confiance de tous les honnêtes gens de la contrée et sa *mémoire y est en bénédiction.* »

390. — Ces lignes si élogieuses, rédigées aux environs de 1820, sont confirmées par les auteurs des *Conférences ecclésiastiques* de 1892, op. cit., I, p. 285, qui écrivent : « M. Méheut, dont le souvenir *est resté vivant à Hillion*, prodigua à sa paroisse natale les preuves de son zèle et de son dévouement vraiment apostoliques. Plusieurs fermes d'Hillion, où il dit la messe et remplit les autres fonctions de son ministère, s'honorent de lui avoir donné asile durant les mauvais jours. Son enterrement fut, dit-on, la première cérémonie publique faite dans l'église d'Hillion rendue au culte. Il est enterré dans l'ancien cimetière, tout près la sacristie actuelle. **Sa tombe n'existe plus, bien que** *sa mémoire soit vénérée comme celle d'un saint.* »

Divers témoignages, recueillis récemment, prouvent qu'on continue toujours à Hillion à regarder ce serviteur de Dieu comme un martyr. On se transmet de génération en génération les circonstances de son meurtre. « Les soldats, raconte-t-on, après l'avoir mis à mort, le dépouillèrent en partie de ses vêtements qu'ils emportaient au bout de leurs baïonnettes. — Avez-vous connu le curé Méheut ? crièrent-ils à des paysans qui travaillaient aux champs. Allez là-haut lui ramasser la cervelle. »

On montre encore, au village de la Petite-Ville Marotte, le cabinet où il célébrait la sainte messe. Une famille se transmet comme un précieux héritage un calice en étain dont il se servait et des canons d'autels portant la date de 1751. Du linge, spécialement trois chemises ayant appartenu à M. Méheut, furent longtemps conservées à la Ville-Marotte. Sur leur demande expresse, on les a successivement utilisées à ensevelir trois membres de la famille Collet, qui depuis un siècle et demi possède cette vieille demeure.

La croix dressée sur le tertre de Boulbouté, là où a péri le serviteur de Dieu, est toujours connue sous le nom de *Croix de Monsieur Méheut.* On l'a déjà remplacée plusieurs fois.

Quant à l'acte de décès, qui fut rédigé le 3 février 1800, on peut le voir à la mairie d'Hillion. Il porte expressément « que *Pierre-Jean Méheut,* prêtre, *est mort à la Croix Sourdrais par une colonne mobile* ».

Ainsi, après un long exil, suivi d'un périlleux ministère caché, M. Méheut, prêtre réfractaire, fut mis à mort, comme on faisait périr ses pareils à cette époque, c'est-à-dire en haine de la Foi. Il prévoyait sa fin prochaine, il s'y préparait ; il périt agenouillé au pied d'un calvaire. Enfin, depuis l'instant de son trépas jusqu'à nos jours, toute une population conserve encore son souvenir et la croyance en son martyre.

Bibliographie. — Guillon, *Les Martyrs de la Foi,* etc., op. cit. (1821), IV, p. 53 et sq. — Tresvaux du Fraval, *Histoire de la Persécution révolutionnaire en Bretagne,* op. cit. (1845), II, p. 379-380. — *Le Diocèse de Saint-Brieuc pendant la période révolutionnaire,* op. cit. (1894), II, p. 283. — Abbé Lemasson, *Les Actes des Prêtres insermentés du diocèse de Saint-Brieuc de 1794 à 1800,* op. cit. (1927), p. 225-235.

LES PRÊTRES ASSASSINÉS PAR LES COLONNES MOBILES DANS LE DIOCÈSE DE VANNES

LXXXIII. — Pierre-Marie COËDELO

(Archives municipales d'Elven et de Trédion-Elven).

391. — Elven vit naître et baptiser, le 2 février 1759, Pierre-Marie Coëdelo, fils de Mathurin, menuisier de profession, et de Louise Hoellard, son épouse. S'étant tourné vers l'état ecclésiastique, il reçut la tonsure le 5 avril 1783, les mineurs le 7 mars 1784, le sous-diaconat (*titulo patrimonii*) le 18 septembre suivant, le diaconat le 12 mars 1785. Enfin, il fut ordonné prêtre à Vannes, dans l'église du Mené, le 24 septembre de cette année.

Il vécut dès lors dans sa paroisse natale où, jusqu'à la Révolution, il desservit la chapelle de Saint-Nicolas d'Aguénéac.

392. — M. Coëdelo se garda bien de prêter le serment à la Constitution civile du Clergé, auquel, n'étant ni recteur ou vicaire, la loi du reste ne l'astreignait pas. Aussi, lorsque les pasteurs de sa paroisse, atteints par la loi du 26 août 1792, durent partir pour l'exil, M. Coëdelo, avec deux autres prêtres habitués, les remplaça à Elven dans le saint ministère, et sur les registres de catholicité de cette localité, du 28 septembre au 29 décembre 1792, on relève neuf fois la signature de l'abbé Coëdelo.

Mais le réseau de mailles qui étreignait le clergé catholique romain se resserrait de plus en plus. M. Coëdelo, qui n'avait pas plus prêté le serment de Liberté-Egalité que celui à la Constitution civile, dut disparaître et se cacher. Sa tête, comme celle de tous ses confrères dans son cas, était mise à prix et 100 livres de récompense promise, soit à ceux qui l'arrêteraient, soit à ceux qui le mettraient à mort.

Ainsi se passèrent les années 1793 et 1794. Survint l'essai de pacification qui dura du mois d'avril à celui d'août 1795. M. Coëdelo avait repris ouvertement l'exercice de son ministère et, protégé par son isolement au milieu des bois et plus encore par le dévouement et la discrétion des populations d'alentour, heureuses de jouir grâce à lui des secours religieux, il continua de célébrer la messe dans sa chapelle, malgré la loi du 6 septembre 1795 qui avait ravivé violemment la persécution religieuse.

393. — Le 28 octobre 1795, M. Coëdelo et un de ses confrères, M. Le Ny, venaient de célébrer leurs messes à la chapelle Saint-Nicolas, lorsqu'un cri tragique vint troubler leurs prières : « Vite, sauvez-vous, voici les bleus ! »

M. Coëdelo connaissait *les profanations* que les révolutionnaires se complaisaient à infliger *aux saintes espèces*. Il s'empara en toute hâte du saint ciboire et tenta de s'échapper du côté de la forêt. Mais, malade et affaibli par les terribles années qu'il venait de traverser, M. Coëdelo s'aperçut bientôt qu'il retardait la fuite de M. Le Ny, son confrère, plus vigoureux, et le supplia de s'éloigner sans lui. Comme il se traînait péniblement, les soldats l'atteignirent avant qu'il eût gagné le fourré. Leur haine sacrilège s'attaqua d'abord au précieux dépôt dont il n'avait pas voulu se dessaisir, et *lui arrachant des mains le ciboire, ils répandirent les hosties sur le sol*. Puis, leur fureur se porta contre le ministre de Dieu ; ils le roulèrent dans les épines et l'accablèrent d'insultes et de mauvais traitements. Une personne cachée à quelque distance, et qui avait pu suivre les détails de cette scène, raconta plus tard *la patience admirable* et *la résignation* parfaite avec lesquelles le confesseur de la Foi subissait tous ces outrages. Meurtrie et ensanglantée, la victime respirait encore ; les révolutionnaires l'achevèrent à coups de fusil.

Quand les soldats se furent éloignés, les fidèles du voisinage s'approchèrent à leur tour. Une pieuse femme (ancienne religieuse), agenouillée, s'empressa de recueillir dans un linge les hosties éparses sur le terrain, en se servant, par respect pour la sainte Eucharistie, d'un couteau, *n'osant pas toucher immédiatement le corps du Sauveur*. La dépouille du prêtre fut enterrée dans le cimetière qui entoure la chapelle d'Aguénéac et une croix fut ensuite érigée sur le lieu même du supplice. Bientôt la tombe du serviteur de Dieu devint un centre où les fidèles aimaient à venir prier Dieu.

394. — En 1886, au mois d'octobre, au cours d'une mission, tous les prêtres présents se rendirent à la chapelle Saint-Nicolas d'Aguénéac, où un service des morts fut célébré au milieu d'un grand concours de fidèles. On fit même un sermon sur la tombe de M. Coëdelo et, à la suite, on recouvrit sa sépulture d'une nouvelle dalle en granit, avec cette inscription gravée :

P. Coëdelo, Ag. capellanus, dum S. S. hostias profanationi subtrahit, trucidatus ; die XXIII, Oct. M. D. C. C. CXCV. *« Pierre Coëdelo, chapelain d'Aguénéac, égorgé le 23 octobre 1795, en tâchant de soustraire les saintes hosties à la profanation. »*

Encore aujourd'hui, le souvenir de M. Coëdelo est demeuré très vivant dans la paroisse de Trédion-Elven ; les mères ont la dévotion de *porter leurs enfants sur la tombe du martyr.* La croix qui marque l'emplacement du meurtre existe toujours. Des personnes, dont les grands-parents furent témoins de l'assassinat de ce prêtre, vivent encore et transmettent fidèlement autour d'eux le récit de mort de M. Coëdelo, tel que celui-ci leur a été rapporté.

Une douzaine de gens très respectables, tous d'âge mûr, dont une religieuse supérieure d'un orphelinat, se rattachent à M. Coëdelo par la famille de sa mère. Tous ont conservé le souvenir de leur saint parent, spécialement les Daniel. Ils croient à son martyre. Le postulateur a reçu en outre les affirmations de personnages originaires d'Elven, entre autres le maire de cette localité, plusieurs prêtres déjà avancés en âge, des laïques très honorables qui tous déclarent avoir appris de leurs parents le récit du martyre de M. Coëdelo dans les termes où il vient d'être raconté. Pour toutes ces personnes, le martyre de M. Coëdelo ne fait aucun doute.

395. — Une *tradition, aussi solidement établie*, présente certainement de la valeur et semble pouvoir remplacer l'acte de décès de M. Coëdelo, impossible à trouver parce que n'ayant jamais dû être enregistré, fait assez commun à cette époque troublée.

Les circonstances qui entourèrent la mort de ce prêtre ne permettent pas de mettre en doute qu'il a été mis à mort en haine de la Foi et les sentiments de religion avec lesquels il endura son supplice.

Ce serait une grande liesse à Elven aussi bien qu'à Trédion-Elven, si le Souverain Pontife daignait permettre de transformer en culte public le culte privé que l'on rend à la mémoire de celui qui a péri victime de son amour pour la Très Sainte Eucharistie.

Bibliographie. — *Semaine religieuse de Vannes,* 28 octobre 1886. — *Bulletin paroissial d'Elven,* mars 1913. — R. P. Le

Falher, *Les Prêtres du Morbihan victimes de la Révolution,* op.
cit. (1921), p. 265-266.

LXXXIV. — Jean OLIVIER

(Sources : Archives du Morbihan, L 290, 773 ; LZ 501).

396. — Jean Olivier, fils de Marin et de Louise-Julienne Le
Gal, naquit le 19 juillet 1722 et fut baptisé le même jour à Pontivy, dans le diocèse de Vannes. Tonsuré le 27 mai 1747, minoré
le 23 septembre de cette année, M. Olivier eut son titre clérical
assuré par Louis-Marie Olivier, son frère germain, à l'occasion
de son ordination au sous-diaconat. Mgr Dondel, *sede vacante,*
lui conféra le diaconat le 5 avril 1749 et, le 20 septembre
suivant, il fut ordonné prêtre. Il demeurait à Guégon en 1753 et
on le voit figurer en 1786 comme prêtre habitué à Quistinic.

397. — L'abbé Olivier avait 68 ans en 1790. Ses fonctions ne
lui faisaient point l'obligation du serment à la Constitution
Civile et ses convictions religieuses l'écartaient également de
cet acte qui répugnait à sa conscience. Cependant les révolutionnaires au début eurent pour lui, à cause de son grand âge,
quelque considération et lorsqu'ils chassèrent les prêtres insermentés de Quistinic, par leur arrêté du 3 septembre 1791, ils
l'exceptèrent de cette mesure.
Le serment de Liberté-Egalité prescrit les 14-15 août et le
3 septembre 1792 ne l'atteignait pas plus que le précédent,
n'étant ni fonctionnaire ni pensionné de l'Etat. Il ne le prêta
pas davantage que celui à la Constitution Civile. Le Directoire
du Morbihan, par extension donnée à la loi du 26 août 1792,
ayant ordonné la réclusion de tous les prêtres insermentés sexagénaires ou infirmes, son arrêté visait directement l'abbé Olivier.
Celui-ci ne put se résigner à cette mesure, jugeant qu'en l'espèce
il donnait son adhésion à une loi injuste, et bien qu'il fût alors
« caduc, infirme et incapable de marcher », il ne craignit pas,
dix-huit mois durant, de mener l'existence si pénible des
prêtres réduits à chercher à tout instant un asile bien difficile
à trouver.

398. — A la fin, n'en pouvant plus, M. Olivier revint à Quistinic et se logea dans sa propre habitation, que sa domestique,
la fidèle Marguerite Passal, gardait en son absence. Il s'y dissi-
mulait de son mieux, lorsque, le 11 mars 1794, l'agent national,

deux commissaires et deux municipaux de l'endroit, qui faisaient le recensement des grains, parvinrent à découvrir sa retraite. Ils le firent aussitôt garder à vue en attendant que le Directoire d'Hennebont, qu'ils prévinrent de leur trouvaille, leur fît connaître ses intentions. Les ordres de celui-ci ne se firent pas attendre. Bien qu'incapable de marcher, M. Olivier devait être dirigé sur les prisons de Lorient, malgré son âge et ses infirmités. Sa servante, coupable de ne pas l'avoir dénoncé aux autorités jacobines, devait, elle aussi, l'accompagner dans son calvaire. A peine arrivés à Lorient, Marion, l'accusateur public, demanda leur comparution devant le tribunal criminel, le 13 mars 1794. Dès le lendemain, on fit droit à sa requête.

On a les réponses que le septuagénaire fit à ces juges de sang le quatrième vendredi du mois de mars de cette année, aux neuf heures du matin. En réalité, on ne pouvait lui reprocher que de ne pas avoir observé la loi des 21-23 avril 1793, car aucune des précédentes, vu sa situation de prêtre libre, ne l'obligeait au serment, pourvu qu'il ne fît pas de ministère public. Pour raison de ne s'être pas rendu volontairement à la maison de détention créée pour les ecclésiastiques de sa catégorie, il allégua qu'il n'avait pas *assez de confiance* pour se présenter devant les administrations du Morbihan. Quant à sa domestique, à son service depuis dix ou douze ans, elle répondit aux juges « qu'elle ne se croyait pas obligée de dénoncer son maître aux autorités révolutionnaires ».

M. Olivier dut à ses 71 ans et à son état de caducité, de n'être condamné qu'à la détention « dans le lieu à ce désigné », sans oublier l'obligatoire confiscation des biens. Deux mois plus tard, ni ses infirmités, ni son âge, ne lui eussent épargné la peine de mort.

399. — L'abbé Olivier entra au Petit-Couvent de Vannes, lieu de réclusion pour les coupables de son espèce, le 28 mars 1794. Il y resta jusqu'au 12 janvier de l'année suivante. Transféré ce jour à la prison dite « la Retraite des Femmes », il fut mis en liberté le 25 mars 1795, en même temps que ses compagnons de captivité, en vertu d'un arrêté pris la veille par Brue, représentant du peuple.

Le vieux prêtre reprit le chemin de Quistinic et trouva généreusement asile chez le notaire Loher. Lors de la loi du 3 brumaire an IV, qui rouvrit la persécution violente, les autorités du Morbihan l'autorisèrent, comme intransportable, à demeurer en cette demeure hospitalière « jusqu'à ce qu'il fût possible de le transférer au dépôt de Vannes ».

Il pouvait donc se croire en sécurité. C'était une illusion, la sécurité n'existait nulle part en France à cette époque pour les prêtres catholiques romains. M. Olivier devait l'apprendre à ses dépens.

400. — On l'a dit, la troupe était excitée alors au plus haut degré contre le clergé fidèle ; or, « le 29 décembre 1795, environ les 8 heures du matin, la *colonne mobile* de Baud arriva au bourg de Quistinic, pénétra dans la maison du notaire Loher, réclama après lui, puis demanda à sa femme, Marguerite Le Corvaisier, quel était l'individu qui était couché dans un lit au milieu de l'appartement. Cette dame leur répondit que c'était Jean Olivier, prêtre, ecclésiastique sexagénaire, qu'elle allait leur faire voir son passeport s'ils l'exigeaient, mais que les autorités constituées du département n'ignoraient pas que ledit Jean Olivier logeait chez elle depuis son élargissement.

» Les militaires s'en allèrent, mais pour peu de temps. A leur retour, ils se firent présenter le passeport du prêtre Olivier, lui ordonnèrent de se lever, l'obligèrent à marcher avec eux et, l'ayant conduit jusqu'au village de Locunohen, à la distance de deux portées de fusil, ils l'assassinèrent à coups de baïonnette » (*Arch. Morbihan*, L 290).

L'acte de décès de l'abbé Olivier fut enregistré le jour même de son trépas, le 8 nivôse an IV (29 décembre 1795). Il porte expressément que cet ecclésiastique, alors âgé de 73 ans, périt sous les coups de la colonne mobile de Baud.

401. — Le seul grief, le seul motif de haine que la troupe, qui assassina M. Olivier, pouvait avoir contre lui, se résume en sa qualité de *prêtre catholique romain*. On a vu que ses infirmités le tenaient cloué au lit. *On ne pouvait lui reprocher en tant qu'individu de nuire à la chose publique.* Il n'est donc pas exagéré de dire *qu'on l'a mis à mort comme prêtre orthodoxe en* haine de la Foi. Rien n'autorise à dire qu'il *n'a* pas subi son supplice avec les sentiments qui font les martyrs. Quand il se vit entraîné par cette bande de soudards féroces, il ne put douter du sort qu'on lui réservait, et, dans les quelques minutes qui le séparèrent de son supplice, il eut le temps de renouveler expressément le sacrifice de sa vie.

Le souvenir de l'assassinat de M. Olivier n'est pas encore perdu

chez les habitants de Quistinic, qui n'oublient pas qu'un prêtre
a péri dans leur paroisse en haine de la Foi.

BIBLIOGRAPHIE. — Guillon, *Les Martyrs de la Foi*, op. cit. (1821),
IV, p. 168. — Tresvaux du Fraval, *Histoire de la Persécution
révolutionnaire en Bretagne*, op. cit. (1845), II, p. 15. — Abbé
Guilloux, *Les Prêtres de Quistinic pendant la Révolution*, in
Revue de Bretagne et Vendée, t. XVIII (1897), p. 263 et 342-344.
— R. P. Le Falher, *Les Prêtres du Morbihan victimes de la
Révolution*, op. cit., p. 267.

LXXXV. — Joseph LE TURNIER

(SOURCES : Archives du Morbihan, L 235, 240, 248, 263, 286).

402. — Bien que l'enregistrement des lettres de tonsure de
M. LE TURNIER l'indique fils de Jean et de Claudine Guillouzo,
de Baud, c'est vainement que l'on a recherché son acte de
baptême, tant à Baud que dans les paroisses avoisinantes. Ses
parents s'épousèrent à Baud le 5 février 1760. Devant l'inutilité
de ces fouilles multipliées, on a dû renoncer à les continuer. Par
contre, on possède la série complète des ordinations de ce serviteur de Dieu. Tonsuré le 24 mars 1787, minoré le 28 mars 1789,
il reçut le sous-diaconat le même jour, à Vannes, *titulo patrimonii*. L'orage révolutionnaire grondant un peu partout, on se hâta
de lui conférer le diaconat le 19 septembre 1789 et la prêtrise le
20 mars 1790.

403. — Aussitôt reçu le sacerdoce, M. Le Turnier fut envoyé
à Pluméliau pour desservir la chapelle Saint-Hilaire-des-Eaux.
Le décès prématuré de M. Le Mercier, son recteur, valut à
Pluméliau de voir un curé intrus venir s'installer dans son église
dès le milieu d'avril 1791. La population l'accueillit fort mal.
L'assermenté accusa naturellement les prêtres insermentés de
Pluméliau de lui causer ces embarras sans cesse renaissants,
si bien que, dès le 12 septembre 1791, les autorités du district
de Pontivy ordonnèrent « de faire sortir M. Le Turnier ».

Les mesures ne furent pas pour bien longtemps mises à exécution. *L'amnistie* venait d'être proclamée le 21 septembre 1791
et les proscrits rentrèrent dans leurs foyers. Bientôt la lutte
recommença, le clergé ne cessait de combattre le curé constitutionnel et de déclarer que les sacrements administrés par lui
étaient nuls ou illicites. C'est alors que le *maire de Pluméliau*

entra en scène à son tour. Il assembla son conseil le 27 mai 1792 et fit une charge à fond contre les réfractaires :

« Depuis longtemps, s'écrie-t-il, il règne dans cette paroisse » une discordance entre tous les citoyens qui la composent, » occasionnée par le fanatisme que ne cessent de propager les » *prêtres réfractaires* à la constitution, en profitant de la faiblesse » et de l'ignorance de nos concitoyens : ils leur suggèrent des » idées atroces contre les devoirs les plus sacrés de la religion ; » d'un côté, c'est une femme qui ne veut plus vivre avec son » mari ; d'un autre, c'est un enfant qui refuse les derniers » devoirs à son père; ici, c'est une mère qui ne veut plus faire » baptiser son enfant par un curé constitutionnel » (*Arch. Morbihan*, L 235).

A la suite de cette peinture, le corps municipal rédigea une délibération dans le but de solliciter du district l'éloignement de MM. *Le Turnier*, Talmon, Morvan, Busson et Le Clainche, clerc tonsuré, « éloignement d'autant plus urgent que le mal » est à son comble et qu'il y a lieu de craindre que les deux » partis formés dans la paroisse n'en viennent aux mains », expliquent ces excellents jacobins (*Arch. Morbihan*, L 246).

La délibération prise, on ne se pressa pas de l'envoyer à Pontivy. Mais Robo, le curé intrus, veillait. *Le 10 juin*, dimanche du sacre, il somma du haut de la chaire le maire, les municipaux et 22 trésoriers de chapelles de se rendre le mardi suivant au district et de confirmer de vive voix les accusations qu'ils avaient portées par écrit. Dix-sept citoyens, le maire en tête bien entendu, obéirent à ses injonctions et partirent pour Pontivy. Mais le Directoire ne trouva pas que la peine qu'ils réclamaient fût égale aux forfaits qu'ils dénonçaient : estimant que l'exil seul était capable de les expier, il écrivit le même jour à Vannes, demandant que les prêtres ci-dessus désignés, y compris le séminariste Le Clainche, « vivant ordinairement avec eux lorsqu'il ne vagabonde pas dans les villages », *fussent condamnés à se retirer dans les 24 heures hors du district, dans trois jours hors du département et dans le mois hors du royaume.* Un peu moins féroce, le Directoire départemental décida seulement qu'ils seraient saisis et conduits à la *citadelle de Port-Louis*, jusqu'à la promulgation de la loi relative à la déportation. Les prêtres furent avertis à temps et disparurent. (*Arch. Morbihan*, L 240.)

404. — Cette disparition jeta le peuple dans l'angoisse. Comment pourrait-il remplir ses devoirs religieux ? Le 25 juin, quarante des principaux habitants, au nom de la majeure partie de leurs concitoyens, protestèrent vigoureusement contre la situation qui leur était faite :

« Nous avons une religion, et cette religion qui nous est chère, nous ne pouvons l'exercer sans ministres; il nous en faut pendant la vie, il nous en faut à l'article de la mort... Nous demandons donc qu'il nous soit permis de les rappeler près de nous ». Mais toutes ces résistances aux oppresseurs demeurèrent inutiles. Les prêtres insermentés de Pluméliau durent cesser toutes fonctions publiques.

Cependant M. Le Turnier et M. Talmon, son confrère, surent se dérober à toutes les recherches, et les mesures persécutrices les plus cruelles purent être successivement prises, sans que ni l'un ni l'autre se préoccupassent d'autre chose que d'éviter leur application. Ils s'étaient donné complètement au service religieux de la vaste paroisse de Pluméliau. Leurs ouailles les protégeaient de leur mieux. Eux-mêmes, chaque jour, risquaient leur vie pour administrer à celles-ci les sacrements à cette époque si difficile.

405. — Ainsi se passaient les années 1793 et 1794. Puis vint l'essai de pacification d'avril-août 1795. En septembre, la persécution contre les prêtres reprit dans toute sa violence. Le 27 novembre 1795, on désignait MM. Le Turnier et Talmon parmi les prêtres « à arrêter ». Naturellement, dans cette pièce, on les qualifie de « fanatiques, de monstres souillés de sang, prêchant l'assassinat des jacobins ». C'était, du reste, l'usage à cette époque. Les persécuteurs sans vergogne invertissaient les rôles. La fable du Loup et de l'Agneau est de tous les âges.

Obligé donc de se cacher à nouveau, le chapelain de Saint-Nicolas échappa maintes fois aux soldats de la Révolution, tout en se tenant surtout sur le territoire de sa frairie, où le pieux trésorier de la chapelle, Joseph Le Strat, aimait à lui fournir un asile. Cependant quand le danger était trop grand, M. Le Turnier quittait cette maison hospitalière et allait s'enfouir dans une carrière abandonnée, entre Saint-Hilaire et Saint-Barthélémy.

406. — On le dénonça une fois de plus en 1796 et des troupes furent envoyées à sa recherche. C'était le 31 mai. M. Le Turnier, contraint de quitter sa cachette, se jeta dans un champ de seigle, puis essaya de passer dans une prairie voisine, mais il fut cerné et arrêté. Les soldats le ligotent, le conduisent à Saint-Hilaire, l'attachent à la margelle du puits et, quand ils ont fini de boire, l'entraînent dans la direction de Saint-Nicolas, soit-disant pour l'emmener à Pontivy. Mais arrivés à la croix de Boternau, ils s'arrêtent, et là, sur le bord d'un fossé, transpercèrent leur prisonnier avec leurs baïonnettes, puis l'achevèrent de deux coups de sabre en forme de croix sur le sommet de la tête. Il était dix heures du matin. Aussitôt la nouvelle du crime se répandit dans les campagnes environnantes; les fidèles de tous les côtés accoururent, déposèrent le corps sur le socle de la croix et pendant toute la journée le gardèrent en priant.

A la tombée de la nuit, ils le transportèrent jusqu'à la chapelles de Saint-Hilaire et l'inhumèrent « *sous la corde de la cloche* », suivant le conseil de M. Talmon, son confrère, afin que plus tard on pût facilement le retrouver. M. Le Turnier avait 32 ans lors de son trépas.

407. — A ce récit traditionnel de l'assassinat du serviteur de Dieu, dégagé de tous les accessoires qu'au cours de 130 années d'innombrables conteurs se sont plu à l'orner au cours des longues soirées d'hiver, voici ce qu'ajoute sur son meurtre un document officiel, le seul du reste que l'on a réussi à trouver :

« Je vous mandais le 15 prairial an IV (3 juin), écrivait le 17
» le commissaire du Directoire près la municipalité de Pontivy,
» que Le Calvé, prêtre, avait été tué. Je me trompais de nom :
» c'est *Le Turnier*, (prêtre) habitué de la frairie de St Hilaire
» de Pluméliau. Il fut pris dans un champ de seigle, conduit
» jusqu'à la croix de Boternau et *passé au fil de la bayonnette.*
» Dans la nuit, les paysans le portèrent à St Nicolas des Eaux
» et l'inhumèrent dans le cimetière. C'est la garnison de Baud
» qui a fait cette capture vers le 11 de ce mois » (*Arch. du Morbihan*, L 286).

L'acte de décès du serviteur de Dieu fut rédigé le jour même de son trépas, à la mairie de Pluméliau. On le dit « décédé à 10 heures de ce jour dans la Lande de Saint-Hilaire ». On y mentionne aussi la raison principale de sa mort en l'y qualifiant de prêtre « *non sermenté* ». L'un des témoins de l'Etat-Civil, Mathurin Lamour, résidait près la croix de Boternau; l'autre, Michel Le Coroni, au village de Saint-Nicolas.

408. — Il n'existe pas de serviteur de Dieu pour lequel la tradition du martyre soit plus solidement établie qu'à Pluméliau pour M. Le Turnier. « Tout le monde, dans cette localité, a conservé
» cette impression profonde, transmise d'âge en âge, que M. Le
» Turnier était *un saint*. Il a fait, dit-on, rude pénitence, il a

» beaucoup souffert, il a vécu bien des jours sans rien manger,
» ne vivant que pour Dieu et les âmes. — « Jamais, disait-il aux
» fidèles, je ne vous abandonnerai. *S'il faut mourir pour Dieu
» et pour vous, je suis prêt à sacrifier ma vie.* »

Il y a 30 ou 40 ans, affirment les anciens, c'est de lui surtout
qu'on s'entretenait le soir à la veillée, principalement dans la
frairie de Saint-Hilaire, où il a travaillé et souffert et où il est
mort. Nombreuses sont encore, dans ce quartier, les familles
qui racontent, d'après une tradition plus que centenaire, les
détails de sa vie cachée et de son trépas. On peut citer les Le Strat
de Guervaud, les Le Trouher de Kerguen, les Le Goff et les
Moullec de Saint-Nicolas, les Le Bras. On a conservé longtemps
une chemise du martyr chez Joseph Le Strat, à Guervaud.

Toutes ces personnes et bien d'autres témoignent au serviteur
de Dieu un véritable culte privé. Nombreux sont ceux qui
assurent avoir reçu de grandes faveurs par son intercession.
Souvent, le dimanche, le clergé reçoit des offrandes en actions
de grâces. Le récit de plusieurs guérisons, que l'on croit avoir
été obtenues en priant M. Le Turnier, est annexé aux documents officiels de son dossier.

Un fait assez frappant a été signalé par *Jeanne Morice*, supérieure des Tertiaires. Elle était encore jeune et avait pour amie
intime une demoiselle *Le Goff*, de son âge. Celle-ci souffrait
beaucoup des yeux et devint presque aveugle. Elle consulte
plusieurs médecins à Pontivy, à Vannes, à Lorient... sans
succès. Elle était découragée. Cependant, quelque temps après
ces consultations infructueuses, elle aborde son amie en lui
disant : « Je vois très bien et je ne souffre plus des yeux. » —
« Comment cela ? » — « J'ai fait un pèlerinage sur la tombe
de Monsieur Turnier, je l'ai prié et il m'a guérie. » Ces deux
personnes vivent encore.

409. — Le clergé lui-même, dans la mesure où le lui permettaient les saints canons, s'est efforcé de rendre au serviteur de
Dieu quelques honneurs qui lui semblaient légitimement dus.
En 1845, il procéda avec l'autorisation de l'Ordinaire à l'exhumation de ses restes. On constata que le crâne portait bien la
trace des deux coups de sabre en croix, tel que l'indiquait la
tradition. On transporta les précieux restes dans le chœur de
la chapelle où ils reposent encore actuellement. Plus tard, le
31 mai 1896, on célébra solennellement le centenaire de sa mise
à mort. Pour ne pas devancer le jugement de l'Eglise, on décida
de chanter un service funèbre ; puis on fit, en présence de la

famille de M. Turnier, une éloquente homélie sur les vertus dont les prêtres qui avaient vécu à cette terrible époque avaient dû faire montre, ainsi que sur la reconnaissance que leur dévouement à la cause catholique méritait à leur mémoire. Une foule considérable, attentive et émue, assistait à cette belle cérémonie.

Après ce qu'on vient d'écrire, il paraît superflu d'ajouter quelle joie pour Pluméliau, si la S. C. des Rites permettait de transformer en culte officiel la vénération pieuse que cette paroisse tout entière porte à la mémoire du serviteur de Dieu, et si le Souverain Pontife déclarait que celui que l'on recherchait comme prêtre réfractaire, que l'on a arrêté et assassiné parce que tel, qui se déclarait « prêt à sacrifier sa vie pour Dieu et les âmes », a bien mérité par son cruel supplice l'épithète de martyr et le titre de bienheureux.

BIBLIOGRAPHIE. — Abbé Guilloux, *Semaine Religieuse de Vannes*, 18 juin 1896. — Le Strat, *Béléan Pluniau epad er Revolusion*. — R. P. Le Falher, *Les Prêtres du Morbihan victimes de la Révolution*, op. cit. (1921), p. 270-271. — E. Sageret, *Le Morbihan et la chouannerie morbihannaise sous le Consulat*, in-8°, Paris, 1910, p. 236-238.

LXXXVI. — Jean-Marie LE DASTUMER

(SOURCES : Arch. du Morbihan, L 314, 327, 863).

410. — Jean-Marie LE DASTUMER naquit à Locminé, rue de Baud, le 24 août 1763, de Mathurin et de Hélène Boué, son épouse. On le présenta au saint baptême le lendemain de sa naissance.

Tonsuré le 24 mars 1787, minoré le 8 mars 1788, sous-diacre le 20 novembre suivant, l'abbé Le Dastumer reçut le diaconat le 28 mars 1789 et la prêtrise le 17 septembre de cette même année. La Révolution était déjà depuis quatre mois commencée à cette époque.

Après son ordination sacerdotale, M. Le Dastumer revint dans sa paroisse travailler en qualité d'auxiliaire. N'étant point de ce fait, soumis à la loi du serment schismatique, (serment qu'il eût eu cependant tout intérêt à prêter s'il avait eu quelque ambition), le serviteur de Dieu remplaça souvent le clergé de Locminé en 1791 et 1792. Dès le 26 janvier 1791, sa signature figure sur les actes de catholicité ; on la retrouve pour la dernière fois le 18 septembre de l'année suivante.

411. — Cet ecclésiastique, rempli de zèle pour le salut des âmes, que les lois d'exil privaient des prêtres orthodoxes et laissaient aux mains des intrus, ne voulut point passer à l'étranger comme les décrets révolutionnaires l'y condamnaient. Il demeura donc à Locminé et aux environs, affrontant de 1793 à 1798 les lois persécutrices les plus redoutables, lois déjà tant de fois énumérées dans ces pages, et dont on trouvera le texte aux pages 13-21 de ces articles.

Sept ans durant, de 1792 à 1799, bien souvent caché chez la famille Richard, de Locminé, et, bien souvent aussi, contraint de chercher refuge ailleurs, M. Le Dastumer, ainsi qu'en font foi des certificats de fiançailles recueillis sur son cadavre, accomplit tant à Locminé qu'à Remungol un fructueux ministère caché. Il devait à la fin succomber à la tâche qu'il s'était imposée. La mort ne le surprit pas. Comme les soldats de la Grande Guerre, il savait que chaque jour elle pouvait l'atteindre, et que, chaque jour, il pouvait faire d'avance le sacrifice de sa vie. Voici comment périt ce serviteur de Dieu :

412. — Les colonnes mobiles, animées en général, a-t-on dit, de la haine la plus violente contre le clergé orthodoxe, haine encouragée en sous-main par les autorités jacobines de l'époque, sillonnaient en tous sens la Bretagne. Le 25 février 1799, une compagnie du 2ᵉ bataillon de la 58ᵉ demi-brigade, sous les ordres du capitaine Desnoyers, parcourait le pays de Locminé et ses alentours. Trois militaires de cette colonne qui maraudaient, en quête de quelque mauvais coup à exécuter, firent, on ne sait comment, la rencontre de l'abbé Le Dastumer sur la route de Remungol (1), le reconnurent pour un prêtre et l'exécutèrent sans désemparer de deux coups de feu, à bout portant, dans la tête. Ils assouvirent ensuite leur rage contre sa personne en le lardant à coups de baïonnette. Enfin, n'oubliant pas que les lois accordaient une récompense à celui qui arrêtait un prêtre mort ou vif (telle la prime payée pour la destruction d'une bête féroce), ils chargèrent sur un bât le cadavre de leur victime et l'apportèrent au bourg de Locminé. Ils allèrent ensuite faire leur rapport dont la teneur intégrale ne nous est pas parvenue.

---

(1) La tradition courante à Locminé, c'est que Le Dastumer recherché activement dans cette localité s'en allait chercher un asile meilleur à Remungol. D'après les *Mémoires* inédits de Le Louer, un contemporain, il fut surpris récitant son bréviaire, et inhumainement massacré à coups de baïonnette.

Naturellement, pour pallier leur crime, ils débitèrent l'excuse habituelle en pareil cas : « Notre prisonnier a voulu s'enfuir, nous l'avons terrassé d'un coup de feu. » Leur commandant accepta sans sourciller le boniment traditionnel. La « destruction » des prêtres réfractaires n'était-elle pas un des principaux buts de leur expédition ?

413. — Cependant tout le monde n'était pas dupe de ces audacieuses allégations; les membres de l'administration municipale de Locminé les premiers. On en jugera en lisant la lettre qu'ils adressèrent, le 11 ventôse an VII, à l'administration centrale du Morbihan. En voici les termes. L'original subsiste aux *Archives du Morbihan*, liasse L 863 :

« *Les colonnes mobiles* se succèdent et parcourent souvent
» les campagnes qui nous avoisinent; depuis deux décades, des
» prêtres réfractaires sont tombés en leur pouvoir. (L'un d'eux)
» *Le Dastumer*, était amené par trois traîneurs de la colonne
» d'Auray, qui s'en étaient séparés à Pluméliau sans motif légi-
» time; ils rejoignirent à Locminé la colonne qui y était rentrée.
» *Les rapports ont appris que Le Dastumer a voulu se sauver*
» *en chemin*, ce qui a mis les soldats a lieu de faire feu sur lui.
» Les larges blessures dont il était couvert annoncent bien que
» *c'est à bout touchant :* ce qui confirme dans cette idée est qu'il
» *était percé d'une quantité innombrable de coups de bayon-*
» *nette* sur plusieurs parties du corps. *Le procès-verbal du juge*
» *de paix et de l'officier de santé* qui ont constaté la mort le
» 7 courant, *en fait mention.*
» La conduite de ces trois militaires semble opposée aux règles
» de bonne police qui réprime les outrages envers l'humanité. »

Signé : DEBROISE,   LE PADRUN,
agent national.   *présid. de l'admin. cantonale.*

MOUILLARD, *adjoint.*

On remarquera dans cette lettre qu'à côté des excuses exposées par les assassins, les municipaux de Locminé ont bien soin de faire ressortir « les *larges blessures* faites par des coups de feu *tirés à bout portant*, et la quantité innombrable de coups de bayonnettes dont le cadavre était percé ». Ni les coups de fusil à bout portant, ni les blessures à la baïonnette ne s'accommodent avec la version d'un individu qui s'enfuit. La relation du meurtre de M. Le Dastumer était si peu vraisemblable, que les autorités centrales du Morbihan jugèrent nécessaire de signaler le crime au général Schilt, commandant en chef dans le département : « Vous sentirez comme nous que si ces sortes » d'exécutions se répétaient, elles ne feraient qu'aigrir l'esprit » déjà mal disposé des habitants des campagnes, et nous vous » invitons à donner les ordres les plus précis à la troupe pour » que l'article 10 des Droits de l'homme et 232 de l'acte constitu- » tionnel soient dorénavant religieusement observés dans notre » ressort » (*Arch. Morbihan*, L 863).

414. — Le Dastumer était un bon et saint prêtre. D'après le citoyen Toursaint, commissaire du Directoire exécutif à Locminé, on trouva sur son cadavre « deux petites boëtes en étain » (destinées à l'Extrême-Onction) ; une étole, un bréviaire, un » autre livre intitulé *Thesaurus sacerdotum*, un chapelet et une » tabatière : de tout quoi procès-verbal a été rapporté » (*Arch. Morbihan*, L 863). Sa mort, à Locminé, causa un deuil général. Son inhumation, qui eut lieu le 26 février aux trois heures de l'après-midi, fut l'objet d'une grandiose manifestation. D'après un rapport de Toursaint précité, « il y parut grande affluence, tant des gens de Locminé que des paroisses avoisinantes ». Le convoi funèbre partit de la maison de l'officier de santé Equester, sise au haut de la place, et, l'église étant fermée, on le conduisit directement au cimetière. Chose inouïe pour l'époque, deux croix précédaient les restes du serviteur de Dieu, que l'on prit soin de recouvrir d'une dalle qui avait servi naguère de pierre tombale au recteur Largement.

Depuis, on a érigé une croix à l'endroit où les assassins de la Révolution le mirent à mort. Elle porte sur son socle cette touchante inscription : « JOANNES-MARIA LE DASTUMER, SACERDOS, HIC CECIDIT, VICTIMA FIRMÆ SUÆ ADHŒSIONIS UNITATI ECCLESIÆ. »

On prit soin aussi de rédiger l'acte de décès du serviteur de Dieu le lendemain même de son trépas : on n'y mentionne pas le genre de mort dont il périt. Quant au lief du cadavre opéré par le juge de paix, ainsi qu'au procès-verbal de l'officier de santé relatés plus haut, l'un et l'autre ont disparu.

415. — Pour bien faire ressortir le motif déterminant de la mort de M. Le Dastumer, la Providence permit que ses assassins adressèrent une réclamation tendant à toucher le prix du sang. C'est toujours le décret de la Convention nationale du 14 février 1793 (cf. p. 14), confirmé par l'article 82 de la loi du 28 mars de cette même année (1), qui entre en jeu. Voici la requête en question dans son intégrité. On a même respecté l'orthographe :

Au citoyen Manhé, commissaire du Departeman du Morbillan et Vanne.

De Quimpaire, ce 3 fleurialle an VII.

« Citoyen. Nous avons eut l'honneur de vous presanter une
» petission le 26 germinalle au sujet d'un praitre refractaire,
» nommée *Dastumaire*, que nous avons pris sur la route de
» Remingolle. *N'ayant pas ressue se que la loi nous acquorde,*
» nous vous prions de voulloir bien nous faire savoir s'il ait
» arrivée ou si nous seron obligée d'écrire au ministre pour sela.
» Vous obligerée, conssitoyen, Piénoyle, Brocsolle et Jacques
» Ebaire. Nous vous prions de voulloir bien nous faire reponse
» le plus tot possible.
» Notre adresse ait au citoyen Harman Piénoille, fusillée de
» la 3ᵉ Compagnie du 2ᵉ bataillon de la 58ᵉ demi-brigade, en
» garnison à Quimpaire » (*Arch. Morbihan*, l. 314).

416. — Il existe encore à Locminé deux arrière-neveux et une arrière-nièce de M. Le Dastumer, portant son nom. Les uns et les autres conservent pieusement le souvenir de leur oncle martyr. Du côté maternel, un frère des écoles chrétiennes et sa sœur, domiciliée à Elven, sont aussi ses arrière-neveux. « Dès ma plus tendre enfance, écrit le frère Ruaud, j'ai toujours entendu ma mère en parler avec vénération. »

A Locminé même, *la croyance au martyre de M. Le Dastumer est toujours vivace.* Les gens du pays vont prier individuellement à la croix qui indique le lieu où il fut massacré et les mères y conduisent leurs enfants qui sont en retard pour marcher. Ainsi : 1° fidélité absolue de M. Le Dastumer à l'orthodoxie la plus scrupuleuse ; 2° zèle ardent qui l'a fait braver tous les périls pour se rendre utile aux âmes ; 3° mise à mort des plus cruelles en haine de la Foi (ses assassins l'exécutèrent en tant que prêtre pour s'assurer la prime promise ; 4° acceptation pour le moins implicite de sa mort dont on ne peut douter et dont le

---

(1) Voici ce qu'écrivait en effet le commissaire du Directoire, à Locminé, à Piednoel, l'un des assassins de M. Le Dastumer : « J'ai reçu, citoyen, votre lettre en datte du 14 germinal (3 avril 1799) ; par laquelle vous me demandez les *cent francs* que l'article 82 de la loi du 28 mars 1793 (vieux stile) accorde à toute personne qui aura saisi un prêtre réfractaire ; cette article de la Loi a été appuié par un arrêté du Dépᵗ en datte du 11 vendémiaire an six (2 oct. 1797).
» En conséquence, citoyen, veuillez présenter au département une pétition sur papier timbré ; afin d'obtenir *les cent francs* qui *vous sont dües*. S'est la seule marche que vous ayez à suivre pour obtenir *cette récompense* ».

port du *Thesaurus sacerdotum* sur sa personne nous est un bon garant ; 5° culte privé rendu à sa mémoire, tradition centenaire de martyr, tout semble se trouver réuni chez M. Le Dastumer pour soumettre sa cause à l'appréciation de la S. C. des Rites.

BIBLIOGRAPHIE. — R. P. Le Falher, *Le Royaume de Bignan*, op. cit., p. 586. — Sageret, *Le Morbihan et la chouannerie morbihannaise*, Paris, 1910, in-8°, I, p. 236-238. — R. P. Le Falher, *Les Prêtres du Morbihan victimes de la Révolution*, in-8°, Vannes, 1921, p. 278-280.

Hos pro nunc, etc., salvo semper jure alios exibihendi, si, etc., non se tamen adstringens ad onus superfluæ probationis, de quo iterum protestatur, etc.

Joseph LE ROHELLEC,
postulator.

TABLES ANALYTIQUES

Imp. Oberthur, Rennes (3268-1928).